司法解释理解与适用丛书

最高人民法院
行政案件案由暂行规定
理解与适用

最高人民法院行政审判庭　编著

人民法院出版社
PEOPLE'S COURT PRESS

图书在版编目（CIP）数据

最高人民法院行政案件案由暂行规定理解与适用 / 最高人民法院行政审判庭编著. -- 北京：人民法院出版社，2023.12
（司法解释理解与适用丛书）
ISBN 978-7-5109-3930-3

Ⅰ. ①最… Ⅱ. ①最… Ⅲ. ①行政诉讼－审判－中国－指南 Ⅳ. ①D925.318.2-62

中国国家版本馆CIP数据核字(2023)第201774号

最高人民法院行政案件案由暂行规定理解与适用
最高人民法院行政审判庭　编著

策划编辑	陈建德　兰丽专
责任编辑	李　倩
出版发行	人民法院出版社
地　　址	北京市东城区东交民巷27号(100745)
电　　话	(010)67550672(责任编辑)　67550558(发行部查询) 　　　　65223677(读者服务部)
网　　址	http://www.courtbook.com.cn
E－mail	courtpress@sohu.com
印　　刷	天津嘉恒印务有限公司
经　　销	新华书店
开　　本	787毫米×1092毫米　1/16
字　　数	535千字
印　　张	29.75
版　　次	2023年12月第1版　2023年12月第1次印刷
书　　号	ISBN 978-7-5109-3930-3
定　　价	128.00元

版权所有　侵权必究

前　言

在行政审判工作中，提炼行政审判同类案件的裁判标准及审查要点，对于促进行政审判业务能力的提升具有重要价值。其中，行政案由是类案审查的重要抓手之一。同一案由，对应着同类案件，通常遵循着同样的案件审查规律。

《最高人民法院关于行政案件案由的暂行规定》（本书简称《暂行规定》）已于2020年12月7日由最高人民法院审判委员会第1820次会议讨论通过，自2021年1月1日起施行。该规定设置了三级行政案件案由：一级案由1个，二级案由22个，三级案由140个。为便于根据案由快速查阅、借鉴同类案件的审查要点，准确适用法律规定，最高人民法院行政审判庭组织编写了本书。本书以案由为索引，阐明每类案件的审查要求，突出实务操作中类案要点的审查方法，并列举了各类案由相关的典型案例，以期具体、生动地对行政案件的审理作出指引，不断提高行政审判工作的规范化水平。

目 录
CONTENTS

最高人民法院
印发《关于行政案件案由的暂行规定》的通知
（2020年12月25日） ……………………………………… 1

一、行政处罚类案件的司法审查 ……………………………… 12
    1. 警告类案件的审查 ……………………………………… 12
    2. 通报批评类案件的审查 ………………………………… 16
    3. 罚款类案件的审查 ……………………………………… 19
    4. 没收违法所得类案件的审查 …………………………… 21
    5. 没收非法财物类案件的审查 …………………………… 23
    6. 暂扣许可证件类案件的审查 …………………………… 25
    7. 吊销许可证件类案件的审查 …………………………… 28
    8. 降低资质等级类案件的审查 …………………………… 29
    9. 责令关闭类案件的审查 ………………………………… 33
    10. 责令停产停业类案件的审查 ………………………… 36
    11. 限制开展生产经营活动类案件的审查 ……………… 38
    12. 限制从业类案件的审查 ……………………………… 40
    13. 行政拘留类案件的审查 ……………………………… 42
    14. 不得申请行政许可类案件的审查 …………………… 43
    15. 责令限期拆除类案件的审查 ………………………… 45

二、行政强制措施类案件的司法审查 ………………………… 48
    16. 限制人身自由类案件的审查 ………………………… 48
    17. 查封场所、设施或者财物类案件的审查 …………… 51

18. 扣押财物类案件的审查 …………………………………… 54
19. 冻结存款、汇款类案件的审查 …………………………… 57
20. 冻结资金、证券类案件的审查 …………………………… 60
21. 强制隔离戒毒类案件的审查 ……………………………… 63
22. 留置类案件的审查 ………………………………………… 65
23. 采取保护性约束措施类案件的审查 ……………………… 67

三、行政强制执行类案件的司法审查 …………………………… 71

24. 加处罚款或者滞纳金类案件的审查 ……………………… 75
25. 划拨存款、汇款类案件的审查 …………………………… 78
26—27. 拍卖或者处理查封、扣押的场所、设施或者财物类案件的
审查 ……………………………………………………… 82
28—29. 排除妨碍、恢复原状类案件的审查 …………………… 86
30. 代履行类案件的审查 ……………………………………… 88
31—32. 强制拆除房屋或者设施、强制清除地上物类案件的审查 …… 91

四、行政许可类案件的司法审查 ………………………………… 94

33. 工商登记类案件的审查 …………………………………… 95
34. 社会团体登记类案件的审查 ……………………………… 98
35. 颁发机动车驾驶证类案件的审查 ………………………… 101
36. 特许经营许可类案件的审查 ……………………………… 103
37. 建设工程规划许可类案件的审查 ………………………… 105
38. 建筑工程施工许可类案件的审查 ………………………… 108
39. 矿产资源许可类案件的审查 ……………………………… 110
40. 药品注册许可类案件的审查 ……………………………… 112
41. 医疗器械许可类案件的审查 ……………………………… 114
42. 执业资格许可类案件的审查 ……………………………… 117

五、行政征收或者征用类案件的司法审查 ……………………… 119

43—45. 征收或者征用房屋、土地、动产类案件的审查 ……… 124

六、行政登记类案件的司法审查 ………………………………… 131

46—57. 不动产登记类案件的审查 ……………………………… 131

58. 动产抵押登记类案件的审查 …………………………………… 142
　　59. 质押登记类案件的审查 ………………………………………… 143
　　60. 机动车所有权登记类案件的审查 ……………………………… 147
　　61. 船舶所有权登记类案件的审查 ………………………………… 151
　　62. 户籍登记类案件的审查 ………………………………………… 153
　　63. 婚姻登记类案件的审查 ………………………………………… 155
　　64. 收养登记类案件的审查 ………………………………………… 160
　　65. 税务登记类案件的审查 ………………………………………… 164

七、行政确认类案件的司法审查 …………………………………… 168
　　66. 基本养老保险资格或者待遇认定类案件的审查 ……………… 169
　　67. 基本医疗保险资格或者待遇认定类案件的审查 ……………… 171
　　68. 失业保险资格或者待遇认定类案件的审查 …………………… 174
　　69. 工伤保险资格或者待遇认定类案件的审查 …………………… 179
　　70. 生育保险资格或者待遇认定类案件的审查 …………………… 182
　　71. 最低生活保障资格或者待遇认定类案件的审查 ……………… 187
　　72. 确认保障性住房分配资格类案件的审查 ……………………… 191
　　73. 颁发学位证书或者毕业证书类案件的审查 …………………… 193

八、行政给付类案件的司法审查 …………………………………… 198
　　74. 给付抚恤金类案件的审查 ……………………………………… 201
　　75. 给付基本养老金类案件的审查 ………………………………… 204
　　76. 给付基本医疗保险金类案件的审查 …………………………… 206
　　77. 给付失业保险金类案件的审查 ………………………………… 209
　　78. 给付工伤保险金类案件的审查 ………………………………… 212
　　79. 给付生育保险金类案件的审查 ………………………………… 215
　　80. 给付最低生活保障金类案件的审查 …………………………… 218

九、行政允诺类案件的司法审查 …………………………………… 222
　　81. 兑现奖金类案件的审查 ………………………………………… 224
　　82. 兑现优惠类案件的审查 ………………………………………… 226

十、行政征缴类案件的司法审查 ………………………………………… 230
83. 征缴税款类案件的审查 ……………………………………… 230
84. 征缴社会抚养费类案件的审查 ……………………………… 233
85. 征缴社会保险费类案件的审查 ……………………………… 233
86. 征缴污水处理费类案件的审查 ……………………………… 235
87. 征缴防空地下室易地建设费类案件的审查 ………………… 236
88. 征缴水土保持补偿费类案件的审查 ………………………… 238
89. 征缴土地闲置费类案件的审查 ……………………………… 240
90. 征缴土地复垦费类案件的审查 ……………………………… 242
91. 征缴耕地开垦费类案件的审查 ……………………………… 243

十一、行政奖励类案件的司法审查 ……………………………………… 246
92. 授予荣誉称号类案件的审查 ………………………………… 247
93. 发放奖金类案件的审查 ……………………………………… 250

十二、行政收费类案件的审查 …………………………………………… 253
95. 车辆通行费类案件的审查 …………………………………… 254
97. 不动产登记费类案件的审查 ………………………………… 257
98. 船舶登记费类案件的审查 …………………………………… 259
99. 考试考务费类案件的审查 …………………………………… 261

十三、政府信息公开类案件的司法审查 ………………………………… 270

十四、行政批复类案件的司法审查 ……………………………………… 289

十五、行政处理类案件的司法审查 ……………………………………… 300
100. 责令退还非法占用土地类案件的审查 …………………… 301
101. 责令交还土地类案件的审查 ……………………………… 304
102. 责令改正类案件的审查 …………………………………… 310
103. 责令采取补救措施类案件的审查 ………………………… 313
104. 责令停止建设类案件的审查 ……………………………… 315
105. 责令恢复原状类案件的审查 ……………………………… 317
106. 责令公开类案件的审查 …………………………………… 318
107. 责令召回类案件的审查 …………………………………… 319

108. 责令暂停生产类案件的审查 …………………………………… 321
109. 责令暂停销售类案件的审查 …………………………………… 322
111. 有偿收回国有土地使用权类案件的审查 ……………………… 325
112. 退学决定类案件的审查 ………………………………………… 328

十六、行政复议类案件的司法审查 …………………………………… 331

113. 不予受理行政复议申请决定类案件的审查 …………………… 333
114. 驳回行政复议申请决定类案件的审查 ………………………… 335
115. ××（行政行为）及行政复议类案件的审查 ………………… 335
116. 改变原行政行为的行政复议决定类案件的审查 ……………… 338

十七、行政裁决类案件的司法审查 …………………………………… 341

117—120. 土地、矿藏、水流、荒地或者滩涂等自然资源权属
确权类案件的审查 ……………………………………… 344
121. 水利工程权属确权类案件的审查 ……………………………… 352
122. 企业资产性质确认类案件的审查 ……………………………… 352

十八、行政协议类案件的司法审查 …………………………………… 355

123. 订立××（行政协议）类案件的审查 ………………………… 357
124. 单方变更××（行政协议）类案件的审查 …………………… 361
125. 单方解除××（行政协议）类案件的审查 …………………… 363
126. 不依法履行××（行政协议）类案件的审查 ………………… 365
127. 未按约定履行××（行政协议）类案件的审查 ……………… 367
128. ××（行政协议）行政补偿类案件的审查 …………………… 370
129. ××（行政协议）行政赔偿类案件的审查 …………………… 372
130. 撤销××（行政协议）类案件的审查 ………………………… 374
131. 解除××（行政协议）类案件的审查 ………………………… 375
132. 继续履行××（行政协议）类案件的审查 …………………… 378
133. 确认××（行政协议）无效或有效类案件的审查 …………… 380

十九、行政补偿类案件的司法审查 …………………………………… 384

134. 房屋征收或者征用补偿类案件的审查 ………………………… 385
135. 土地征收或者征用补偿类案件的审查 ………………………… 390

136. 动产征收或者征用补偿类案件的审查 …………………… 396
137. 撤回行政许可补偿类案件的审查 …………………… 398
138. 收回国有土地使用权补偿类案件的审查 …………………… 401
139. 规划变更补偿类案件的审查 …………………… 404
140. 移民安置补偿类案件的审查 …………………… 407

二十、行政赔偿类案件的司法审查 …………………… 410

二十一、不履行××职责类案件的司法审查 …………………… 425

二十二、××(行政行为)公益诉讼类案件的司法审查 …………… 440

后记 …………………… 467

最高人民法院
印发《关于行政案件案由的暂行规定》的通知

2020 年 12 月 25 日　　　　　　　　　　法发〔2020〕44 号

各省、自治区、直辖市高级人民法院，解放军军事法院，新疆维吾尔自治区高级人民法院生产建设兵团分院：

《最高人民法院关于行政案件案由的暂行规定》已于 2020 年 12 月 7 日由最高人民法院审判委员会第 1820 次会议讨论通过，自 2021 年 1 月 1 日起施行，《最高人民法院关于规范行政案件案由的通知》（法发〔2004〕2 号，以下简称 2004 年案由通知）同时废止。现将《最高人民法院关于行政案件案由的暂行规定》（以下简称《暂行规定》）印发给你们，并将适用《暂行规定》的有关问题通知如下。

一、认真学习和准确适用《暂行规定》

行政案件案由是行政案件名称的核心组成部分，起到明确被诉对象、区分案件性质、提示法律适用、引导当事人正确行使诉讼权利等作用。准确确定行政案件案由，有利于人民法院在行政立案、审判中准确确定被诉行政行为、正确适用法律，有利于提高行政审判工作的规范化程度，有利于提高行政案件司法统计的准确性和科学性，有利于为人民法院司法决策提供更有价值的参考，有利于提升人民法院服务大局、司法为民的能力和水平。各级人民法院要认真组织学习《暂行规定》，全面准确领会，确保该规定得到正确实施。

二、准确把握案由的基本结构

根据行政诉讼法和相关行政法律规范的规定，遵循简洁、明确、规范、开放的原则，行政案件案由按照被诉行政行为确定，表述为"××（行政行为）"。例如，不服行政机关作出的行政拘留处罚提起的行政诉讼，案件案由表述为"行政拘留"。

此次起草《暂行规定》时，案由基本结构中删除了2004年案由通知规定的"行政管理范围"。司法统计时，可以通过提取被告行政机关要素，确定和掌握相关行政管理领域某类行政案件的基本情况。

三、准确把握案由的适用范围

《暂行规定》适用于行政案件的立案、审理、裁判、执行的各阶段，也适用于一审、二审、申请再审和再审等诉讼程序。在立案阶段，人民法院可以根据起诉状所列被诉行政行为确定初步案由。在审理、裁判阶段，人民法院发现初步确定的案由不准确时，可以重新确定案由。二审、申请再审、再审程序中发现原审案由不准确的，人民法院应当重新确定案由。在执行阶段，人民法院应当采用据以执行的生效法律文书确定的结案案由。

案件卷宗封面、开庭传票、送达回证等材料上应当填写案由。司法统计一般以生效法律文书确定的案由为准，也可以根据统计目的的实际需要，按照相应诉讼阶段或者程序确定的案由进行统计。

四、准确理解案由的确定规则

（一）行政案件案由分为三级

1. 一级案由。行政案件的一级案由为"行政行为"，是指行政机关与行政职权相关的所有作为和不作为。

2. 二、三级案由的确定和分类。二、三级案由是对一级案由的细化。目前我国法律、法规对行政机关作出的行政行为并无明确的分类标准。三级案由主要是按照法律法规等列举的行政行为名称，以及行政行为涉及的权利内容等进行划分。目前列举的二级案由主要包括：行政处罚、行政强制措施、行政强制执行、行政许可、行政征收或者征用、行政登记、行政确认、行政给付、行政允诺、行政征缴、行政奖励、行政收费、政府信息公开、行政批复、行政处理、行政复议、行政裁决、行政协议、行政补偿、行政赔偿及不履行职责、公益诉讼。

3. 优先适用三级案由。人民法院在确定行政案件案由时，应当首先适用三级案由；无对应的三级案由时，适用二级案由；二级案由仍然无对应的名称，适用一级案由。例如，起诉行政机关作出的罚款行政处罚，该案案由只能按照三级案由确定为"罚款"，不能适用二级或者一级案由。

（二）起诉多个被诉行政行为案件案由的确定

在同一个案件中存在多个被诉行政行为时，可以并列适用不同的案由。例如，起诉行政机关作出的罚款、行政拘留、没收违法所得的行政处罚时，该案案由表述为"罚款、行政拘留及没收违法所得"。如果是两个以上的被诉行政行为，其中一个行政行为适用三级案由，另一个只能适用二级案由的，可以并列适用不同层级的案由。

（三）不可诉行为案件案由的确定

当事人对不属于行政诉讼受案范围的行政行为或者民事行为、刑事侦查行为等提起行政诉讼的案件，人民法院根据《中华人民共和国行政诉讼法》第十三条和《最高人民法院关于适用〈中华人民共和国行政诉讼法〉的解释》第一条第二款规定中的相关表述确定案由，具体表述为：国防外交行为、发布决定命令行为、奖惩任免行为、最终裁决行为、刑事司法行为、行政调解行为、仲裁行为、行政指导行为、重复处理行为、执行生效裁判行为、信访处理行为等。例如，起诉行政机关行政指导行为的案件，案由表述为"行政指导行为"。应当注意的是，"内部层级监督行为""过程性行为"均是对行政行为性质的概括，在确定案件案由时还应根据被诉行为名称来确定。对于前述规定没有列举，但法律、法规、规章或者司法解释有明确的法定名称表述的案件，以法定名称表述案由；尚无法律、法规、规章或者司法解释明确法定名称的行为或事项，人民法院可以通过概括当事人诉讼请求所指向的行为或者事项确定案由，例如，起诉行政机关要求为其子女安排工作的案件，案由表述为"安排子女工作"。

五、关于几种特殊行政案件案由确定规则

（一）行政复议案件

行政复议机关成为行政诉讼被告，主要有三种情形：一是行政复议机关不予受理或者程序性驳回复议申请；二是行政复议机关改变（包括撤销）原行政行为；三是行政复议机关维持原行政行为或者实体上驳回复议申请。第

一、二种情形下，行政复议机关单独作被告，按《暂行规定》基本结构确定案由即可。第三种情形下，行政复议机关和原行政行为作出机关是共同被告，此类案件案由表述为"××（行政行为）及行政复议"。例如，起诉某市人民政府维持该市某局作出的政府信息公开答复的案件，案由表述为"政府信息公开及行政复议"。

（二）行政协议案件

确定行政协议案件案由时，须将行政协议名称予以列明。当事人一并提出行政赔偿、解除协议或者继续履行协议等请求的，要在案由中一并列出。例如，起诉行政机关解除公交线路特许经营协议，请求赔偿损失并判令继续履行协议的案件，案由表述为"单方解除公交线路特许经营协议及行政赔偿、继续履行"。

（三）行政赔偿案件

行政赔偿案件分为一并提起行政赔偿案件和单独提起行政赔偿案件两类。一并提起行政赔偿案件，案由表述为"××（行政行为）及行政赔偿"。例如，起诉行政机关行政拘留一并请求赔偿限制人身自由损失的案件，案由表述为"行政拘留及行政赔偿"。单独提起行政赔偿案件，案由表述为"行政赔偿"。例如，起诉行政机关赔偿违法强制拆除房屋损失的案件，案由表述为"行政赔偿"。

（四）一并审查规范性文件案件

一并审查规范性文件案件涉及被诉行政行为和规范性文件两个审查对象，此类案件案由表述为"××（行政行为）及规范性文件审查"。例如，起诉行政机关作出的强制拆除房屋行为，同时对相关的规范性文件不服一并提起行政诉讼的案件，案由表述为"强制拆除房屋及规范性文件审查"。

（五）行政公益诉讼案件

行政公益诉讼案件案由按照"××（行政行为）"后缀"公益诉讼"的模式确定，表述为"××（行政行为）公益诉讼"。例如，人民检察院对行政机关不履行查处环境违法行为法定职责提起行政公益诉讼的案件，案由表述为"不履行查处环境违法行为职责公益诉讼"。

（六）不履行法定职责案件

"不履行法定职责"是指负有法定职责的行政机关在依法应当履职的情况下消极不作为，从而使得行政相对人权益得不到保护或者无法实现的违法状态。未依法履责、不完全履责、履责不当和迟延履责等以作为方式实施的违法履责行为，均不属于不履行法定职责。

在不履行法定职责案件案由中要明确行政机关应当履行的法定职责内容，表述为"不履行××职责"。例如，起诉行政机关不履行行政处罚职责案件，案由表述为"不履行行政处罚职责"。此处法定职责内容一般按照二级案由表述即可。确有必要的，不履行法定职责案件也可细化到三级案由，例如"不履行罚款职责"。

（七）申请执行人民法院生效法律文书案件

申请执行人民法院生效法律文书案件，案由由"申请执行"加行政诉讼案由后缀"判决""裁定"或者"调解书"构成。例如，人民法院作出变更罚款决定的生效判决后，行政机关申请人民法院执行该判决的案件，案由表述为"申请执行罚款判决"。

（八）非诉行政执行案件

非诉行政执行案件案由表述为"申请执行××（行政行为）"。其中，"××（行政行为）"应当优先适用三级案由表述。例如，行政机关作出责令退还非法占用土地的行政决定后，行政相对人未履行退还土地义务，行政机关申请人民法院强制执行的案件，案由表述为"申请执行责令退还非法占用土地决定"。

六、应注意的问题

（一）各级人民法院要正确认识行政案件案由的性质与功能，不得将《暂行规定》等同于行政诉讼的受理条件或者范围。判断被诉行政行为是否属于行政诉讼受案范围，必须严格依据行政诉讼法及相关司法解释的规定。

（二）由于行政管理领域及行政行为种类众多，《暂行规定》仅能在二、三级案由中列举人民法院受理的常见案件中被诉行政行为种类或者名称，无法列举所有被诉行政行为。为了确保行政案件案由表述的规范统一以及司法统计的科学性、准确性，各级人民法院应当严格按照《暂行规定》表述案由。对于《暂行规定》未列举案由的案件，可依据相关法律、法规、规章及司法解释对被诉行政行为的表述来确定案由，不得使用"其他"或者"其他行政行为"概括案由。

（三）行政案件的名称表述应当与案由的表述保持一致，一般表述为"××（原告）诉××（行政机关）××（行政行为）案"，不得表述为"××（原告）与××（行政机关）××行政纠纷案"。

（四）知识产权授权确权和涉及垄断的行政案件案由按照《最高人民法院关于增加部分行政案件案由的通知》（法〔2019〕261号）等规定予以确定。

对于适用《暂行规定》过程中遇到的问题和情况，请及时层报最高人民法院。

最高人民法院
关于行政案件案由的暂行规定

(2020年12月7日最高人民法院审判委员会第1820次会议通过
自2021年1月1日起施行)

为规范人民法院行政立案、审判、执行工作，正确适用法律，统一确定行政案件案由，根据《中华人民共和国行政诉讼法》及相关法律法规和司法解释的规定，结合行政审判工作实际，对行政案件案由规定如下：

一级案由

行政行为

二级、三级案由

（一）行政处罚

1. 警告
2. 通报批评
3. 罚款
4. 没收违法所得
5. 没收非法财物
6. 暂扣许可证件
7. 吊销许可证件
8. 降低资质等级
9. 责令关闭

10. 责令停产停业

11. 限制开展生产经营活动

12. 限制从业

13. 行政拘留

14. 不得申请行政许可

15. 责令限期拆除

（二）行政强制措施

16. 限制人身自由

17. 查封场所、设施或者财物

18. 扣押财物

19. 冻结存款、汇款

20. 冻结资金、证券

21. 强制隔离戒毒

22. 留置

23. 采取保护性约束措施

（三）行政强制执行

24. 加处罚款或者滞纳金

25. 划拨存款、汇款

26. 拍卖查封、扣押的场所、设施或者财物

27. 处理查封、扣押的场所、设施或者财物

28. 排除妨碍

29. 恢复原状

30. 代履行

31. 强制拆除房屋或者设施

32. 强制清除地上物

（四）行政许可

33. 工商登记

34. 社会团体登记

35. 颁发机动车驾驶证

36. 特许经营许可

37. 建设工程规划许可

38. 建筑工程施工许可

39. 矿产资源许可

40. 药品注册许可

41. 医疗器械许可

42. 执业资格许可

（五）行政征收或者征用

43. 征收或者征用房屋

44. 征收或者征用土地

45. 征收或者征用动产

（六）行政登记

46. 房屋所有权登记

47. 集体土地所有权登记

48. 森林、林木所有权登记

49. 矿业权登记

50. 土地承包经营权登记

51. 建设用地使用权登记

52. 宅基地使用权登记

53. 海域使用权登记

54. 水利工程登记

55. 居住权登记

56. 地役权登记

57. 不动产抵押登记

58. 动产抵押登记

59. 质押登记

60. 机动车所有权登记

61. 船舶所有权登记

62. 户籍登记

63. 婚姻登记

64. 收养登记

65. 税务登记

（七）行政确认

66. 基本养老保险资格或者待遇认定

67. 基本医疗保险资格或者待遇认定

68. 失业保险资格或者待遇认定

69. 工伤保险资格或者待遇认定

70. 生育保险资格或者待遇认定

71. 最低生活保障资格或者待遇认定

72. 确认保障性住房分配资格

73. 颁发学位证书或者毕业证书

（八）行政给付

74. 给付抚恤金

75. 给付基本养老金

76. 给付基本医疗保险金

77. 给付失业保险金

78. 给付工伤保险金

79. 给付生育保险金

80. 给付最低生活保障金

（九）行政允诺

81. 兑现奖金

82. 兑现优惠

（十）行政征缴

83. 征缴税款

84. 征缴社会抚养费

85. 征缴社会保险费

86. 征缴污水处理费

87. 征缴防空地下室易地建设费

88. 征缴水土保持补偿费

89. 征缴土地闲置费

90. 征缴土地复垦费

91. 征缴耕地开垦费

（十一）行政奖励

92. 授予荣誉称号

93. 发放奖金

（十二）行政收费

94. 证照费

95. 车辆通行费

96. 企业注册登记费

97. 不动产登记费

98. 船舶登记费

99. 考试考务费

（十三）政府信息公开

（十四）行政批复

（十五）行政处理

100. 责令退还非法占用土地

101. 责令交还土地

102. 责令改正

103. 责令采取补救措施

104. 责令停止建设

105. 责令恢复原状

106. 责令公开

107. 责令召回

108. 责令暂停生产

109. 责令暂停销售

110. 责令暂停使用

111. 有偿收回国有土地使用权

112. 退学决定

（十六）行政复议

113. 不予受理行政复议申请决定

114. 驳回行政复议申请决定

115. ××（行政行为）及行政复议

116. 改变原行政行为的行政复议决定

（十七）行政裁决

117. 土地、矿藏、水流、荒地或者滩涂权属确权

118. 林地、林木、山岭权属确权

119. 海域使用权确权

120. 草原权属确权

121. 水利工程权属确权

122. 企业资产性质确认

（十八）行政协议

123. 订立××（行政协议）

124. 单方变更××（行政协议）

125. 单方解除××（行政协议）

126. 不依法履行××（行政协议）

127. 未按约定履行××（行政协议）

128. ××（行政协议）行政补偿

129. ××（行政协议）行政赔偿

130. 撤销××（行政协议）

131. 解除××（行政协议）

132. 继续履行××（行政协议）

133. 确认××（行政协议）无效或有效

（十九）行政补偿

134. 房屋征收或者征用补偿

135. 土地征收或者征用补偿

136. 动产征收或者征用补偿

137. 撤回行政许可补偿

138. 收回国有土地使用权补偿

139. 规划变更补偿

140. 移民安置补偿

（二十）行政赔偿

（二十一）不履行××职责

（二十二）××（行政行为）公益诉讼

一、行政处罚类案件的司法审查

【裁判标准】

行政处罚属于对行政相对人减损权益或者增加义务的行政行为。由于行政处罚对于行政相对人影响较大，因此法律法规均规定行政机关在作出行政处罚决定之前必须给予行政相对人陈述、申辩等权利，以保障行政相对人的合法权益。在审理行政处罚类案件时，须特别关注两点：一是行政机关作出的行政处罚是否有相应的法律法规依据；二是行政机关在作出行政处罚决定的过程中是否依法充分保障了行政相对人的各项合法权利。

1. 警告类案件的审查

【审查要点】

警告这种行政处罚方式一般适用于违法行为较轻微、社会危害性较小且能够当场纠正违法行为的情形，属于行政处罚中对违法行为人影响较小的一种形式。审查此类案件时：一是须注意辨别警告这一行政处罚行为是否客观存在。因为警告有时是以口头形式予以作出，固定其内容存在一定困难，需要结合案件实际情况，根据警告发生的场合、背景及具体情形等事实要素来进行判断。二是须注意警告适用的具体场合，有的警告是不属于行政诉讼受案范围的。如自2019年9月1日起施行的《最高人民法院关于死刑复核及执行程序中保障当事人合法权益的若干规定》第十一条规定："会见罪犯的人员应当遵守羁押场所的规定。违反规定的，应当予以警告；不听警告的，人民法院可以终止会见。实施威胁、侮辱司法工作人员，或者故意扰乱羁押场所秩序，妨碍执行公务等行为，情节严重的，依法追究法律责任。"再如自 2016 年 7 月 1 日起施行的《最高人民法院关于人民法院特邀调解的规定》第二十八条规定："特邀调解员不得有下列行为：（一）强迫调解；（二）违法调解；（三）接受当事人请托或收受财物；（四）泄露调解过程或调解协议内容；（五）其他违反调解员职业道德的行为。当事人发现存在上述情形的，可以向人民法院投诉。经审查属实的，人民法院应当予以纠正并作出警告、通报、除名等相应处理。"自 2020 年 7 月 1 日起施行的《公职人员政务处分法》第七条规定："政务处分的种类为：（一）警告；（二）记过；（三）记大过；（四）降级；（五）撤职；（六）开除。"在刑事诉讼程序中或者涉及公务员权利义务的内部行政处分中的警告均不属行政诉讼的受案范围。三是在公民、法人或者其他组织对警告提起行政诉讼的案件，表述案由时仅写"警告"，不用再加"行政处罚"字样。四是须注意行政执法机关适用警告这一行政处罚种类时是否过罚相当。

【典型案例】

许某诉甲市交通警察支队乙区大队罚款案

【裁判要旨】

交通管理处罚应当考虑违法的基本事实、社会影响，符合公正合理及过罚相当原则，处罚幅度应以有序管理和制止违法为必要，遵循比例原则。

【简要案情】

许某在甲市某快餐店吃早餐时，将其私家车东西向停放在快餐店门前的人行通道上，被甲市交通警察支队乙区大队罚款 100 元。许某不服该行政处罚决定，向人民法院提起行政诉讼，一审法院驳回原告诉讼请求。二审法院认为，许某的行为违反了《道路交通安全法》第五十六条关于"禁止在人行道上停放机动车"的规定，给予 100 元罚款也未超出法定幅度范围。但处罚应当考虑违法的基本事实、社会影响，并符合公正合理及行为与处罚相当原则。本案中，许某停车目的是不影响车辆和人员的通行，主观上并没有违反交通管理的故意，客观上也符合人们的通常认知，违法行为情节显著轻微，给予警告足以达到有序管理和制止违法的目的。遂撤销原审判决，变更"给予许某罚款 100 元的处罚"为"给予许某警告的处罚"。

【规范性文件】

《中华人民共和国道路交通安全法》

第八十七条 公安机关交通管理部门及其交通警察对道路交通安全违法行为,应当及时纠正。

公安机关交通管理部门及其交通警察应当依据事实和本法的有关规定对道路交通安全违法行为予以处罚。对于情节轻微,未影响道路通行的,指出违法行为,给予口头警告后放行。

第九十条 机动车驾驶人违反道路交通安全法律、法规关于道路通行规定的,处警告或者二十元以上二百元以下罚款。本法另有规定的,依照规定处罚。

《中华人民共和国黑土地保护法》

第二十九条 违反本法规定,国务院农业农村、自然资源等有关部门、县级以上地方人民政府及其有关部门有下列行为之一的,对直接负责的主管人员和其他直接责任人员给予警告、记过或者记大过处分;情节较重的,给予降级或者撤职处分;情节严重的,给予开除处分:

(一)截留、挪用或者未按照规定使用黑土地保护资金;

(二)对破坏黑土地的行为,发现或者接到举报未及时查处;

(三)其他不依法履行黑土地保护职责导致黑土地资源和生态环境遭受破坏的行为。

《中华人民共和国科学技术进步法》

第一百一十条 违反本法规定,虚报、冒领、贪污、挪用、截留用于科学技术进步的财政性资金或者社会捐赠资金的,由有关主管部门责令改正,追回有关财政性资金,责令退还捐赠资金,给予警告或者通报批评,并可以暂停拨款,终止或者撤销相关科学技术活动;情节严重的,依法处以罚款,禁止一定期限内承担或者参与财政性资金支持的科学技术活动;对直接负责的主管人员和其他直接责任人员依法给予行政处罚和处分。

第一百一十一条 违反本法规定,利用财政性资金和国有资本购置大型科学仪器、设备后,不履行大型科学仪器、设备等科学技术资源共享使用义务的,由有关主管部门责令改正,给予警告或者通报批评,对直接负责的主管人员和其他直接责任人员依法给予处分。

《中华人民共和国食品安全法》

第一百二十六条 违反本法规定，有下列情形之一的，由县级以上人民政府食品安全监督管理部门责令改正，给予警告；拒不改正的，处五千元以上五万元以下罚款；情节严重的，责令停产停业，直至吊销许可证：

（一）食品、食品添加剂生产者未按规定对采购的食品原料和生产的食品、食品添加剂进行检验；

（二）食品生产经营企业未按规定建立食品安全管理制度，或者未按规定配备或者培训、考核食品安全管理人员；

（三）食品、食品添加剂生产经营者进货时未查验许可证和相关证明文件，或者未按规定建立并遵守进货查验记录、出厂检验记录和销售记录制度；

（四）食品生产经营企业未制定食品安全事故处置方案；

（五）餐具、饮具和盛放直接入口食品的容器，使用前未经洗净、消毒或者清洗消毒不合格，或者餐饮服务设施、设备未按规定定期维护、清洗、校验；

（六）食品生产经营者安排未取得健康证明或者患有国务院卫生行政部门规定的有碍食品安全疾病的人员从事接触直接入口食品的工作；

（七）食品经营者未按规定要求销售食品；

（八）保健食品生产企业未按规定向食品安全监督管理部门备案，或者未按备案的产品配方、生产工艺等技术要求组织生产；

（九）婴幼儿配方食品生产企业未将食品原料、食品添加剂、产品配方、标签等向食品安全监督管理部门备案；

（十）特殊食品生产企业未按规定建立生产质量管理体系并有效运行，或者未定期提交自查报告；

（十一）食品生产经营者未定期对食品安全状况进行检查评价，或者生产经营条件发生变化，未按规定处理；

（十二）学校、托幼机构、养老机构、建筑工地等集中用餐单位未按规定履行食品安全管理责任；

（十三）食品生产企业、餐饮服务提供者未按规定制定、实施生产经营过程控制要求。

餐具、饮具集中消毒服务单位违反本法规定用水，使用洗涤剂、消毒剂，或者出厂的餐具、饮具未按规定检验合格并随附消毒合格证明，或者未按规定在独立包装上标注相关内容的，由县级以上人民政府卫生行政部门依照前款规定给予处罚。

食品相关产品生产者未按规定对生产的食品相关产品进行检验的，由县级以上人民政府食品安全监督管理部门依照第一款规定给予处罚。

食用农产品销售者违反本法第六十五条规定的，由县级以上人民政府食品安全监督管理部门依照第一款规定给予处罚。

2. 通报批评类案件的审查

【审查要点】

在审理有关通报批评行政处罚案件时，须注意被诉的行政处罚决定所适用的法律法规与案件中的违法行为情节是否相适应。由于通报批评这一行政处罚种类一般适用于行业内实施了违反相关法律法规或者职业道德的行政相对人，以作"警示"之用。具体到行政处罚决定的案件，对于涉及通报批评的事项，还需要审查行政执法机关作出的通报批评的范围是否适当等问题。

【典型案例】

余某某诉甲市司法局答复及乙省人民政府行政复议决定案

【裁判要旨】

在已生效刑事裁判已经作出认定的情况下，针对同一事项，人民法院在审理行政案件时，若当事人并未提出新的证据，则可以对该同一事项作出与在先的刑事裁判相同的认定。

【简要案情】

2015年8月，余某某涉嫌酒后驾驶小型普通客车至某路段时发生交通事故，造成钟某某死亡、余某某受伤、小型普通客车受损。之后，甲市公安交通管理局丙区分局委托第三人某警官职业学院司法鉴定中心对同一认定、死亡原因和驾乘关系进行鉴定，第三人鉴定中心于2015年9月接受委托后，于2015年11月作出《法医物证鉴定意见书》，又于同年同月作出《法医学尸体检验意见书》和《交通事故痕迹检验司法鉴定意见书》，认定钟某某身上痕迹符合在事故发生过程中，副驾驶位乘坐者形成的痕迹特征。2015年

12月，甲市公安交通管理局内区分局作出道路交通事故认定书，认定余某某负此次事故的全部责任。2017年6月，甲市丙区人民法院作出刑事判决书，判决余某某犯交通肇事罪，处有期徒刑一年六个月。甲市中级人民法院二审维持了一审判决。

2018年2月，余某某向甲市司法局（以下简称市司法局）提交了《对某警官职业学院司法鉴定中心违反司法鉴定程序进行司法鉴定的投诉》。随后，余某某分别向市司法局提交补充投诉材料《增加对某警官职业学院司法鉴定中心的投诉事项及投诉请求》《对某警官职业学院司法鉴定中心投诉补充材料》《投诉某警官职业学院司法鉴定中心鉴定程序违法的详细列举》（市司法局于2018年4月17日收到）。2018年2月10日，市司法局经过审批后，作出《司法鉴定执业活动投诉延长作出受理决定期限告知书》，告知余某某将对其投诉事项延长作出受理决定期限15日。2018年2月28日，市司法局向余某某作出《司法鉴定执业活动投诉受理告知书》，受理了投诉申请。2018年3月5日，市司法局对第三人某警官职业学院司法鉴定中心作出《司法鉴定执业活动投诉调查函》，告知第三人其已受理余某某的投诉，并要求第三人在3日内提交对投诉事项的书面说明、相关证据材料、相关鉴定业务档案。第三人在规定期限内向市司法局提交了相应材料。2018年5月16日，市司法局对余某某制作询问笔录，明确其投诉事项共为七项。后市司法局依据调查的事实作出《关于余某某投诉某警官职业学院司法鉴定中心的答复函》，并对第三人鉴定中心作出《某市司法局关于某警官职业学院司法鉴定中心有关问题的通报》，决定对第三人鉴定中心进行通报批评，同时，将该通报在政府网站上予以信息公开。

余某某申请行政复议，请求撤销市司法局作出的答复函。乙省人民政府作出行政复议决定，决定维持市司法局作出的答复函。余某某对乙省人民政府作出的复议决定书及市司法局作出的答复函不服，诉至法院。一审法院判决驳回余某某的诉讼请求，二审驳回上诉，维持一审判决。

【规范性文件】

《中华人民共和国城乡规划法》

第六十条 镇人民政府或者县级以上人民政府城乡规划主管部门有下列行为之一的，由本级人民政府、上级人民政府城乡规划主管部门或者监察机关依据职权责令改正，通报批评；对直接负责的主管人员和其他直接责任人员依法给予处分：

（一）未依法组织编制城市的控制性详细规划、县人民政府所在地镇的控制性详细规划的；

（二）超越职权或者对不符合法定条件的申请人核发选址意见书、建设用地规划许可证、建设工程规划许可证、乡村建设规划许可证的；

（三）对符合法定条件的申请人未在法定期限内核发选址意见书、建设用地规划许可证、建设工程规划许可证、乡村建设规划许可证的；

（四）未依法对经审定的修建性详细规划、建设工程设计方案的总平面图予以公布的；

（五）同意修改修建性详细规划、建设工程设计方案的总平面图前未采取听证会等形式听取利害关系人的意见的；

（六）发现未依法取得规划许可或者违反规划许可的规定在规划区内进行建设的行为，而不予查处或者接到举报后不依法处理的。

《中华人民共和国传染病防治法》

第六十五条 地方各级人民政府未依照本法的规定履行报告职责，或者隐瞒、谎报、缓报传染病疫情，或者在传染病暴发、流行时，未及时组织救治、采取控制措施的，由上级人民政府责令改正，通报批评；造成传染病传播、流行或者其他严重后果的，对负有责任的主管人员，依法给予行政处分；构成犯罪的，依法追究刑事责任。

《中华人民共和国促进科技成果转化法》

第四十六条 利用财政资金设立的科技项目的承担者未依照本法规定提交科技报告、汇交科技成果和相关知识产权信息的，由组织实施项目的政府有关部门、管理机构责令改正；情节严重的，予以通报批评，禁止其在一定期限内承担利用财政资金设立的科技项目。

国家设立的研究开发机构、高等院校未依照本法规定提交科技成果转化情况年度报告的，由其主管部门责令改正；情节严重的，予以通报批评。

《中华人民共和国慈善法》

第一百零一条 开展募捐活动有下列情形之一的，由民政部门予以警告、责令停止募捐活动；对违法募集的财产，责令退还捐赠人；难以退还的，由民政部门予以收缴，转给其他慈善组织用于慈善目的；对有关组织或者个人处二万元以上二十万元以下罚款：

（一）不具有公开募捐资格的组织或者个人开展公开募捐的；

（二）通过虚构事实等方式欺骗、诱导募捐对象实施捐赠的；

（三）向单位或者个人摊派或者变相摊派的；

（四）妨碍公共秩序、企业生产经营或者居民生活的。

广播、电视、报刊以及网络服务提供者、电信运营商未履行本法第二十七条规定的验证义务的，由其主管部门予以警告，责令限期改正；逾期不改正的，予以通报批评。

3. 罚款类案件的审查

【审查要点】

罚款这一行政处罚形式在行政执法实践中较为常见，在各个行政管理领域都有适用，适用的具体情形多种多样、适用范围较广。罚款是对被处罚人因其违法行为而采取的剥夺一定财产利益的行政处罚方式，以作为对其实施违法行为的惩罚和警示。在不同行政管理领域针对不同程度的违法行为设置的罚款金额差距很大。罚款行政案件除了适用《行政处罚法》的相关规定之外，还需要适用与案件相对应的法律法规，参照规章等，才能对罚款这一行政处罚决定是否违法、是否适当等作出判断。

在审理罚款类案件时，除了审查被诉行政处罚决定针对的违法行为情形是否与法律法规规定相吻合之外，还应当审查罚款数额与违法情节、社会影响、危害后果等是否相适应，须遵循比例原则，不能过高或过低。

【典型案例】

甲服饰加工厂诉乙市广播电视新闻出版局没收、罚款案

【裁判要旨】

1. 未经著作权人许可复制其作品向公众传播，同时损害公共利益的，著作权行政管理部门有权没收违法所得，没收、销毁侵权复制品，并可处以罚款等。

2. 民事法律关系的修复并不能替代或否定行政机关行使监督管理职权，否则，必然导致著作权行政管理部门无法对侵害著作权的行为进行有效监管，有违《著作权法》《著作权法实施条例》《著作权行政处罚实施办法》

等法律、法规的立法目的，也不符合我国加强知识产权保护的基本政策。故，著作权行政管理部门在其行政管理辖区内有权对侵害著作权的行为作出处罚。

3. 实施行政处罚必须以事实为依据，与违法行为的事实、性质、情节以及社会危害程度相当。

【简要案情】

甲服饰加工厂是2018年登记成立的个体工商户，经营者为张某某。2019年12月，乙市广播电视新闻出版局（以下简称乙市广电局）接到投诉函，到达甲服饰加工厂租赁的玩具加工厂进行现场检查，发现现场正在加工生产玩具"NOK生肖鼠毛绒玩具招财鼠S"。甲服饰加工厂的经营者未能提供版权授权证明，乙市广电局遂对现场进行拍摄取证，并将涉嫌侵权玩具进行证据先行登记保存。后乙市广电局对该案进行立案，向中国版权保护中心的版权鉴定委员会申请对在该服饰加工厂提取的"NOK生肖鼠毛绒玩具招财鼠S"与著作权人登记的美术作品"招财鼠"的异同性进行鉴定，鉴定意见为著作权人的"招财鼠"玩具和查扣的"NOK生肖鼠毛绒玩具招财鼠S"基本相同。2020年2月，乙市广电局向甲服饰加工厂发出了行政处罚事先告知书，告知拟对其作出没收侵权玩具，并处人民币20万元罚款的行政处罚，并告知自接到本告知书之日起7日内有提出陈述、申辩和要求听证的权利。2020年2月，乙市广电局作出行政处罚决定书，决定没收侵权玩具，并处人民币20万元的罚款。同日，又另行作出并送达了责令改正通知书。甲服饰加工厂不服该处罚决定提出起诉，要求撤销案涉行政处罚决定。一审判决驳回甲服饰加工厂的诉讼请求，二审判决撤销一审判决，并变更行政处罚决定第二项即"并处人民币20万元的罚款"为"并处人民币3万元的罚款"。

【规范性文件】

《中华人民共和国著作权法》

第四十八条 未经著作权人许可，复制、发行、表演、放映、广播、汇编、通过信息网络向公众传播其作品的，应当根据情况，承担停止侵害、消除影响、赔礼道歉、赔偿损失等民事责任；同时损害公共利益的，可以由著作权行政管理部门责令停止侵权行为，没收违法所得，没收、销毁侵权复制品，并可处以罚款；情节严重的，著作权行政管理部门还可以没收主要用于制作侵权复制品的材料、工具、设备等。

一、行政处罚类案件的司法审查

《中华人民共和国行政处罚法》

第三十七条 实施行政处罚，适用违法行为发生时的法律、法规、规章的规定。但是，作出行政处罚决定时，法律、法规、规章已被修改或者废止，且新的规定处罚较轻或者不认为是违法的，适用新的规定。

《中华人民共和国行政诉讼法》

第七十七条第一款 行政处罚明显不当，或者其他行政行为涉及对款额的确定、认定确有错误的，人民法院可以判决变更。

4. 没收违法所得类案件的审查

【审查要点】

没收违法所得这种行政处罚方式一般常与罚款等其他处罚方式并用。在适用没收违法所得案由时须注意有的行政案件中要与其他行政处罚种类合并适用。没收违法所得这一案由在各个行政管理领域的专门性法律、法规中的表述基本一致，适用时分歧较小。

在审理没收违法所得类案件时，须注意审查行政机关适用该行政处罚种类是否适当，对于违法所得性质的认定是否符合事实及适用法律是否准确，以及确定的违法所得数额是否准确等。

【典型案例】

台某某诉甲市卫生和计划生育委员会、乙市人民政府责令没收违法所得、罚款等及行政复议案

【裁判要旨】

1. 在我国当前的法律框架和政策环境下，能够独立承担责任的民事主体可以参与兴办医疗机构，提供医疗服务。然而，放宽对医疗机构的资本准入并不意味着对医疗机构市场监管的弱化，对于医院、门诊部、诊所等不同类型的医疗机构，卫生行政部门仍应当根据其各自的设置条件与基本标准，在人员资质、医疗技术等方面进行严格监管，从而最大程度地保障人民群众的生命安全和健康权益。

2. 就本案所涉及的个体诊所的设置条件来看，根据《执业医师法》和《医疗机构管理条例实施细则》的规定，只有取得医师执业资格并从事同一专业临床工作满5年的个人才能在城市范围内开设个体诊所。

3. 个体诊所在经营类型上属于个体工商户，个体工商户集投资者、经营者和劳动者于一身，并以其个人财产或者家庭财产对债务承担无限责任。因此，开设个体诊所的执业医师作为个体工商户，不仅应当在该诊所执业，而且还应当亲自从事诊所的投资和经营管理活动，才能符合个体工商户的投资和经营特点。

【简要案情】

2016年，甲市卫生和计划生育委员会对五家诊所进行现场检查和调查，经对诊所负责人及相关人员询问得知，台某某系五家诊所的实际投资人，诊所医护人员一般由台某某招聘并发放工资，房屋租金、药品采购等费用也由台某某支付，若出现医疗纠纷由台某某本人或与诊所负责人共同处理。在甲市卫生和计划生育委员会所作询问笔录中，台某某亦称，其为五家诊所的实际出资人和控制人，诊所盈亏与诊所负责人无关。甲市卫生和计划生育委员会向台某某作出处罚前事先告知书，对其所作陈述和申辩予以复核。甲市卫生和计划生育委员会作出行政处罚决定，决定责令停止执业活动、没收违法所得并罚款。台某某向乙市人民政府申请行政复议，复议机关以未在法定期限内作出处罚决定，违反法定程序为由，确认处罚决定违法。台某某仍不服，提起本案诉讼。一审法院驳回台某某的诉讼请求，二审驳回上诉，维持一审判决。

【规范性文件】

《中华人民共和国执业医师法》

第十九条第一款 申请个体行医的执业医师，须经注册后在医疗、预防、保健机构中执业满五年，并按照国家有关规定办理审批手续；未经批准，不得行医。

《医疗机构管理条例》

第二十三条 任何单位或者个人，未取得《医疗机构执业许可证》或者未经备案，不得开展诊疗活动。

第四十三条 违反本条例第二十三条规定，未取得《医疗机构执业许可证》擅自执业的，依照《中华人民共和国基本医疗卫生与健康促进法》的规定予以处罚。

违反本条例第二十三条规定，诊所未经备案执业的，由县级以上人民政府卫生行政部门责令其改正，没收违法所得，并处3万元以下罚款；拒不改正的，责令其停止执业活动。

《医疗机构管理条例实施细则》

第十三条第一款 在城市设置诊所的个人，必须同时具备下列条件：

（一）经医师执业技术考核合格，取得《医师执业证书》；

（二）取得《医师执业证书》或者医师职称后，从事五年以上同一专业的临床工作；

（三）省、自治区、直辖市卫生计生行政部门规定的其他条件。

5. 没收非法财物类案件的审查

【审查要点】

没收非法财物这一行政处罚方式多与其他行政处罚并用，如罚款等，因此在确定没收非法财物案由时也要注意公民、法人或者其他组织所提行政诉讼中的诉讼请求，不要遗漏其他行政处罚方式，若还有其他行政处罚方式，则需要在案件案由中一并列出。

在审理没收非法财物案件时，须注意审查被诉行政机关适用法律法规的正确性、准确性；过罚是否相当；行政机关是否履行了相关的法定程序等。

【典型案例】

甲公司诉乙市市场监督管理局没收非法财物、没收违法所得、罚款案

【裁判要旨】

根据《食品安全法》第六十七条的规定，预包装食品的包装上应当有标签，并且标明"所使用的食品添加剂在国家标准中的通用名称"。而根据《食品安全国家标准 预包装食品标签通则》（GB 7718—2011）第4.1.3.1.4条的规定，食品添加剂应当标示其在GB 2760（《食品安全国家标准 食品添加剂使用标准》）中食品添加剂的通用名称。食品添加剂通用名称可以标示为食品添加剂的具体名称，也可标示为食品添加剂的功能类别名称并同时标示食品添加剂的具体名称或国际编码（INS 号）。

【简要案情】

2017 年 2 月，乙市市场监督管理局（以下简称市监局）对投诉人举报甲公司生产的香芋奶茶粉、草莓奶茶粉固体饮料标签问题予以案件来源登记。3 月，市监局对甲公司作现场检查，发现其生产的香芋奶茶、草莓奶茶两款固体饮料外包装标签标注：配料：……食用色素。市监局认为该标签涉嫌违反《食品安全法》（2015 年修订）标签规定，经批准对涉嫌产品予以扣押并出具实施行政强制措施决定书、清单。市监局对涉案产品抽样并委托市产品质量监督检验所检验，甲公司对抽样予以确认。2017 年 4 月，市产品质量监督检验所出具检验结果，涉案产品质量合格，该检验结果于 4 月 9 日送达甲公司。此后，经与甲公司调查核实，查明其共生产草莓奶茶、香芋奶茶货值 299775 元，已销售部分获利 11967.44 元。经过听证后，市监局作出行政处罚决定书，决定没收标签不符的香芋奶茶固体饮料 356 箱（每箱 20 袋、每包规格 1kg）、没收草莓奶茶固体饮料 349 箱（每箱 20 袋、每包规格 1kg）、没收违法所得 11967.44 元、罚款 1500000 元。甲公司不服，向法院提起诉讼。一审判决确认市监局作出的行政处罚决定违法，二审判决维持一审判决，驳回上诉。

【规范性文件】

《中华人民共和国食品安全法》

第六十七条 预包装食品的包装上应当有标签。标签应当标明下列事项：

（一）名称、规格、净含量、生产日期；

（二）成分或者配料表；

（三）生产者的名称、地址、联系方式；

（四）保质期；

（五）产品标准代号；

（六）贮存条件；

（七）所使用的食品添加剂在国家标准中的通用名称；

（八）生产许可证编号；

（九）法律、法规或者食品安全标准规定应当标明的其他事项。

专供婴幼儿和其他特定人群的主辅食品，其标签还应当标明主要营养成分及其含量。

食品安全国家标准对标签标注事项另有规定的，从其规定。

第七十条 食品添加剂应当有标签、说明书和包装。标签、说明书应当载明本法第六十七条第一款第一项至第六项、第八项、第九项规定的事项，以及食品添加剂的使用范围、用量、使用方法，并在标签上载明"食品添加剂"字样。

第一百一十五条 县级以上人民政府食品安全监督管理等部门应当公布本部门的电子邮件地址或者电话，接受咨询、投诉、举报。接到咨询、投诉、举报，对属于本部门职责的，应当受理并在法定期限内及时答复、核实、处理；对不属于本部门职责的，应当移交有权处理的部门并书面通知咨询、投诉、举报人。有权处理的部门应当在法定期限内及时处理，不得推诿。对查证属实的举报，给予举报人奖励。

有关部门应当对举报人的信息予以保密，保护举报人的合法权益。举报人举报所在企业的，该企业不得以解除、变更劳动合同或者其他方式对举报人进行打击报复。

6. 暂扣许可证件类案件的审查

【审查要点】

许可证和执照是证明持有人具备开展某项活动或者实施某种行为能力的资格证明，行政主体暂扣许可证或执照是对违法行为人持有的许可证或执照予以临时性的收缴，待进一步将相关事实查清、采取相关措施之后再予以退还或作其他处理。

在审理暂扣许可证件类案件时，首先须审查行政机关适用该行政处罚种类的法律依据，即违法事实与法律法规的规定是否相吻合。其次须审查行政机关作出行政处罚决定时的行政程序是否合法，还须审查行政机关适用暂扣许可证件这一种类的行政处罚是否符合比例原则，是否有不适当之处等。

【典型案例】

甲公司诉乙市国土资源局不履行采矿许可证延续登记案

【裁判要旨】

行政相对人未及时缴纳采矿权价款，行政机关应依法催缴，其将行政相对人的采矿许可证暂扣后，亦应将采矿许可证有效期限届满需延续等内容及时告知行政相对人。行政机关暂扣行政相对人采矿许可证后未及时履行告知义务的行为造成行政相对人无法及时办理采矿许可证延续，行政机关存在怠于行使职能的主观过错。

【简要案情】

乙市国土资源局于2011年9月为甲公司办理了采矿许可证延续登记手续，有效期限为2011年9月9日至2014年9月9日。之后，乙市国土资源局向甲公司下发了《采矿权价款缴纳通知书》，要求其自收到此通知后，15日内一次性缴清采矿权价款。因甲公司自接到通知书后没有缴纳价款，乙市国土资源局根据《财政部、国土资源部、中国人民银行关于探矿权采矿权价款收入管理有关事项的通知》（财建〔2006〕394号）的规定（对未按规定及时足额缴纳探矿权采矿权价款的，不得办理探矿权采矿权登记手续，不得发放探矿许可证或者采矿许可证），乙市国土资源局将延续后的许可证予以暂扣，直至延续后的采矿许可证有效期届满。

之后，甲公司申请缴纳价款及办理采矿许可证延续登记手续，乙市国土资源局口头答复甲公司延续后的采矿许可证已经过了有效期，自行废止，所以不能受理其要求缴纳价款的申请，也不能为其办理采矿许可证延续登记手续。甲公司不服，提起行政诉讼请求判令乙市国土资源局依法为其办理采矿许可证延续登记手续。一审判决责令乙市国土资源局在法定期限内针对甲公司为采矿许可证办理延续登记手续的申请作出行政行为。二审判决维持一审判决、驳回上诉。

【规范性文件】

《中华人民共和国行政许可法》

第七条 公民、法人或者其他组织对行政机关实施行政许可，享有陈述权、申辩权；有权依法申请行政复议或者提起行政诉讼；其合法权益因行政机关违法实施行政许可受到损害的，有权依法要求赔偿。

第三十二条 行政机关对申请人提出的行政许可申请,应当根据下列情况分别作出处理:

(一) 申请事项依法不需要取得行政许可的,应当即时告知申请人不受理;

(二) 申请事项依法不属于本行政机关职权范围的,应当即时作出不予受理的决定,并告知申请人向有关行政机关申请;

(三) 申请材料存在可以当场更正的错误的,应当允许申请人当场更正;

(四) 申请材料不齐全或者不符合法定形式的,应当当场或者在五日内一次告知申请人需要补正的全部内容,逾期不告知的,自收到申请材料之日起即为受理;

(五) 申请事项属于本行政机关职权范围,申请材料齐全、符合法定形式,或者申请人按照本行政机关的要求提交全部补正申请材料的,应当受理行政许可申请。

行政机关受理或者不予受理行政许可申请,应当出具加盖本行政机关专用印章和注明日期的书面凭证。

第三十七条 行政机关对行政许可申请进行审查后,除当场作出行政许可决定的外,应当在法定期限内按照规定程序作出行政许可决定。

第三十八条 申请人的申请符合法定条件、标准的,行政机关应当依法作出准予行政许可的书面决定。

行政机关依法作出不予行政许可的书面决定的,应当说明理由,并告知申请人享有依法申请行政复议或者提起行政诉讼的权利。

第五十条 被许可人需要延续依法取得的行政许可的有效期的,应当在该行政许可有效期届满三十日前向作出行政许可决定的行政机关提出申请。但是,法律、法规、规章另有规定的,依照其规定。

行政机关应当根据被许可人的申请,在该行政许可有效期届满前作出是否准予延续的决定;逾期未作决定的,视为准予延续。

7. 吊销许可证件类案件的审查

【审查要点】

行政主体对持有人的许可证或执照予以吊销即取消其从事某项活动或实施某种行为的资格,从而使其丧失特定的权益、缩减其特定的活动空间等,对原持有人的权利义务影响较大,因而涉及暂扣或吊销许可证件或执照的行政处罚,很多法律法规都给予被处罚人较为周密的"抗辩机会",如《生态环境行政处罚办法》第四十四条规定:"生态环境主管部门在作出行政处罚决定之前,应当告知当事人拟作出的行政处罚内容及事实、理由、依据和当事人依法享有的陈述、申辩、要求听证等权利,当事人在收到告知书后五日内进行陈述、申辩;未依法告知当事人,或者拒绝听取当事人的陈述、申辩的,不得作出行政处罚决定,当事人明确放弃陈述或者申辩权利的除外。"

在审理吊销许可证件类案件时,首先要审查行政机关是否具有作出此类行政处罚决定的职权,其次审查行政机关作出行政处罚决定是否有法律法规依据,以及案涉的违法事实是否与相关的法律法规规定相吻合,是否按照法律法规规定履行了法定程序等。

【典型案例】

徐某某诉甲市公安局交通警察支队吊销许可证件案

【裁判要旨】

行政机关在作出吊销许可证的行政处罚决定前,须经过立案、送达行政案件权利义务告知书、调查询问、处罚审批,并制作行政处罚告知笔录,告知行政相对人享有陈述、申辩及提出听证的权利。

【简要案情】

2018年12月,徐某某驾驶小型轿车行驶时,在路口执勤的交警及协警对其进行了现场呼气式酒精检测,酒精检测结果为188mg/100ml,属于酒后驾驶,且有醉驾嫌疑。徐某某对呼气检测结果提出异议,交警及协警带徐某某到县人民医院抽血检测,交警在填写提取血样登记表时,未核实提取量,便在提取量处填写了"3ml",后专门保管血样检材的交警发现提取量与实际不符合，实际提取量是 2ml，遂在二人均在场的情况下将提取量涂改。当日，县交警大队作出公安交通管理行政强制措施凭证。2019 年 2 月，交警对徐某某进行了调查询问和行政处罚前告知，制作询问和告知笔录，徐某某在笔录中陈述不需要听证程序。2019 年 5 月，县交警大队对徐某某进行了两次刑事讯问，甲市公安局交通警察支队作出公安交通管理行政处罚决定，决定对徐某某处以吊销机动车驾驶证、五年内不得重新取得机动车驾驶证的处罚。县人民法院作出刑事一审判决书，认定徐某某犯危险驾驶罪，判处拘役 1 个月，并处罚金人民币 2000 元；二审法院驳回上诉、维持一审刑事判决。

【规范性文件】

《中华人民共和国道路交通安全法》

第二十二条第二款　饮酒、服用国家管制的精神药品或者麻醉药品，或者患有妨碍安全驾驶机动车的疾病，或者过度疲劳影响安全驾驶的，不得驾驶机动车。

第九十一条第二款　醉酒驾驶机动车的，由公安机关交通管理部门约束至酒醒，吊销机动车驾驶证，依法追究刑事责任；五年内不得重新取得机动车驾驶证。

8. 降低资质等级类案件的审查

【审查要点】

降低资质等级这一行政处罚种类往往用于法人或者其他组织。资质等级对应的是法人或者其他组织在某些专业技术领域中所具有的技术水准、专业能力、人员素质及规模体量、资金效益情况、经营能力、业绩等，资质等级意味着法人或者其他组织相应的工作能力和工作范围。此类型行政处罚缩减了被处罚对象的工作范围，在很大程度上是对其经济利益的严重冲击，势必会制约其在业界的影响力。降低资质等级这一行政处罚方式散见于各个行政管理领域的专门性法律法规之中，尽管对于不同行政管理领域中处以降低资质等级行政处罚决定提起行政诉讼的案件，案由都是降低资质等级，但在不同案件的审理中需要适用相对应行政管理领域中的专门性法律法规。降低资质等级可单处，也可与其他行政处罚方式或行政处理手段并用，因此，在确定案件案由时，要注意结合案件实际情况，除了降低资质等级外，不要遗漏其他案由。

【典型案例】

甲公司诉中华人民共和国住房和城乡建设部行政处罚案

【裁判要旨】

行政机关在作出降低资质等级类行政处罚决定之前，应当告知当事人作出行政处罚决定的事实、理由及依据，并告知当事人依法享有的权利。行政机关在听证程序中未向行政相对人出示拟作出处罚所依据的全部证据，并接受行政相对人一方质证，属于《行政诉讼法》第七十条第三项规定的"违反法定程序的"情形。

但应该注意到，虽然行政机关在听证程序中未向行政相对人出示相关证据，但行政机关在作出被诉行政处罚决定前，向行政相对人作出行政告知书，告知拟作出行政处罚决定的事实、理由及依据；在听证程序中，行政相对人进行了陈述和申辩，对行政处罚涉及的事实和法律适用问题表达了异议并提供了证据；在诉讼期间，行政机关也提供了相关证据材料，行政相对人已获取并发表了质证意见，其在诉讼中就本案事实和法律适用问题所提的主张，亦包含了其在行政程序中的陈述、申辩意见，且经人民法院审查均不能成立，被诉处罚决定认定事实清楚、适用法律正确。如撤销被诉处罚决定并重启行政处罚程序，由行政机关重新进行的行政程序中再行出示相关证据、行政相对人再行质证，对案件的事实认定及法律适用并无任何实际影响，徒增双方参与行政程序及行政争诉的成本，故被诉处罚决定不具备撤销重作的必要性，人民法院应在确认被诉处罚决定违法的同时，保留其相应法律效力。

【简要案情】

甲公司取得了中华人民共和国住房和城乡建设部（以下简称住建部）核发的化工石化医药行业（化学工程）专业甲级和建筑行业（建筑工程）甲级资质，系涉案项目的设计单位，具体承担涉案项目的安全设施、工艺等初步设计，总平面图的工程设计以及安全设施设计专篇的编制工作。

2017年，乙公司间二氯苯装置发生爆炸事故，造成10人死亡、1人轻伤，直接经济损失4875万元。2018年，该事故调查组作出涉案事故调查报告,其中,甲公司在未取得规划许可情况下,明知四车间已建成,违规出具正式施工图。出具的安全设施设计专篇未严格执行国家法律法规和标准规范要求,没有对建设项目选用的工艺技术安全可靠性进行充分说明,没有对间二硝基苯脱水、保温釜储存及压料、残液回收使用等工艺过程中的危险有害因素进行充分辨识,造成事故隐患。在该报告的"对事故相关责任人和责任单位的处理建议"部分,事故调查组按照《建筑法》第七十三条、《建设工程安全生产管理条例》第五十六条等法律法规,建议丙省住建厅给予甲公司降低资质等级的行政处罚。后丙省人民政府作出批复:一、同意涉案事故调查报告对涉案事故的原因分析和责任认定,准予结案。二、同意涉案事故调查报告提出的对责任人处理的建议。对事故责任人,要按照干部管理权限和相关规定作出党纪、政纪处分;触犯刑律的,移送司法机关依法追究刑事责任。三、同意涉案事故调查报告提出的事故防范措施。

2018年11月,丁市住建局作出处罚决定,认定甲公司2012年12月在堆沟港镇化工园区内承建的涉案项目厂房工程,在建设单位未取得建设用地和规划许可证的情况下,违规出具涉案项目的施工图;2015年6月,甲公司在明知涉案项目四车间已经建成的情况下,又出具了四车间正式施工图。该行为违反了《建设工程安全生产管理条例》第十三条的规定,依据《建设工程勘察设计管理条例》第四十条、《建设工程安全生产管理条例》第五十六条的规定,决定给予甲公司罚款30万元的处罚。该处罚决定已经执行完毕。

2019年1月,丙省住建厅作出报告,提请住建部给予甲公司降低工程设计化工石化医药行业(化工工程)专业甲级资质的行政处罚。2019年3月,住建部向甲公司作出告知书,告知:根据57号批复,其在建设单位未取得规划许可的情况下,违规出具施工图。出具的安全设施设计专篇未严格执行国家法律法规和标准规范要求,没有对建设项目选用的工艺技术安全可靠性进行充分说明,没有对间二硝基苯脱水、保温釜储存及压料、残液回收使用等工艺过程中的危险有害因素进行充分辨识,造成事故隐患。依据《建设工程勘察设计管理条例》第四十条、《建设工程安全生产管理条例》第五十六条的规定,拟给予甲公司化工石化医药行业(化工工程)专业甲级资质降为乙级的行政处罚。同时告知甲公司,根据《行政处罚法》第四十二条的规定,其可在收到该告知书之日起3日内向住建部进行书面陈述(申辩)或提出听证要求,逾期未提出,视为放弃上述权利。后甲公司提出听证申请,并向住建部提交了书面听证意见等材料。

2019年6月,住建部召开听证会。甲公司的法定代表人及其委托代理人参加了听证会。在听证会上,住建部的调查人员说明了认定的违法事实、依据及处罚建议,但并未向甲公司出示57号批复、涉案事故调查报告等证据。

2020年4月,住建部作出被诉处罚决定。甲公司不服,向一审法院提起行政诉讼。一审法院判决撤销被诉处罚决定。二审法院撤销一审判决,确认被诉的行政处罚决定违法。

【规范性文件】

《中华人民共和国行政处罚法》

第五条 行政处罚遵循公正、公开的原则。

设定和实施行政处罚必须以事实为依据,与违法行为的事实、性质、情节以及社会危害程度相当。

对违法行为给予行政处罚的规定必须公布;未经公布的,不得作为行政处罚的依据。

第七条 公民、法人或者其他组织对行政机关所给予的行政处罚,享有陈述权、申辩权;对行政处罚不服的,有权依法申请行政复议或者提起行政诉讼。

公民、法人或者其他组织因行政机关违法给予行政处罚受到损害的,有权依法提出赔偿要求。

第四十四条 行政机关在作出行政处罚决定之前,应当告知当事人拟作出的行政处罚内容及事实、理由、依据,并告知当事人依法享有的陈述、申辩、要求听证等权利。

第四十五条 当事人有权进行陈述和申辩。行政机关必须充分听取当事人的意见,对当事人提出的事实、理由和证据,应当进行复核;当事人提出的事实、理由或者证据成立的,行政机关应当采纳。

行政机关不得因当事人陈述、申辩而给予更重的处罚。

第六十二条 行政机关及其执法人员在作出行政处罚决定之前,未依照本法第四十四条、第四十五条的规定向当事人告知拟作出的行政处罚内容及事实、理由、依据,或者拒绝听取当事人的陈述、申辩,不得作出行政处罚决定;当事人明确放弃陈述或者申辩权利的除外。

第六十三条 行政机关拟作出下列行政处罚决定,应当告知当事人有要

求听证的权利,当事人要求听证的,行政机关应当组织听证:

(一)较大数额罚款;

(二)没收较大数额违法所得、没收较大价值非法财物;

(三)降低资质等级、吊销许可证件;

(四)责令停产停业、责令关闭、限制从业;

(五)其他较重的行政处罚;

(六)法律、法规、规章规定的其他情形。

当事人不承担行政机关组织听证的费用。

第六十四条 听证应当依照以下程序组织:

(一)当事人要求听证的,应当在行政机关告知后五日内提出;

(二)行政机关应当在举行听证的七日前,通知当事人及有关人员听证的时间、地点;

(三)除涉及国家秘密、商业秘密或者个人隐私依法予以保密外,听证公开举行;

(四)听证由行政机关指定的非本案调查人员主持;当事人认为主持人与本案有直接利害关系的,有权申请回避;

(五)当事人可以亲自参加听证,也可以委托一至二人代理;

(六)当事人及其代理人无正当理由拒不出席听证或者未经许可中途退出听证的,视为放弃听证权利,行政机关终止听证;

(七)举行听证时,调查人员提出当事人违法的事实、证据和行政处罚建议,当事人进行申辩和质证;

(八)听证应当制作笔录。笔录应当交当事人或者其代理人核对无误后签字或者盖章。当事人或者其代理人拒绝签字或者盖章的,由听证主持人在笔录中注明。

9. 责令关闭类案件的审查

【审查要点】

责令关闭对行政处罚相对人而言是影响极大的处罚决定,一般针对的是生产经营主体。责令关闭是对违法行为较严重的行政相对人作出的,多数情况下对违法主体已作出前期行政处罚，但违法行为者仍未纠正错误行为或未改变违法状态时，对其实施的最终处罚。如《节约能源法》第六十八条第二款规定："固定资产投资项目建设单位开工建设不符合强制性节能标准的项目或者将该项目投入生产、使用的，由管理节能工作的部门责令停止建设或者停止生产、使用，限期改造；不能改造或者逾期不改造的生产性项目，由管理节能工作的部门报请本级人民政府按照国务院规定的权限责令关闭。"《职业病防治法》第七十二条规定："用人单位违反本法规定，有下列行为之一的，由卫生行政部门给予警告，责令限期改正，逾期不改正的，处五万元以上二十万元以下的罚款；情节严重的，责令停止产生职业病危害的作业，或者提请有关人民政府按照国务院规定的权限责令关闭：（一）工作场所职业病危害因素的强度或者浓度超过国家职业卫生标准的；（二）未提供职业病防护设施和个人使用的职业病防护用品，或者提供的职业病防护设施和个人使用的职业病防护用品不符合国家职业卫生标准和卫生要求的……"从上述法律规定中可看出，责令关闭这一行政处罚种类主要适用于可能会对社会公共健康卫生、环境等社会公共利益产生较大危害的领域。

责令关闭虽然散见于不同的法律法规之中，但从其性质上分析，是对违法行为者的一种惩罚，也是对潜在违法者的一种警诫，属于行政处罚的范畴，而且在不同行政管理领域之中均会适用，因此，《暂行规定》将"责令关闭"列入行政处罚之下作为三级案由。

在审理涉及责令关闭行政处罚案件时，需要适用相关行政管理领域中的专门性法律法规，如《环境保护法》等。

【典型案例】

甲公司诉乙区人民政府责令关闭及行政补偿案

【裁判要旨】

1. 行政相对人经营的地点位于禁养区内，在行政机关根据法律法规划定畜禽禁养区后，继续从事养殖业，且在当地环保部门要求责令停止后，拒不改正违法行为，行政机关在履行了法定程序之后依法责令其关闭养殖场，事实认定清楚，适用法律正确。

2. 《畜禽规模养殖污染防治条例》第二十五条规定："因畜牧业发展规划、土地利用总体规划、城乡规划调整以及划定禁止养殖区域，或者因对污染严重的畜禽养殖密集区域进行综合整治，确需关闭或者搬迁现有畜禽养殖场所，致使畜禽养殖者遭受经济损失的，由县级以上地方人民政府依法予以补偿。"虽然行政机关作出的责令关闭决定事实认定清楚，法律适用准确，并不违反相关法律规定。但是考虑到行政相对人涉案养殖场经营时间在前，行政机关划定禁养区时间在后，而且行政机关制定的规范性文件对于自行拆除养殖场的也设定了补偿和奖励方案。因此，行政相对人在停止经营并拆除养殖场的基础上，具备获得行政机关一定经济补偿的法理基础。

【简要案情】

2015年4月，乙区人民政府（以下简称区政府）办公室制定《关于印发划定某区畜禽养殖区域规定的通知》，该文件明确载明禁养区范围，还规定："禁养区内现有牲畜养殖场，必须自2015年8月1日起自行搬迁或关闭，至2016年底，禁养区内的牲畜养殖场实现全部清除，逾期未搬迁或关闭的牲畜养殖场，按照属地管理的原则，由当地镇政府（街道办）协调区环保、城管和农业等相关部门配合区政府依法进行拆除或清理。"

2017年4月，当地环保局对甲公司作出《责令改正违法行为决定书》，责令其自收到本决定书之日起立即停止在当地从事畜禽养殖业的违法行为。同年8月，区政府作出责令关闭甲公司生猪养殖场的决定。甲公司不服该决定，提起行政诉讼。一审判决：一、甲公司在自行拆除涉案养殖场并经验收后，区政府应当按照《关于印发某市某区黑臭水体农业污染源专项整治工作方案的通知》中设定的"奖励标准"对甲公司支付经济补偿，具体金额以2016年10月30日为基准日清点拆除物品后另行计算。二、驳回甲公司的其他诉讼请求。二审判决驳回上诉、维持原判。

【规范性文件】

《中华人民共和国畜牧法》

第四十条 第四十条畜禽养殖场的选址、建设应当符合国土空间规划，并遵守有关法律法规的规定；不得违反法律法规的规定，在禁养区域建设畜禽养殖场。

《畜禽规模养殖污染防治条例》

第二十五条 因畜牧业发展规划、土地利用总体规划、城乡规划调整以及划定禁止养殖区域，或者因对污染严重的畜禽养殖密集区域进行综合整治，确需关闭或者搬迁现有畜禽养殖场所，致使畜禽养殖者遭受经济损失的，由县级以上地方人民政府依法予以补偿。

《畜禽养殖污染防治管理办法》

第七条 禁止在下列区域内建设畜禽养殖场：

（一）生活饮用水水源保护区、风景名胜区、自然保护区的核心区及缓冲区；

（二）城市和城镇中居民区、文教科研区、医疗区等人口集中地区；

（三）县级人民政府依法划定的禁养区域；

（四）国家或地方法律、法规规定需特殊保护的其他区域。

本办法颁布前已建成的、地处上述区域内的畜禽养殖场应限期搬迁或关闭。

10. 责令停产停业类案件的审查

【审查要点】

责令停产停业主要针对的是从事生产经营活动的主体，行政主体通过责令停产停业这一处罚方式促使生产经营主体尽快完善相关工作环节、加强配套建设、更换有关人员等，以消除隐患，保证生产经营活动安全、规范、有序地进行。责令停产停业这一行政处罚方式在行政执法实践中较为常见，是行政主体积极行使行政管理职权，保障社会秩序平稳的手段之一。

在审理责令停产停业类案件时，首先须审查原告起诉的被告是否适格，即被告是否具有作出此类行政处罚决定的法定职权。其次须审查被告作出责令停产停业决定或通知的行政程序是否合法以及结合具体案情，审查责令停产停业决定或通知是否有法律法规依据、是否适当等。

【典型案例】

甲公司诉乙市生态环境局丰顺分局、丙县科工商务局、某县发展和改革局责令停产停业案

【裁判要旨】

1. 责令停产停业属于《行政处罚法》规定的行政处罚的种类，具有可诉性。

2. 行政机关作出责令停产停业、吊销许可证或者执照、较大数额罚款等行政处罚决定之前，应当告知当事人有要求举行听证的权利；当事人要求听证的，行政机关应当组织听证。

【简要案情】

2019年9月，甲公司因年产钢坯49万吨建设项目的污染防治环境保护措施未经验收合格，擅自投入生产，违反了《建设项目环境保护管理条例》第十九条的规定，被县环境保护局责令改正违法行为，并处以20万元罚款的行政处罚。甲公司未被列入省人民政府上报国务院的钢铁企业名单。

2020年7月，乙市生态环境局丰顺分局（以下简称市生态局丰顺分局）、某县发展和改革局（以下简称县发改局）、丙县科工商务局（以下简称县科工局）联合向甲公司作出涉案《停产通知》。内容为："根据2020年6月30日《市钢铁行业化解过剩产能工作会议纪要》（〔2020〕1号）内容'二要立即采取措施，责令停产、停电。县政府要严格按国家和省严控钢铁违法违规新增产能的有关政策，切实履行属地责任，依法依规进行处理，立即恢复停电措施，责令企业停产，市有关部门也要履职尽责，协调配合，切实加强监督。'现责令甲公司在完善相关部门手续前，不得进行生产。"甲公司不服该停产通知，提起行政诉讼。一审判决撤销市生态环境局丰顺分局、县发改局、县科工局在2020年7月2日向甲公司作出的《停产通知》。二审判决撤销一审判决，确认被诉的《停产通知》违法。

【规范性文件】

《中华人民共和国行政诉讼法》

第七十四条 行政行为有下列情形之一的，人民法院判决确认违法，但不撤销行政行为：

（一）行政行为依法应当撤销，但撤销会给国家利益、社会公共利益造成重大损害的；

（二）行政行为程序轻微违法，但对原告权利不产生实际影响的。

行政行为有下列情形之一，不需要撤销或者判决履行的，人民法院判决确认违法：

（一）行政行为违法，但不具有可撤销内容的；

（二）被告改变原违法行政行为，原告仍要求确认原行政行为违法的；

（三）被告不履行或者拖延履行法定职责，判决履行没有意义的。

《中华人民共和国行政处罚法》

第四十四条 行政机关在作出行政处罚决定之前，应当告知当事人拟作出的行政处罚内容及事实、理由、依据，并告知当事人依法享有的陈述、申辩、要求听证等权利。

第四十五条 当事人有权进行陈述和申辩。行政机关必须充分听取当事人的意见，对当事人提出的事实、理由和证据，应当进行复核；当事人提出的事实、理由或者证据成立的，行政机关应当采纳。

行政机关不得因当事人陈述、申辩而给予更重的处罚。

11. 限制开展生产经营活动类案件的审查

【审查要点】

限制开展生产经营活动这一行政处罚适用的对象是生产经营主体，目的在于通过限缩生产经营主体的生产规模，减少其产出，以减少其经济效益的方式来促使其纠正违法行为、消除社会危害。在行政执法实践中，行政主体采用限制开展生产经营活动这一行政处罚形式时，在处罚决定书中可能不一定会使用"限制开展生产经营活动"这一名称，如使用"限制生产""限制生产经营活动"等，在审理相关案件时，需结合行政主体行政处罚决定中的具体内容来进行判断，从而准确地确定案由。

在审理限制开展生产经营活动类案件时，除了须审查作出该类行政处罚决定的行政机关是否具有相应的法定职责之外，还须重点审查行政机关采取限制开展生产经营活动行政处罚的必要性、法律依据、事实根据以及是否遵守了法定程序等。

【典型案例】

甲电力有限公司诉乙市生态环境局罚款、限制开展生产经营活动案

【裁判要旨】

1. 行政机关针对两个违法行为时间不同、对象不同的违法情形，应分别予以处罚之规定，不违反"一事不再罚"的行政处罚原则。

2. 行政机关须按照法律法规规定的期限和步骤作出行政处罚决定，如立案、调查、集体讨论研究等。

【简要案情】

甲电力有限公司系按法定程序审核成立的垃圾焚烧发电企业。2018年12月、2019年2月、2019年4月，生态环境部直属的中国环境监测总站委托乙市生态环境监测中心先后对甲电力有限公司位于乙市经开区郊垃圾焚烧发电厂项目排放污染物中二噁英进行监督性监测。乙市生态环境局决定：对甲电力有限公司，4号焚烧炉二噁英超标排放的违法行为作出行政处罚决定，认定其超标排放12倍，违反了《大气污染防治法》第十八条的规定，依该法第九十九条和《乙市环境保护局行政处罚自由裁量权规范标准》第六十九项的规定，决定：（1）责令限制生产3个月；（2）处100万元罚款。同时处罚决定书还明确了责令限制生产和行政处罚决定的履行方式和期限，并告知甲电力有限公司申请行政复议或者提起行政诉讼的途径和期限。甲电力有限公司不服该行政处罚决定，提起行政诉讼，一审判决驳回诉讼请求，二审判决驳回上诉、维持原判。

【规范性文件】

《中华人民共和国大气污染防治法》

第十八条 企业事业单位和其他生产经营者建设对大气环境有影响的项目，应当依法进行环境影响评价、公开环境影响评价文件；向大气排放污染物的，应当符合大气污染物排放标准，遵守重点大气污染物排放总量控制要求。

第九十九条 违反本法规定，有下列行为之一的，由县级以上人民政府生态环境主管部门责令改正或者限制生产、停产整治，并处十万元以上一百万元以下的罚款；情节严重的，报经有批准权的人民政府批准，责令停业、关闭：

（一）未依法取得排污许可证排放大气污染物的；

（二）超过大气污染物排放标准或者超过重点大气污染物排放总量控制指标排放大气污染物的；

（三）通过逃避监管的方式排放大气污染物的。

《环境行政处罚办法》

第三十七条 环境保护主管部门在对排污单位进行监督检查时，可以现场即时采样，监测结果可以作为判定污染物排放是否超标的证据。

12. 限制从业类案件的审查

【审查要点】

限制从业实质上是一种资格罚，对被处罚人从事特定行业或者职业进行禁止，对其权利有所减损，所以也属于行政处罚的范畴。在有的案件中，行政主体作出的处罚决定并没有明确标明"限制从业"行政处罚决定之类的字眼，需要结合其处罚决定的实际内容来判断是否属于限制从业这一类的行政处罚决定，因此，在审理相关类型案件时，须经过全面的分析研究后才可准确确定案由。在审查该类案件时，须审查限制从业处罚类型与行政相对人违法行为是否适当和对应。

【典型案例】

武某某诉中国银保监会甲监管局取消高管任职资格案

【裁判要旨】

行政机关在作出限制从业行政处罚决定之前，应当告知当事人作出行政处罚决定的事实、理由及依据，并告知当事人依法享有的权利；当事人有权进行陈述和申辩。行政机关必须充分听取当事人的意见，对当事人提出的事实、理由和证据，应当进行复核；当事人提出的事实、理由或者证据成立的，行政机关应当采纳。行政机关不得因当事人申辩而加重处罚。

【简要案情】

依照《银行业监督管理法》第四十八条的规定，中国银保监会甲监管局（以下简称甲银保监局）具有作出相应处罚的行政职权。在拟对涉事多人作出行政处罚前，甲银保监局于2018年送达了《行政处罚意见告知书》，该告知书送达后，其中一名行政相对人提出申辩并要求举行听证，甲银保监局依申请举行听证并进行补充调查，甲银保监局行政处罚委员会经集体审议，对省、市、基层三级银行的责任重新作出认定，在此基础上拟对武某某作出

"取消高管任职资格二年"的处罚。一审、二审法院均认为该处罚决定具有事实依据，不违反法律规定。

【规范性文件】

《中华人民共和国银行业监督管理法》

第四十八条 银行业金融机构违反法律、行政法规以及国家有关银行业监督管理规定的，银行业监督管理机构除依照本法第四十四条至第四十七条规定处罚外，还可以区别不同情形，采取下列措施：

（一）责令银行业金融机构对直接负责的董事、高级管理人员和其他直接责任人员给予纪律处分；

（二）银行业金融机构的行为尚不构成犯罪的，对直接负责的董事、高级管理人员和其他直接责任人员给予警告，处五万元以上五十万元以下罚款；

（三）取消直接负责的董事、高级管理人员一定期限直至终身的任职资格，禁止直接负责的董事、高级管理人员和其他直接责任人员一定期限直至终身从事银行业工作。

《中华人民共和国行政处罚法》

第七条 公民、法人或者其他组织对行政机关所给予的行政处罚，享有陈述权、申辩权；对行政处罚不服的，有权依法申请行政复议或者提起行政诉讼。

公民、法人或者其他组织因行政机关违法给予行政处罚受到损害的，有权依法提出赔偿要求。

第四十四条 行政机关在作出行政处罚决定之前，应当告知当事人拟作出的行政处罚内容及事实、理由、依据，并告知当事人依法享有的陈述、申辩、要求听证等权利。

第四十五条 当事人有权进行陈述和申辩。行政机关必须充分听取当事人的意见，对当事人提出的事实、理由和证据，应当进行复核；当事人提出的事实、理由或者证据成立的，行政机关应当采纳。

行政机关不得因当事人陈述、申辩而给予更重的处罚。

13. 行政拘留类案件的审查

【审查要点】

行政拘留是对行政相对人人身自由的剥夺，属于行政处罚中很严厉的一种。在审理行政拘留类案件时，须审查行政机关对于违法行为人的认定是否准确、对于违法事实的认定是否全面、准确。在认定违法行为人和违法事实时，多数情况下行政机关须调查询问证人，依赖询问情况作出认定。因此，人民法院在审理此类案件时需要对相关的询问调查笔录等进行认真核对，以确认行政机关的认定是否准确。除了对违法事实等进行审查外，还须审查行政机关作出行政处罚决定是否遵循了法律法规规定的法定程序，是否给予被处罚人陈述和申辩权等。

【典型案例】

吴某诉甲市公安局行政拘留、罚款案

【裁判要旨】

行政机关通过调查取证，认为人身伤害后果与违法行为人实施的行为有直接因果关系的，认定违法行为人及违法事实并无不当；而且在处罚决定作出前向违法行为人告知行政处罚的事实、理由和依据，并制作了行政处罚告知笔录，保障了违法行为人的陈述和申辩权。

【简要案情】

2020年8月，吴某在自家门口建洗澡间，因占地问题与王某发生争执，在两人争夺一块木板的过程中吴某将王某推倒在地上，导致王某受伤。经鉴定，王某右胸部的损伤程度为轻微伤，甲市公安局将鉴定意见分别告知王某、吴某。后甲市公安局对吴某以故意伤害作出行政拘留10日，并处罚款500元的行政处罚决定。吴某不服该行政处罚决定，向人民法院提起行政诉讼。一审判决驳回吴某的诉讼请求，二审判决驳回上诉、维持原判。

【规范性文件】

《中华人民共和国治安管理处罚法》

第四十三条 殴打他人的,或者故意伤害他人身体的,处五日以上十日以下拘留,并处二百元以上五百元以下罚款;情节较轻的,处五日以下拘留或者五百元以下罚款。

有下列情形之一的,处十日以上十五日以下拘留,并处五百元以上一千元以下罚款:

(一)结伙殴打、伤害他人的;

(二)殴打、伤害残疾人、孕妇、不满十四周岁的人或者六十周岁以上的人的;

(三)多次殴打、伤害他人或者一次殴打、伤害多人的。

《中华人民共和国行政处罚法》

第四十四条 行政机关在作出行政处罚决定之前,应当告知当事人拟作出的行政处罚内容及事实、理由、依据,并告知当事人依法享有的陈述、申辩、要求听证等权利。

第四十五条 当事人有权进行陈述和申辩。行政机关必须充分听取当事人的意见,对当事人提出的事实、理由和证据,应当进行复核;当事人提出的事实、理由或者证据成立的,行政机关应当采纳。

行政机关不得因当事人陈述、申辩而给予更重的处罚。

14. 不得申请行政许可类案件的审查

【审查要点】

不得申请行政许可这种行政处罚方式是对申请人相关权益的限制和剥夺,行政主体依据相关法律法规的规定,对违法行为人作出禁止其在特定时期内申请某类行政许可,具有较强的独立性,实质上是一种资格罚,是对行政相对人实施某种特定活动的禁止,相应地影响其经济利益的实现和增益。

在审理不得申请行政许可类案件时,首先须审查作出此类行政处罚的行政机关是否具有相应的法定职责,其次须审查行政机关作出的行政处罚决定是否有法律法规依据，认定的违法事实是否有充足的依据，在作出行政处罚决定前是否给予被处罚人陈述、申辩权等，是否依照法定程序进行相应的调查询问、鉴定等。

【典型案例】

王某某诉甲市公安交通管理支队罚款、拘留、吊销许可证件及不得申请行政许可案

【裁判要旨】

对饮酒后驾驶营运机动车的，可在县、市公安局，公安分局或者相当于县一级的公安机关决定拘留的基础上，由公安机关交通管理部门并处相应处罚。也就是说，是否属于饮酒后驾驶营运机动车，应先由县、市公安局，公安分局或者相当于县一级的公安机关进行处理。

【简要案情】

2020年5月，王某某酒后驾驶轻型栏板货车在高速路口被巡逻交警当场查获，经呼吸式酒精测试仪检测，王某某呼出气体中的酒精含量为43mg/100ml；扣留其机动车驾驶证并制作行政强制措施凭证，王某某在该凭证上签名。县公安交通警察大队对王某某进行了询问并制作了笔录，收集调取了相关信息、证据。王某某持有的机动车驾驶证载明：准驾车型为B2，使用性质为货运。2020年6月，县公安交通警察大队填写《兼职法制员审核意见表》，提出处理意见，报市公安交通管理支队（以下简称市交警支队）。市交警支队对王某某进行询问并制作了笔录、进行了行政案件权利义务告知、听证及处罚前告知并举行了听证，听取王某某陈述、申辩。后市交警支队作出行政处罚决定并送达。王某某不服该行政处罚决定，向人民法院提起行政诉讼，一审判决驳回王某某的诉讼请求，二审判决撤销一审判决和市交警支队作出的公安交通管理行政处罚决定。

【规范性文件】

《中华人民共和国道路交通安全法》

第九十一条 饮酒后驾驶机动车的，处暂扣六个月机动车驾驶证，并处一千元以上二千元以下罚款。因饮酒后驾驶机动车被处罚，再次饮酒后驾驶机动车的，处十日以下拘留，并处一千元以上二千元以下罚款，吊销机动车

驾驶证。

醉酒驾驶机动车的，由公安机关交通管理部门约束至酒醒，吊销机动车驾驶证，依法追究刑事责任；五年内不得重新取得机动车驾驶证。

饮酒后驾驶营运机动车的，处十五日拘留，并处五千元罚款，吊销机动车驾驶证，五年内不得重新取得机动车驾驶证。

醉酒驾驶营运机动车的，由公安机关交通管理部门约束至酒醒，吊销机动车驾驶证，依法追究刑事责任；十年内不得重新取得机动车驾驶证，重新取得机动车驾驶证后，不得驾驶营运机动车。

饮酒后或者醉酒驾驶机动车发生重大交通事故，构成犯罪的，依法追究刑事责任，并由公安机关交通管理部门吊销机动车驾驶证，终生不得重新取得机动车驾驶证。

第一百一十一条 对违反本法规定予以拘留的行政处罚，由县、市公安局、公安分局或者相当于县一级的公安机关裁决。

15. 责令限期拆除类案件的审查

【审查要点】

在审理责令限期拆除类案件时，须审查被诉的行政机关作出的责令限期拆除行政处罚决定是否符合相关法律法规的规定，是否必须予以拆除，能否采取其他处罚方式等。

【典型案例】

张某诉甲市乙区综合行政执法局责令限期拆除案

【裁判要旨】

1. 未办理建设工程规划许可证的房屋不一定是应当拆除的违法建筑，房屋来源、建造年代等，是评价无证房屋是否属于无法采取改正措施消除影响的违法建筑应当综合考量的因素。

2. 根据《城乡规划法》（2019年修正）第四十条第一款、第六十四条的规定，在城市、镇规划区内进行建筑物、构筑物、道路、管线和其他工程建设的，应当申请办理建设工程规划许可证。未取得建设工程规划许可证或者未按照建设工程规划许可证的规定进行建设，尚可采取改正措施消除对规划实施的影响的，限期改正，处建设工程造价5%以上10%以下的罚款；无法采取改正措施消除影响的，限期拆除，不能拆除的，没收实物或者违法收入，可以并处建设工程造价10%以下的罚款。据此，对已建成的违法建筑，以是否可采取改正措施消除对规划实施的影响为标准，法律分别规定了不同的处理方式。上述规定确立的适当性原则要求，行政机关在纠正违法建设行为时，应当区分违法建筑的具体情形；在存在选择不同处理方式的情形下，应当采用对相对人权益损害最小的方式，做到处理结果和处理目的合理得当。

【简要案情】

张某取得拆迁安置房后，在未改变房屋主体结构、未取得建设工程规划许可证的情况下，将拆迁安置房由原来的126.38平方米扩建为195平方米。目前，拆迁安置房及南侧搭建的楼梯未被拆除，其余部分建筑均被拆除。本案申诉复查期间，经法院协调，甲市乙区综合行政执法局（以下简称区执法局）与拆迁人某公司及有关部门协商，某公司已于2021年6月办理不动产权证书。该不动产权证书载明的面积为129.01平方米。2017年6月至7月，区执法局对涉案建筑物进行现场调查、拍照取证，认为四处建筑物涉嫌违法建设，并在《案件调查及现场勘察记录》《行政执法案卷照片证据附贴页》中记录了四处建筑物的面积、结构、位置、外立面图等信息。张某未能提供涉案建筑物的所有权证或相关合法建设手续。区执法局就涉案建筑物向张某作出并送达了《限期拆除告知书》，后作出《限期拆除决定书》，限张某在收到决定书之日起3日内自行拆除涉案建筑物，并告知了相关的行政复议、诉讼权利及期限。张某向法院提起诉讼，请求撤销该限期拆除决定，一审判决驳回张某诉讼请求，二审维持一审判决、驳回上诉，再审判决撤销一审、二审判决，撤销被诉《限期拆除决定书》中关于限期拆除拆迁安置房的部分内容。

【规范性文件】

《中华人民共和国城乡规划法》

第六十四条　未取得建设工程规划许可证或者未按照建设工程规划许可证的规定进行建设的，由县级以上地方人民政府城乡规划主管部门责令停止建设；尚可采取改正措施消除对规划实施的影响的，限期改正，处建设工程造价百分之五以上百分之十以下的罚款；无法采取改正措施消除影响的，限期拆除，不能拆除的，没收实物或者违法收入，可以并处建设工程造价百分之十以下的罚款。

第六十八条 城乡规划主管部门作出责令停止建设或者限期拆除的决定后，当事人不停止建设或者逾期不拆除的，建设工程所在地县级以上地方人民政府可以责成有关部门采取查封施工现场、强制拆除等措施。

《中华人民共和国土地管理法》

第八十三条 依照本法规定，责令限期拆除在非法占用的土地上新建的建筑物和其他设施的，建设单位或者个人必须立即停止施工，自行拆除；对继续施工的，作出处罚决定的机关有权制止。建设单位或者个人对责令限期拆除的行政处罚决定不服的，可以在接到责令限期拆除决定之日起十五日内，向人民法院起诉；期满不起诉又不自行拆除的，由作出处罚决定的机关依法申请人民法院强制执行，费用由违法者承担。

（撰写人：仝蕾）

二、行政强制措施类案件的司法审查

【裁判标准】

所谓行政强制措施，是指行政机关在行政管理过程中，为制止违法行为、防止证据损毁、避免危害发生、控制危险扩大等情形，依法对公民的人身自由实施暂时性限制，或者对公民、法人或者其他组织的财物实施暂时性控制的行为；而行政强制执行，是指行政机关或者行政机关申请人民法院，对不履行行政决定的公民、法人或者其他组织，依法强制履行义务的行为。[①] 人民法院在审查行政强制措施的合法性时，不仅要审查行使强制措施的依据、程序是否合法，还应审查行政强制措施是否超过法定期限等。

根据《行政强制法》第九条之规定，行政强制措施有以下五种：（1）限制公民人身自由；（2）查封场所、设施或者财物；（3）扣押财物；（4）冻结存款、汇款；（5）其他行政强制措施。

《暂行规定》的二级案由行政强制措施下设了8个三级案由（序号为16—23）。根据所适用的法律规定，第16个至第19个三级案由是直接将《行政强制法》第九条规定的行政强制措施种类直接列举，其余4个三级案由基本依据现行法律规定。

16. 限制人身自由类案件的审查

【审查要点】

限制人身自由是一个较大的概念，在行政执法实践或行政审判实践中，一般会表现为具体的行为方式，比如盘问、留置盘问、传唤、强制传唤、扣

[①] 《行政强制法》第二条第二款、第三款。

留、拘留、人身检查、强制检测、约束、隔离、强制隔离、强行带离现场、强行驱散、驱逐、禁闭等。人身自由是受《宪法》保障公民的基本权利，限制公民人身自由强制措施是法律的专属立法权，只有法律才能设定。

由于限制人身自由这种强制措施对行政相对人影响较大，在行政审判实践中，行政相对人往往会对限制人身自由提起行政诉讼。在审理涉及该类案件中，要注意以下几方面要点。

1. 是否合乎目的性。合目的性是现代行政权力行使的基本要求，是行政适当原则的具体体现。行政机关采取任何一种行政强制措施不仅要符合社会公共利益，更应符合特定法律、法规的立法目的、立法宗旨。合目的性应着重考虑：（1）是否出于维护社会公共利益和实现特定法律、法规保障公民人身财产安全的行政管理目的之需要；（2）实施该行政强制措施能否达到阻却违法行为的目的且没有超过必要的限度。

2. 是否具有可替代性。由于限制人身自由具有较大的侵益性，行政机关执法时应充分考量该种行政强制措施的可替代性，当能通过对当事人侵害性更小、更经济、更有效率的其他手段实现行政管理目的时，不宜采取限制人身自由这一行政强制措施。

3. 是否具有妥当性。最重要的是，是否符合同等对待、罚责相当的原则。行政机关在确定使用限制人身自由这一即时性措施时，应遵循同等对待、罚责相当原则，对相同情况应同等对待，不同情况应区别对待，对前后多个相对人应平等对待，同时应充分考虑相关因素。

4. 是否符合法定程序。其一，是否当场告知或者事后立即通知当事人家属实施限制人身自由强制措施的机关、地点和期限；其二，如果是紧急情况下当场实施的，是否在返回行政机关后立即向行政机关负责人报告并补办批准手续；其三，实施限制人身自由强制措施是否超过法定期限；其四，当实施限制人身自由强制措施的目的已经达到或者条件已经消失的，是否立即解除。

【典型案例】

陈某某、陈某诉甲县公安局限制人身自由案

【裁判要旨】

行政机关在采取限制人身自由这一行政强制措施时，应当严格遵守法定的程序要求，如需采取约束性醒酒措施，还应履行必要的保护及救助义务。

对于未履行保护及救助义务，可能损害行政相对人合法权益的，人民法院可以判决确认行政机关采取此行政强制措施违法。

【简要案情】

2017年4月8日，陈某（已故）酒后与王某产生口角并发生抓打，王某随后报警。民警到达现场后，传唤二人至甲县公安局派出所接受调查。民警见陈某醉酒，便将其带到询问室进行约束性醒酒。一段时间后，民警见陈某还趴在约束椅上，认为其仍醉酒未醒，便将其送至家中。因陈某家中无人，民警将其抬到床上后吩咐邻居通知家属。陈某家属回家后，见陈某在床上睡，便没有在意。在此期间，陈某家属拿水给陈某喝时与其交谈，陈某称其被王某殴打。因陈某平时经常醉酒，其家人也未及时送医救治。2017年4月11日凌晨，陈某被家属送往甲县人民医院救治。2017年4月16日3时，陈某死亡。

陈某家属对其死亡原因提出质疑，经甲县人民检察院、甲县公安局集体议案，认定王某行为属于正当防卫，不负刑事责任。原告不服，向一审法院起诉，请求确认甲县公安局限制陈某人身自由并致其受伤死亡的行政行为违法。

【规范性文件】

《中华人民共和国劳动法》

第三十二条 有下列情形之一的，劳动者可以随时通知用人单位解除劳动合同：

（一）在试用期内的；

（二）用人单位以暴力、威胁或者非法限制人身自由的手段强迫劳动的；

（三）用人单位未按照劳动合同约定支付劳动报酬或者提供劳动条件的。

《中华人民共和国国家赔偿法》

第十五条 人民法院审理行政赔偿案件，赔偿请求人和赔偿义务机关对自己提出的主张，应当提供证据。

赔偿义务机关采取行政拘留或者限制人身自由的强制措施期间，被限制人身自由的人死亡或者丧失行为能力的，赔偿义务机关的行为与被限制人身自由的人的死亡或者丧失行为能力是否存在因果关系，赔偿义务机关应当提供证据。

二、行政强制措施类案件的司法审查

《中华人民共和国行政诉讼法》

第十九条 对限制人身自由的行政强制措施不服提起的诉讼，由被告所在地或者原告所在地人民法院管辖。

《人民检察院刑事诉讼规则》

第六十七条 对采用下列方法收集的犯罪嫌疑人供述，应当予以排除：

（一）采用殴打、违法使用戒具等暴力方法或者变相肉刑的恶劣手段，使犯罪嫌疑人遭受难以忍受的痛苦而违背意愿作出的供述；

（二）采用以暴力或者严重损害本人及其近亲属合法权益等进行威胁的方法，使犯罪嫌疑人遭受难以忍受的痛苦而违背意愿作出的供述；

（三）采用非法拘禁等非法限制人身自由的方法收集的供述。

17. 查封场所、设施或者财物类案件的审查

【审查要点】

查封场所、设施或者财物这种行政强制措施是对场所、设施及财物等施加控制力，使其与所有权人或使用权人脱离，禁止所有权人或使用权人继续使用这些场所、设施或者财物进行生产经营。公民、法人或者其他组织有权针对查封场所、设施或财物的行政强制措施提起行政诉讼，在审理此类案件时需要注意适用不同行政管理领域专门性法律法规，以及审查行政强制措施适用的法定情节等是否恰当。

1. 实施查封场所、设施或者财物的主体。根据《行政强制法》第二十二条的规定，查封、扣押应当由法律、法规规定的行政机关实施，其他任何行政机关或者组织不得实施。

2. 被查封的场所、设施或者财物的保管方式。实践中，对被查封的场所、设施或者财物的保管主要由实施查封措施的行政机关自行保管，行政机关没有保管能力或者不便保管时，可以委托第三人，一般是专业性单位代为保管。也有一些被查封的房屋、场所、机器设备等既不便由行政机关保管，又不宜由第三人保管，可交由被查封人自己保管。

第一，行政机关自行保管。行政机关在查封、扣押期间，将行政相对人被查封、扣押的相关财物置于本机关的直接控制之下，并予以妥善管理和保

存，待实现强制目的后，返还行政相对人或依法处理。行政机关在查封、扣押期间担任的是临时保管人而非财物所有人的角色，基于对相关物品的占有，其负有妥善保管的义务，但不享有使用、收益和处分的权利。这种妥善保管义务主要包括以下两点内容：一是必须尽到善良管理人的注意义务，应当具备常识和专业知识以及必要的管理措施保管被查封、扣押的场所、设施或者财物，例如，对于字画的保管应当注意防潮、防蛀等，对于易碎物品应当注意防重压、防碎裂等。如果主观上没有尽到必要的注意义务，客观上没有采取必要的管理措施，就不属于妥善保管。二是非因保护被查封、扣押物品需要，不得使用或许可他人使用被查封、扣押的场所、设施或者财物，不得擅自处分相关财物。行政机关除承担妥善的保管义务外，还应当承担保管期间必要的费用支出，不得以任何形式变相向行政相对人收取保管费用。

第二，委托第三人代为保管。《行政强制法》第二十六条规定，对查封的场所、设施或者财物，行政机关可以委托第三人保管，第三人不得损毁或者擅自转移、处置。允许行政机关委托第三人保管相关物品，主要是考虑到行政机关的主要职责是行政管理和执法活动，在保管相关物品方面缺乏足够的经验和能力，特别是对一些需要专业人员、专业知识、专门场所保管的物品，行政机关自身无力完成，需要委托第三人代为保管。委托保管一方面可以减轻行政机关的工作负担，另一方面也可以使被查封、扣押的场所、设施或者财物得到更专业的保管。行政机关是否委托第三人保管或委托的第三人是否为适当的保管人，应由执法人员根据查封、扣押的场所、设施和财物的种类、性质，以及第三人的专业资质及保管场所是否适合来确定。如因体积过大，不便于搬运（如笨重机器）或质料不坚、易于腐烂（如肉类）或需要有特别设备或专业知识才能保管，行政机关可以委托适当的第三人保管。第三人保管时，行政机关与第三人之间建立了一种委托保管的合同关系，该第三人有权向行政机关请求报酬，此项报酬以及第三人因保管而支出的必要费用属于必要的保管费用，由委托的行政机关负担。第三人在保管被查封的场所、设施或者财物时，负有与行政机关作为保管人相同的妥善保管义务，不得损毁，擅自使用、转移或处置。

3. 不得查封与违法行为无关的场所、设施或者财物。查封限于涉案的场所、设施或者财物，不得查封与违法行为无关的场所、设施或者财物。涉案的场所、设施或者财物包括违法者从事违法行为所使用的场所、设施或者财物，以及违法所得、非法持有的违禁品等与违法行为有关的场所、设施或者财物。其他法律、法规对查封的范围有限制性规定的，应当依照该法律、法规的规定执行。

【典型案例】

杨某诉甲市公安局交警支队行政强制案

【裁判要旨】

1. 交警部门在车辆管理系统里将车辆登记为"锁定"状态是否属于强制措施。行政强制措施是为保证最终行政行为的作出所采取的一种临时性措施，没有达到对事件最终处理完毕的状态。在情况调查清楚后，经认定不需要继续实施行政强制措施的，行政机关应该解除强制、恢复原状。交警部门将涉案车辆登记为"锁定"状态，系履行车辆管理职责过程中作出的行为，在公安交警的车辆管理系统里面予以操作和体现，并未通过法律文书等形式予以载明。但是，该"锁定"的行为导致车辆权利处于限制状态，无法办理转移登记、抵押登记和年审，对行政相对人权利已产生实质影响，且该"锁定"状态并非最终的行政行为。故交警部门将涉案车辆登记为"锁定"的行为，属于《行政强制法》规定的行政强制措施。

2. 交警部门在车辆管理系统里将车辆登记为"锁定"状态的行为是否违法。根据《行政强制法》第十条第四款之规定，法律、法规以外的其他规范性文件不得设定行政强制措施。现行的法律、行政法规、地方性法规并没有把在车辆管理系统里将车辆登记为"锁定"状态设定为行政强制措施。因此，交警部门违反了行政强制措施设定的权限，将车辆登记为"锁定"状态设定为行政强制措施的行为违法。

【简要案情】

2018年1月23日，原告杨某前往被告甲市公安局交警支队车管所申请对其车辆进行年度审验，车管所告知原告其车辆为"锁定"状态，无法办理车辆年审审验。原告向法院起诉，请求确认被告锁定其车辆违法，并解除对其车辆的锁定。被告辩称在机动车查询信息系统显示的"锁定"状态是一种内部系统的管理行为和状态，不属于行政强制措施。

【规范性文件】

《中华人民共和国治安管理处罚法》

第八十九条第一款 公安机关办理治安案件，对与案件有关的需要作为证据的物品，可以扣押；对被侵害人或者善意第三人合法占有的财产，不得扣押，应当予以登记。对与案件无关的物品，不得扣押。

18. 扣押财物类案件的审查

【审查要点】

扣押财物是行政管理中较常见的强制措施，一般是行政主体在调查违法行为过程中实施的行为，后续还会作出进一步的处理决定。扣押财物这一行政强制措施本身是具有独立性的，对财物的所有人或权利人的权利确实有实际影响，所以相关权利人可以依法对扣押财物这一行政强制措施向人民法院提起行政诉讼。在审理该类案件时可以适用相关行政管理领域中的专门法律法规。在确定案由时须注意以下三个方面。

1. 扣押财物这一强制措施不仅适用于行政管理领域，也适用于刑事侦查活动，刑事侦查活动中的扣押财物强制措施不属于行政诉讼的受案范围，当事人对该扣押财物强制措施提起行政诉讼时，该案件案由依然表述为"扣押财物"，在裁判文书中应对该强制措施的性质予以阐释。

2. 扣押财物通常会与其他案由并用。扣押财物往往会与查封行为同步适用，行政主体先对生产经营场所、设施或财物进行查封，再对相关财物进行扣押，二者紧密配合。对于涉及扣押财物的行政案件，当事人通常也会对查封行为提起诉讼，因此，在确定案件案由时应当将查封行为一并列明，避免出现遗漏。

3. 要注意区分先行登记保存与扣押财物。在行政执法过程中行政机关为制止违法行为，有时会对当事人的财物采取扣押等强制措施。同时，行政机关为查明违法事实，必须收集有关证据，当事人的财物有可能是证明违法事实的证据。证据的先行登记保存与扣押财物的强制措施有时相互交叉，容易发生混淆。证据先行登记保存是依据《行政处罚法》第五十六条之规定，行政机关在收集证据时，可以采取抽样取证的方法；在证据可能灭失或者以后难以取得的情况下，经行政机关负责人批准，可以先行登记保存，并应当在7日内及时作出处理决定，在此期间，当事人或者有关人员不得销毁或者转移证据。可见，证据先行登记保存的功能主要是收集固定证据，防止证据毁损或者灭失。扣押财物属于控制财物的行政强制措施，与证据先行登记保存不同，扣押财物尽管也带有防止证据损毁的功能，但更多强调的是对当事人的财物采取了强制措施。具体差异如下。

首先，性质不同。扣押财物是独立的行政行为，可以依法申请行政复议或者提起行政诉讼。证据先行登记保存是行政处罚行为中的一种取证手段、一个环节，不属于行政复议或者诉讼的范围。

其次，期限不同。证据先行登记保存后，应当在7日内作出处理决定。查封、扣押的期限不得超过30日；情况复杂的，经批准可以延长，但是延长期限不得超过30日。

最后，方式不同。证据先行登记保存是对证据进行现场清点，就地登记保存，当事人负有保管义务，不得销毁或者转移，但不改变其占有。扣押财物是对当事人的财物实施暂时性控制，直接影响当事人对财物的占有权。证据先行登记保存的功能较为单一，适用于证据可能灭失或者以后难以取得的情形，如何有效地固定证据，通常有紧迫性，但尚不足以或者不适宜采取扣押的行政强制措施。扣押财物的功能侧重于制止违法行为、防止危害发生，会对当事人的合法权益造成实际影响。

【典型案例】

赵某与甲区综合行政执法局行政强制措施案

【裁判要旨】

行政机关在采取扣押财物这一行政强制措施时，应当严格遵守法定程序，在采取扣押财物措施后，还应当制作并当场交付查封、扣押决定书和清单，对于未履行上述义务，可能损害行政相对人合法权益的，人民法院可以判决确认行政执法行为违法。

【简要案情】

执法人员在巡查过程中，认为赵某摆放的餐车超过了门沿位置，影响道路通行。在执法过程中，赵某对餐车摆放位置进行了调整，但执法人员认为赵某未配合其工作，在未让赵某清理餐车上物品的情况下，直接暂扣餐车并带离现场，并前往甲区行政综合执法局处接受调查。在此过程中，甲区综合行政执法局未制作及出示相关法律文书。在去甲区行政综合执法局的路上，执法人员与赵某发生肢体冲突，造成赵某头部裂伤、多处软组织损伤，执法人员亦受伤。赵某不服甲区综合行政执法局实施的行政强制措施行为，向该局申请了赔偿，该局作出《行政赔偿决定书》，赵某收到后，仍不服，认为该局未对执法行为全面确认违法，故起诉至法院，请求确认该局于2017年2月18日对其实施的行政强制措施行为违法。

【规范性文件】

《禁止传销条例》

第十四条 县级以上工商行政管理部门对涉嫌传销行为进行查处时，可以采取下列措施：

（一）责令停止相关活动；

（二）向涉嫌传销的组织者、经营者和个人调查、了解有关情况；

（三）进入涉嫌传销的经营场所和培训、集会等活动场所，实施现场检查；

（四）查阅、复制、查封、扣押涉嫌传销的有关合同、票据、账簿等资料；

（五）查封、扣押涉嫌专门用于传销的产品（商品）、工具、设备、原材料等财物；

（六）查封涉嫌传销的经营场所；

（七）查询涉嫌传销的组织者或者经营者的账户及与存款有关的会计凭证、账簿、对账单等；

（八）对有证据证明转移或者隐匿违法资金的，可以申请司法机关予以冻结。

工商行政管理部门采取前款规定的措施，应当向县级以上工商行政管理部门主要负责人书面或者口头报告并经批准。遇有紧急情况需要当场采取前款规定措施的，应当在事后立即报告并补办相关手续；其中，实施前款规定的查封、扣押，以及第（七）项、第（八）项规定的措施，应当事先经县级以上工商行政管理部门主要负责人书面批准。

《公安机关办理刑事案件程序规定》

第二百二十七条 在侦查活动中发现的可用以证明犯罪嫌疑人有罪或者无罪的各种财物、文件，应当查封、扣押；但与案件无关的财物、文件，不得查封、扣押。

持有人拒绝交出应当查封、扣押的财物、文件的，公安机关可以强制查封、扣押。

19. 冻结存款、汇款类案件的审查

【审查要点】

为了控制资金的转移、避免损失的扩大,行政主体可以对违法行为主体作出禁止其对存款或汇款进行自由处置的行政强制措施。例如,税务机关等基于纳税人或扣缴义务人的违法行为对其可以作出冻结存款的决定。除了税务管理领域外,还有其他行政管理领域也可能会作出冻结存款或者汇款的决定,当事人有权对该行政强制措施提起行政诉讼。在审理冻结存款或汇款行政强制措施案件中,需要适用相关行政管理领域中的专门性法律法规。

冻结存款或汇款对行政相对人影响较大,在确定此类案件案由时需注意以下四个方面。

1. 冻结存款、汇款这一强制措施不仅适用于行政管理领域,还适用于刑事侦查过程中,并不是所有的冻结存款或汇款决定都具有可诉性,在审理案件时需注意区分,但确定案件案由时依然表述为"冻结存款""冻结汇款"。

2. 冻结存款、汇款这一案由是组合型案由,此种表述方式主要是为了保持案由规定体系的简洁性,将同类行为整合在一起。该案由包括冻结存款、冻结汇款以及冻结存款和汇款三种。在表述案由时需注意作具体区分。

3. 行政强制措施中冻结存款、汇款的实施主体。冻结存款、汇款的实施主体只能是法律明确规定有冻结权的行政机关和法律授权的具有管理公共事务职能的组织。根据《行政强制法》第二十九条第一款之规定,冻结存款、汇款应当由法律规定的行政机关实施,不得委托给其他行政机关或者组织;其他行政机关或者组织不得冻结存款、汇款。根据《行政强制法》第七十条的规定,法律、行政法规授权的具有管理公共事务职能的组织在法定授权范围内,以自己的名义实施行政强制,适用《行政强制法》有关行政机关的规定。因此,法律授权的具有管理公共事务职能的组织也可以成为冻结存款、汇款的实施主体。例如,《证券法》规定,对有证据证明已经或者可能转移或者隐匿违法资金、证券等涉案财产或者隐匿、伪造、毁损重要证据的,经国务院证券监督管理机构主要负责人或者其授权的其他负责人批准,可以冻结或者查封。

4. 行政机关冻结存款、汇款后，作出处理决定或者解除冻结决定的期限。《行政强制法》第三十二条规定："自冻结存款、汇款之日起三十日内，行政机关应当作出处理决定或者作出解除冻结决定；情况复杂的，经行政机关负责人批准，可以延长，但是延长期限不得超过三十日。法律另有规定的除外。延长冻结的决定应当及时书面告知当事人，并说明理由。"上述规定的期限有两个例外：其一，法律另有规定的除外。考虑到不同行政管理的特殊性，有关冻结的期限规定不宜"一刀切"，《行政强制法》允许其他法律有特殊规定，并优先适用其他法律的特殊规定。法律另有规定的冻结期限不论超过30日，还是低于30日，均属该条规定之例外情形。这就是所谓的特别法优于一般法。这里所说的"法律"，指的是全国人大和全国人大常委会制定的法律。如《反洗钱法》第二十六条第三款规定："临时冻结不得超过四十八小时。金融机构在按照国务院反洗钱行政主管部门的要求采取临时冻结措施后四十八小时内，未接到侦查机关继续冻结通知的，应当立即解除冻结。"在《行政强制法》出台之前制定的行政法规、地方法规以及规章等规定的冻结期限一概废除，统一为30日。其二，延长期限。情况复杂的，经行政机关负责人批准，可以延长，但是延长期限不得超过30日。这里有以下几点值得注意：一是通过延长冻结期限最长不得超过60日。二是具体延长期限可以根据实际情况确定，如10日、15日等，但最长不能超过30日。三是所谓"情况复杂"，既指案件事实和法律适用复杂，也应当指案件处理可能带来的复杂社会后果。四是所谓"行政机关负责人"，除行政机关首长外，尚包括行政机关的主持工作的副职领导或主管副职领导。除此之外均不属于"行政机关负责人"。上述理解有利于保护当事人的合法权益，可以有效防止随意延长冻结期限现象。另外，为了让当事人知晓被冻结存款、汇款的基本情况，保障其知情权，行政机关决定延长冻结期限的，其决定应当及时书面告知当事人，并说明理由。同时，为了保持冻结效力，行政机关也应当将延长冻结期限的决定通知金融机构。金融机构接到通知后，应该及时协助延长冻结期限。

此外值得注意的是，有关处理决定和解除冻结决定的问题。处理决定与解除冻结决定是两个不同的行政行为。处理决定针对的是引起冻结的违法行为，是对违法行为的最终处理。解除冻结决定针对的是所冻结的资金、款项等。处理决定与解除冻结决定存在着密切的关系：一是处理决定是解除冻结决定的缘由之一，行政机关在冻结期限内就作出处理决定的，如果不再需要冻结，比如不需划拨款项的，应当及时作出解除冻结决定；二是解除冻结决定不以处理决定为必要条件，行政机关在冻结期限内没有作出处理决定的，行政机关也应当及时作出解除冻结决定。

【典型案例】

某机械厂诉甲区公安分局行政强制措施赔偿案

【裁判要旨】

公安机关、国家安全等机关依照《刑事诉讼法》明确授权，查询、冻结犯罪嫌疑人的存款、汇款、债券、股票、基金份额等财产，不属于人民法院行政诉讼的受案范围。人民法院在审查此类案件时，要注意审查公安机关、国家安全等机关是否有证据证明其冻结的存款、汇款、债券、股票、基金份额等财产是犯罪嫌疑人的财产，其行为是否属于依照《刑事诉讼法》的明确授权实施的行为。

【简要案情】

某公司法定代表人赵某向甲区公安分局报案，称梁某等人以非法占有为目的，隐瞒事实真相，诱骗其签订供货协议，骗取其款项400万元人民币。该局受案后，作出立案决定，并作出冻结汇款通知送达给乙银行。某机械厂向付款行乙银行收款时，该行以"此票冻结"为由拒绝付款。某机械厂以甲区公安分局的冻结强制措施违法为由，提起行政诉讼。

【规范性文件】

《中华人民共和国税收征收管理法》

第七十三条 纳税人、扣缴义务人的开户银行或者其他金融机构拒绝接受税务机关依法检查纳税人、扣缴义务人存款帐户，或者拒绝执行税务机关作出的冻结存款或者扣缴税款的决定，或者在接到税务机关的书面通知后帮助纳税人、扣缴义务人转移存款，造成税款流失的，由税务机关处十万元以上五十万元以下的罚款，对直接负责的主管人员和其他直接责任人员处一千元以上一万元以下的罚款。

《公安机关办理刑事案件程序规定》

第二百三十七条 公安机关根据侦查犯罪的需要，可以依照规定查询、冻结犯罪嫌疑人的存款、汇款、证券交易结算资金、期货保证金等资金，债券、股票、基金份额和其他证券，以及股权、保单权益和其他投资权益等财产，并可以要求有关单位和个人配合。

对于前款规定的财产，不得划转、转账或者以其他方式变相扣押。

《金融机构协助查询、冻结、扣划工作管理规定》

第十六条 冻结单位或个人存款的期限最长为六个月，期满后可以续冻。有权机关应在冻结期满前办理续冻手续，逾期未办理续冻手续的，视为自动解除冻结措施。

20. 冻结资金、证券类案件的审查

【审查要点】

冻结资金、证券主要适用于证券监督管理领域，是监管机关为了留存证据、推进后续调查处理而采取的措施，对行政相对人的权益有所影响，行政相对人对此强制性措施不服的，可依法向人民法院提起行政诉讼。

在实践中，冻结资金、证券这一措施在不同场合下，其性质并不相同，救济方式也相应有所区别，例如，中国出口信用保险公司发布的《内部审计工作暂行规定》第二十一条规定："内部审计机构行使以下职权：（一）有权要求各部门、各分支机构及时提供或报送计划、决算、报表和经营管理有关文件、资料等；（二）根据审计任务需要，有权要求被审计单位报送与本审计事项有关的资料。被审计单位不得拒绝、拖延、谎报；（三）有权审核被审计单位的会计凭证、账表、决算、各类业务单证、重要经济合同，检查资金和财产，检测财务会计、业务软件；（四）审计部门有权参加本单位财会、业务及公司经营决策管理会议和被审计单位的有关会议；（五）实施审计时，有权就审计事项的有关问题对有关单位和个人进行调查，并取得证明材料。有关单位和个人应当支持、协助、如实反映情况，并提供证明材料；（六）对严重违反财经法纪和造成严重损失浪费的直接责任人员，提出处理建议，并按有关规定，向公司法人报告；（七）对阻挠、妨碍审计工作以及拒绝提供有关资料的，经公司法人或法人代表批准，可以采取必要的临时措施，封存账册、物资、冻结资金等，并提出追究有关人员责任的建议；（八）对正在进行的严重违反财经法规、严重损失浪费的行为，经公司领导同意，做出临时制止决定；（九）提出改进管理、提高效益的建议和纠正、处理处罚违反

财经法规行为的意见和建议；（十）内部审计部门按国家有关规定行使经济处罚的权力。"这种冻结资金的强制性措施是公司内部的管理行为，不是行政行为，相应地也不属于行政诉讼的受案范围，此处的强制措施与《暂行规定》列明的"冻结资金"，尽管采取的手段、方式相同，但性质不同，在审理此类案件时应需注意区分。

【典型案例】

中国证券监督管理委员会乙监管局与甲市某集团有限公司非诉执行审查案

【裁判要旨】

冻结资金、证券案件一般为证券监督管理机关为了留存证据、推进后续调查处理而采取的措施。根据《期货交易管理条例》，关于期货公司涉及重大诉讼、仲裁，或者股权被冻结或者用于担保，以及发生其他重大事件时，期货公司及其相关股东、实际控制人应当自该事件发生之日起5日内向国务院期货监督管理机构提交书面报告之规定，不按照规定向国务院期货监督管理机构履行报告义务或者报送有关文件、资料的，构成该条例关于期货公司的股东、实际控制人或者其他关联人"拒不按照规定履行报告义务、提供有关信息和资料，或者报送、提供信息和资料有虚假记载、误导性陈述或者重大遗漏"的情形。

【简要案情】

中国证券监督管理委员会乙监管局作出〔2019〕1号《行政处罚决定书》，认定：一、2015年9月9日，甲市某集团有限公司（以下简称某集团）将其持有的中州期货26%股权用于质押担保，中州期货、某集团未按规定向国务院期货监督管理机构提交书面报告。二、2016年3月14日至2017年2月27日，某集团持有的中州期货26%股权先后被有关司法机关冻结。上述事项，中州期货、某集团未按照规定向国务院期货监督管理机构提交书面报告。三、2016年3月9日至2017年3月9日，中州期货涉及重大诉讼事项，中州期货未按照规定向国务院期货监督管理机构提交书面报告。四、2016年3月16日至2017年4月1日，中州期货保证金账户及自有资金账户先后被有关司法机关冻结，中州期货未按规定向国务院期货监督管理机构提交书面报告。五、2017年4月20日，中州期货自有资金账户资金被司法机关划扣，中州期货未按规定向国务院期货监督管理机构提交书面报告。依据《期货交易管理条例》（2017年修订）第六十六条第一款、第二款、第四款的规定，中国证券监督管理委员会乙监管局决定：一、责令中州期货改正，给予警告，并处罚款10万元；二、责令某集团改正，给予警告，并处罚款10万元；三、对王某给予警告，并处罚款5万元，撤销王某期货从业人员资格；四、对唐某某给予警告，并处罚款3万元。

中国证券监督管理委员会乙监管局向某集团等送达《行政处罚决定书》后，某集团等未在规定期限内对行政处罚申请行政复议或提起行政诉讼，《行政处罚决定书》生效后，中国证券监督管理委员会乙监管局依法向某集团等送达行政处罚罚款催告书，经中国证券监督管理委员会乙监管局催告，某集团等仍未履行处罚决定书中所确定的缴纳罚款义务。

【规范性文件】

《中华人民共和国证券法》

第一百七十条 国务院证券监督管理机构依法履行职责，有权采取下列措施：

（一）对证券发行人、证券公司、证券服务机构、证券交易场所、证券登记结算机构进行现场检查；

（二）进入涉嫌违法行为发生场所调查取证；

（三）询问当事人和与被调查事件有关的单位和个人，要求其对与被调查事件有关的事项作出说明；或者要求其按照指定的方式报送与被调查事件有关的文件和资料；

（四）查阅、复制与被调查事件有关的财产权登记、通讯记录等文件和资料；

（五）查阅、复制当事人和与被调查事件有关的单位和个人的证券交易记录、登记过户记录、财务会计资料及其他相关文件和资料；对可能被转移、隐匿或者毁损的文件和资料，可以予以封存、扣押；

（六）查询当事人和与被调查事件有关的单位和个人的资金账户、证券账户、银行账户以及其他具有支付、托管、结算等功能的账户信息，可以对有关文件和资料进行复制；对有证据证明已经或者可能转移或者隐匿违法资金、证券等涉案财产或者隐匿、伪造、毁损重要证据的，经国务院证券监督管理机构主要负责人或者其授权的其他负责人批准，可以冻结或者查封，期限为六个月；因特殊原因需要延长的，每次延长期限不得超过三个月，冻结、查封期限最长不得超过二年；

（七）在调查操纵证券市场、内幕交易等重大证券违法行为时，经国务院证券监督管理机构主要负责人或者其授权的其他负责人批准，可以限制被调查的当事人的证券买卖，但限制的期限不得超过三个月；案情复杂的，可以延长三个月；

（八）通知出境入境管理机关依法阻止涉嫌违法人员、涉嫌违法单位的主管人员和其他直接责任人员出境。

为防范证券市场风险，维护市场秩序，国务院证券监督管理机构可以采取责令改正、监管谈话、出具警示函等措施。

21. 强制隔离戒毒类案件的审查

【审查要点】

强制隔离戒毒对行政相对人的人身自由具有直接的影响。强制隔离戒毒这一案由适用较为明确，含义唯一，适用范围也是固定明确的，作出强制隔离戒毒决定的行政机关是公安机关。

以下两种情形，可以认定被限制人身自由的人有提起行政诉讼的条件：（1）强制隔离戒毒人员被限制人身自由后，公安机关按程序通知了强制隔离戒毒人员家属，并告诉了家属如不服强制隔离戒毒决定，可在接到决定书之日起60日内向上级公安机关申请行政复议，或在3个月内依法向法院提起行政诉讼，且之后被限制人身自由的人和家属见过面的，可以认定被限制人身自由的人，有提起行政诉讼的条件。（2）强制隔离戒毒人员被限制人身自由后，书面向公安机关表示放弃申请行政复议或放弃提起行政诉讼，可以认定为被限制人身自由的人，有提起行政诉讼的条件。如果强制隔离戒毒人员被限制人身自由后，公安机关没有通知其家属的，从保护原告诉权考虑，原告被限制人身自由的时间不应计算在起诉期间的3个月内。

【典型案例】

韩某某诉甲区公安分局强制隔离戒毒案

【裁判要旨】

行政机关在采取强制隔离戒毒这一行政强制措施时，应当严格遵守法定的程序要求，进行司法鉴定，如行政相对人对鉴定结果有异议，要求重新鉴定，应严格审查其是否提出应予以重新鉴定的具体理由。

【简要案情】

2021年9月16日，甲区公安分局民警根据线索查处有吸毒嫌疑人员时，发现韩某某。经当场核实身份，发现韩某某有吸毒前科后，民警口头传唤韩某某接受调查。韩某某表示其曾因吸食冰毒于2018年6月被社区戒毒3年，于2021年6月期满，但否认此后有吸食毒品的行为。2021年9月16日，甲区公安分局委托司法鉴定机构对韩某某的头发进行毒品成分分析鉴定。同日，司法鉴定机构经对送检的韩某某0.5cm头发进行鉴定，出具了《司法鉴定意见书》，鉴定意见为：采集头发约0.5cm，检出甲基苯丙胺成分，未检出N,N-二异丙基-5-甲氧基色胺（5-MeO-DiPT）成分。2021年9月17日，甲区公安分局将上述《司法鉴定意见书》送达韩某某，韩某某认为其未吸食冰毒，拒绝签字，要求重新鉴定，甲区公安分局未予同意。甲区公安分局在调查过程中另查明，韩某某曾于2018年6月因吸食冰毒被社区戒毒3年，于2021年6月社区戒毒期满。同年9月17日，派出所出具《吸毒成瘾认定意见书》，认定韩某某吸毒成瘾且吸毒成瘾严重。同日，甲区公安分局作出强制隔离戒毒决定，送达韩某某并通知其家属。韩某某向法院起诉，请求撤销强制隔离戒毒决定。甲区公安分局辩称，经司法鉴定，韩某某头发中检出甲基苯丙胺成分。且韩某某曾于2018年6月因吸食毒品被社区戒毒3年。韩某某虽对司法鉴定结果有异议，但并未提出具体理由，故甲区公安分局未予以重新鉴定。

【规范性文件】

《中华人民共和国禁毒法》

第三十八条 吸毒成瘾人员有下列情形之一的，由县级以上人民政府公安机关作出强制隔离戒毒的决定：

（一）拒绝接受社区戒毒的；

（二）在社区戒毒期间吸食、注射毒品的；

（三）严重违反社区戒毒协议的；

（四）经社区戒毒、强制隔离戒毒后再次吸食、注射毒品的。

对于吸毒成瘾严重，通过社区戒毒难以戒除毒瘾的人员，公安机关可以直接作出强制隔离戒毒的决定。

吸毒成瘾人员自愿接受强制隔离戒毒的，经公安机关同意，可以进入强制隔离戒毒场所戒毒。

《吸毒成瘾认定办法》

第七条 吸毒人员同时具备以下情形的，公安机关认定其吸毒成瘾：

（一）经血液、尿液和唾液等人体生物样本检测证明其体内含有毒品成分；

（二）有证据证明其有使用毒品行为；

（三）有戒断症状或者有证据证明吸毒史，包括曾经因使用毒品被公安机关查处、曾经进行自愿戒毒、人体毛发样品检测出毒品成分等情形。

戒断症状的具体情形，参照卫生部制定的《阿片类药物依赖诊断治疗指导原则》和《苯丙胺类药物依赖诊断治疗指导原则》、《氯胺酮依赖诊断治疗指导原则》确定。

22. 留置类案件的审查

【审查要点】

为了查清违法事实，第一时间锁定犯罪嫌疑人，实现对犯罪嫌疑人的有效调查和控制，公安机关可以采取留置方式对行政相对人的人身权利进行短暂剥夺。在审理案件过程中，需要注意留置与盘问之间的关系。盘问与留置二者紧密相关，但仍有区别。留置发生在需要继续盘问的情况下，如果当场盘问可以询问清楚即不必采取留置措施。在确定相关案件案由时，需明确当事人起诉的行为，不能将留置与盘问混淆。

【典型案例】

傅某某诉甲区公安分局等行政强制措施案

【裁判要旨】

在行政执法中，往往需要多部门相互配合，但各自应在职权范围内行使权力，不可超越职权，否则就会造成违法行为的发生。在无证据证实犯罪嫌疑人有违法犯罪情形下，对犯罪嫌疑人采取强制措施，侵犯了其相应的权利。

【简要案情】

2005年9月13日，乙市烟草专卖局稽查总队接到举报信息称丙村有一假冒卷烟窝点，通知甲区烟草专卖局查处。因该案可能涉嫌犯罪，甲区烟草专卖局遂与甲区公安分局联系，请求其提前介入。当晚10时30分左右，甲区烟草专卖局工作人员与甲区公安分局干警联合采取行动，在丙村H大厦二楼发现假冒卷烟窝点并现场抓获了部分犯罪嫌疑人。此时举报人提供信息称另一主要嫌疑人陈某某正在楼下，与一女子在一起。甲区烟草专卖局工作人员及甲区公安分局干警赶到H大厦楼下，发现蹲在黄桷树花台边上的一男一女（即傅某某及嫌疑人陈某某），认定与举报人描述的男女相似。甲区公安分局干警对嫌疑人陈某某采取了控制措施，甲区公安分局干警认为傅某某可能涉及该案，向傅某某出示了证件表明了身份，要求傅某某协助调查。执法人员抓住傅某某的手要求其进入大楼通道上楼，但傅某某极不配合，并在途中抓住雨棚柱子不走，甲区烟草专卖局工作人员即与甲区公安分局干警一道强行将傅某某带到假烟窝点所在的H大厦二楼接受调查。到了二楼后，甲区烟草专卖局、甲区公安分局工作人员将傅某某与嫌疑人陈某某等四人留置于该楼层20号房间内，但对傅某某未予采取约束措施。此后执法人员忙于清理假烟，傅某某趁人不备，翻墙到露台逃跑，甲区烟草专卖局、甲区公安分局工作人员发现后追赶，傅某某于慌乱中不慎摔下楼受伤。甲区烟草专卖局、甲区公安分局当即将傅某某送入医院治疗。傅某某伤愈后提起行政复议，甲区人民政府作出行政复议决定。傅某某不服原具体行政行为，诉至法院。

二、行政强制措施类案件的司法审查

【规范性文件】

《中华人民共和国人民警察法》

第九条 为维护社会治安秩序，公安机关的人民警察对有违法犯罪嫌疑的人员，经出示相应证件，可以当场盘问、检查；经盘问、检查，有下列情形之一的，可以将其带至公安机关，经该公安机关批准，对其继续盘问：

（一）被指控有犯罪行为的；

（二）有现场作案嫌疑的；

（三）有作案嫌疑身份不明的；

（四）携带的物品有可能是赃物的。

对被盘问人的留置时间自带至公安机关之时起不超过二十四小时，在特殊情况下，经县级以上公安机关批准，可以延长至四十八小时，并应当留有盘问记录。对于批准继续盘问的，应当立即通知其家属或者其所在单位。对于不批准继续盘问的，应当立即释放被盘问人。

经继续盘问，公安机关认为对被盘问人需要依法采取拘留或者其他强制措施的，应当在前款规定的期间作出决定；在前款规定的期间不能作出上述决定的，应当立即释放被盘问人。

23. 采取保护性约束措施类案件的审查

【审查要点】

采取保护性约束措施主要是针对处于特定状态之中的行政相对人实施的，是一种防范危险的手段。采取保护性约束措施适用的领域较窄，适用的对象相对明确，主要适用于醉酒或者有暴力行为等对于社会公共安全有危险的人员。

采取保护性约束措施既适用于治安管理领域，也适用于刑事诉讼领域。根据《最高人民法院关于适用〈中华人民共和国行政法诉讼法〉的解释》第一条第二款第一项的规定，公安机关依照《刑事诉讼法》的明确授权实施的行为不属于人民法院行政诉讼的受案范围。因此，对于经鉴定依法不负刑事责任的精神病人，公安机关实施的保护性约束措施不属于行政诉讼的受案范围。

在实践中还有一种情况较为特殊，如《禁毒法》第三十七条规定："医疗机构根据戒毒治疗的需要，可以对接受戒毒治疗的戒毒人员进行身体和所携带物品的检查；对在治疗期间有人身危险的，可以采取必要的临时保护性约束措施。发现接受戒毒治疗的戒毒人员在治疗期间吸食、注射毒品的，医疗机构应当及时向公安机关报告。"此处的"保护性约束措施"实际上是一种诊疗过程中采取的避免发生危险的措施，尽管也是强制性措施，但并不是行政机关行使管理职权作出的行政行为，性质不同，不属于人民法院受理行政案件的范围。

采取保护性约束措施适用于不同情况时，其性质有所不同，因而救济途径也不相同，所以，在审理采取保护性约束措施案件时，需要分清该强制措施是否属于人民法院行政诉讼受案范围。

【典型案例】

王某1等诉甲市公安局行政强制及赔偿案

【裁判要旨】

醉酒的人精神处于极度兴奋之中或神经处于麻痹状态，自控能力差，易使其自身安全或他人安全受到威胁，为了醉酒者本人或他人的安全，公安机关有权依法对处于醉酒状态的人"约束到酒醒"，使其恢复正常意识和控制自己行为的能力，消除隐患。

【简要案情】

某晚，王某2、张某某之子王某1到歌舞厅跳舞，由于王某1饮酒过量，结账时称费用为30元钱，服务员要王某1交清所消费的费用，王某某仍不肯结账。服务员打电话报警，"110"干警从王某1身上搜出119元钱交给服务员后，将王某1抬上警车送到甲市公安局所属园林派出所。当派出所值班民警询问王某1的情况时，王某1开始呕吐，值班人员将王某1放在值班室外面的椅子上休息，王某1趁机翻过派出所的铁栅栏躺在宿舍区内的花坛上，值班人员把王某1拉起来。此时，派出所所长在三楼宿舍听到外面的声音，站在阳台上问出了什么事，值班人员向所长汇报情况时，王某1又趁机翻越派出所与甲市土地局城北分局（以下简称土管分局）的院墙进入土管分局的院内，值班民警与舞厅工作人员严某某随后到土管分局的院子里寻找王某1。王某1从派出所翻墙进入土管分局院内又翻越土管分局与市建筑设计院（以下简称设计院）的院墙进入设计院内，设计院职工彭某某从外面回来，见办公楼与宿舍楼之间的走道上躺着一个人（实际上是王某1），当时已表达不清，彭某某便找门卫来查看，门卫看后认为不是本单位的人，于是便报警，甲市公安局的"110"干警接到报警后及时赶到现场，见是王某1，且当时尚有呼吸，便及时派人与医院联系，医生赶到现场后检查确认王某1已死亡。事故发生后，根据王某2的要求，甲市政法委员会组织联合调查组对王某1的死因进行了调查，并组织法医对王某1的尸体表面伤进行了检验，法医检验分析说明及结论认为，王某1体表损伤非人为暴力所致。甲市政法委员会联合调查组作出调查结论：（1）王某1的死亡属非正常死亡，属自我行为造成坠楼死亡；（2）王某1的死亡与公安干警的执法行为没有直接的因果关系。王某某、张某某对调查结论不服，提起行政诉讼，要求确认甲市公安局带走王某1约束酒醒的行为违法，并赔偿王某2、张某某经济损失666600元和精神损失费500000元。甲市公安局辩称：（1）"110"干警从王某1身上搜出119元给舞厅结账，符合《人民警察法》第六条第二项的规定，属于履行维护社会秩序的行政行为，是合法的；且王某1醉酒有充分的证据证实，对其约束醒酒符合当时有效的《治安管理处罚条例》第十二条的规定，也是合法的。（2）发现王某1受伤后，采取到医院请医生到现场进行施救，当值班医生赶到现场后，确认王某1已死亡，甲市公安局没有不作为行为。

【规范性文件】

《中华人民共和国治安管理处罚法》

第十五条　醉酒的人违反治安管理的，应当给予处罚。

醉酒的人在醉酒状态中，对本人有危险或者对他人的人身、财产或公共安全有威胁的，应当对其采取保护性措施约束至酒醒。

《中华人民共和国刑事诉讼法》

第三百零三条　根据本章规定对精神病人强制医疗的，由人民法院决定。

公安机关发现精神病人符合强制医疗条件的，应当写出强制医疗意见书，移送人民检察院。对于公安机关移送的或者在审查起诉过程中发现的精神病人符合强制医疗条件的，人民检察院应当向人民法院提出强制医疗的申请。人民法院在审理案件过程中发现被告人符合强制医疗条件的，可以作出强制医疗的决定。

对实施暴力行为的精神病人,在人民法院决定强制医疗前,公安机关可以采取临时的保护性约束措施。

《中华人民共和国禁毒法》

第三十七条 医疗机构根据戒毒治疗的需要,可以对接受戒毒治疗的戒毒人员进行身体和所携带物品的检查;对在治疗期间有人身危险的,可以采取必要的临时保护性约束措施。

发现接受戒毒治疗的戒毒人员在治疗期间吸食、注射毒品的,医疗机构应当及时向公安机关报告。

(撰写人:臧震)

三、行政强制执行类案件的司法审查

【裁判标准】

根据《行政强制法》第二条第三款之规定，行政强制执行，是指行政机关或者行政机关申请人民法院，对不履行行政决定的公民、法人或者其他组织，依法强制履行义务的行为。该法规定的行政强制执行方式包括：加处罚款或者滞纳金；划拨存款、汇款；拍卖或者依法处理查封、扣押的场所、设施或者财物；排除妨碍、恢复原状；代履行；其他强制执行方式。《暂行规定》以上述法律规定为基础，将"行政强制执行"列为二级案由，并在三级案由中增加了强制拆除房屋或者设施、强制清除地上物这两种实践中占比较大的行政强制执行案由类型。

对行政强制执行概念的理解，有必要注意以下几点：第一，行政强制执行的前提是存在一个生效的行政决定，行政强制执行是执行行政决定的行为，目的在于保障行政决定内容得到实现。第二，行政强制执行的效果是对当事人的人身、财产权利的剥夺，但这种法律处分来源于作为执行基础的原行政决定，而并非来源于行政强制执行。申言之，在行政决定已经对当事人的人身、财产权利作出法律处分的基础上，行政强制执行进而将该法律处分的内容予以兑现。第三，我国行政强制执行包括两种形式，即行政机关自行强制执行和申请法院强制执行。申请法院强制执行即行政非诉执行，在"裁执分离"模式下，法院作出准予强制执行的裁定后，具体执行工作由行政机关负责。但即使部分地区、部分领域中仍存在由法院直接实施执行行为的情形，亦不妨碍在《行政强制法》中将其归入广义的行政强制执行概念中，适用行政强制执行的基本原则，以及规定具体申请和受理程序等。第四，行政强制执行的具体方式又可分为两类，即间接强制执行方式和直接强制执行方式。前者如加处罚款或者滞纳金、代履行等；后者如划拨存款、汇款，排除妨碍、恢复原状，拍卖或者依法处理查封、扣押的场所、设施或者财物等。

如前所述，我国的行政强制执行包括行政机关自行强制执行和申请法院强制执行两种不同形式。这一区别的主要标准在于行政机关是否具备强制执行权。行政机关依法作出行政决定后，当事人在行政机关决定的期限内不履行义务的，具有行政强制执行权的行政机关依照相关规定强制执行，即为行政机关自行强制执行。当事人在法定期限内不申请行政复议或者提起行政诉讼，又不履行行政决定的，没有行政强制执行权的行政机关可以自期限届满之日起3个月内，依照相关规定申请法院强制执行，即为申请法院强制执行。从司法审判的角度看，对行政机关自行强制执行的合法性审查，需要通过进入实体审理的行政诉讼程序来完成。而针对申请法院强制执行的合法性审查，《行政强制法》《行政诉讼法》及相关司法解释规定了行政非诉执行的审查程序。鉴于这两类审查程序存在较为明显的差异，故有必要在整体上对其裁判标准先行分别归纳阐述。

就行政机关自行强制执行的裁判标准而言，主要包括可诉性、执行依据、执行实施范围、执行程序等几个方面，分述如下。

第一，行政强制执行依法属于行政诉讼受案范围。之所以要首先强调这一点，乃因为实践中部分法院认为行政强制执行以行政机关在先作出的行政决定为执行依据，在行政决定已经对当事人的权利义务作出法律处分后，行政强制执行系将法律处分的内容予以兑现，就此而言，行政强制执行本身并不对当事人的权利义务产生新的影响，因而不属于行政诉讼受案范围，当事人如不服，应针对在先的行政决定寻求救济。应当认为，这一观点缺乏法律依据。一方面，从《行政诉讼法》的相关规定看，该法第十二条第一款第二项明确规定，对行政强制执行不服提起诉讼的，人民法院应予受理。据此，行政机关在作出行政决定后，当事人超期未履行义务，行政机关据此实施的相应行政强制执行，依法属于行政诉讼的受案范围。认为行政强制执行不属于行政诉讼受案范围的观点，与《行政诉讼法》的上述规定不符。另一方面，从《行政强制法》的相关规定看，一套完整的行政强制执行程序具体包括作为执行依据的行政决定以及强制执行决定、具体实施的强制执行行为。其中，行政决定属于针对当事人相关权利义务关系的法律处分，构成后续强制执行行为的执行依据。强制执行决定以当事人在行政决定确定的履行期限内未依法履行义务为前提，同时该决定又是后续强制执行行为的前置行为，强制执行决定一经送达，即具有强制力和执行力，行政机关得依法实施后续强制执行行为，通过强制执行将对当事人权利义务的法律处分予以兑现。在上述一整套程序中，行政决定、强制执行决定对当事人的权利义务作出了法律上的认定和处分，强制执行行为直接针对特定目标（如当事人的存款、建筑物等）进行了事实处分，上述三种行政行为针对当事人的同一权利义务关系均作出了处分，产生了实际影响，故从诉讼原理上分析，均属于可诉的行政行为。实际上，行政机关在实施行政强制执行时，应以相关行政决定为执行依据，由此也决定了行政强制执行的实施范围不得超出行政决定的处分范围，且行政强制执行本身的实施亦需要遵循法定程序要求，故如果不能对行政强制执行（包括强制执行决定、具体的强制执行行为）提起行政诉讼，将无法从行政强制执行的依据、程序、范围、方式等方面对其合法性进行全面审查，难以保障当事人的合法权益。申言之，作为执行依据的行政决定和具体实施的行政强制执行分属不同的行政行为，即使行政决定本身合法，亦不意味着行政强制执行当然合法，故对行政决定的合法性审查不能代替对行政强制执行的合法性审查。在行政决定和行政强制执行均具备可诉性的情况下，实践中应当允许当事人对被诉行政行为进行选择。在当事人已经明确选择起诉行政强制执行时，法院不得以行政强制执行不对当事人的权利义务产生新的影响、当事人应针对行政决定寻求救济为由，裁定驳回针对行政强制执行的起诉。

第二，行政强制执行应具备相应执行依据。这一问题又可分为两个层次，即审查执行依据之有无和审查执行依据的合法性。就执行依据之有无的审查而言，即是指法院应当审查行政强制执行是否具备作为执行依据的在先行政决定。行政强制执行以确定义务的行政决定的存在为前提（立即代履行等法定情形除外），行政强制执行是对行政决定的执行，在应然层面，没有基础性行政决定就不应存在相应的执行性行政行为。实践中，如果行政机关在缺乏行政决定的情况下（包括缺乏有效证据证明行政决定的存在）迳行实施行政强制执行，则明显属于违法行政，法院得视情判决撤销、确认违法乃至确认无效。就执行依据的合法性而言，即是指法院应当对作为行政强制执行依据的行政决定的合法性作出相应审查。在针对行政强制执行的行政诉讼中，被诉行政行为乃行政强制执行行为，行政决定仅是作为被诉行政强制执行行为的先行行为，其在诉讼程序中属于行政强制执行行为的证据材料，故此处所谓的对其合法性进行审查，主要是证据层面的合法性审查，并非对行政决定进行全面的合法性审查。按照行政行为的一般原理，行政决定一经作出，即具备公定力、确定力、拘束力、执行力，在未经法定程序对其合法性进行否定前，法院即应推定其具备合法性。在对行政决定进行证据合法性审查时，如行政决定确实存在违法性，并足以否定其作为证据的证明效力时，即不应作为所属案件的定案证据，此时被诉行政强制执行行为构成主要证据不足，法院得视情判决撤销或确认违法。但在裁判主文中，法院仅得对被诉行政强制执行行为作出裁判，而不得针对作为证据材料的行政决定一并作出裁判。

第三，行政机关不得超范围实施行政强制执行。行政强制执行以行政决定为依据，故不论是行政机关据此作出的强制执行决定，还是具体实施的执行行为，均应以行政决定的处分范围为限，行政机关不得超出行政决定的处分范围对当事人的人身权、财产权等作扩大处理。比如，行政决定仅涉及拆除当事人的A处房屋，行政机关在执行过程中即不得一并拆除当事人的B处房屋。在实践中需要注意的是，行政机关超范围实施的执行行为，并不当然影响其在行政决定范围内所实施的执行行为的合法性。比如，在行政决定仅要求拆除A处房屋而行政机关实际将A处房屋和B处房屋一并拆除，当事人在诉讼请求中未对强拆行为作出区分时，法院应当对两处房屋的拆除行为作分别审查处理，如经审查后认为拆除A处房屋的行为合法，则仅需对拆除B处房屋的违法性作出裁判，并驳回当事人针对拆除A处房屋的诉讼请求。

第四，行政强制执行应当遵循法定程序。行政机关在实施行政强制执行时，应遵循法定程序并依法保障当事人的程序权利，对此，《行政强制法》第四章对行政机关强制执行的程序作出了专门规定，此处不再赘述。行政机关违反法定程序实施行政强制执行的，法院得以程序违法为由判决撤销或确认违法。在仅构成程序瑕疵而尚达不到程序违法的程度时，一般应当在裁判理由中予以指正，在此基础上对其程序合法性予以认可。

以上是对行政机关自行强制执行的主要裁判标准的阐述。就申请法院强制执行即行政非诉执行的裁判标准而言，《最高人民法院关于适用〈中华人民共和国行政诉讼法〉的解释》对其中的受理条件、审查标准等均作出了较为详细的规定。具体而言，根据上述司法解释第一百五十五条之规定，行政机关根据《行政诉讼法》第九十七条的规定申请执行其行政行为，应当具备以下条件：（1）行政行为依法可以由人民法院执行；（2）行政行为已经生效并具有可执行内容；（3）申请人是作出该行政行为的行政机关或者法律、法规、规章授权的组织；（4）被申请人是该行政行为所确定的义务人；（5）被申请人在行政行为确定的期限内或者行政机关催告期限内未履行义务；（6）申请人在法定期限内提出申请；（7）被申请执行的行政案件属于受理执行申请的人民法院管辖。行政机关申请人民法院执行，应当提交《行政强制法》第五十五条规定的相关材料。人民法院对符合条件的申请，应当在5日内立案受理，并通知申请人；对不符合条件的申请，应当裁定不予受理。行政机关对不予受理裁定有异议，在15日内向上一级人民法院申请复议的，上一级人民法院应当在收到复议申请之日起15日内作出裁定。根据上述司法解释第一百六十一条之规定，被申请执行的行政行为有下列情形之一的，人民法院应当裁定不准予执行：（1）实施主体不具有行政主体资格的；（2）明显缺乏事实根据的；（3）明显缺乏法律、法规依据的；（4）其他明显违法并损害被执行人合法权益的情形。行政机关对不准予执行的裁定有异议，在15日内向上一级人民法院申请复议的，上一级人民法院应当在收到复议申请之日起30日内作出裁定。

总体而言，与普通行政诉讼程序相比，行政非诉执行在程序设计、审查形式、审查标准等方面均存在较为明显的差别。行政非诉执行审查程序在性质上属于执行程序的组成部分，而不属于争讼审判程序。鉴于上述司法解释已作出了较为详细的规定，此处不再作进一步分析阐释，后文在分述涉行政强制执行相关三级案由的案件裁判标准时，亦仅限于适用普通行政诉讼程序的案件，而不再另行阐释相关行政非诉执行案件的裁判标准，在此予以说明。

24. 加处罚款或者滞纳金类案件的审查

【审查要点】

加处罚款或者滞纳金均属于执行罚，是间接强制的一种。在目前我国的法律体系中，加处罚款主要适用于行政处罚中的罚款，滞纳金主要是针对不缴纳税费的行为。根据《行政处罚法》第七十二条第一款第一项之规定，当事人到期不缴纳罚款的，作出行政处罚决定的行政机关可以每日按罚款数额的3%加处罚款，加处罚款的数额不得超出罚款的数额。根据《行政强制法》第四十五条之规定，行政机关依法作出金钱给付义务的行政决定，当事人逾期不履行的，行政机关可以依法加处罚款或者滞纳金。加处罚款或者滞纳金的标准应当告知当事人。加处罚款或者滞纳金的数额不得超出金钱给付义务的数额。据此，行政机关即使在没有其他实体法律规定的情形下，也可以依据《行政处罚法》《行政强制法》的上述规定，直接对当事人适用加处罚款或者滞纳金。

对加处罚款或者滞纳金类案件的审查，有必要注意把握以下几点：一是注意区分作为加处基础的金钱给付义务和加处内容。实践中，行政机关往往是在相关行政决定中一并载明当事人逾期未履行金钱给付义务的，按一定标准加处罚款或者滞纳金。对此，当事人多是针对相关行政决定整体提出诉讼请求，而并未区分作为加处基础的金钱给付义务和加处内容。法院在审查过程中应首先审查行政机关所确定的金钱给付义务的合法性，如金钱给付义务本身违法，则加处内容因丧失处分基础而当然违法；如金钱给付义务本身合法，则须进一步审查加处内容是否合法。二是审查当事人是否存在逾期不履行行政决定所确定金钱给付义务的情形。不论是加处罚款还是滞纳金，均以当事人逾期不履行相关行政决定确定的金钱给付义务为前提。如当事人的金钱给付义务尚在履行期限内，行政机关即不得违法加处罚款或者滞纳金。三是审查行政机关是否已将加处罚款或者滞纳金的标准告知当事人。此项告知义务源自《行政强制法》第四十五条第一款的规定。通过向当事人告知加处罚款或者滞纳金的标准，既有利于保障当事人的知情权、监督权，又有利于督促行政机关合法合理确定加处标准，减少行政恣意。行政机关在加处罚款或者滞纳金时如未告知当事人相关标准的，构成程序违法。四是审查加处罚款或者滞纳金的数额是否超出原金钱给付义务的数额。加处罚款或者滞纳金不得超过本金是行政法比例原则的要求，《行政强制法》第四十五条第二款对此作了明确规定。五是根据《最高人民法院行政审判庭关于行政处罚的加处罚款在诉讼期间应否计算问题的答复》（〔2005〕行他字第29号），对于不履行行政处罚决定所加处罚款属于执行罚，在诉讼期间不应计算。

【典型案例】

甲公司诉乙安监局加处罚款案

【裁判要旨】

行政处罚加处罚款在性质上属于执行罚，目的在于通过加处罚款促使当事人尽快履行行政处罚决定。加处罚款以当事人逾期不履行行政处罚决定为前提。当事人针对行政处罚决定依法申请行政复议、提起行政诉讼，系行使其享有的法定权利的表现，与既不依法寻求救济又不履行行政处罚决定有着本质区别。且在行政复议、行政诉讼程序开启后，当事人对程序的持续时间亦缺乏控制。对当事人的加处罚款在复议和诉讼期间不予计算，更加符合执行罚的立法本意。

【简要案情】

2014年11月12日，被告乙安监局作出行政处罚决定，对原告甲公司处以12万元罚款的行政处罚，罚款自收到决定书之日起15日内缴至工商银行某支行，到期不缴每日按罚款数额的3%加处罚款。被告向原告作出的缴费通知书载明缴款日期为自2014年11月12日至2014年11月29日。原告于2014年11月25日向丙市人民政府申请行政复议，此案经复议、一审、二审，终审判决于2015年11月5日发生法律效力。2015年12月1日，原告缴纳罚款12万元及加处罚款88320元。原告提起本案诉讼，称对于不履行行政处罚决定所加处的罚款属于执行罚，在诉讼期间应不予计算，被告把原告正当行使权利的复议、诉讼期间作为拒不履行缴纳罚款的时间计算，显然依据错误，故诉请撤销被告加收原告行政诉讼期间罚款的行政行为，返还已收取的加处罚款及利息。法院终审判决确认被告向原告收取行政复议、行政诉讼期间的加处罚款行为违法，判令被告限期重新核定加处罚款的数额。

【规范性文件】

《中华人民共和国行政强制法》

第十二条 行政强制执行的方式：

（一）加处罚款或者滞纳金；

（二）划拨存款、汇款；

（三）拍卖或者依法处理查封、扣押的场所、设施或者财物；

（四）排除妨碍、恢复原状；

（五）代履行；

（六）其他强制执行方式。

第四十五条 行政机关依法作出金钱给付义务的行政决定，当事人逾期不履行的，行政机关可以依法加处罚款或者滞纳金。加处罚款或者滞纳金的标准应当告知当事人。

加处罚款或者滞纳金的数额不得超出金钱给付义务的数额。

第四十六条第一款 行政机关依照本法第四十五条规定实施加处罚款或

者滞纳金超过三十日，经催告当事人仍不履行的，具有行政强制执行权的行政机关可以强制执行。

《中华人民共和国行政处罚法》

第七十二条 当事人逾期不履行行政处罚决定的，作出行政处罚决定的行政机关可以采取下列措施：

（一）到期不缴纳罚款的，每日按罚款数额的百分之三加处罚款，加处罚款的数额不得超出罚款的数额；

（二）根据法律规定，将查封、扣押的财物拍卖、依法处理或者将冻结的存款、汇款划拨抵缴罚款；

（三）根据法律规定，采取其他行政强制执行方式；

（四）依照《中华人民共和国行政强制法》的规定申请人民法院强制执行。

行政机关批准延期、分期缴纳罚款的，申请人民法院强制执行的期限，自暂缓或者分期缴纳罚款期限结束之日起计算。

25. 划拨存款、汇款类案件的审查

【审查要点】

根据《商业银行法》第二十九条第二款之规定，对个人储蓄存款，商业银行有权拒绝任何单位或者个人查询、冻结、扣划，但法律另有规定的除外。根据《行政强制法》第四十七条之规定，划拨存款、汇款应当由法律规定的行政机关决定，并书面通知金融机构。金融机构接到行政机关依法作出划拨存款、汇款的决定后，应当立即划拨。法律规定以外的行政机关或者组织要求划拨当事人存款、汇款的，金融机构应当拒绝。根据《行政处罚法》第七十二条第一款第二项之规定，当事人逾期不履行行政处罚决定的，作出行政处罚决定的行政机关可以根据法律规定，将冻结的存款、汇款划拨抵缴罚款。目前我国现行法律规定行政机关可划拨存款、汇款的，仅限于税收、海关、社会保险等少数领域，其中《税收征收管理法》第四十条和《海关法》第六十条使用的是"扣缴"一词。

对划拨存款、汇款类案件的审查，有必要注意把握以下几点：一是审查

行政机关作出的划拨存款、汇款的决定是否具备相应法律依据。如前所述，《行政强制法》明确规定划拨存款、汇款应当由法律规定的行政机关决定。此处的"法律"仅限于全国人大和全国人大常委会制定的法律，不包括行政法规和地方性法规。行政机关在缺乏法律规定的情况下作出的划拨存款、汇款决定，可认定为属于缺乏依据的无效行政行为。二是审查划拨存款、汇款的决定是否书面通知相关金融机构。划拨存款、汇款具有较强的侵益性，于当事人而言关系重大，《行政强制法》明确规定行政机关作出划拨决定后，应当书面通知金融机构。所谓"书面通知"，即制作行政公文并正式送达金融机构。行政机关未履行"书面通知"义务的，则构成程序违法。三是注意区分行政机关和金融机构的不同责任。行政机关违法作出划拨存款、汇款决定的，其应依法承担相应责任。此外，根据《行政强制法》第六十五条之规定，如果金融机构将不应当划拨的存款、汇款予以划拨的，此时应由金融机构自行承担相应法律责任。当事人如以金融机构将不应当划拨的存款、汇款予以划拨为由，针对作出划拨决定的行政机关提起行政诉讼，则该起诉依法不属于行政诉讼受案范围。

【典型案例】

甲公司诉乙市税务稽查局划拨存款案

【裁判要旨】

在针对税务强制执行决定的行政诉讼程序中，在先的税务处理决定系税务强制执行决定的证据材料。法院仅对税务处理决定作为证据材料进行相关审查。税务处理决定一经作出即具备法定效力，在未经法定程序对其合法性进行否定前，应推定其具备合法性。

【简要案情】

2019年5月5日，乙市税务稽查局对甲公司作出42号《税务处理决定书》，载明甲公司于2014年至2016年间共取得虚开的增值税专用发票若干份，应补缴相应增值税、城市维护建设税、企业所得税等，并加处相应滞纳金；逾期未缴，将依照《税收征收管理法》第四十条规定强制执行；若同该局在税务上有争议，必须先行缴纳税款及滞纳金，或者提供相应的担保，在得到该局确认之日起60日内，可依法向乙市税务局申请行政复议。2019年5月24日，乙市税务稽查局向甲公司送达催告书，催告其限期缴款。2019年6月17日，乙市税务稽查局经审批后作出本案被诉《税收强制执行决定》，决定从 2019 年 6 月 17 日起从甲公司在中国农业银行等金融机构的存款账户中扣缴款项、缴入国库。甲公司不服，经复议后诉请撤销涉案《税收强制执行决定》。法院终审认为，甲公司在税务机关责令缴纳税款的期限内，逾期并未缴纳，乙市税务稽查局可以采取强制执行措施，在依法履行了催告、审批、送达程序后，作出该税收强制执行决定合法。甲公司主张上述强制执行决定的依据违法，乃是认为乙市税务稽查局 42 号《税务处理决定书》具有违法性。对此，该税务处理决定一经作出就具有行政行为的公定力，在未经法定机关通过法定程序撤销或宣布无效之前，应推定其具有合法性。故甲公司关于税收强制执行决定依据违法的主张不能成立。遂判决驳回甲公司的诉讼请求。

【规范性文件】

《中华人民共和国行政强制法》

第十二条　行政强制执行的方式：

（一）加处罚款或者滞纳金；

（二）划拨存款、汇款；

（三）拍卖或者依法处理查封、扣押的场所、设施或者财物；

（四）排除妨碍、恢复原状；

（五）代履行；

（六）其他强制执行方式。

第四十七条　划拨存款、汇款应当由法律规定的行政机关决定，并书面通知金融机构。金融机构接到行政机关依法作出划拨存款、汇款的决定后，应当立即划拨。

法律规定以外的行政机关或者组织要求划拨当事人存款、汇款的，金融机构应当拒绝。

《中华人民共和国行政处罚法》

第七十二条　当事人逾期不履行行政处罚决定的，作出行政处罚决定的行政机关可以采取下列措施：

（一）到期不缴纳罚款的，每日按罚款数额的百分之三加处罚款，加处罚款的数额不得超出罚款的数额；

（二）根据法律规定，将查封、扣押的财物拍卖、依法处理或者将冻结的存款、汇款划拨抵缴罚款；

（三）根据法律规定，采取其他行政强制执行方式；

（四）依照《中华人民共和国行政强制法》的规定申请人民法院强制执行。

行政机关批准延期、分期缴纳罚款的，申请人民法院强制执行的期限，自暂缓或者分期缴纳罚款期限结束之日起计算。

《中华人民共和国商业银行法》

第二十九条第二款 对个人储蓄存款，商业银行有权拒绝任何单位或者个人查询、冻结、扣划，但法律另有规定的除外。

《中华人民共和国税收征收管理法》

第四十条 从事生产、经营的纳税人、扣缴义务人未按照规定的期限缴纳或者解缴税款，纳税担保人未按照规定的期限缴纳所担保的税款，由税务机关责令限期缴纳，逾期仍未缴纳的，经县以上税务局（分局）局长批准，税务机关可以采取下列强制执行措施：

（一）书面通知其开户银行或者其他金融机构从其存款中扣缴税款；

（二）扣押、查封、依法拍卖或者变卖其价值相当于应纳税款的商品、货物或者其他财产，以拍卖或者变卖所得抵缴税款。

税务机关采取强制执行措施时，对前款所列纳税人、扣缴义务人、纳税担保人未缴纳的滞纳金同时强制执行。

个人及其所扶养家属维持生活必需的住房和用品，不在强制执行措施的范围之内。

《中华人民共和国海关法》

第六十条 进出口货物的纳税义务人，应当自海关填发税款缴款书之日起十五日内缴纳税款；逾期缴纳的，由海关征收滞纳金。纳税义务人、担保人超过三个月仍未缴纳的，经直属海关关长或者其授权的隶属海关关长批准，海关可以采取下列强制措施：

（一）书面通知其开户银行或者其他金融机构从其存款中扣缴税款；

（二）将应税货物依法变卖，以变卖所得抵缴税款；

（三）扣留并依法变卖其价值相当于应纳税款的货物或者其他财产，以变卖所得抵缴税款。

海关采取强制措施时，对前款所列纳税义务人、担保人未缴纳的滞纳金同时强制执行。

进出境物品的纳税义务人，应当在物品放行前缴纳税款。

《中华人民共和国社会保险法》

第六十三条第二款 用人单位逾期仍未缴纳或者补足社会保险费的,社会保险费征收机构可以向银行和其他金融机构查询其存款账户;并可以申请县级以上有关行政部门作出划拨社会保险费的决定,书面通知其开户银行或者其他金融机构划拨社会保险费。用人单位账户余额少于应当缴纳的社会保险费的,社会保险费征收机构可以要求该用人单位提供担保,签订延期缴费协议。

26—27. 拍卖或者处理查封、扣押的场所、设施或者财物类案件的审查

【审查要点】

拍卖或者处理查封、扣押的场所、设施或者财物,系为实现金钱给付义务而采取的强制执行方式,在性质上属于直接强制。行政机关对场所、设施或者财物实施拍卖或者处理,以已经采取了查封或者扣押为前提。根据《行政处罚法》第七十二条第一款之规定,当事人逾期不履行行政处罚决定的,作出行政处罚决定的行政机关可以根据法律规定,将查封、扣押的财物拍卖、依法处理。根据《行政强制法》第四十六条第三款之规定,当事人在法定期限内不申请行政复议或者提起行政诉讼,经催告仍不履行的,在实施行政管理过程中已经采取查封、扣押措施的行政机关,可以将查封、扣押的财物依法拍卖抵缴罚款。该法第四十八条规定,依法拍卖财物,由行政机关委托拍卖机构依照《拍卖法》的规定办理。除上述法律规定外,《税收征收管理法》第三十七条、第四十条和《海关法》第六十条等规定了依法拍卖或者变卖的执行方式。

对拍卖或者处理查封、扣押的场所、设施或者财物类案件的审查,有必要注意把握以下几点:一是审查拍卖或者处理的法律依据是否准确。《行政处罚法》所规定的拍卖、处理仅限于当事人逾期不履行行政处罚决定的情形,《税收征收管理法》和《海关法》的调整范围仅限于本领域。除此之外,《行政强制法》第四十六条第三款之规定在一定意义上弥补了上述法律关于拍卖、处理适用范围有限的缺陷。行政机关对财物进行拍卖或者处理,

必须准确适用相关法律规定。二是案外人以对场所、设施或者财物享有权利为由对强制执行提起行政诉讼的，法院在审查其所提理由是否能够排除强制执行时，应以相关行政法律规范为依据，而不能直接适用民事执行异议的相关规定。

【典型案例】

甲公司诉乙税务局拍卖查封的财物案

【裁判要旨】

税务机关决定对已查封的财产通过拍卖或者变卖抵缴欠税，属于在其职权范围内作出的行政强制执行行为。对该行政强制执行行为进行合法性审查，应适用《税收征收管理法》等行政法律规范。

【简要案情】

2019年7月25日，乙税务局作出85号税务事项通知书，要求丙公司限期缴纳应补土地增值税税款若干元。2019年9月2日，乙税务局作出催告书，丙公司仍未履行义务。2019年9月29日，乙税务局作出税收保全措施决定，对丙公司案涉15宗房产予以查封。2019年11月26日，乙税务局作出被诉税收强制执行决定，决定对丙公司案涉房产予以拍卖或变卖，以拍卖或变卖所得抵缴欠款及滞纳金。2019年12月27日，甲公司申请行政复议，复议机关作出复议维持决定。甲公司提起本案诉讼，请求撤销被诉税收强制执行决定。法院终审认为，乙税务局作出被诉税收强制执行决定并依法送达，程序合法。甲公司虽认为案涉15套商业用房是在执行机关查封的三年前就已签订合法有效的书面买卖合同，其已合法占有该15套不动产，并支付全部房款，未办理过户登记不是其自身原因，根据《最高人民法院关于人民法院办理执行异议和复议案件若干问题的规定》第二十八规定，案涉15套商业用房应当被排除执行。但上述规定系为了规范法院办理执行异议和复议案件，根据《民事诉讼法》等法律规定，结合法院执行工作实际而制定，并不适用于税务征收行为中的排除执行行为。在被诉强制执行决定作出时，案涉15套房屋未办理过户登记，且未设定抵押权，根据《税收征收管理法》第四十五条"税务机关征收税款，税收优于无担保债权"的规定，税务机关对丙公司征收税款优先于甲公司的普通债权。遂判决驳回甲公司的诉讼请求。

【规范性文件】

《中华人民共和国行政强制法》

第十二条　行政强制执行的方式：

（一）加处罚款或者滞纳金；

（二）划拨存款、汇款；

（三）拍卖或者依法处理查封、扣押的场所、设施或者财物；

（四）排除妨碍、恢复原状；

（五）代履行；

（六）其他强制执行方式。

第四十六条第三款　没有行政强制执行权的行政机关应当申请人民法院强制执行。但是，当事人在法定期限内不申请行政复议或者提起行政诉讼，经催告仍不履行的，在实施行政管理过程中已经采取查封、扣押措施的行政机关，可以将查封、扣押的财物依法拍卖抵缴罚款。

第四十八条　依法拍卖财物，由行政机关委托拍卖机构依照《中华人民共和国拍卖法》的规定办理。

《中华人民共和国行政处罚法》

第七十二条　当事人逾期不履行行政处罚决定的，作出行政处罚决定的行政机关可以采取下列措施：

（一）到期不缴纳罚款的，每日按罚款数额的百分之三加处罚款，加处罚款的数额不得超出罚款的数额；

（二）根据法律规定，将查封、扣押的财物拍卖、依法处理或者将冻结的存款、汇款划拨抵缴罚款；

（三）根据法律规定，采取其他行政强制执行方式；

（四）依照《中华人民共和国行政强制法》的规定申请人民法院强制执行。

行政机关批准延期、分期缴纳罚款的，申请人民法院强制执行的期限，自暂缓或者分期缴纳罚款期限结束之日起计算。

《中华人民共和国税收征收管理法》

第三十七条　对未按照规定办理税务登记的从事生产、经营的纳税人以及临时从事经营的纳税人，由税务机关核定其应纳税额，责令缴纳；不缴纳的，税务机关可以扣押其价值相当于应纳税款的商品、货物。扣押后缴纳应纳税款的，税务机关必须立即解除扣押，并归还所扣押的商品、货物；扣押后仍不缴纳应纳税款的，经县以上税务局（分局）局长批准，依法拍卖或者变卖所扣押的商品、货物，以拍卖或者变卖所得抵缴税款。

第四十条　从事生产、经营的纳税人、扣缴义务人未按照规定的期限缴纳或者解缴税款，纳税担保人未按照规定的期限缴纳所担保的税款，由税务机关责令限期缴纳，逾期仍未缴纳的，经县以上税务局（分局）局长批准，税务机关可以采取下列强制执行措施：

（一）书面通知其开户银行或者其他金融机构从其存款中扣缴税款；

（二）扣押、查封、依法拍卖或者变卖其价值相当于应纳税款的商品、货物或者其他财产，以拍卖或者变卖所得抵缴税款。

税务机关采取强制执行措施时，对前款所列纳税人、扣缴义务人、纳税担保人未缴纳的滞纳金同时强制执行。

个人及其所扶养家属维持生活必需的住房和用品，不在强制执行措施的范围之内。

《中华人民共和国海关法》

第六十条　进出口货物的纳税义务人，应当自海关填发税款缴款书之日起十五日内缴纳税款；逾期缴纳的，由海关征收滞纳金。纳税义务人、担保人超过三个月仍未缴纳的，经直属海关关长或者其授权的隶属海关关长批准，海关可以采取下列强制措施：

（一）书面通知其开户银行或者其他金融机构从其存款中扣缴税款；

（二）将应税货物依法变卖，以变卖所得抵缴税款；

（三）扣留并依法变卖其价值相当于应纳税款的货物或者其他财产，以变卖所得抵缴税款。

海关采取强制措施时，对前款所列纳税义务人、担保人未缴纳的滞纳金同时强制执行。

进出境物品的纳税义务人，应当在物品放行前缴纳税款。

28—29. 排除妨碍、恢复原状类案件的审查

【审查要点】

排除妨碍、恢复原状的概念来源于民事法律规范中规定的民事责任形式。《行政强制法》中规定的排除妨碍、恢复原状属于直接强制执行。一方面，排除妨碍、恢复原状应理解为通过行政机关组织人力、物力行使物理手段，强制排除妨碍或者强制恢复原状的行为，而不能将其理解为行政相对人在行政机关要求下自行实施的排除妨碍、恢复原状行为；另一方面，作为直接强制执行的排除妨碍、恢复原状，与后文作为间接强制执行之代履行中的代为实施排除妨碍、恢复原状有所区别，对此将在后文中作进一步阐述。

对排除妨碍、恢复原状类案件的审查，有必要注意把握以下几点：一是注意区分排除妨碍、恢复原状的行为性质。排除妨碍、恢复原状除了作为行政强制执行被规定于《行政强制法》中之外，另有部分法律规范将其作为行政处理决定作了规定。如《公安机关办理行政案件程序规定》第二百零三条第一款规定："依法作出要求被处理人履行排除妨碍、恢复原状等义务的行政处理决定，被处理人逾期不履行，经催告仍不履行，其后果已经或者将危害交通安全的，公安机关可以代履行，或者委托没有利害关系的第三人代履行。"故在审查"排除妨碍、恢复原状"类案件时，有必要首先准确界定被诉行政行为的性质。二是注意区分作为直接强制执行的排除妨碍、恢复原状和作为代履行的排除妨碍、恢复原状。如果是作为代履行的排除妨碍、恢复原状，则需要适用《行政强制法》关于代履行的专门规定进行合法性审查。

【典型案例】

王某某等诉甲县政府等排除妨碍、恢复原状案

【裁判要旨】

行政机关在实施排除妨碍、恢复原状时，应遵照《行政强制法》关于实施程序的相关规定，对于违反法定程序的排除妨碍、恢复原状行为，即使其在实体上并无不当，亦得以程序违法为由确认违法。

【简要案情】

乙乡政府于2014年10月13日、2014年11月25日发出通知,要求相关栽种人员限期自行铲除国有林地范围内的非法种植物,逾期未铲除的,由乙乡政府等部门依法联合铲除。2015年1月15日、16日,甲县政府、乙乡政府等组织人员将王某某等种植的侵占国有林地的橡胶树铲除。王某某等不服,提起行政诉讼。法院终审认为被诉行政强制属于程序违法,遂作出确认违法判决。王某某等向最高人民法院申请再审。最高人民法院经审查认为,本案被诉行为从表现形式及实施内容来看,均属于行政机关在行政管理过程中为制止违法种植行为而实施的排除妨碍、恢复原状的行政强制行为。在案证据能够证明被铲除的橡胶林存在侵占国有林地的情形,但甲县政府、乙乡政府等联合实施铲除行为前,并未对当事人作出具体的行政决定,未履行催告程序,亦未作出强制执行决定,仅仅以发通知、通告的形式予以代替,其实施的行政强制行为在程序和形式上均不符合《行政强制法》的相关规定,属于程序违法。二审法院适用法律正确。遂裁定驳回再审申请。

【规范性文件】

《中华人民共和国行政强制法》

第十二条 行政强制执行的方式:

(一)加处罚款或者滞纳金;

(二)划拨存款、汇款;

(三)拍卖或者依法处理查封、扣押的场所、设施或者财物;

(四)排除妨碍、恢复原状;

(五)代履行;

(六)其他强制执行方式。

《中华人民共和国道路交通安全法》

第一百零六条 在道路两侧及隔离带上种植树木、其他植物或者设置广告牌、管线等,遮挡路灯、交通信号灯、交通标志,妨碍安全视距的,由公安机关交通管理部门责令行为人排除妨碍;拒不执行的,处二百元以上二千元以下罚款,并强制排除妨碍,所需费用由行为人负担。

《中华人民共和国水法》

第六十五条第一款 在河道管理范围内建设妨碍行洪的建筑物、构筑物,或者从事影响河势稳定、危害河岸堤防安全和其他妨碍河道行洪的活动的，由县级以上人民政府水行政主管部门或者流域管理机构依据职权，责令停止违法行为，限期拆除违法建筑物、构筑物，恢复原状；逾期不拆除、不恢复原状的，强行拆除，所需费用由违法单位或者个人负担，并处一万元以上十万元以下的罚款。

第六十七条第一款 在饮用水水源保护区内设置排污口的，由县级以上地方人民政府责令限期拆除、恢复原状；逾期不拆除、不恢复原状的，强行拆除、恢复原状，并处五万元以上十万元以下的罚款。

30. 代履行类案件的审查

【审查要点】

代履行作为一种间接强制执行，其核心是义务替代履行，对当事人而言乃作为义务转化为金钱给付义务，对行政机关而言则是通过代履行，避免强制手段的使用，实现行政管理目的。代履行的要件包括四个方面：一是存在当事人逾期不履行行政决定确定义务的事实（立即代履行除外）。二是该行政决定确定的义务是他人可以代为履行的作为义务，不作为义务、具有高度人身依附性的作为义务等不适用代履行。三是代履行的义务必须是代履行后能够达到与当事人亲自履行义务效果相同的义务。四是由义务人承担相关履行费用。

根据《行政强制法》第五十条之规定，行政机关依法作出要求当事人履行排除妨碍、恢复原状等义务的行政决定，当事人逾期不履行，经催告仍不履行，其后果已经或者将危害交通安全、造成环境污染或者破坏自然资源的，行政机关可以代履行，或者委托没有利害关系的第三人代履行。此处有必要区分行政机关代为"排除妨碍、恢复原状"与前述作为直接强制执行的"排除妨碍、恢复原状"。一方面，代履行作为间接强制执行，只能通过和平方式实施，如果代履行时遇到当事人抵抗，应不能继续实施代履行；而行政机关直接强制执行在遇到当事人抵抗时，则需要通过物理上的强制以完成执行。另一方面，《行政强制法》第五十条、第五十二条构成法律对代履行的普遍授权，但作为直接强制执行的"排除妨碍、恢复原状"，则需要由法律专门规定。如《水法》第六十五条、第六十七条之规定，即构成对行政机关

三、行政强制执行类案件的司法审查

强制执行恢复原状的授权，行政机关据此实施的恢复原状属于直接强制执行，而非代当事人实施恢复原状。

对代履行类案件的审查，有必要注意把握以下几点：一是审查是否属于代履行的适用范围。根据《行政强制法》第五十条、第五十二条之规定，代履行限于当事人不履行义务的后果已经或者将危害交通安全、造成环境污染或者破坏自然资源的情形；立即代履行限于清除道路、河道、航道或者公共场所的遗洒物、障碍物或者污染物。在上述法定领域之外，行政机关不得实施代履行。二是区分因代履行引发的不同法律关系。在行政机关委托第三人代履行时，存在多重法律关系。其一，行政机关与被执行人之间属于公法关系，被执行人不服得提起行政诉讼。其二，第三人代替行政机关履行公法上的义务，双方之间的关系同样属于公法关系（行政委托），由此产生纠纷的，第三人得提起行政诉讼。其三，第三人与被执行人之间不存在直接法律关系，第三人无权向被执行人主张费用，其在代履行中如遭受被执行人损害的，亦应向行政机关主张赔偿，再由行政机关向被执行人追偿。三是审查代履行的实施是否符合法定程序。《行政强制法》第五十一条对代履行专门规定了具体程序，立即代履行亦需要行政机关在事后立即通知当事人。行政机关实施代履行需遵守上述法定程序，尤其是不得采用暴力、胁迫以及其他非法方式实施代履行。

【典型案例】

张某诉甲水务局代履行案

【裁判要旨】

行政机关依法有权要求当事人负担代履行的合理费用。当事人对代履行未在法定期限内寻求救济，后又在行政机关征缴代履行费用时，以行政机关无权实施代履行等进行抗辩的，人民法院不予支持。

【简要案情】

甲水务局于2019年5月16日向张某当场送达了《代履行决定书》，载明根据《行政强制法》第五十二条的规定，该水务局决定于2019年5月16日，代为拆除张某在某河道管理范围内建设的妨碍行洪建筑物、构筑物及其他设施，费用预算80万元依法由张某承担。张某收到该决定后未对此进行诉讼。当日，甲水务局执法人员在公证人员公证下，清点、登记、安置了有关物品，分割并拆除了位于护堤地范围内的房屋，清运了渣土垃圾。上述过程中发生的劳务费、公证费、违建拆除费、租车费等费用，有相关行政协议、收据、报销凭证及视频资料予以佐证。2019年10月23日，甲水务局作出缴费通知并向张某送达，通知其缴纳代履行费用581650元。2019年12月6日，甲水务局依法向张某下达《催告书》，要求其在10日内自行缴纳费用。截至本案诉讼时张某未缴纳代履行费用。张某对甲水务局缴费通知不服，提起本案诉讼。法院终审认为，本案中，甲水务局向张某送达《代履行决定书》并对涉案建筑进行拆除后，张某未对此提起诉讼，故在本案上诉过程中张某提出甲水务局无权实施代履行、代履行费用应由甲水务局承担的上诉意见，并非本案审理范围。甲水务局在《代履行决定书》中告知了张某费用预算为80万元，在代履行过程中产生的相关费用，均有清单、行政协议、收据、报销凭证及视频资料予以佐证，可以认定是在合理范围内，张某依法应承担上述代履行费用。遂判决驳回张某诉讼请求。

【规范性文件】

《中华人民共和国行政强制法》

第十二条　行政强制执行的方式：

（一）加处罚款或者滞纳金；

（二）划拨存款、汇款；

（三）拍卖或者依法处理查封、扣押的场所、设施或者财物；

（四）排除妨碍、恢复原状；

（五）代履行；

（六）其他强制执行方式。

第五十条　行政机关依法作出要求当事人履行排除妨碍、恢复原状等义务的行政决定，当事人逾期不履行，经催告仍不履行，其后果已经或者将危害交通安全、造成环境污染或者破坏自然资源的，行政机关可以代履行，或者委托没有利害关系的第三人代履行。

第五十一条　代履行应当遵守下列规定：

（一）代履行前送达决定书，代履行决定书应当载明当事人的姓名或者名称、地址，代履行的理由和依据、方式和时间、标的、费用预算以及代履行人；

（二）代履行三日前，催告当事人履行，当事人履行的，停止代履行；

（三）代履行时，作出决定的行政机关应当派员到场监督；

（四）代履行完毕，行政机关到场监督的工作人员、代履行人和当事人或者见证人应当在执行文书上签名或者盖章。

代履行的费用按照成本合理确定，由当事人承担。但是，法律另有规定的除外。

代履行不得采用暴力、胁迫以及其他非法方式。

第五十二条 需要立即清除道路、河道、航道或者公共场所的遗洒物、障碍物或者污染物，当事人不能清除的，行政机关可以决定立即实施代履行；当事人不在场的，行政机关应当在事后立即通知当事人，并依法作出处理。

31—32. 强制拆除房屋或者设施、强制清除地上物类案件的审查

【审查要点】

强制拆除房屋或者设施、强制清除地上物为直接强制执行，在性质上属于《行政强制法》所规定的"其他强制执行方式"。此类行为常发生于房屋或土地征收、违法建筑物处理过程中，其对当事人的权益影响较大，相关案件数量一直处于高位运行态势，属于行政审判的重点。实践中，除了房屋或者设施外，强拆的对象还包括构筑物等，在审理相关案件确定案由时，须根据案件实际情况进行表述。强制清除地上物则一般特指地上种植的作物。

对强制拆除房屋或者设施、强制清除地上物类案件的审查，有必要注意把握以下几点：一是明确强制拆（清）除行为的可诉性。强制拆（清）除行为属于行政事实行为，系对在先行政决定的内容的实现。强制拆（清）除行为本身即会对当事人的权利义务产生实质影响，其实施范围不得超出行政决定的处分范围，并应遵循法定程序，依法属于行政诉讼受案范围。这一点在前文总体阐述行政强制执行的可诉性时已作分析，此处再行强调。二是审查强制拆（清）除行为是否具备法律依据。根据《行政强制法》第十三条之规定，强制拆（清）除作为行政强制执行行为，只能由法律设定。此处的"法律"仅限于全国人大和全国人大常委会制定的法律，不包括行政法规和地方性法规。法律未授权行政机关可实施强制拆（清）除行为的，作出行政

决定的行政机关应当申请法院强制执行。此外,《行政强制法》第四十四条规定,对违法的建筑物、构筑物、设施等需要强制拆除的,当事人在法定期限内不申请行政复议或者提起行政诉讼,又不拆除的,行政机关可以依法强制拆除。对该条规定的"依法强制拆除",不能理解为系对行政机关强制拆违的普遍授权,而仍是需要考察是否具备专门法律授权。如果法律没有明确规定由行政机关自行强制拆除的,行政机关仍应当申请法院强制拆除。三是审查强制拆(清)除行为是否符合法定程序。对行政机关基于法律规定自行实施的强制拆(清)除行为,自应当遵循《行政强制法》关于行政强制执行程序的一般规定。就行政机关基于法律规定自行拆除违建的情形,根据《行政强制法》第四十四条的规定,一方面,行政机关须以当事人在法定期限内不申请行政复议或者不提起行政诉讼为前提。这是由于强制拆除违法建设往往并非十分紧急,为了防止继续实施违法建设,也有诸如查封等停止施工的措施,因此有必要进一步对程序进行规范,防止尚有争议未得到司法救济的强制拆除得以实施,损害当事人的合法权益。该规定是对行政机关强制执行一般规定的例外,同时也是对行政复议、行政诉讼不停止执行原则的突破,体现了公平、公正的要求。另一方面,行政机关须先行公告,限期当事人自行拆除。公告是催告的形式之一,其优点是具有公开性和严肃性,通过向社会公开相关信息,接受社会舆论的监督,特别是在涉及人数众多的拆违情形中更有着不可替代的作用。与此同时,鉴于拆违系针对特定当事人所实施,故在公告之外,仍有必要在强拆前对当事人进行催告。

【典型案例】

李某诉甲县政府强制拆除房屋案

【裁判要旨】

在征收、补偿程序中,即使非行政主体自认对征收范围内房屋进行强拆的,仍有必要结合法律规定、在案证据等查明是否存在行政委托,以确保准确认定责任主体。

【简要案情】

甲县乙片区指挥部于2014年6月14日发布《乙片区旧城改造征收与补偿安置方案》,李某的房屋被列入旧城改造规划范围,但未签订安置协议。2015年8月13日,涉案房屋被破坏。李某向公安机关报案,请求追究相关房地产公司故意毁坏财物的刑事责任,公安机关告知经审查没有犯罪事实。

2015年10月13日,李某提起诉讼,请求确认甲县政府强制拆除房屋的行为违法。法院终审认为,甲县政府辩称未曾实施过被诉强拆行为,李某提供的证据亦不能证实甲县政府工作人员曾参与或实施拆除房屋的行为,甲县政府并非本案适格被告,遂裁定驳回起诉。最高人民法院再审认为,通常情况下,行政行为一经作出,该行为的主体就已确定。但在某些特殊情况下,行政行为的适格主体在起诉时难以确定,只能通过审理并运用举证责任规则作出判断。在无主体对强拆行为负责的情况下,法院应当根据职权法定原则及举证责任作出认定或推定。如果用地单位、拆迁公司等非行政主体实施强制拆除的,应当查明是否受行政机关委托而实施。本案在案证据可以初步证明甲县政府负有涉案房屋所在区域征收与补偿的法定职责,在双方未达成协议且涉案房屋已被强制拆除的情况下,除非有相反证据证明涉案房屋系因其他原因灭失,否则举证责任应由甲县政府承担。在甲县政府无法举证证明非其所为的情况下,可以推定其实施或委托实施了被诉强拆行为并承担相应责任。遂指令一审法院继续审理本案。

【规范性文件】

《中华人民共和国行政强制法》

第十二条　行政强制执行的方式:

(一)加处罚款或者滞纳金;

(二)划拨存款、汇款;

(三)拍卖或者依法处理查封、扣押的场所、设施或者财物;

(四)排除妨碍、恢复原状;

(五)代履行;

(六)其他强制执行方式。

第四十四条　对违法的建筑物、构筑物、设施等需要强制拆除的,应当由行政机关予以公告,限期当事人自行拆除。当事人在法定期限内不申请行政复议或者提起行政诉讼,又不拆除的,行政机关可以依法强制拆除。

《中华人民共和国城乡规划法》

第六十八条　城乡规划主管部门作出责令停止建设或者限期拆除的决定后,当事人不停止建设或者逾期不拆除的,建设工程所在地县级以上地方人民政府可以责成有关部门采取查封施工现场、强制拆除等措施。

(撰写人:蒋蔚)

四、行政许可类案件的司法审查

【裁判标准】

行政许可案件司法审查的标准需要结合行政许可法的规定和案件具体类型综合确定。

对于作为的行政许可行为的合法性审查，应当审查：（1）公民、法人或者其他组织是否提出行政许可申请；（2）公民、法人或者其他组织是否具备法定许可条件；（3）许可机关是否具有法定职权；（4）许可机关适用法律、法规是否正确；（5）许可机关是否违反法定程序；（6）许可机关是否滥用职权等。

对于不作为的行政许可行为的合法性审查，应当审查：（1）公民、法人或者其他组织是否依法提出行政许可申请；（2）公民、法人或者其他组织是否符合法定许可条件；（3）许可机关是否具有法定职责；（4）许可机关是否说明理由；（5）许可机关不作为是否有法定阻却事由；（6）许可机关是否有不履行或迟延履行的行为；（7）许可机关是否存在其他违法情形（如主要证据是否充分、适用法律法规是否错误、是否违反法定程序、是否超越职权、是否滥用职权）等。

对于要求履行义务的合法性审查，应当审查：（1）许可机关是否存在要求履行义务的行为；（2）要求履行义务有无合法有效的根据；（3）履行义务要求是否违反法律禁止性规定；（4）要求履行义务的正当性和可得性；（5）要求履行义务的程序是否符合正当程序要求。

司法审查的程度亦即司法审查的密度，在行政许可法中需要进一步研究，对于概括性行政许可情形，法院一般不应作深层次判决。如涉及行政许可自由裁量权、有数量限制、关涉重大政策导向、涉及国家利益或者公共利益等事项，法院基于宪法对司法权和行政权的分工与界定，一般不对之作出深度判决。对于特定性行政许可情形，如可以当场决定行政许可与否的事项，行政机关无自由裁量余地，又无数量限制，不影响公共利益和他人利益的，当事人符合法定条件，法院基于诉讼经济原则，可作出深度判决。

33. 工商登记类案件的审查

【审查要点】

作为一种依申请的行政行为，工商登记包括当事人申请和登记机关受理、审查、登记、造册、颁证等多个环节。其中，工商登记机关的审查是诸多环节中最为关键和最为重要的一环，直接决定着登记申请能否得到准许，登记程序能否顺利进行，登记目的能否有效实现。对于登记机关对市场主体提出的工商登记申请是否符合法律、行政法规的规定依法进行审查的工商登记行为的审查，一般有形式审查说和实质审查说两种观点。形式审查说认为，行政许可机关在实施许可时仅对申请材料是否齐全、是否符合法定形式负有审查职责，对申请材料真实性不作审查，也不对申请材料真实性承担责任。实质审查说则主张，行政许可机关在实施许可时应当对申请材料是否真实有效进行核实，以确保许可的合法有效。不同的审查学说反映不同的审查标准：形式审查重在突出登记效率；实质审查重在强调交易安全。上述两种登记审查模式均具有其合理内核，尤其是随着国家治理能力和治理体系的进步和商事制度改革的深入，公共服务需求渐趋紧迫，行政管理扁平化趋势越发明显的现实背景下，无论是形式审查还是实质审查均难以适用公司登记实践需要，无法满足公司登记案件审判的现实需求。为此，必须适时对工商登记的审查模式作出调适，在借鉴吸收现有审查模式合理成分基础上，用法定条件审查说指导工商登记工作实践。法定条件审查说的主要观点是工商登记机关根据《公司法》《市场主体登记管理条例》等法律法规的规定，审查相关主体的工商登记申请，如申请人提供的书面材料能够成立，不存在表面上不符合规定之处，则予以登记；相反，如申请人提供的书面申请材料存有疑点或者不能确定，则不予登记。《最高人民法院关于审理公司登记行政案件若干问题的座谈会纪要》（以下简称《纪要》）第二条确定了以下几个问题：一是登记机关必须对申请材料真实性进行审查；二是对申请材料真实性的审查首先是形式上的，即看是否存在表面上的不一致或错误之处；三是如果登记机关无法得出真实或虚假的结论,则需要进一步核实,申请人必须配合;四是登记机关无法得出是否真实结论的,可以不予变更登记,或者完善和补充材料后再提出申请;五是登记机关可以判断申请材料本身是否合法、有效,但对申请材料记载的内容是否合法、有效无法作出实质判断,只能是形式上的判断。《纪要》较为全面系统地提出了公司登记的一般审查模式,即法定条件审查模式。这种模式既是登记机关在工商登记审查时应当遵循的工作方式,也是人民法院审理工商登记行政案件所应遵循的审查思路。

【典型案例】

刘某某诉甲市乙区某局撤销工商登记案

【裁判要旨】

工商行政登记过程中存在合理的审查义务范围,要对申请进行法定条件审查。申请人负责申请材料的真实性并不代表登记机关对申请材料无审查职责,登记机关不仅要对申请材料是否符合法定形式进行审查,对申请人未亲自到场的申请,还应核实申请材料的真伪。以虚假材料获取公司登记的,行政机关可以在诉讼中更正,未更正的,人民法院可以根据具体情况判决撤销登记行为、确认登记行为违法或者判决登记机关履行更正职责。

【简要案情】

2014年11月12日,丙公司向甲市乙区某局提交公司登记(备案)申请、授权委托书等材料,申请对丙公司核准登记。申请书的"申请人声明"的法定代表人签字处,签署的名字为"刘某某"。授权委托书载明申请人为刘某某、李某某,指定代表或者委托代理人为周某某,委托事项为办理丙公司的设立。2014年11月14日,甲市乙区某局作出《准予设立/开业登记通知书》,准予丙公司的设立/开业登记,并于2014年11月19日向丙公司颁发了营业执照。刘某某向一审法院诉请撤销工商登记。刘某某以及案外人李某某认为丙公司提交的设立登记申请材料中涉及虚假签名,向一审法院申请司法鉴定。《司法鉴定意见书》显示:依据现有样本,倾向认为送检的标称时间均为"2014年11月12日"的首届股东会决议原件和授权委托书原件上"刘某某""李某某"署名字迹均不是刘某某、李某某书写。一审法院认为甲市乙区某局未核实相关申请材料上签名的真伪,对申请材料进行了形式审查后,即予以了核准登记,属认定事实不清,判决撤销上述《准予设立/开业登记通知书》。甲市乙区某局上诉后,二审法院认为甲市乙区某局虽尽到必要的形式审查义务，但案涉登记行为中存在虚假材料依法应予以撤销，一审判决结论正确，判决驳回上诉，维持原判。

【规范性文件】

《最高人民法院办公厅关于印发〈关于审理公司登记行政案件若干问题的座谈会纪要〉的通知》

......

一、以虚假材料获取公司登记的问题

因申请人隐瞒有关情况或者提供虚假材料导致登记错误的，登记机关可以在诉讼中依法予以更正。登记机关依法予以更正且在登记时已尽到审慎审查义务，原告不申请撤诉的，人民法院应当驳回其诉讼请求。原告对错误登记无过错的，应当退还其预交的案件受理费。登记机关拒不更正的，人民法院可以根据具体情况判决撤销登记行为、确认登记行为违法或者判决登记机关履行更正职责。

公司法定代表人、股东等以申请材料不是其本人签字或者盖章为由，请求确认登记行为违法或者撤销登记行为的，人民法院原则上应按照本条第一款规定处理，但能够证明原告此前已明知该情况却未提出异议，并在此基础上从事过相关管理和经营活动的，人民法院对原告的诉讼请求一般不予支持。

因申请人隐瞒有关情况或者提供虚假材料导致登记错误引起行政赔偿诉讼，登记机关与申请人恶意串通的，与申请人承担连带责任；登记机关未尽审慎审查义务的，应当根据其过错程度及其在损害发生中所起作用承担相应的赔偿责任；登记机关已尽审慎审查义务的，不承担赔偿责任。

二、登记机关进一步核实申请材料的问题

登记机关无法确认申请材料中签字或者盖章的真伪，要求申请人进一步提供证据或者相关人员到场确认，申请人在规定期限内未补充证据或者相关人员未到场确认，导致无法核实相关材料真实性，登记机关根据有关规定作出不予登记决定，申请人请求判决登记机关履行登记职责的，人民法院不予支持。

......

34. 社会团体登记类案件的审查

【审查要点】

根据《社会团体登记管理条例》第二条的规定，社会团体，是指中国公民自愿组成，为实现会员共同意愿，按照其章程开展活动的非营利性社会组织。国家机关以外的组织可以作为单位会员加入社会团体。

成立社会团体，应当经其业务主管单位审查同意，并依照《社会团体登记管理条例》进行登记。但下列团体不属于登记的范围：（1）参加中国人民政治协商会议的人民团体；（2）由国务院机构编制管理机关核定，并经国务院批准免于登记的团体；（3）机关、团体、企业事业单位内部经本单位批准成立、在本单位内部活动的团体。

国务院民政部门和县级以上地方各级人民政府民政部门是本级人民政府的社会团体登记管理机关（以下简称登记管理机关）。国务院有关部门和县级以上地方各级人民政府有关部门、国务院或者县级以上地方各级人民政府授权的组织，是有关行业、学科或者业务范围内社会团体的业务主管单位（以下简称业务主管单位）。法律、行政法规对社会团体的监督管理另有规定的，依照有关法律、行政法规的规定执行。

申请登记社会团体，发起人应当向登记管理机关提交下列文件：（1）登记申请书；（2）业务主管单位的批准文件；（3）验资报告、场所使用权证明；（4）发起人和拟任负责人的基本情况、身份证明；（5）章程草案。登记管理机关应当自收到上述全部有效文件之日起60日内，作出准予或者不予登记的决定。准予登记的，发给《社会团体法人登记证书》；不予登记的，应当向发起人说明理由。社会团体登记事项包括：名称、住所、宗旨、业务范围、活动地域、法定代表人、活动资金和业务主管单位。社会团体的法定代表人，不得同时担任其他社会团体的法定代表人。有下列情形之一的，登记管理机关不予登记：（1）有根据证明申请登记的社会团体的宗旨、业务范围不符合《社会团体登记管理条例》第四条的规定的；（2）在同一行政区域内已有业务范围相同或者相似的社会团体，没有必要成立的；（3）发起人、拟任负责人正在或者曾经受到剥夺政治权利的刑事处罚，或者不具有完全民事行为能力的；(4) 在申请筹备时弄虚作假的；(5) 有法律、行政法规禁止的其他情形的。

登记管理机关履行下列监督管理职责：(1) 负责社会团体的成立、变更、注销的登记；(2) 对社会团体实施年度检查；(3) 对社会团体违反本条例的问题进行监督检查，对社会团体违反《社会团体登记管理条例》的行为给予行政处罚。业务主管单位履行下列监督管理职责：(1) 负责社会团体成立登记、变更登记、注销登记前的审查；(2) 监督、指导社会团体遵守宪法、法律、法规和国家政策，依据其章程开展活动；(3) 负责社会团体年度检查的初审；(4) 协助登记管理机关和其他有关部门查处社会团体的违法行为；(5) 会同有关机关指导社会团体的清算事宜。

【典型案例】

郑某某诉民政部撤销向甲促进会颁发的《社会团体法人登记证书》案

【裁判要旨】

登记管理机关负责社会团体的成立、变更、注销的登记。社会团体的业务主管单位负责社会团体成立登记、变更登记、注销登记前的审查。登记管理机关根据申请人提交的申请材料和其业务主管单位提供的审查意见即可作出成立、变更、注销的登记，登记前的审查工作由社会团体的业务主管单位负责。

【简要案情】

甲促进会系在民政部登记的社会团体法人，其业务主管单位系乙单位。2012年5月，甲促进会向民政部提交《社会团体变更登记申请表》，以"原法定代表人严重超龄"为由，申请将法定代表人由郑某某变更为谢某某。甲促进会同时提交了《社会团体法定代表人登记表》及业务主管单位乙单位出具的《关于甲促进会领导机构主要成员变更事项的批复》（以下简称《批复》），该《批复》的主要内容为：同意甲促进会常务理事会关于领导机构主要成员变更事项的报告及选举结果，郑某某同志因超过任职最高年龄，不再担任甲促进会主席、法定代表人；由谢某某同志担任甲促进会主席、法定代表人。2012年6月5日，甲促进会向民政部提交了《关于我会变更法定代表人审计及签字情况的说明》，乙单位在该《说明》上加盖了印章。2014年

4月18日，被告民政部向甲促进会核发案涉《社会团体法人登记证书》，该《社会团体法人登记证书》中的"法定代表人"登记为"谢某某"。郑某某以甲促进会并未向上级主管单位、民政部递交变更法定代表人的申请、该促进会至今未召开理事会进行换届选举、谢某某同志至今未办理入会相关手续、甲促进会从未出具过民政部相关档案中的变更材料，所提交的文件资料及其上所加盖的该会公章涉嫌伪造为由，起诉请求撤销案涉《社会团体法人登记证书》。一审、二审均认为民政部根据甲促进会的申请，在申请人甲促进会提交了上述申请材料的情况下，核发案涉《社会团体法人登记证书》的行政登记行为，符合《社会团体登记管理条例》相关规定，故分别判决驳回郑某某的诉讼请求和上诉。

【规范性文件】

《社会团体登记管理条例》

第二十四条 登记管理机关履行下列监督管理职责：

（一）负责社会团体的成立、变更、注销的登记；

（二）对社会团体实施年度检查；

（三）对社会团体违反本条例的问题进行监督检查，对社会团体违反本条例的行为给予行政处罚。

第二十五条 业务主管单位履行下列监督管理职责：

（一）负责社会团体成立登记、变更登记、注销登记前的审查；

（二）监督、指导社会团体遵守宪法、法律、法规和国家政策，依据其章程开展活动；

（三）负责社会团体年度检查的初审；

（四）协助登记管理机关和其他有关部门查处社会团体的违法行为；

（五）会同有关机关指导社会团体的清算事宜。

业务主管单位履行前款规定的职责，不得向社会团体收取费用。

35. 颁发机动车驾驶证类案件的审查

【审查要点】

该类案件有关机动车驾驶证申请和管理问题。机动车驾驶证是允许驾驶机动车的法定证件。根据《道路交通安全法》和《机动车驾驶证申领和使用规定》的规定,申请机动车驾驶证应符合以下条件:一是应当符合国务院公安部门规定的驾驶许可条件。申请机动车驾驶证,必须符合一定的身体、年龄等许可条件。这些条件由国务院公安部门加以规定。二是应当经考试合格后,由公安机关交通管理部门发给相应类别的机动车驾驶证。要求机动车驾驶员在取得机动车驾驶证前应当经考试合格,主要是为了保证机动车驾驶员具备应有的驾驶知识和技能,保障道路交通安全。

【典型案例】

王某某诉某交警支队颁发机动车驾驶证案

【裁判要旨】

机动车驾驶人初次取得汽车类准驾车型或者初次取得摩托车类准驾车型后的12个月为实习期。在驾驶证副页中记载实习期限符合《机动车驾驶证申领和使用规定》。

【简要案情】

王某某于2009年2月6日初次申领机动车驾驶证,准驾车型为C1。后向某交警支队申请准驾车型为A3的机动车驾驶证。2016年2月3日,王某某经考核合格,某交警支队为其颁发了准驾车型为A3的机动车驾驶证,在驾驶证副页中记载:"增驾A3,实习期至2017年2月3日。期间记6分以上未满12分的,实习期延长一年。实习期结束后30日内参加考试。请于每个记分周期结束后30日接受审验。"取得准驾车型为A3的机动车驾驶证后,王某某因驾驶证副页中记载了实习期限,认为不符合法律规定,诉至法院。一审认为,公安机关交通管理部门具有颁发机动车驾驶证的法定职权。被告为原告颁发准驾车型由C1增驾至A3的机动车驾驶证时,在驾驶证副页中记载实习期限符合《机动车驾驶证申领和使用规定》,于法有据,判决驳回王某某的诉讼请求。

【规范性文件】

《中华人民共和国道路交通安全法》

第十九条 驾驶机动车,应当依法取得机动车驾驶证。

申请机动车驾驶证,应当符合国务院公安部门规定的驾驶许可条件;经考试合格后,由公安机关交通管理部门发给相应类别的机动车驾驶证。

持有境外机动车驾驶证的人,符合国务院公安部门规定的驾驶许可条件,经公安机关交通管理部门考核合格的,可以发给中国的机动车驾驶证。

驾驶人应当按照驾驶证载明的准驾车型驾驶机动车;驾驶机动车时,应当随身携带机动车驾驶证。

公安机关交通管理部门以外的任何单位或者个人,不得收缴、扣留机动车驾驶证。

《机动车驾驶证申领和使用规定》

第七十六条 机动车驾驶人初次取得汽车类准驾车型或者初次取得摩托车类准驾车型后的12个月为实习期。

在实习期内驾驶机动车的,应当在车身后部粘贴或者悬挂统一式样的实习标志(附件3)。

第七十七条 机动车驾驶人在实习期内不得驾驶公共汽车、营运客车或者执行任务的警车、消防车、救护车、工程救险车以及载有爆炸物品、易燃易爆化学物品、剧毒或者放射性等危险物品的机动车;驾驶的机动车不得牵引挂车。

驾驶人在实习期内驾驶机动车上高速公路行驶,应当由持相应或者包含其准驾车型驾驶证三年以上的驾驶人陪同。其中,驾驶残疾人专用小型自动挡载客汽车的,可以由持有小型自动挡载客汽车以上准驾车型驾驶证的驾驶人陪同。

在增加准驾车型后的实习期内,驾驶原准驾车型的机动车时不受上述限制。

36. 特许经营许可类案件的审查

【审查要点】

根据《行政许可法》第十二条第二项的规定，对于有限自然资源开发利用、公共资源配置以及直接关系公共利益的特定行业的市场准入等，需要赋予特定权利的事项，可以设定行政许可。

特许经营许可事项性质是向行政相对人授予某种权利，分配有限的自然资源和公共资源。这类许可事项的特点是：第一，其目的是合理配置、利用现有资源，防止资源利用中的无序状态。第二，申请人获得许可，通常要支付一定的对价，特别是有关自然资源开发、利用方面的许可。第三，许可与民事合同发生竞合，国家以自然资源和公共资源所有者的身份，向申请人颁发许可，既是以行政权力准许申请人从事开发利用的活动，又可以说是以特定的民事主体身份，转让民事权利。第四，申请人取得的许可，一般可以依法转让。第五，这类许可一般都有数量限制，如有限公共资源的配置。公共资源包括各种市政设施、道路交通、航空航线、无线电频率等。对公共资源的利用实行许可，主要是为了优化对公共资源的配置，提高公共资源的利用率。目前，一些地方对出租车牌照、公共汽车运营线路实行招标拍卖，取得了较好的效果；专营权利的赋予，即特定行业的市场准入，主要是公用事业服务等行业，如自来水、煤气、电力、电信、邮政等与人民群众日常生活、公共利益密切相关的行业。这些行业由于其整体性和统一性的特点，进入这些行业要实行准入制度，要设定比较高的门槛，以使进入者能为公众提供优质服务。

【典型案例】

甲汽运公司诉乙市政府特许经营许可案

【裁判要旨】

地方政府或实施机构遵循法定程序，将特许经营权授予一家经营者或者投资者独家经营，虽然也会产生排除、限制其他同业竞争者的客观效果，但该行为不属于《反垄断法》所规制的行政性限制竞争行为。相反，地方政府或实施机构违反相关法律、法规、规章的规定，未经公平、公开、公正的竞争机制，未按法定程序实施或者故意设置不合理的条件，指定特许经营者，从而排除、限制同一市场其他同业经营者的公平竞争权和参与权，损害消费者的自主选择权，则应认定其实施了行政性限制竞争行为。

【简要案情】

2015年7月27日，乙市交通运输局直属分局向甲汽运公司发出《通知》，载明："依据乙市政府《工作会议纪要》第四十五期的精神，市政府决定将全市公共交通经营权由丙汽车运输有限公司独家特许经营。你公司2007年8月登记入户的50辆公交车已到报废期，请按规定办理报废手续并停止营运，经营权指标收回。"同年8月21日，乙市政府发出独家特许经营许可招标公告，决定公开引进该市辖区范围内0~50公里公共交通项目战略投资者。经报名、公示、竞争性谈判等程序，该市决定选择丁汽车运输集团有限公司作为独家特许经营项目战略投资者，同意由其成立的项目公司丙汽车运输有限公司具体实施。甲汽运公司不服，遂诉至法院，请求撤销上述独家经营许可决定。二审法院认为乙市政府发布涉案0~50公里公共交通项目特许经营权许可招投标公告之前，已经事先通过会议纪要的方式将涉案特许经营权直接授予丙汽车运输有限公司独家经营，交通行政部门亦根据该会议纪要先行清理包括甲汽运公司在内已取得的公交运营指标。显然，乙市政府提前指定了丙汽车运输有限公司为涉案公共交通独家特许经营者的行为，已经违反了法律、法规关于应由市场竞争机制来确定经营者的规定，存在排除市场原有同业竞争者的主观意图，属于行政性限制竞争行为，应当认定该特许经营许可的程序违法。但是，鉴于会议纪要仅是政府的内部协调意见和单方意愿，不等同于特许经营许可权的实际授予，丙汽车运输有限公司要取得涉案许可仍需要参与公开的招投标程序，而且涉案许可还涉及乙市公共交通秩序的稳定及群众出行便利等公共利益，依法应保留其法律效力，不予撤销。2018年7月，人民法院判决确认乙市政府作出的涉案许可行为程序违法。

【规范性文件】

《市政公用事业特许经营管理办法》

第八条　主管部门应当依照下列程序选择投资者或者经营者：

（一）提出市政公用事业特许经营项目，报直辖市、市、县人民政府批

准后,向社会公开发布招标条件,受理投标;

(二)根据招标条件,对特许经营权的投标人进行资格审查和方案预审,推荐出符合条件的投标候选人;

(三)组织评审委员会依法进行评审,并经过质询和公开答辩,择优选择特许经营权授予对象;

(四)向社会公示中标结果,公示时间不少于20天;

(五)公示期满,对中标者没有异议的,经直辖市、市、县人民政府批准,与中标者(以下简称"获得特许经营权的企业")签订特许经营协议。

《基础设施和公用事业特许经营管理办法》

第十五条 实施机构根据经审定的特许经营项目实施方案,应当通过招标、竞争性谈判等竞争方式选择特许经营者。

特许经营项目建设运营标准和监管要求明确、有关领域市场竞争比较充分的,应当通过招标方式选择特许经营者。

37. 建设工程规划许可类案件的审查

【审查要点】

建设工程规划许可证作为城镇规划行政主管部门依法核发的有关建设工程的法律凭证,属于建设工程规划管理的程序和基本手段。建设工程规划管理主要是依据城镇规划和城镇规划管理法律、法规、规章,根据建设工程具体情况,综合有关专业管理部门要求,对建设工程的性质、位置、规模、开发强度、设计方案等内容进行审核。通过对建设工程的引导、控制、协调、监督,处理环保、卫生、安全、绿化、气象、防汛、抗震、排水、河港、铁路、机场、交通、工程管线、地下工程、测量标志、农田水利等各方面的矛盾,保证城镇规划的顺利实施。建设工程规划管理是一项涉及面广,综合性、技术性强的行政管理工作,是城镇规划实施管理过程的重要环节,是落实城镇总体规划、详细规划及城镇设计的具体行政行为。

建设单位或者个人办理建设工程规划许可证,应当按照《城乡规划法》第四十条的规定,向所在地城市、县人民政府城乡规划主管部门或者经省级人民政府确定的镇人民政府提出申请,并提交使用土地的有关证明文件、建设工程设计方案图纸，需要编制修建性详细规划的还应当提供修建性详细规划及其他相关材料。城市、县人民政府城乡规划主管部门收到建设单位或者个人的申请后，应当在法定期限内对申请人的申请及提交的资料进行审核。审核的具体内容包括：一是审核申请人是否符合法定资格，申请事项是否符合法定程序和法定形式，申请材料、图纸是否完备等；二是依据控制性详细规划、相关的法律法规以及其他具体要求，对申请事项的内容进行审核；三是依据控制性详细规划对修建性详细规划进行审定。对于符合条件的申请，审查机关要及时给予审查批准，并在法定的期限内颁发建设工程规划许可证；经审查认为不合格并决定不予许可的，应说明理由，并给予书面答复。

【典型案例】

于某某等诉甲市规划局行政许可案

【裁判要旨】

在《城市规划法》及地方政府规章无明确规定情况下，按照《城市居住区规划设计规范》有关国家强制性标准的规定，日照分析报告应视为必须提交的规划行政许可申请材料。

【简要案情】

2007年10月26日，第三人乙房地产开发有限公司向被告甲市规划局提交建设工程申请单，建设项目包括涉诉的15号商住楼。该楼共11层，建设规模10321平方米。2007年10月，甲市规划局根据规划作出方案审定通知书和建设工程规划要求书。2007年10月30日，甲市规划局为第三人核发了建设工程规划许可证。15号商住楼于2010年6月开工建设，至原告于某某等起诉时已建造完毕。原告于某某等居住的丙小区1号楼于2005年建成，共六层。15号商住楼与丙小区1号楼隔街相对，两栋楼均为南北方位。甲市规划局在庭审中未提供有关15号商住楼与原告所居楼房之间的日照间距方面的证据。丙小区1号楼的于某某等18位居民认为，15号商住楼严重影响了其住房的采光，妨碍其正常生活，并导致房屋价值贬损，遂以甲市规划局对15号商住楼作出的规划许可不符合法律规定的采光最低标准、使原告住房原有采光通风等条件降低为由，提起行政诉讼，请求确认甲市规划局为15号商住楼作出的建设工程规划许可行为违法，并撤销相应建设工程规划许可证。一审认为被告根据《城市规划法》《某省实施城市规划法办法》规定，对第三人提供的建设项目批准文件和建设用地证件等材料进行审查后核发了建设工程规划许可证，但未提供证据证明 15 号商住楼与原告居住的丙小区 1 号楼之间的日照间距系数是多少、是否达到了规定的日照最低标准等，被告无法证明被诉行政行为合法，判决被告甲市规划局核发案涉建设工程规划许可证的行政行为违法。二审判决维持原判。

【规范性文件】

《中华人民共和国城乡规划法》

第四十条 在城市、镇规划区内进行建筑物、构筑物、道路、管线和其他工程建设的，建设单位或者个人应当向城市、县人民政府城乡规划主管部门或者省、自治区、直辖市人民政府确定的镇人民政府申请办理建设工程规划许可证。

申请办理建设工程规划许可证，应当提交使用土地的有关证明文件、建设工程设计方案等材料。需要建设单位编制修建性详细规划的建设项目，还应当提交修建性详细规划。对符合控制性详细规划和规划条件的，由城市、县人民政府城乡规划主管部门或者省、自治区、直辖市人民政府确定的镇人民政府核发建设工程规划许可证。

城市、县人民政府城乡规划主管部门或者省、自治区、直辖市人民政府确定的镇人民政府应当依法将经审定的修建性详细规划、建设工程设计方案的总平面图予以公布。

第四十一条 在乡、村庄规划区内进行乡镇企业、乡村公共设施和公益事业建设的，建设单位或者个人应当向乡、镇人民政府提出申请，由乡、镇人民政府报城市、县人民政府城乡规划主管部门核发乡村建设规划许可证。

在乡、村庄规划区内使用原有宅基地进行农村村民住宅建设的规划管理办法，由省、自治区、直辖市制定。

在乡、村庄规划区内进行乡镇企业、乡村公共设施和公益事业建设以及农村村民住宅建设，不得占用农用地；确需占用农用地的，应当依照《中华人民共和国土地管理法》有关规定办理农用地转用审批手续后，由城市、县人民政府城乡规划主管部门核发乡村建设规划许可证。

建设单位或者个人在取得乡村建设规划许可证后，方可办理用地审批手续。

38. 建筑工程施工许可类案件的审查

【审查要点】

建筑工程施工许可证是证明建设施工单位符合各种施工条件、允许开工的批准文件，也是房屋权属登记的主要依据之一。施工许可证应当放置在施工现场备查，未取得施工许可证的，依法一律不得开工，否则相应的建设项目属于违章建筑，不受法律保护。根据《建筑法》第七条规定以及《建筑工程施工许可管理办法》第二条规定，在中华人民共和国境内从事各类房屋建筑及其附属设施的建造、装修装饰和与其配套的线路、管道、设备的安装，以及城镇市政基础设施工程的施工，建设单位在开工前应当依照该办法的规定，向工程所在地的县级以上人民政府建设行政主管部门申请领取施工许可证。工程投资额在30万元以下或者建筑面积在300平方米以下的建筑工程，可以不申请办理施工许可证。省、自治区、直辖市人民政府建设行政主管部门可以根据当地的实际情况，对限额进行调整，并报国务院建设行政主管部门备案。按照国务院规定的权限和程序批准开工报告的建筑工程，不再领取施工许可证。

【典型案例】

张某某等诉甲市建设局颁发建筑工程施工许可证案

【裁判要旨】

建筑工程与当事人的房屋相毗邻，当事人认为建筑工程施工将影响自己房屋的安全及通风、采光，该建筑工程施工许可行为对其权利产生实际影响。

【简要案情】

2002年1月3日，乙镇建设办公室批准第三人丙房地产综合开发公司在乙镇开发建设集贸市场，并下发了村镇规划选址意见书。同日，第三人丙房地产综合开发公司还取得了乙镇建设办公室颁发的村镇规划证明文件和村镇房屋建设许可证。此后，第三人丙房地产综合开发公司办理了该建筑工程用地批准手续，确定了建筑施工企业，落实了建筑资金，并在具备满足施工需要的施工图纸和保证工程质量及安全的具体措施的情况下，向被告甲市建设局申请领取该工程施工许可证。被告甲市建设局对第三人丙房地产综合开发公司的申请审查后，认为符合法定条件，即于2002年8月5日颁发了建筑工程施工许可证。原告张某某等诉称被告甲市建设局违规向第三人丙房地产综合开发公司发放案涉建筑工程施工许可证侵犯了原告的相邻权，请求法院判决被告依法对第三人在建的集贸市场工程进行规划，撤销被告所颁发的案涉建筑工程施工许可证。一审认为乙镇建设规划属村镇建设规划，对乙镇建设项目规划建设的审核、审批工作，依法应由乙镇人民政府负责。集贸市场建设项目，是乙镇人民政府依据《丁省村镇规划建设管理条例》的规定进行编制和实施的。原告要求被告对集贸市场建设项目重新予以调整和规划，无法律依据。一审判决驳回原告的诉讼请求，二审维持原判。

【规范性文件】

《中华人民共和国建筑法》

第七条 建筑工程开工前，建设单位应当按照国家有关规定向工程所在地县级以上人民政府建设行政主管部门申请领取施工许可证；但是，国务院建设行政主管部门确定的限额以下的小型工程除外。

按照国务院规定的权限和程序批准开工报告的建筑工程，不再领取施工许可证。

《建筑工程施工许可管理办法》

第二条 在中华人民共和国境内从事各类房屋建筑及其附属设施的建造、装修装饰和与其配套的线路、管道、设备的安装，以及城镇市政基础设施工程的施工，建设单位在开工前应当依照本办法的规定，向工程所在地的县级以上地方人民政府住房城乡建设主管部门（以下简称发证机关）申请领取施工许可证。

工程投资额在30万元以下或者建筑面积在300平方米以下的建筑工程，可以不申请办理施工许可证。省、自治区、直辖市人民政府住房城乡建设主管部门可以根据当地的实际情况，对限额进行调整，并报国务院住房城乡建设主管部门备案。

按照国务院规定的权限和程序批准开工报告的建筑工程，不再领取施工许可证。

39. 矿产资源许可类案件的审查

【审查要点】

矿产资源作为国家重要的稀缺性自然资源，对于国家经济和社会发展具有非同一般的意义。因此，法律、法规对于矿产资源的开发与利用作出了较严格的规定，将其保持在适度合理的范围之内。在申请人向行政主体提出开发利用国家矿产资源的申请后，行政主体依据法律、法规对申请人的资质能力、开发利用规模及开发影响等方面进行审查后，作出是否许可其实施开发利用矿产资源活动的决定。矿产资源许可包含了矿山企业成立许可、采矿许可及特定矿种许可等多项许可。在审理相关案件时，应结合案情及具体的法律、法规、规章的相关规定来判断许可行为的合法性。

【典型案例】

甲公司诉乙县自然资源局矿产资源行政许可案

【裁判要旨】

自然资源行政主管部门对采矿业进行产业结构的调整升级应予支持，但必须依法进行。行政相对人通过竞价取得了采矿权，足额缴纳了采矿权出让价款并签订了采矿出让合同，自然资源行政主管部门应依法按约定的采矿权使用期限作出行政许可。

【简要案情】

2014年，甲公司通过竞价方式取得丙镇饰面花岗岩的采矿权，与政府签订了采矿权出让合同并缴纳了出让价款，合同约定的采矿权期限为5年，自颁发采矿许可证之日起计算。甲公司于2018年向乙县自然资源局申请办理采矿许可证，乙县自然资源局认为根据产业政策调整和省自然资源厅下发的规范采矿权办证通知，已不能向该公司作出5年的采矿许可，故于2019年11月向该公司颁发了3年期的采矿许可证。甲公司认为许可期限与合同约定不符，遂提起行政诉讼，请求法院依法判令被告按照5年许可期颁发采矿许可。本案经两级法院审理认为，根据行政法规和地方性法规，乙县自然资源局享有本案矿藏的采矿许可证的颁发权。甲公司通过竞价取得了丙镇饰面花岗岩的采矿权,足额缴纳了采矿权出让价款并签订了采矿出让合同,乙县自然资源局应按行政协议约定期限作出行政许可,故判决乙县自然资源局按照5年的许可期限对甲公司颁发采矿许可证。

【规范性文件】

《中华人民共和国矿产资源法》

第三条 矿产资源属于国家所有,由国务院行使国家对矿产资源的所有权。地表或者地下的矿产资源的国家所有权,不因其所依附的土地的所有权或者使用权的不同而改变。

国家保障矿产资源的合理开发利用。禁止任何组织或者个人用任何手段侵占或者破坏矿产资源。各级人民政府必须加强矿产资源的保护工作。

勘查、开采矿产资源,必须依法分别申请、经批准取得探矿权、采矿权,并办理登记;但是,已经依法申请取得采矿权的矿山企业在划定的矿区范围内为本企业的生产而进行的勘查除外。国家保护探矿权和采矿权不受侵犯,保障矿区和勘查作业区的生产秩序、工作秩序不受影响和破坏。

从事矿产资源勘查和开采的,必须符合规定的资质条件。

第十五条 设立矿山企业,必须符合国家规定的资质条件,并依照法律和国家有关规定,由审批机关对其矿区范围、矿山设计或者开采方案、生产技术条件、安全措施和环境保护措施等进行审查;审查合格的,方予批准。

第十六条 开采下列矿产资源的,由国务院地质矿产主管部门审批,并颁发采矿许可证:

(一)国家规划矿区和对国民经济具有重要价值的矿区内的矿产资源;

(二)前项规定区域以外可供开采的矿产储量规模在大型以上的矿产资源;

(三)国家规定实行保护性开采的特定矿种;

(四)领海及中国管辖的其他海域的矿产资源;

(五)国务院规定的其他矿产资源。

开采石油、天然气、放射性矿产等特定矿种的,可以由国务院授权的有关主管部门审批,并颁发采矿许可证。

开采第一款、第二款规定以外的矿产资源,其可供开采的矿产的储量规模为中型的,由省、自治区、直辖市人民政府地质矿产主管部门审批和颁发采矿许可证。

开采第一款、第二款和第三款规定以外的矿产资源的管理办法，由省、自治区、直辖市人民代表大会常务委员会依法制定。

依照第三款、第四款的规定审批和颁发采矿许可证的，由省、自治区、直辖市人民政府地质矿产主管部门汇总向国务院地质矿产主管部门备案。

矿产储量规模的大型、中型的划分标准，由国务院矿产储量审批机构规定。

40. 药品注册许可类案件的审查

【审查要点】

药品监督管理部门对于拟在我国境内上市的药品进行审核，通过对药品的安全性、有效性和质量可控性以及申请人的质量管理、风险防控和责任赔偿等能力进行审查，从而决定是否允许相应药品注册，对允许注册的药品向该申请人颁发药品注册证书。审理药品注册许可类案件，主要适用《药品管理法》《药品管理法实施条例》和《药品注册管理办法》等。

【典型案例】

甲公司诉原国家食药监管理局药品注册许可案

【裁判要旨】

行政机关对相关药品进行药品安全性、有效性和质量可控性审查的技术审评与样品检验，仅以其中之一为据得出最终结论，且超过法定期限直接作出不予审批的决定，未充分保护申请人的相关合法权益，对此具体行政行为人民法院应予撤销。

【简要案情】

甲公司于2009年4月15日向原国家食药监管理局提出了非洛地平控释片进口化学药品临床试验注册申请，国家食药总局于2009年4月20日受理并通知其缴费和进行药品注册检验。甲公司进行了缴费、资料报送和样品送检工作。国家食药总局于2009年4月30日将相关申报资料移交药品审评中心，该中心于2010年2月9日将《综合审评意见》移交国家食药总局，该局于2010年8月9日将该意见退回药品审评中心，要求其作进一步审查，该中心于2010年11月12日重新作出《综合评审意见》后，国家食药总局于当日对甲公司上述申请作出不批准注册（进行临床研究）的决定，理由为：进口制剂中所用原料药应提供国家药品管理机构出具的允许该原料药上市销售的证明性文件，以及该药品生产企业符合药品生产质量管理规范的证明性文件。而本品中所用原料药来源于乙公司制药厂，该厂本无原料药的批准文号，申报资料中也未提供该原料药的合成工艺、结构确证、质量研究和稳定性研究等研究资料及生产厂符合药品质量管理规范的证明性文件。根据《药品注册管理办法》（2007年）第九十五条和附件2，不批准非洛地平控释片的注册申请。甲公司不服，提起行政诉讼，一审、二审法院分别判决驳回甲公司的诉讼请求和上诉。再审法院认为甲公司提交的申报材料中载明的原料药制造企业乙公司制药厂虽然没有获得原料药生产的相关批件，但是根据《药品注册管理办法》规定，此种情况下甲公司应当报送原料药的有关生产工艺、质量指标和检验方法等规范的研究资料。对此，甲公司虽未主动报送，但如前所述，由于在此情况下国家食药总局并不足以依据现有材料认定申报药品无法满足安全性、有效性和质量可控性的要求，因此国家食药总局应当要求甲公司提交上述材料，而非直接作出不予审批的决定。国家食药总局的处理方式，使甲公司需要在补充材料后重新缴纳4万余元的注册费方能使申报药品重新进入审核程序，没有充分保护申请人的相关合法权益，裁量不当，遂判决撤销二审判决，撤销国家食药总局对甲公司作出不批准注册（进行临床研究）的决定，责令国家食药总局在法定期限内对甲公司重新作出行政行为。

【规范性文件】

《中华人民共和国药品管理法》

第二十四条 在中国境内上市的药品，应当经国务院药品监督管理部门批准，取得药品注册证书；但是，未实施审批管理的中药材和中药饮片除外。实施审批管理的中药材、中药饮片品种目录由国务院药品监督管理部门会同国务院中医药主管部门制定。

申请药品注册，应当提供真实、充分、可靠的数据、资料和样品，证明药品的安全性、有效性和质量可控性。

第二十五条 对申请注册的药品，国务院药品监督管理部门应当组织药学、医学和其他技术人员进行审评，对药品的安全性、有效性和质量可控性以及申请人的质量管理、风险防控和责任赔偿等能力进行审查；符合条件的，颁发药品注册证书。

国务院药品监督管理部门在审批药品时，对化学原料药一并审评审批，对相关辅料、直接接触药品的包装材料和容器一并审评，对药品的质量标准、生产工艺、标签和说明书一并核准。

本法所称辅料，是指生产药品和调配处方时所用的赋形剂和附加剂。

第二十六条 对治疗严重危及生命且尚无有效治疗手段的疾病以及公共卫生方面急需的药品，药物临床试验已有数据显示疗效并能预测其临床价值的，可以附条件批准，并在药品注册证书中载明相关事项。

41. 医疗器械许可类案件的审查

【审查要点】

医疗器械注册申请人向食品药品监督管理部门提交申请材料，食品药品监督管理部门对申请注册的医疗器械的质量、性能及使用安全性等进行审核后会作出是否许可申请人注册的决定。国家对医疗器械按照风险程度实行分类管理。第一类医疗器械实行产品备案管理，第二类、第三类医疗器械实行产品注册管理。第一类是风险程度低，实行常规管理可以保证其安全、有效的医疗器械。第二类是具有中度风险，需要严格控制管理以保证其安全、有效的医疗器械。第三类是具有较高风险，需要采取特别措施严格控制管理以保证其安全、有效的医疗器械。关于医疗器械许可的案件，主要适用《医疗器械监督管理条例》等。

【典型案例】

甲公司诉乙市药监局医疗器械许可案

【裁判要旨】

行政许可的法律规范发生变化时，在确定许可的条件时应当在符合公共利益的前提下，兼顾对申请人已取得利益的保护。

【简要案情】

甲公司的 YS116 糖尿病治疗仪于 2002 年 4 月 8 日获得试产注册证书。

2005年3月16日，甲公司向乙市药监局申请重新注册，并提交了相应的材料。后甲公司根据乙市药监局的要求补充提供了临床试验报告等材料。乙市药监局经审查认定，甲公司擅自改变了2003年12月8日提交的临床试验方案，注册产品标准说明书对产品适用范围与临床试验结论不一致，已提交的资料对产品预期用途没有明确界定。乙市药监局据此于2005年7月8日作出不予注册的审查结论通知。甲公司不服，起诉请求撤销乙市药监局作出的不予注册审查结论通知。一审认为乙市药监局作出不予注册的理由成立，但乙市药监局超过法律规定的审批期限13天作出审查结论，程序上存在瑕疵，判决驳回甲公司的诉讼请求。二审认为，根据《医疗器械监督管理条例》的规定，市药监局对生产第二类医疗器械具有审查批准的职责，申报注册医疗器械应当按照国务院药品监督管理部门的规定提交技术指标、检测报告和其他有关资料。2000年4月5日，国家药品监督管理局曾发布的《医疗器械注册管理办法》规定了医疗器械的试产注册。2004年8月9日，原国家食品药品监督管理局发布施行的《医疗器械注册管理办法》取消了医疗器械的试产注册规定。甲公司曾取得YS116型糖尿病治疗仪产品试产注册证，2005年3月16日其申请重新注册，并按当时有效的《医疗器械注册管理办法》第三十六条重新注册的规定，提交了申请书及相关材料。乙市药监局受理后应当依法对甲公司的重新注册申请是否符合法律规定进行审查作出结论。但乙市药监局按2004年8月9日公布的《医疗器械注册管理办法》第十九条注册规定的要件，对甲公司的重新注册申请进行审查，作出不予注册的审查结论通知，属适用法律错误，且逾期作出审查结论，行政执法程序亦不符合法律规定，依法应予撤销。遂判决撤销一审判决和被诉具体行政行为。

【规范性文件】

《医疗器械监督管理条例》

第十三条 第一类医疗器械实行产品备案管理，第二类、第三类医疗器械实行产品注册管理。

医疗器械注册人、备案人应当加强医疗器械全生命周期质量管理，对研制、生产、经营、使用全过程中医疗器械的安全性、有效性依法承担责任。

第十四条 第一类医疗器械产品备案和申请第二类、第三类医疗器械产品注册，应当提交下列资料：

（一）产品风险分析资料；

（二）产品技术要求；

（三）产品检验报告；

（四）临床评价资料；

（五）产品说明书以及标签样稿；

（六）与产品研制、生产有关的质量管理体系文件；

（七）证明产品安全、有效所需的其他资料。

产品检验报告应当符合国务院药品监督管理部门的要求，可以是医疗器械注册申请人、备案人的自检报告，也可以是委托有资质的医疗器械检验机构出具的检验报告。

符合本条例第二十四条规定的免于进行临床评价情形的，可以免于提交临床评价资料。

医疗器械注册申请人、备案人应当确保提交的资料合法、真实、准确、完整和可追溯。

《医疗器械注册与备案管理办法》

第四条 国家药品监督管理局主管全国医疗器械注册与备案管理工作，负责建立医疗器械注册与备案管理工作体系和制度，依法组织境内第三类和进口第二类、第三类医疗器械审评审批，进口第一类医疗器械备案以及相关监督管理工作，对地方医疗器械注册与备案工作进行监督指导。

第五条 国家药品监督管理局医疗器械技术审评中心（以下简称国家局器械审评中心）负责需进行临床试验审批的医疗器械临床试验申请以及境内第三类和进口第二类、第三类医疗器械产品注册申请、变更注册申请、延续注册申请等的技术审评工作。

国家药品监督管理局医疗器械标准管理中心、中国食品药品检定研究院、国家药品监督管理局食品药品审核查验中心（以下简称国家局审核查验中心）、国家药品监督管理局药品评价中心、国家药品监督管理局行政事项受理服务和投诉举报中心、国家药品监督管理局信息中心等其他专业技术机构，依职责承担实施医疗器械监督管理所需的医疗器械标准管理、分类界定、检验、核查、监测与评价、制证送达以及相应的信息化建设与管理等相关工作。

42. 执业资格许可类案件的审查

【审查要点】

拟从事特定职业的人员或单位需要向相关行政主体提出申请，行政主体对申请人的职业技能、知识储备、职业道德等各方面进行审核，从而决定是否准予申请人从事特定职业。对于提供公共服务的行业，相关的从业人员或单位必须具备特殊的专业知识或技术条件等，应当取得执业证书，才能保障公共服务的质量和有序，这是社会发展的需要。审理关于执业资格许可的相关案件时，应当适用各个相关管理领域之中的法律法规。

【典型案例】

卢某诉某区社会事业管理局行政许可案

【裁判要旨】

卫生行政部门依法有权对医疗机构的基本条件和执业状况进行检查、评估、审核，并依法作出相应校验结论。村卫生室的上级行政主管部门享有并应履行卫生行政职权，其依法向村卫生室颁发的《医疗机构执业许可证》系履行卫生行政职权。

【简要案情】

2017年4月17日，甲方某村村委会与乙方卢某签订《某村卫生室服务协议书（续签）》，乙方继续在某村卫生室服务，约定了双方的权利义务，同时约定协议有效期自2017年4月17日起至2022年4月16日止。2018年10月30日，经某村村民代表研究，决定解除与卢某的聘用关系，重新聘任许某为新村医，并于当日向社区卫生服务中心请示。2019年12月6日，某村卫生室向社区卫生服务中心提出说明，辞去卢某卫生室负责人及村医职务，某村村委会研究同意许某为某村卫生室负责人。2019年12月9日，社区卫生服务中心向某区社会事业管理局提出说明，更换某村卫生室负责人为许某。2019年12月12日，许某提出申请并经社区卫生服务中心同意，某村卫生室的主要负责人变更为许某。2019年12月23日，某村卫生室负责人许某申请，经社区卫生服务中心同意，将某村卫生室的医疗机构地址变更为某村三社。2019年12月24日，某区社会事业管理局发出医疗机构设置审批公示，公示内容为某村卫生室，地址某村三社，主要负责人许某。某区是由国务院批准设立的国家级经济技术开发区，某区社会事业管理局是该区管委会所属的主管卫生等行政职能部门。某村卫生室的所有制形式为集体所有。卢某起诉请求法院判决被告核发的某村卫生室现医疗机构执业许可证无效。法院认为某区社会事业管理局依某村卫生室申请对其《医疗机构执业许可证》作出变更登记，具体行政行为的相对人是某村卫生室，而非卢某个人。且现有证据显示某村卫生室系某村集体所有制非营利机构，卢某与某村村委会系聘用关系。某区社会事业管理局在确认某村村委会变更村卫生室负责人后，作出变更登记并发放《医疗机构执业许可证》符合法律规定。

【规范性文件】

《中华人民共和国行政许可法》

第十二条　下列事项可以设定行政许可：

（一）直接涉及国家安全、公共安全、经济宏观调控、生态环境保护以及直接关系人身健康、生命财产安全等特定活动，需要按照法定条件予以批准的事项；

（二）有限自然资源开发利用、公共资源配置以及直接关系公共利益的特定行业的市场准入等，需要赋予特定权利的事项；

（三）提供公众服务并且直接关系公共利益的职业、行业，需要确定具备特殊信誉、特殊条件或者特殊技能等资格、资质的事项；

（四）直接关系公共安全、人身健康、生命财产安全的重要设备、设施、产品、物品，需要按照技术标准、技术规范，通过检验、检测、检疫等方式进行审定的事项；

（五）企业或者其他组织的设立等，需要确定主体资格的事项；

（六）法律、行政法规规定可以设定行政许可的其他事项。

（撰写人：李欣）

五、行政征收或者征用类案件的司法审查

【裁判标准】

在二级案由对被诉行政行为的列举中,"行政征收或者征用"比较特殊,即将行政征收和行政征用这两种彼此不同、相互独立的行政行为并列,而其他二级案由则仅列一种被诉行政行为,例如行政处罚、行政强制措施、行政补偿等。这反映出行政征收和行政征用尽管是不同的行政行为,但在行为的法律属性上具有较多、较强的共性,联系紧密,予以并列能更好地指导审判实践。

行政征收和行政征用都是行政机关依职权对行政相对人课予义务。这两种行政行为的共性主要在于:第一,强制性。行政征收和行政征用都是行政主体的单方强制行为,系行政主体依职权单方作出,无须与行政相对人协商,亦无须征得行政相对人的同意,甚至可以在违背行政相对人意志的情况下进行。基于行政行为的法律效力,行政相对人需尊重、服从行政主体作出的行政征收和行政征用,并受行政征收和行政征用的约束和限制。第二,法定性。行政征收和行政征用属于侵益性行政行为,具有侵犯行政相对人权益的法律效果。财产权是一种非常重要的权利,《宪法》《民法典》均将财产权受法律保护、不受侵犯作为一般法律原则予以规定。《宪法》第十三条第一款规定:"公民的合法的私有财产不受侵犯。"《民法典》第三条规定:"民事主体的人身权利、财产权利以及其他合法权益受法律保护,任何组织或者个人不得侵犯。"第二百零七条规定:"国家、集体、私人的物权和其他权利人的物权受法律平等保护,任何组织或者个人不得侵犯。"由于行政征收和行政征用直接涉及对行政相对人财产的处理,对行政相对人合法权益的侵犯效果较大,故通常需法律授权。对于农民集体所有土地的征收、征用和对公民私有财产的征收、征用,《宪法》第十条第三款和第十三条第三款均

要求"依照法律规定"①，即"国家为了公共利益的需要，可以依照法律规定对土地实行征收或者征用并给予补偿""国家为了公共利益的需要，可以依照法律规定对公民的私有财产实行征收或者征用并给予补偿"。法律授权体现在法律直接对行政征收和行政征用的行政主体、行政权限、行为条件、行政程序、行为方式、范围和标准等作出规定。第三，非对价性。行政征收中的征税是无偿的，作为行政相对人的纳税义务人负有无偿缴纳税款的义务。行政征收中的行政收费大多也是无偿的，个别的以行政主体提供行政服务为前提，但行政相对人缴纳的费用不属于购买行政服务的费用，因而也不具有对价性。尽管征收或者征用农民集体所有土地、公民私人财产需给予补偿，但补偿通常是公平、合理的补偿，补偿额可能并非完全对应于实际价值。

行政征收和行政征用的区别②在于：第一，行政征收具有处分性，行政征用则不具有处分性，仅具有限制性。依照《民法典》第二百四十条关于"所有权人对自己的不动产或者动产，依法享有占有、使用、收益和处分的权利"的规定，所有权人对自己的房屋、土地等不动产和动产享有处分的权利。行政征收具有的单方强制性，不需要尊重行政相对人的意志，其法律效果是替代所有权人作出处分，即转移被征收财产的所有权，从行政相对人转移至国家，行政相对人对被征收财产的所有权被剥夺，行政相对人丧失对被征收财产的所有权，国家取得被征收财产的所有权。行政征用则不处分被征用财产的所有权，不导致被征用财产所有权的转移，只是行政相对人对被征用财产的占用、使用权利受到限制，即需忍受行政主体对被征用财产的占有、使用。第二，行政征用具有应急性，行政征收不具有应急性。行政征用一般发生在应急状态下，例如在抢险救灾、疫情防控等紧急情形中对设施、

---

① 《立法法》（2023年修正）第十一条第七项规定："下列事项只能制定法律：……（七）对非国有财产的征收、征用。"

② 在宪法层面，将是否导致财产所有权转移确立为行政征收和行政征用两个概念主要区分标准的是全国人民代表大会于2004年3月14日通过的《宪法修正案》："国家为了公共利益的需要，可以依照法律规定对土地实行征收或者征用并给予补偿。"此前的规定是"国家为了公共利益的需要，可以依照法律规定对土地实行征用。"同时，该《宪法修正案》还规定了对公民私有财产的征收或者征用："国家为了公共利益的需要，可以依照法律规定对公民的私有财产实行征收或者征用并给予补偿。"在该《宪法修正案》施行后，相关法律法规贯彻了这两个概念的区分，对相关概念的用法进行了修正。例如，对于农民集体所有土地的征收，2004年修正前的《土地管理法》的规定是"国家为了公共利益的需要，可以依法对集体所有的土地实行征用"。2004年修正的《土地管理法》的规定是"国家为了公共利益的需要，可以依法对土地实行征收或者征用并给予补偿"。

设备、场所、物资等的征用。行政征收是在常态的经济社会发展中，出于保障国家安全、促进国民经济和社会发展等公共利益的需要按规划、有计划地进行，不具有应急性。

在二级案由"行政征收或者征用"之下，三级案由列举了"征收或者征用房屋""征收或者征用土地""征收或者征用动产"。在民法物的分类上，房屋、土地属于不动产。行政征收和行政征用影响的是所有权人对物的所有权，即《民法典》第二百四十条规定的"占有、使用、收益和处分的权利"。依照《民法典》第二百四十三条第一款关于"为了公共利益的需要，依照法律规定的权限和程序可以征收集体所有的土地和组织、个人的房屋以及其他不动产"以及第二百四十五条关于"因抢险救灾、疫情防控等紧急需要，依照法律规定的权限和程序可以征用组织、个人的不动产或者动产。被征用的不动产或者动产使用后，应当返还被征用人。组织、个人的不动产或者动产被征用或者征用后毁损、灭失的，应当给予补偿"的规定，行政征收的对象是房屋、土地等不动产，行政征用的对象则包括动产和不动产。

"征收房屋"系指征收自然人、法人、非法人组织等在国有土地上的房屋。在征收农民集体所有土地的过程中，也需要处理农民所有的房屋问题。依照《土地管理法》第四十七条第四款关于"拟征收土地的所有权人、使用权人应当在公告规定期限内，持不动产权属证明材料办理补偿登记。县级以上地方人民政府应当组织有关部门测算并落实有关费用，保证足额到位，与拟征收土地的所有权人、使用权人就补偿、安置等签订协议；个别确实难以达成协议的，应当在申请征收土地时如实说明"以及第四十八条第二款关于"征收土地应当依法及时足额支付土地补偿费、安置补助费以及农村村民住宅、其他地上附着物和青苗等的补偿费用，并安排被征地农民的社会保障费用"的规定，农民所有房屋在土地补偿、安置中按照地上附着物一并解决，不再单独处理农民所有房屋的问题。对于国有土地上房屋的征收，《城市房地产管理法》第六条规定："为了公共利益的需要，国家可以征收国有土地上单位和个人的房屋，并依法给予拆迁补偿，维护被征收人的合法权益；征收个人住宅的，还应当保障被征收人的居住条件。具体办法由国务院规定。"国务院制定的《国有土地上房屋征收与补偿条例》（国务院令第590号）便是征收房屋的具体制度规定。依照《国有土地上房屋征收与补偿条例》第八条"为了保障国家安全、促进国民经济和社会发展等公共利益的需要，有下列情形之一，确需征收房屋的，由市、县级人民政府作出房屋征收决定……"以及第十三条第一款"市、县级人民政府作出房屋征收决定后应当及时公告……"的规定，征收房屋的行为表现形式是市、县级人民政府作出的房屋征收决定，内容体现在市、县级人民政府作出的房屋征收决定公告上。① 例如，某区人民政府作出《关于某某街道某某社区房屋征收项目征收的公告》。该公告所载主要内容为："为了规范国有土地上房屋征收与补偿活动，维护公共利益，保障被征收房屋所有权人的合法权益，根据《国有土地上房屋征收与补偿条例》（国务院令第590号）……有关文件规定，经……区第十八届人民政府第108次常务会议研究，决定对……房屋征收项目国有土地上房屋实施征收。现将有关事项公告如下：一、项目名称：……房屋征收项目。二、征收范围：……房屋征收项目征收红线范围内的所有国有土地上房屋。三、征收部门……"

"征收土地"系指征收农民集体所有土地。依照《宪法》第十条第一款"城市的土地属于国家所有"、第二款"农村和城市郊区的土地，除由法律规定属于国家所有的以外，属于集体所有；宅基地和自留地、自留山，也属于集体所有"，《土地管理法》第二条第一款"中华人民共和国实行土地的社会主义公有制，即全民所有制和劳动群众集体所有制"的规定，我国的土地所有制形式只有国家所有和农民集体所有两种。国家为了公共利益的需要，将农民集体所有土地征收为国有就是征收土地。依照《土地管理法》第四十六条第一款"征收下列土地的，由国务院批准：（一）永久基本农田；（二）永久基本农田以外的耕地超过三十五公顷的；（三）其他土地超过七十公顷的"、第二款"征收前款规定以外的土地的，由省、自治区、直辖市人民政府批准"，第四十七条第一款"国家征收土地的，依照法定程序批准后，由县级以上地方人民政府予以公告并组织实施"及《土地管理法实施条例》第三十条第一款"县级以上地方人民政府完成本条例规定的征地前期工作后，方可提出征收土地申请，依照《土地管理法》第四十六条的规定报有批准权的人民政府批准"、第三十一条"征收土地申请经依法批准后，县级以上地方人民政府应当自收到批准文件之日起十五个工作日内在拟征收土地所在的乡（镇）和村、村民小组范围内发布征收土地公告，公布征收范围、

---

① 对于被征收房屋占用范围内国有土地使用权的处理，依照《国有土地上房屋征收与补偿条例》第十三条第三款"房屋被依法征收的，国有土地使用权同时收回"的规定，国有土地使用权同时收回，不再单独处理被征收房屋占用范围内国有土地使用权的问题。

征收时间等具体工作安排，对个别未达成征地补偿安置协议的应当作出征地补偿安置决定，并依法组织实施"的规定，征收土地的行为表现形式是有权机关，即国务院或者省级人民政府，对申请征收土地的县级以上地方人民政府作出的征地批复。与行政行为通常直接对行政相对人作出不同，征收土地行为的特殊性在于系基于行政机关内部的上下层级关系，对申请征收土地的县级以上地方人民政府作出，而非直接对农民集体所有土地的所有权人作出。例如，某省人民政府作出《关于某某县2022年度第六十七批次农用地转用和土地征收的批复》。该批复所载主要内容为："你县《关于某某县2022年度第六十七批次农用地转用和土地征收的请示》收悉。经研究，现批复如下：一、同意将某某县境内农用地……未利用地……转为建设用地。征收某某县……公顷，计征收农民集体所有土地……公顷；使用国有其他土地……公顷。合计征收（使用）土地……公顷，按规划用途使用……"

"征用土地""征用房屋""征用动产"都属于行政征用，主要在抢险救灾、疫情防控等紧急情形中为行政主体所采用。对于行政主体是否对动产和不动产进行征用，对何种动产和不动产进行征用等问题，要看相关法律的具体规定。例如，《突发事件应对法》第十二条规定："有关人民政府及其部门为应对突发事件，可以征用单位和个人的财产。被征用的财产在使用完毕或者突发事件应急处置工作结束后，应当及时返还。财产被征用或者征用后毁损、灭失的，应当给予补偿"；第五十二条第一款规定："履行统一领导职责或者组织处置突发事件的人民政府，必要时可以向单位和个人征用应急救援所需设备、设施、场地、交通工具和其他物资，请求其他地方人民政府提供人力、物力、财力或者技术支援，要求生产、供应生活必需品和应急救援物资的企业组织生产、保证供给，要求提供医疗、交通等公共服务的组织提供相应的服务。"又如，《传染病防治法》第四十五条第一款规定："传染病暴发、流行时，根据传染病疫情控制的需要，国务院有权在全国范围或者跨省、自治区、直辖市范围内，县级以上地方人民政府有权在本行政区域内紧急调集人员或者调用储备物资，临时征用房屋、交通工具以及相关设施、设备。"再如，《防洪法》第四十五条第一款规定："在紧急防汛期，防汛指挥机构根据防汛抗洪的需要，有权在其管辖范围内调用物资、设备、交通运输工具和人力，决定采取取土占地、砍伐林木、清除阻水障碍物和其他必要的紧急措施；必要时，公安、交通等有关部门按照防汛指挥机构的决定，依法实施陆地和水面交通管制。"另如，《国防动员法》第五十四条第一款规定：

"国家决定实施国防动员后,储备物资无法及时满足动员需要的,县级以上人民政府可以依法对民用资源进行征用";第二款规定:"本法所称民用资源,是指组织和个人所有或者使用的用于社会生产、服务和生活的设施、设备、场所和其他物资。"还如,《戒严法》第十七条第一款规定:"根据执行戒严任务的需要,戒严地区的县级以上人民政府可以临时征用国家机关、企业事业组织、社会团体以及公民个人的房屋、场所、设施、运输工具、工程机械等。在非常紧急的情况下,执行戒严任务的人民警察、人民武装警察、人民解放军的现场指挥员可以直接决定临时征用,地方人民政府应当给予协助。实施征用应当开具征用单据。"复如,《破坏性地震应急条例》第二十五条规定:"交通、铁路、民航等部门应当尽快恢复被损毁的道路、铁路、水港、空港和有关设施,并优先保证抢险救援人员、物资的运输和灾民的疏散。其他部门有交通运输工具的,应当无条件服从抗震救灾指挥部的征用或者调用。"

43—45. 征收或者征用房屋、土地、动产类案件的审查

【审查要点】

　　1. 根据被诉行政行为,规范选择案由。行政征收和行政征用是两种不同的行政行为,只是因为这两种行政行为在法律属性上共性较多、较强,联系紧密,才予并列。在具体案件中根据不同的被诉行政行为确定案由时,需注意选择一种行政行为,即若适用二级案由,则列为"行政征收",或者列为"行政征用",避免僵化地一概列为"行政征收或者征用"。若可适用三级案由,对于房屋,则列为"征收房屋",或者列为"征用房屋",避免僵化地一概列为"征收或者征用房屋";对于土地,则列为"征收土地",或者列为"征用土地",避免僵化地一概列为"征收或者征用土地";对于动产,则列为"征收动产",或者列为"征用动产",避免僵化地一概列为"征收或者征用动产"。

　　2. 依照行政诉讼受案范围,准确把握案由。《行政诉讼法》第十二条第一款第五项、第九项规定:"人民法院受理公民、法人或者其他组织提起的

下列诉讼：……（五）对征收、征用决定及其补偿决定不服的……（九）认为行政机关违法集资、摊派费用或者违法要求履行其他义务的。"在行政法学理上，行政征收还包括税和费的征收。税的征收，又称收税、征税，是国家税收行政机关依法强制、无偿取得财政收入的手段。费的征收，又称行政收费，是一定行政机关凭借行政权确立的地位，为行政相对人提供一定的公益服务，或者授予国家资源和资金使用权而收取的代价。① 通常认为，《行政诉讼法》第十二条第一款第五项规定的"征收"不包括征税和行政收费，对于征税和行政收费引起的争议，行政相对人可依据《税法》和《行政诉讼法》第十二条第一款第九项的规定提起诉讼。② 因此，若被诉行政行为是征税行为或者是行政收费行为，则不适用二级案由"行政征收"，应当适用二级案由"行政征缴"或者其下的三级案由"征缴税款""征缴社会抚养费""征缴社会保险费""征缴污水处理费""征缴防空地下室易地建设费""征缴水土保持补偿费""征缴土地闲置费""征缴土地复垦费""征缴耕地开垦费"等。

另外，尽管行政征收、行政征用通常伴随有行政补偿，但行政征收、行政征用与行政补偿属不同的行政行为，③《行政诉讼法》第十二条第一款第五项亦将"征收决定""征用决定""补偿决定"并列。若被诉行政行为是行政补偿，则不适用二级案由"行政征收""行政征用"或者其下的三级案由，应当适用二级案由"行政补偿"或者其下的三级案由"房屋征收补偿""房屋征用补偿""土地征收补偿""土地征用补偿""动产征收补偿""动产征用补偿"等。

3. 宏观掌握并列层级关系，审慎确定案由。不同案由之间存在并列关系，例如行政征收与行政征缴属于并列的二级案由。不同案由之间也存在层级关系，例如行政征收与征收房屋分属二级案由和三级案由。在具体案件中确定案由时，要宏观掌握不同案由之间的并列层级关系，审慎确定。在二级案由行政征收、行政征用之下，只列了以房屋、土地、动产为对象的征收和

---

① 参见姜明安主编：《行政法与行政诉讼法》（第二版），北京大学出版社、高等教育出版社2007年版，第306~307页；胡建淼：《行政法学》（第四版），法律出版社2015年版，第402~403页。
② 参见全国人大常委会法制工作委员会行政法室编著：《中华人民共和国行政诉讼法解读》，中国法制出版社2014年版，第40页。
③ 在《最高人民法院关于规范行政案件案由的通知》（法发〔2004〕2号）所附"行政行为种类"中，行政征收、行政征用、行政补偿均位列其中。

征用,但可能存在以其他为对象的征收或者征用。例如,投资的征收或者征用。《外商投资法》①第二十条第一款规定:"国家对外国投资者的投资不实行征收";第二款规定:"在特殊情况下,国家为了公共利益的需要,可以依照法律规定对外国投资者的投资实行征收或者征用。征收、征用应当依照法定程序进行,并及时给予公平、合理的补偿。"对于投资的征收或者征用,由于无相对应的三级案由,故应适用二级案由行政征收或者行政征用。又如,以劳力为对象的征用。例如,《传染病防治法》第四十五条第一款规定:"传染病暴发、流行时,根据传染病疫情控制的需要,国务院有权在全国范围或者跨省、自治区、直辖市范围内,县级以上地方人民政府有权在本行政区域内紧急调集人员……"《防洪法》第四十五条一款规定:"在紧急防汛期,防汛指挥机构根据防汛抗洪的需要,有权在其管辖范围内调用物资、设备、交通运输工具和人力……"对于劳力的征用,由于也无相对应的三级案由,故应适用二级案由行政征用。

行政征收、行政征用不但与行政征缴存在关联,也与行政处理、行政许可等案由存在关联。如何确定案由,须以恰当对被诉行政行为进行定性为前提。有意见认为,行政征收的一种特殊形式是提前收回相对人合法权益。例如,提前撤回已经颁发的行政许可。《行政许可法》第八条第二款规定:"行政许可所依据的法律、法规、规章修改或者废止,或者准予行政许可所依据的客观情况发生重大变化的,为了公共利益的需要,行政机关可以依法变更或者撤回已经生效的行政许可。由此给公民、法人或者其他组织造成财产损失的,行政机关应当依法给予补偿。"又如,提前收回海域使用权。《海域使用管理法》第三十条第一款规定:"因公共利益或者国家安全的需要,原批准用海的人民政府可以依法收回海域使用权";第二款规定:"依照前款规定在海域使用权期满前提前收回海域使用权的,对海域使用权人应当给予相应的补偿。"②对于这些行为,是将案由列为行政征收,还是列为行政许可、行政处理等案由更为妥当,值得深入研究。

---

① 该法自2020年1月1日起施行。此前的《外资企业法》(2016年修正)第五条和《中外合资经营企业法》(2016年修正)第二条第三款规定的是企业征收,即"国家对外资企业不实行国有化和征收;在特殊情况下,根据社会公共利益的需要,对外资企业可以依照法律程序实行征收,并给予相应的补偿";"国家对合营企业不实行国有化和征收;在特殊情况下,根据社会公共利益的需要,对合营企业可以依照法律程序实行征收,并给予相应的补偿。"有学者认为,对企业的征收属于财产征收。参见胡建淼:《行政法学》(第四版),法律出版社2015年版,第402页。

② 参见胡建淼著:《行政法学》(第四版),法律出版社2015年版,第403~404页。

五、行政征收或者征用类案件的司法审查

4. 在一个案件中起诉多个行政行为，可列多个案由或者适用复合型案由。对于当事人在一个案件中只对一个行政行为提出诉讼的情况，确定案由相对容易。若当事人在一个案件中对多个行政行为提出诉讼，如何处理则比较复杂。通常可分为两种情况：一是，当事人起诉的多个行政行为比较清楚，每个行政行为对应的案由也比较明确，则可并列适用多个案由。例如，当事人对某行政机关作出的罚款、行政拘留、没收违法所得等三种行政处罚在一个案件中同时提出诉讼。罚款、行政拘留和没收违法所得都是相对独立的三级案由。该案案由可列为"罚款、行政拘留及没收违法所得"，而非列为它们的共同上级案由，即二级案由"行政处罚"。又如，当事人对某行政机关作出的国有土地上房屋征收决定、强制拆除房屋在一个案件中同时提出起诉。征收房屋和强制拆除房屋都是相对独立的三级案由。① 该案案由可列为"征收房屋和强制拆除房屋"。这样罗列案由有利于更加精确地表述案件涉及的被诉行政行为，也有利于案件的审理、案件的司法统计等后续工作。二是，当事人起诉的行政行为比较模糊，可能对应多个行政行为，有的可能对应明确的案由，有的可能难以对应明确的案由，则可适用复合型案由。由于诉讼能力、对被诉行政行为的认识存在局限等原因，一些当事人往往难以清晰确定被诉行政行为，对诉求的表达比较笼统。这种现象在土地征收案件中体现得尤为明显。对此，"征收土地"除了可作为单一型案由之外，还可作为复合型案由之用。若当事人对土地征收过程中的多个行为在一个案件中提出诉讼，则可以将案由确定为"征收土地"，简洁反映当事人诉求及案件基本争议。②

【典型案例】

案例一：许某某等四人诉甲市人民政府征收土地案

【裁判要旨】

国家征收土地经法定程序批准后，县级以上地方人民政府的组织实施征地行为包括多种行为。在起诉实施征地行为的案件中，应当按照谁行为、谁被告的原则确定被告，并对该行政行为的合法性进行审查。

【简要案情】

许某某等四人起诉称，其土地被甲市乙街道办事处非法征用，甲市人民

---

① 三级案由强制拆除房屋所属的二级案由是"行政强制执行"。
② 参见仝蕾著：《行政案件案由制度解析与适用》，人民法院出版社2022年版，第145页。

政府视而不见，负有行政不作为的责任。2011年，甲市人民政府在没有召开村民大会、没有听证的情况下，将其所在自然村2300多人赖以生存的农田1200多亩出售给某集团。某集团出动打手将其多人打伤，毁坏了其芒果树、农田，建成60万平方米的会展中心和别墅群，其他土地仍在强建，只补给村民31200元，没有办理养老和社保等。故请求确认甲市人民政府组织实施征收其土地的行政行为违法。

最高人民法院提审后作出的生效裁定认为，许某某等四人提出本案起诉时有效的2004年《土地管理法》（2004年修正）第四十六条第一款规定："国家征收土地的，依照法定程序批准后，由县级以上地方人民政府予以公告并组织实施。"许某某等四人的诉讼请求即为请求确认甲市人民政府组织实施征收其土地的行政行为违法。依照当时有效的2004年《土地管理法》及配套的《土地管理法实施条例》的相关规定，国家征收土地经法定程序批准后，县级以上地方人民政府组织实施征地行为包括市、县人民政府发布征收土地公告，被征收土地的所有权人、使用权人到土地行政主管部门办理征地补偿登记，土地行政主管部门发布补偿安置方案公告，土地行政主管部门拟定的补偿安置方案报市、县人民政府批准，发放土地补偿费、地上附着物及青苗补偿费、安置补助费等多种行为。在这些行为中，由市、县人民政府直接实施并由其承担法律责任的行为主要是发布征收土地公告行为。一审、二审法院认定，许某某等四人所在社区被征收土地先后共涉及五个征地批复，甲市人民政府将最后一批次征收土地的《征收土地方案公告》于2013年3月28日张贴在社区居委会的宣传栏。由于涉及多批次征地，征地时间又基本连续，且许某某等四人自认案涉土地自2011年起多次被强制填埋、推平，其均有到场阻拦，故结合农村生产、生活常理，在甲市人民政府于2013年3月28日将最后一批次征收土地的《征收土地方案公告》予以张贴的情况下，许某某等四人于2015年5月25日提出本案起诉确已超过当时有效的《最高人民法院关于执行〈中华人民共和国行政诉讼法〉若干问题的解释》第四十一条第一款规定的2年起诉期限。土地补偿登记系土地行政主管部门的法定职责。土地补偿登记行为属于与市、县人民政府发布征收土地公告不同的行为。许某某等四人是否参与土地补偿登记等情况不直接影响对其所诉的甲市政府发布征收土地公告行为的审理与裁判。许某某等四人对甲市人民政府提出的本案起诉超过法定起诉期限，不符合法定起诉条件。

五、行政征收或者征用类案件的司法审查

案例二：甲公司诉乙区政府征收房屋案

【裁判要旨】

若无有效证据证明市、县级人民政府作出房屋征收决定后依法发布公告，但被征收人与房屋征收部门签订的补偿安置协议明确以市、县级人民政府作出的房屋征收决定为据，则可认定被征收人在签订补偿安置协议时已知道市、县级人民政府作出的房屋征收决定公告，并以该房屋征收决定公告载明的行政诉讼权利等事项情况计算起诉期限。

【简要案情】

甲公司起诉称，其公司成立于2008年12月。2016年初，乙区人民政府以建园区为由，强行征收其公司厂区，并作出《房屋征收决定》，对其公司进行征收拆迁。该征收决定违反现行法律和国家政策规定，严重损害其公司合法权益。故请求判决确认乙区政府作出的案涉征收决定违法。

二审生效裁定认为，甲公司已于2016年3月9日与乙区房屋征收办公室签订《房屋征收补偿安置协议书》。该协议盖有甲公司公章。该协议载明系根据乙区政府核发的1号征收决定进行补偿安置。故甲公司至迟于签订协议时即应当知道1号征收决定的内容。甲公司于2019年6月17日提起本案诉讼，确已超过《行政诉讼法》第四十六条第一款规定的起诉期限，不符合法定起诉条件。

【规范性文件】

《国务院法制办公室关于认定被征地农民"知道"征收土地决定有关问题的意见》

……

一、申请人对行政机关已经发布征收土地公告的主张提出异议，行政机关不能提供证据的，不能认定申请人知道征收土地决定。

二、行政机关能够提供下列证据之一，经查证属实的，可以作为认定依法发布了征收土地公告的证据：（一）行政机关出具的在被征收土地所在地的村、组内张贴公告的书面证明及视听资料；征收乡（镇）农民集体所有土地的，出具的在乡（镇）人民政府所在地张贴公告的书面证明及视听资料；（二）被征地农民出具的证实其被征收土地已张贴公告的证言等证据。征收土地公告有确定期限的，可以认定申请人自公告确定的期限届满之日起知道征收土地决定；征收土地公告没有确定期限的，可以认定申请人自公告张贴

之日起满 10 个工作日起知道征收土地决定。

三、行政机关不能提供发布征收土地公告的相关证据，但是能够举证证明已经按照法律法规和规章的规定发布了征收土地补偿安置公告，且在公告中载明了征收土地决定的主要内容，经查证属实的，可以视为申请人自公告确定的期限届满之日起知道征收土地决定；公告没有确定期限的，可以视为申请人自公告张贴之日起满 10 个工作日起知道征收土地决定。

四、行政机关不能提供发布征收土地公告或者征收土地补偿安置公告的证据，但是能够举证证明申请人在征收土地决定作出后有下列行为之一，经查证属实的，可以视为申请人自该行为发生之日起知道征收土地决定：（一）已经办理征收土地补偿登记的，自申请人办理征收土地补偿登记之日起；（二）已经签订征收土地补偿协议的，自申请人签订征收土地补偿协议之日起；（三）已经领取征收土地补偿款或者收到征收土地补偿款提存通知的，自申请人领取征收土地补偿款或者收到征收土地补偿款的提存通知之日起；（四）已经签订房屋拆迁协议的，自申请人签订房屋拆迁协议之日起；（五）对补偿标准存有争议，已经申请县级以上地方人民政府进行协调的，自申请人申请协调之日起。同时存在上述两种或者两种以上行为的，以最早可以认定的知道征收土地决定的时间为准。

五、行政机关不能证明有本意见第二条至第四条情形，但是能够举证证明申请人通过行政复议、政府信息公开、信访、诉讼等其他途径知道征收土地决定主要内容，经查证属实的，可以认定申请人自有证据证明之日起知道征收土地决定。

六、行政机关在征收土地决定作出后，没有告知被征地农民申请行政复议的权利、行政复议机关或者申请期限的，行政复议申请期限参照《最高人民法院关于执行〈中华人民共和国行政诉讼法〉若干问题的解释》第四十一条办理，即：行政复议申请期限从公民、法人或者其他组织知道或者应当知道申请行政复议的权利、行政复议机关或者申请期限之日起计算，但从知道或者应当知道征收土地决定内容之日起最长不得超过 2 年。

……

（撰写人：李纬华）

六、行政登记类案件的司法审查

【裁判标准】

人民法院在审查行政登记案件时，首先应当查明行政登记的标的，并根据标的以适用相应的法律依据；其次进一步明确案件的性质（作为或不作为）、登记的类型（初始登记或变更登记等）；再次重点审查法定的登记程序，包括申请主体、办理期限要求、登记机构办理与登记情况等。最后审查登记的标的情况与登记情况是否相符，以及登记机构的办理情况是否符合法定要求等。

行政登记类案件，包括作为与不作为案件，前者主要为利害关系人认为不应当作出登记如将自己的动产或不动产登记在其他主体名下，或者被登记人认为登记信息错误的；后者主要为申请登记人认为应当登记而未予登记的。登记的类型包括首次登记、变更登记、转移登记、注销登记、更正登记、异议登记、预告登记、查封登记等；登记的标的包括不动产、动产、人身关系等。

《最高人民法院关于行政案件案由的暂行规定》的二级案由行政登记下设了20个三级案由（序号为46—65）。根据所适用的法律规定，第46至第57均可归类为不动产登记范围，适用《不动产登记暂行条例》等规定，其余8个三级案由均有各自的法律依据。

46—57. 不动产登记类案件的审查

【审查要点】

1. 不动产登记案件的被告主体确定。随着《不动产登记暂行条例》的深入实施,全国多地也相应地设立了不动产登记中心。当事人就不动产登记行为提起行政诉讼后,因不动产登记中心属于具体办事机构,通常以不动产登记中心为被告。人民法院在确定适格被告时,应当审查不动产登记中心是否具有独立的行政主体资格,能否独立地承担法律责任。不具有独立行政主体资格的,如作为某行政机关(如国土资源主管部门)的内设机构,则不属于适格被告。反之,则可以作为行政诉讼的被告。另外,随着不动产登记职责的转移,在确定被告资格时也应随之转移,由专门负责不动产登记的行政主体作为被告。

2. 不动产登记案件的起诉期限与管辖。《行政诉讼法》第二十条规定:"因不动产提起的行政诉讼,由不动产所在地人民法院管辖。"第四十六条第二款规定"因不动产提起诉讼的案件自行政行为作出之日起超过二十年,其他案件自行政行为作出之日起超过五年提起诉讼的,人民法院不予受理。"《行诉解释》第九条规定"行政诉讼法第二十条规定的'因不动产提起的行政诉讼'是指因行政行为导致不动产物权变动而提起的诉讼。"不动产登记行为通常都将导致所要登记的不动产物权发生改变,因而不动产登记案件相应可以适用前述特殊的起诉期限及管辖制度。

【典型案例】

案例一:高某诉某市自然资源局、某市不动产登记中心撤销房屋登记案

【裁判要旨】

不动产登记中心作为行政机关的内设机构,其作出的相应登记行为应由该行政机关承担责任,不属于行政诉讼的适格被告。

行政机关在作出不动产登记行为时,应当严格遵守法定的时限等程序要求,如在期限内予以登记、变更或撤销登记等。对于超过时限要求,可能损害行政相对人合法权益的,人民法院可以判决撤销被诉登记行为或确认违法。

【简要案情】

《不动产登记暂行条例》(自2015年3月1日起实施)第六条第二款规定:"县级以上地方人民政府应当确定一个部门为本行政区域的不动产登记机构,负责不动产登记工作,并接受上级人民政府不动产登记主管部门的指

导、监督。"《辽宁省不动产登记办法》第四条规定："省、市、县（含县级市、区，下同）国土资源主管部门为本行政区域内不动产登记机构，负责不动产登记工作，并接受上级不动产登记主管部门的指导、监督。"依据上述规定，某市自然资源局是某市不动产登记的法定机关，登记中心作为某市自然资源局的内设机构，其作出的撤销登记行为应由某市自然资源局承担责任。某市自然资源局是本案的适格被告，某市不动产登记中心不具备本案被告主体资格。本案登记中心于2017年7月31日作出201701号《公告》，于2017年8月15日作出更正登记，因2017年7月31日至2017年8月15日之间有四个公休日，没有满足《不动产登记暂行条例实施细则》第八十一条规定的15个工作日的条件。另外，更正登记的送达回执上没有高某本人签字，也无登记中心两名工作人员签字，违反了行政文书送达程序的相关规定，故更正登记程序违反法律规定。

【规范性文件】

《不动产登记暂行条例实施细则》

第八十一条　不动产登记机构发现不动产登记簿记载的事项错误，应当通知当事人在30个工作日内办理更正登记。当事人逾期不办理的，不动产登记机构应当在公告15个工作日后，依法予以更正；但在错误登记之后已经办理了涉及不动产权利处分的登记、预告登记和查封登记的除外。

【典型案例】

案例二：杜某诉某市房管局、某区政府注销房屋登记案

【裁判要旨】

对于明显不具有不动产登记职责，在改革前后都不具有相应职权的行政机关，当事人以该行政机关为被告提起行政诉讼的，人民法院可以向其释明要求变更适格被告。

【简要案情】

自2016年8月20日起某市不动产登记（包括注销登记）职权已经转移至某市国土资源局，各方当事人及人民法院均未考虑该情况，亦未要求变更被告，后经一、二审裁定驳回起诉，经某省高级人民法院再审后指令继续审理。在本次审理过程中，各方当事人亦未提出职权变更，要求变更被告问题，鉴于本案被诉注销房屋登记行为确系由某市房管局作出，当事人特别是

某市房管局均未主张需变更被告问题,加之本案系某省高级人民法院再审指令继续审理的案件,且本案仅是判决确认被诉注销房屋登记行为违法,并不涉及因不动产登记职权变更而需要由继续行使其职权的行政机关重作的问题,即便变更被告后本案裁判结果仍是确认被诉注销房屋登记行为违法,如仅因形式上变更被告问题再撤销一审判决、将本案发回重审,徒增当事人的诉累,也浪费司法资源。因此综合考量上述因素,关于被告问题本院亦不再予以变更。某区政府并非被诉注销房屋登记行为的作出机关,杜某对其的起诉依法应予驳回。

【规范性文件】

《不动产登记暂行条例》

第五条 下列不动产权利,依照本条例的规定办理登记:

(一)集体土地所有权;

(二)房屋等建筑物、构筑物所有权;

(三)森林、林木所有权;

(四)耕地、林地、草地等土地承包经营权;

(五)建设用地使用权;

(六)宅基地使用权;

(七)海域使用权;

(八)地役权;

(九)抵押权;

(十)法律规定需要登记的其他不动产权利。

【典型案例】

案例三:赵某诉某市第二城市服务中心、某市住建服务中心、某市自然资源局、某村民委员会、张某建设用地使用权登记案

【裁判要旨】

在不动产行政登记案件中,行政机关应当根据不动产登记暂行条例等规定,对申请人申请登记的事项与实际情况是否相一致进行审查。申请人应当提供相应证据证明相一致的结论,不能提供的,登记机关可以不予登记。

【简要案情】

关于本案是否属于复议前置情形问题。已经发证的土地登记对土地权属、四至范围界定清楚明确,无须进行土地权属确权。因此土地登记发证后发生争议的,土地权利的利害关系人可向原登记机关申请更正登记,可向原登记机关的上级主管机关提出行政复议,也可直接提起行政诉讼,请求撤销或变更登记行为。本案中,涉案不动产权证土地权属、四至范围界定清楚明确,原某市国土资源局为赵某办理的涉案不动产权证的行为不属于复议前置的情形。

虽然某市国土资源局办理涉案不动产登记即原告要求撤销的不动产权登记,所依据的文件材料符合《不动产登记暂行条例实施细则》第三十四条的规定,但因登记的不动产界址材料与申请登记的不动产状况存在不一致,登记的有关证明材料、文件与申请登记的内容存在不一致,即国有建设用地使用权出让合同所确定的出让范围与涉案不动产登记勘测定界图所确认使用权范围不符,某市国土资源局所作出案涉登记行为,违反了《不动产登记暂行条例》第十八条的相关规定,系主要证据不足,违反法定程序。

【规范性文件】

《中华人民共和国行政复议法》(2017年修正)

第三十条第一款 公民、法人或者其他组织认为行政机关的具体行政行为侵犯其已经依法取得的土地、矿藏、水流、森林、山岭、草原、荒地、滩涂、海域等自然资源的所有权或者使用权的,应当先申请行政复议;对行政复议决定不服的,可以依法向人民法院提起行政诉讼。

《不动产登记暂行条例》

第十八条 不动产登记机构受理不动产登记申请的,应当按照下列要求进行查验:

(一)不动产界址、空间界限、面积等材料与申请登记的不动产状况是否一致;

(二)有关证明材料、文件与申请登记的内容是否一致;

(三)登记申请是否违反法律、行政法规规定。

《不动产登记暂行条例实施细则》

第三十四条 申请国有建设用地使用权首次登记,应当提交下列材料:

(一)土地权属来源材料;

(二)权籍调查表、宗地图以及宗地界址点坐标;

(三)土地出让价款、土地租金、相关税费等缴纳凭证;

（四）其他必要材料。

前款规定的土地权属来源材料，根据权利取得方式的不同，包括国有建设用地划拨决定书、国有建设用地使用权出让合同、国有建设用地使用权租赁合同以及国有建设用地使用权作价出资（入股）、授权经营批准文件。

申请在地上或者地下单独设立国有建设用地使用权登记的，按照本条规定办理。

最高人民法院《关于适用〈行政复议法〉第三十条第一款有关问题的批复》

根据《行政复议法》第三十条第一款的规定，公民、法人或者其他组织认为行政机关确认土地、矿藏、水流、森林、山岭、草原、荒地、滩涂、海域等自然资源的所有权或者使用权的具体行政行为，侵犯其已经依法取得的自然资源所有权或者使用权的，经行政复议后，才可以向人民法院提起行政诉讼，但法律另有规定的除外；对涉及自然资源所有权或者使用权的行政处罚、行政强制措施等其他具体行政行为提起行政诉讼的，不适用《行政复议法》第三十条第一款的规定。

【典型案例】

案例四：李甲诉某县人民政府土地承包经营权登记案

【裁判要旨】

县级人民政府在颁发农村土地承包经营权证书过程中，主要对报请登记材料是否齐备、是否符合法定形式等要件依法进行审查。

随着国家土地政策在不同时期的调整，村集体成员的流动以及土地的正常流转，土地承包经营权的权利主体与土地的实际使用人可能并不一致，土地权属相应可能发生争议。在确认权属关系时，除明确的法律规定外，国家有关土地政策也可以作为有效依据。如土地二轮承包已经明确权利归属的，通常可以作为登记颁证的事实根据。

【简要案情】

在2015年至2016年颁证确权工作中，发包方某村委会制作涉案承包方调查表、承包地块调查表，并进行了公示。李甲、李乙分别与丁庄村委会签订《农户土地家庭承包合同》，承包合同明确记载了李甲、李乙所承包"南湖十一斗北"地块的面积和四至范围。李甲、李乙对上述材料均签字予以确认。某村委会上报的登记材料齐备，记载内容相一致。某县政府根据某村委会报上来的承包合同等承包经营权登记材料，颁发涉案证书，证书中有关地块的面积、四至与李甲、李乙签字确认的承包合同内容相一致。根据国家相关政策，2016年的确权颁证工作以1998年二轮土地承包为基础。某村委会述称涉案土地1998年发包给李乙，由于李乙在外打工，涉案土地由李甲进行耕种。李甲认为涉案土地系其承包地，并未提供证据予以证明。沭阳县政府作出的登记颁证行为具有事实依据，符合程序性规定。

【规范性文件】

《中华人民共和国农村土地承包法》

第二十四条第一款 国家对耕地、林地和草地等实行统一登记，登记机构应当向承包方颁发土地承包经营权证或者林权证等证书，并登记造册，确认土地承包经营权。

《中华人民共和国农村土地承包经营权证管理办法》

第七条 实行家庭承包的，按下列程序颁发农村土地承包经营权证：

（一）土地承包合同生效后，发包方应在30个工作日内，将土地承包方案、承包方及承包土地的详细情况、土地承包合同等材料一式两份报乡（镇）人民政府农村经营管理部门。

（二）乡（镇）人民政府农村经营管理部门对发包方报送的材料予以初审。材料符合规定的，及时登记造册，由乡（镇）人民政府向县级以上地方人民政府提出颁发农村土地承包经营权证的书面申请；材料不符合规定的，应在15个工作日内补正。

（三）县级以上地方人民政府农业行政主管部门对乡（镇）人民政府报送的申请材料予以审核。申请材料符合规定的，编制农村土地承包经营权证登记簿，报同级人民政府颁发农村土地承包经营权证；申请材料不符合规定的，书面通知乡（镇）人民政府补正。

【典型案例】

案例五：何某诉某县人民政府宅基地使用权登记案

【裁判要旨】

1. 行政机关在办理宅基地变更行为时，为避免出现不合法的建筑被确权认可或不符合真实意思表示，应当进行全面审查。

2. 行政机关在办理不动产登记变更登记时，应当保护或者考量原不动产权利人的合法权益保障。

【简要案情】

2008年5月12日，某县政府为凌某办理了集体土地使用证，该审批核发行为导致何某原有宅基地使用权的变更，何某亦无法在本集体经济组织内再申请宅基地，故何某以凌某违反买卖协议约定，私自过户为由提起本案行政诉讼，符合《行政诉讼法》第二十五条规定的"与行政行为有利害关系"的情形，具有原告资格。

【规范性文件】

《国土资源部印发〈关于加强农村宅基地管理的意见〉的通知》

......

四、加强法制宣传教育，严格执法

......

（十三）严格日常监管制度。各地要进一步健全和完善动态巡查制度，切实加强农村村民住宅建设用地的日常监管，及时发现和制止各类土地违法行为。要重点加强城乡结合部地区农村宅基地的监督管理。严禁城镇居民在农村购置宅基地，严禁为城镇居民在农村购买和违法建造的住宅发放土地使用证。

《中华人民共和国土地管理法实施条例》（2014年修订）

第六条第一款 依法改变土地所有权、使用权的，因依法转让地上建筑物、构筑物等附着物导致土地使用权转移的，必须向土地所在地的县级以上人民政府土地行政主管部门提出土地变更登记申请。由原土地登记机关依法进行土地所有权、使用权变更登记。土地所有权、使用权的变更，自变更登记之日起生效。"

【典型案例】

案例六：华某诉某国土分局宅基地使用权登记案

【裁判要旨】

行政机关在办理宅基地登记时，应当查明土地的现状。经查明宅基地已经被依法征收等依法不能办理相应登记的，行政机关可以根据相关规定作出不予登记决定，并说明理由及告知诉权。

【简要案情】

某国土分局在接到华某提出的宅基地使用权确权登记申请后，经过核实，确认华某申请登记的宅基地已被依法征收。故根据《浙江省土地登记实施细则》第二十三条第六项的规定，作出回复，告知华某不予登记决定，并说明了理由与依据，同时告知了诉权。华某要求撤销上述回复并责令某国土分局履行宅基地使用权登记职责，缺乏事实和法律依据，不予支持。

【规范性文件】

《浙江省土地登记实施细则》

第二十三条第六项 经审查，有下列情形之一的，土地登记机构应依法作出不予登记的决定，说明理由及依据，并告知申请人享有申请行政复议、提起行政诉讼的权利。

（六）土地权利已被依法征收、没收或收回，原权利人提出土地权利初始、变更登记申请的。

【典型案例】

案例七：朱某诉某市不动产登记局房屋抵押登记案

【裁判要旨】

设定不动产抵押登记直接涉及抵押人和抵押权人的合法权益，在向登记机构提出登记申请时，一般由抵押人和抵押权人共同提出。登记机构在办理登记前，应依法查验申请双方提供的相关资料，并就有关事项对申请双方进行询问了解，查明登记事项是否属于申请双方真实意思表示。有效证据可以证明已经登记的事项不属于真实意思表示的，登记机关应当依法予以纠正。

【简要案情】

原审第三人胡某在申请办理涉案不动产抵押登记时，提交了《贷款抵押合同》、权利人身份证、结婚证、《房屋所有权证》等相关材料，某市不动产登记局在查验上述材料并对申请人进行就登记事项进行询问后，作出涉诉抵押登记。但经涉案房屋实际权利人朱某确认，其对涉案抵押登记并不知情，亦未到现场对登记事项进行签字确认，在案材料中的签字系胡某找人代签，该情节在本案二审中，各方当事人均无异议，可以认定。因此，原审第三人应对涉案不动产抵押登记错误的结果承担相应的责任，但因登记结果错误的事实依然存在，涉案行政行为的合法性基础已然缺失。

【规范性文件】

《中华人民共和国民法典》

第二百一十二条 登记机构应当履行下列职责：

（一）查验申请人提供的权属证明和其他必要材料；

（二）就有关登记事项询问申请人；

（三）如实、及时登记有关事项；

（四）法律、行政法规规定的其他职责。

申请登记的不动产的有关情况需要进一步证明的，登记机构可以要求申请人补充材料，必要时可以实地查看。

《不动产登记暂行条例》

第十四条 因买卖、设定抵押权等申请不动产登记的，应当由当事人双方共同申请。

属于下列情形之一的，可以由当事人单方申请：

（一）尚未登记的不动产首次申请登记的；

（二）继承、接受遗赠取得不动产权利的；

（三）人民法院、仲裁委员会生效的法律文书或者人民政府生效的决定等设立、变更、转让、消灭不动产权利的；

（四）权利人姓名、名称或者自然状况发生变化，申请变更登记的；

（五）不动产灭失或者权利人放弃不动产权利，申请注销登记的；

（六）申请更正登记或者异议登记的；

（七）法律、行政法规规定可以由当事人单方申请的其他情形。

【典型案例】

案例八：代某诉某区规划和自然资源局房屋抵押登记案

【裁判要旨】

网签制度有利于规范地产交易市场行为，维护市场交易秩序。已经网签的预售商品房，房地产开发企业通常不能设定抵押。同样，已经网签的现房销售的商品房，未经购房人同意，房地产开发企业不得设定抵押。

【简要案情】

某公司与代某之间的房屋买卖合同经过了网签，因此，该商品房的物权设定登记是受到限制的，某区规划和自然资源局在未有证据证明某公司经过代某同意情况下,再在该商品房上为某公司与郭某办理抵押权登记,显然与网签制度设立,限制网签合同中原物权所有人处置其物权的制度目的相悖,在办理本案抵押权登记中未尽到审慎的审查义务,撤销其作出的抵押登记并无不当。

【规范性文件】

《中华人民共和国民法典》

第三百九十九条第四项　下列财产不得抵押:

……

(四)所有权、使用权不明或者有争议的财产。

【典型案例】

案例九:某村民小组诉某县人民政府、某市人民政府林木、林地所有权登记及行政复议案

【裁判要旨】

登记机关在收到林木或林地权登记申请后,应当对是否符合登记条件进行全面审查。其中,所登记的事项存在权属争议的,登记机关可以不予受理。对于相应的权属争议,申请人应当依法先行解决。对处理决定不服的,可以依法提起行政诉讼。处理决定已经发生法律效力的,申请人可以就权属问题申请确权。

【简要案情】

由于涉山场的地点及四至范围双方一直存在争执,某县人民政府并没有进行处理。因此,本案山场存在权属争议,不符合法定的登记条件,某县人民政府为原审第三人颁发《林权证》的行政行为,证据不足,程序违法,依法应当予以撤销;某市人民政府未依法审查某县人民政府颁证行为的合法性,作出维持颁证行为的复议决定应予一并撤销。本案实际是涉案山场的权属争议,应当由某县人民政府先行依法处理。在涉案山场的权属争议得到解决后,再重新对涉案山场的权属进行登记颁证。

【规范性文件】

《林木和林地权属登记管理办法》

第五条第三项 林权权利人应当根据森林法及其实施条例的规定提出登记申请,并提交以下文件:

......

(三)申请登记的森林、林木和林地权属证明文件。

第十一条 对经审查符合下列全部条件的登记申请,登记机关应当自受理申请之日起3个月内予以登记:

(一)申请登记的森林、林木和林地位置、四至界限、林种、面积或者株数等数据准确;

(二)林权证明材料合法有效;

(三)无权属争议;

(四)附图中标明的界桩、明显地物标志与实地相符合。

第十二条 对经审查不符合本办法第十一条规定的登记条件的登记申请,登记机关应当不予登记。

在公告期内,有关利害关系人如对登记申请提出异议,登记机关应当对其所提出的异议进行调查核实。有关利害关系人提出的异议主张确实合法有效的,登记机关对登记申请应当不予登记。

《中华人民共和国森林法》

第二十二条第一款 单位之间发生的林木、林地所有权和使用权争议,由县级以上人民政府依法处理。

58. 动产抵押登记类案件的审查

【审查要点】

1. 当事人办理动产抵押登记的设立、变更、注销等,应当按照动产抵押登记办法规定,提交相应的申请材料。不符合要求的,登记机关不予办理,并向当事人告知具体理由。

2. 登记机关应当准确、全面地登记依法可以且当事人需要登记的动产抵押信息，避免抵押当事人之间因登记信息的不明确而发生相关争议。

3. 动产具有流动性特征，交易更为灵活、自由，为更好地维护市场交易秩序，保护善意第三人等潜在权利人的合法权益，动产抵押登记的相关信息应当及时通过国家企业信用信息公示系统对外公示。

【典型案例】

郝某诉某县市场监督管理局工商行政登记案

【裁判要旨】

动产抵押登记，无论设立、变更抑或注销，都应当符合当事人的真实意思表示。登记机关应当对照登记办法的要求，对申请登记的材料进行审查。未遵循登记办法规定的相关法定程序作出的登记行为，可能损害潜在权利人合法权益的，人民法院可以对登记行为作出否定性评价。

【简要案情】

某县市场监督管理局提供的《动产抵押登记书》及《财产抵押登记表》中"郝某"的签名非郝某本人所签；在不符合注销登记的情况下，某县市场监督管理局在其档案《动产抵押登记书》上签注"注销"二字；某县市场监督管理局亦未能提供充分证据证明其在为郝某和原审第三人办理动产抵押登记前已经提供了《动产抵押登记书》供社会查阅。

59. 质押登记类案件的审查

【审查要点】

1. 质押登记主要包括股票质押登记、应收账款质押登记，登记的事项包括设立、变更、注销等。一般而言，为规范质押登记，合理操作实施，特定标的物的质押都有相应的规范性文件，如《工商行政管理机关股权出质登记办法》、《应收账款质押登记办法》等。人民法院在审理相关质押登记争议时，应当查明并正确适用规范性文件的有关条文。

2. 通常而言，质押登记机构依法作出质押登记，系行使公共管理或提供公共服务职责的行为，属于行政复议或行政诉讼的受案范围。但在具体判断是否应当立案时，人民法院应当查明登记的具体程序和要求，尤其是登记机构对登记信息是否具有审核职责,对登记信息的准确性是否承担相应职责等。若登记机构依法未承担相关职责,对当事人权利义务不产生实际影响的,登记行为通常不属于行政诉讼的受案范围。

【典型案例】

案例一:李某、某铝业有限公司、某环境工程技术有限公司诉某县工商行政管理和质量技术监督局股权质押登记案

【裁判要旨】

公司的投资人依法可以将其持有的公司股票办理质押登记,负责出质股权所在公司登记的市场监管部门是股权出质登记机关。但对于已经被人民法院冻结的股权,在解除冻结之前,不得申请办理股权出质登记。登记机关在作出是否质押的决定时,应当查明质权实际权利人。

【简要案情】

李某、某环境工程技术有限公司、某铝业有限公司,作为某公司的投资人,有权将持有的股权向工商行政管理部门申请办理出质登记,原告主体适格。某县工商行政管理和质量技术监督局系原告住所地履行工商行政管理职责的市场监督管理部门,具有股权出质登记的法定职责,主体适格。本案被告出具的某市公安局作出的《协助冻结通知书》,明确载明冻结某公司名称、法人、注册资本、股权分配等情况,冻结期间不得变更、转让、抵押等所有手续。被告某县工商行政管理和质量技术监督局作为股权出质的登记机关,依据《刑事诉讼法》第一百四十二条规定对于公安机关侦查犯罪具有协助配合的义务,被告据此作为不予受理的事实根据,符合《工商行政管理机关股权出质登记办法》第五条的规定。但本案中提出申请股权质押登记的主体是某公司的投资人,而并非某公司,被告直接针对某公司作出《不予受理通知书》存在主体错误,同时该份《不予受理通知书》内容未能引用法律、法规具体条文。综上,被告作出不予受理的决定存在事实不清、证据不足,适用法律、法规错误的情形,应当依法予以撤销。

【规范性文件】

《中华人民共和国民法典》

第四百四十三条 以基金份额、股权出质的,质权自办理出质登记时

设立。

基金份额、股权出质后，不得转让，但是出质人与质权人协商同意的除外。出质人转让基金份额、股权所得的价款，应当向质权人提前清偿债务或者提存。

《工商行政管理机关股权出质登记办法》

第二条 以持有的有限责任公司和股份有限公司股权出质，办理出质登记的，适用本办法。已在证券登记结算机构登记的股份有限公司的股权除外。

第三条 负责出质股权所在公司登记的工商行政管理机关是股权出质登记机关（以下简称登记机关）。

各级工商行政管理机关的企业登记机构是股权出质登记机构。

第四条 股权出质登记事项包括：

（一）出质人和质权人的姓名或名称；

（二）出质股权所在公司的名称；

（三）出质股权的数额。

第五条 申请出质登记的股权应当是依法可以转让和出质的股权。对于已经被人民法院冻结的股权，在解除冻结之前，不得申请办理股权出质登记。

第六条 申请股权出质设立登记、变更登记和注销登记，应当由出质人和质权人共同提出。申请股权出质撤销登记，可以由出质人或者质权人单方提出。

申请人应当对申请材料的真实性、质权合同的合法性有效性、出质股权权能的完整性承担法律责任。

第七条 申请股权出质设立登记，应当提交下列材料：

（一）申请人签字或者盖章的《股权出质设立登记申请书》；

（二）记载有出质人姓名（名称）及其出资额的有限责任公司股东名册复印件或者出质人持有的股份公司股票复印件（均需加盖公司印章）；

（三）质权合同；

（四）出质人、质权人的主体资格证明或者自然人身份证明复印件（出质人、质权人属于自然人的由本人签名，属于法人的加盖法人印章，下同）；

（五）国家工商行政管理总局要求提交的其他材料。

指定代表或者共同委托代理人办理的，还应当提交申请人指定代表或者共同委托代理人的证明。

【典型案例】

案例二：张某、辛某、某投资咨询有限公司诉中国人民银行征信中心质押登记案

【裁判要旨】

应收账款质押登记与动产质押登记等并不相同，登记机构对登记事项并不进行审核，主要职责为提供平台以展示或查询质押信息。该行为对当事人实际权利义务不产生影响，不属于行政诉讼的受案范围。

【简要案情】

张某、辛某、某公司向原审法院提起本案诉讼，要求撤销中国人民银行征信中心（以下简称"央行征信中心"）作出的被诉质押展期登记。该质押展期登记出质人为某电力设备有限公司，质权人为某投资建设有限公司。根据当时有效的《物权法》第二百二十八条（现对应《民法典》第四百四十五条）及《应收账款质押登记办法》第二条的规定，央行征信中心于2007年建立了应收账款质押登记公示系统，并于同年10月1日上线。该系统是基于互联网运行的、电子化的登记平台，为系统用户提供应收账款质押登记与查询服务。目前应收账款质押登记公示系统统一整合到中征动产融资统一登记平台。央行征信中心仅仅负责应收账款质押登记公示系统的安全、正常运行，不对质押登记内容和上传附件进行审查。根据当时有效的《应收账款质押登记办法》的规定，登记的当事人自愿办理应收账款质押登记，填写登记内容后提交系统，并对登记的真实性负责。应收账款质押登记完全由登记人自行操作并在电子系统中自动生成，故本案诉请不属于行政审判权的管辖范围。

【规范性文件】

《中华人民共和国民法典》

第四百四十五条 以应收账款出质的，质权自办理出质登记时设立。

应收账款出质后，不得转让，但是出质人与质权人协商同意的除外。出质人转让应收账款所得的价款，应当向质权人提前清偿债务或者提存。

《应收账款质押登记办法》

第三条 本办法所称应收账款质押是指《中华人民共和国物权法》第二

百二十三条规定的应收账款出质,具体是指为担保债务的履行,债务人或者第三人将其合法拥有的应收账款出质给债权人,债务人不履行到期债务或者发生当事人约定的实现质权的情形,债权人有权就该应收账款及其收益优先受偿。

前款规定的债务人或者第三人为出质人,债权人为质权人。

第四条 中国人民银行征信中心(以下简称征信中心)是应收账款质押的登记机构。

征信中心建立基于互联网的登记公示系统(以下简称登记公示系统),办理应收账款质押登记,并为社会公众提供查询服务。

第八条 应收账款质押登记由质权人办理。质权人办理质押登记的,应当与出质人就登记内容达成一致。

质权人也可以委托他人办理登记。委托他人办理登记的,适用本办法关于质权人办理登记的规定。

第九条 质权人办理应收账款质押登记时,应当注册为登记公示系统的用户。

第十一条 质权人应当将填写完毕的登记内容提交登记公示系统。登记公示系统记录提交时间并分配登记编号,生成应收账款质押登记初始登记证明和修改码提供给质权人。

第二十五条 质权人、出质人和其他利害关系人应当按照登记公示系统提示项目如实登记,并对登记内容的真实性、完整性和合法性负责。办理登记时,存在提供虚假材料等行为给他人造成损害的,应当承担相应的法律责任。

第二十六条 任何单位和个人均可以在注册为登记公示系统的用户后,查询应收账款质押登记信息。

60. 机动车所有权登记类案件的审查

【审查要点】

1. 机动车发生多次转移变更登记时,人民法院在立案时应当特别关注起诉人与机动车取得利害关系的时间、以及被诉行政行为发生的时间,既要充分保障权利人的合法诉权，又要避免破坏已经稳定的法律关系而损害其他利害关系人的合法权益。

2. 在机动车登记过程中，部分事项可能涉及专业技术问题，如对车辆的查验、作出合格认定等，除有证据可以明确排除行政机关或专业部门的判断或认定外，人民法院应当给予合理、充分的尊重。

【典型案例】

案例一：某公司诉某市公安局交通管理局车辆管理所机动车所有权登记案

【裁判要旨】

机动车可能发生多次转移，相应可能存在多次机动车登记行为。在多次登记过程中，机动车的权利人对登记行为不服提起行政诉讼的，人民法院应当查明机动车权利人获得权属的时间与登记行为之间的先后顺序。一般而言，机动车权利人仅能就直接导致其权利受损的登记行为提起行政诉讼。若之后经历多次登记行为的，可以就直接影响其权利的登记行为提起行政诉讼时，一并起诉之后发生的多次登记行为。机动车权利人就其获得权利之前的登记行为或单独就不直接影响其权利的后续登记行为提起行政诉讼的，人民法院依法可以不予立案。

【简要案情】

对初始登记在某公司名下的小型轿车，某市公安局交通管理局车辆管理所存在一次补办机动车登记证书、两次车辆转移登记的行政行为，某公司作为与案涉车辆有利害关系的权利人有权对车辆的首次转移登记行为提起行政诉讼。现某公司仅针对后续的车辆登记行为提起行政诉讼，不符合规定。某公司业已针对涉案车辆首次转移登记行为另行提起诉讼，提起本案诉讼既不具备原告主体资格，亦不具有现实必要性。

案例二：某公司诉某车辆管理所、第三人某公司机动车所有权登记案

【裁判要旨】

在对车辆登记办理中，行政相对人的主张与行业惯例及交易习惯不相符时，应当提供充分的证据以证实所提主张成立。人民法院应当全面审查车辆的实际使用情况等事实，综合考虑当事人提供的有关证据后作出事实认定。

登记机关对机动车进行查验和登记等行为,应当依据对应的规范性文件如《机动车登记工作规范》《机动车查验工作规程》等。如被诉登记行为符合规范性文件要求,人民法院对其合法性应当予以肯定。

【简要案情】

代办人已经按法律规定向被告提供了所需的材料原件,并由被告收取了复印件进行存档,第三人代办员办理完车辆的注册登记后已将车辆交付给了原告,原告也正常使用了该车辆,且涉案的宝马车辆由第三人代为办理注册及抵押登记,符合行业惯例及交易习惯,故对于原告所陈述并未委托第三人办理车辆登记的观点,与本案查明的事实不符,委托手续并不导致整个登记行为违法,故被告的登记程序符合法律规定;对于被告的审验及登记行为,根据《机动车登记工作规范》第四条的规定,《机动车查验工作规程》GA801-2014规定,对于总质量大于等于4500kg的(即中型和重型)货车和货车底盘改装的专项作业车及所有低速汽车、挂车、危险货物运输车,查验外廓尺寸、轴数、轴距和轮胎规格,故被告依据以上规定对涉案车辆进行查验并做出合格认定,并颁发车辆登记证、行驶证及号牌符合法律规定。

【规范性文件】

《中华人民共和国道路交通安全法实施条例》

第五条 初次申领机动车号牌、行驶证的,应当向机动车所有人住所地的公安机关交通管理部门申请注册登记。

申请机动车注册登记,应当交验机动车,并提交以下证明、凭证:

(一)机动车所有人的身份证明;

(二)购车发票等机动车来历证明;

(三)机动车整车出厂合格证明或者进口机动车进口凭证;

(四)车辆购置税完税证明或者免税凭证;

(五)机动车第三者责任强制保险凭证;

(六)法律、行政法规规定应当在机动车注册登记时提交的其他证明、凭证。

不属于国务院机动车产品主管部门规定免予安全技术检验的车型的,还应当提供机动车安全技术检验合格证明。

《机动车登记规定》

第二条 本规定由公安机关交通管理部门负责实施。

省级公安机关交通管理部门负责本省（自治区、直辖市）机动车登记工作的指导、检查和监督。直辖市公安机关交通管理部门车辆管理所、设区的市或者相当于同级的公安机关交通管理部门车辆管理所负责办理本行政区域内机动车登记业务。

县级公安机关交通管理部门车辆管理所可以办理本行政区域内除危险货物运输车、校车、中型以上载客汽车登记以外的其他机动车登记业务。具体业务范围和办理条件由省级公安机关交通管理部门确定。

警用车辆登记业务按照有关规定办理。

第十二条 申请注册登记的，机动车所有人应当交验机动车，确认申请信息，并提交以下证明、凭证：

（一）机动车所有人的身份证明；

（二）购车发票等机动车来历证明；

（三）机动车整车出厂合格证明或者进口机动车进口凭证；

（四）机动车交通事故责任强制保险凭证；

（五）车辆购置税、车船税完税证明或者免税凭证，但法律规定不属于征收范围的除外；

（六）法律、行政法规规定应当在机动车注册登记时提交的其他证明、凭证。

不属于经海关进口的机动车和国务院机动车产品主管部门规定免予安全技术检验的机动车，还应当提交机动车安全技术检验合格证明。

车辆管理所应当自受理申请之日起二日内，查验机动车，采集、核对车辆识别代号拓印膜或者电子资料，审查提交的证明、凭证，核发机动车登记证书、号牌、行驶证和检验合格标志。

机动车安全技术检验、税务、保险等信息实现与有关部门或者机构联网核查的，申请人免予提交相关证明、凭证，车辆管理所核对相关电子信息。

《机动车登记工作规范》

第四条第一款第一项 办理注册登记的业务流程和具体事项为：

（一）查验岗审查国产机动车的整车出厂合格证明（以下简称合格证）或者进口机动车的进口凭证（以下简称进口凭证）；不属于免检的机动车，还应当审查机动车安全技术检验合格证明；查验机动车，核对车辆识别代号拓印膜；制作机动车标准照片，并粘贴到机动车查验记录表上。符合规定的，在机动车查验记录表上签字；录入机动车信息。与被盗抢机动车信息系统比对；属于国产机动车的，与国产机动车出厂合格证核查系统比对，其中属于《全国机动车辆生产企业及产品公告》（以下简称《公告》）管理范围的，与《公告》数据比对。将机动车查验记录表内部传递至登记审核岗。

61. 船舶所有权登记类案件的审查

【审查要点】

1. 船舶所有权的登记具有公示效力，可以对抗第三人。当事人对船舶所有权登记行为不服提起诉讼的，通常属于行政诉讼的受案范围。

2. 与其他行政登记机关有所不同的是，船舶所有权人的住所或者主要营业所所在地的港务监督机构均具有登记权限，具体尊重船舶所有人的选择。一旦作出选择后，则通常为船舶所有权登记案件的适格被告。

3. 船舶登记簿依法应当载明的事项相对较多，包括船舶建造商、光船承租人或者船舶经营人的名称、地址及其法定代表人的姓名等。这些信息记载与客观事实不相符，且可能侵害相关主体合法权益的，相关主体可以要求船舶登记机关予以纠正。因船舶登记机关拒绝纠正而提起行政诉讼的，人民法院不宜以原告不适格为由裁定驳回起诉。

【典型案例】

某贸易公司诉某海事局船舶所有权登记案

【裁判要旨】

船舶所有权登记机关对船舶所有权登记申请，主要从登记申请材料、证明文件是否齐备为原则，对申请材料、证明文件的真实性则以其判断、识别能力为限。为提高行政登记效率，在没有证据否定申请材料的真实性的情况下，行政机关在申请材料齐全且符合法定要求的基础上予以登记，人民法院不宜否定登记行为的合法性。当事人对申请材料如船舶购买合同等效力有异议的，可以通过法定路径如民事诉讼等寻求救济。相关材料的真实性或有效性被否定的，相关当事人可以依法向登记机构予以纠正。

【简要案情】

船舶登记机关对船舶所有权登记申请进行审查核实，应以法定登记申请材料、证明文件是否齐备为原则,对申请材料、证明文件的真实性与合法性审查应以其判断、识别能力为限,不必以专业鉴定机构的能力要求其审查判断。本案被告某海事局根据第三人的申请,对照相关规定要求其提供了法定的申请材料,且该材料不具有明显的虚假或违法情况,其尽到了法定的义务,其具体行政行为合法。从实体权利上讲,原告与第三人签订有合同,并已实际履行,双方对第三人拥有案件所涉船舶的所有权没有争议,涉案船舶也已由第三人占有,因此说合同实际履行人没有将船舶交付难以让人信服,撤销第三人对案涉船舶所有权登记,对于可能存在于原告与第三人之间的所有权争议的解决没有任何法律上的意义。

【规范性文件】

《中华人民共和国船舶登记条例》

第五条第一款 船舶所有权的取得、转让和消灭,应当向船舶登记机关登记;未经登记的,不得对抗第三人。

第八条第一款 中华人民共和国港务监督机构是船舶登记主管机关。

第九条第二款 船舶登记港由船舶所有人依据其住所或者主要营业所所在地就近选择,但是不得选择二个或者二个以上的船舶登记港。

第十三条 船舶所有人申请船舶所有权登记,应当向船籍港船舶登记机关交验足以证明其合法身份的文件,并提供有关船舶技术资料和船舶所有权取得的证明文件的正文、副本。

就购买取得的船舶申请船舶所有权登记的,应当提供下列文件:

(一)购船发票或者船舶的买卖合同和交接文件;

(二)原船籍港船舶登记机关出具的船舶所有权登记注销证明书;

(三)未进行抵押的证明文件或者抵押权人同意被抵押船舶转让他人的文件。

就新造船舶申请船舶所有权登记的,应当提供船舶建造合同和交接文件。但是,就建造中的船舶申请船舶所有权登记的,仅需提供船舶建造合同;就自造自用船舶申请船舶所有权登记的,应当提供足以证明其所有权取得的文件。

就因继承、赠与、依法拍卖以及法院判决取得的船舶申请船舶所有权登记的,应当提供具有相应法律效力的船舶所有权取得的证明文件。

第十四条 船舶港船舶登记机关应当对船舶所有权登记申请进行审查核

实；对符合本条例规定的，应当自收到申请之日起 7 日内向船舶所有人颁发船舶所有权登记证书，授予船舶登记号码，并在船舶登记簿中载明下列事项：

（一）船舶名称、船舶呼号；

（二）船籍港和登记号码、登记标志；

（三）船舶所有人的名称、地址及其法定代表人的姓名；

（四）船舶所有权的取得方式和取得日期；

（五）船舶所有权登记日期；

（六）船舶建造商名称、建造日期和建造地点；

（七）船舶价值、船体材料和船舶主要技术数据；

（八）船舶的曾用名、原船籍港以及原船舶登记的注销或者中止的日期；

（九）船舶为数人共有的，还应当载明船舶共有人的共有情况；

（十）船舶所有人不实际使用和控制船舶的，还应当载明光船承租人或者船舶经营人的名称、地址及其法定代表人的姓名；

（十一）船舶已设定抵押权的，还应当载明船舶抵押权的设定情况。

船舶登记机关对不符合本条例规定的，应当自收到申请之日起 7 日内书面通知船舶所有人。

62. 户籍登记类案件的审查

【审查要点】

1. 人民法院在审理户籍登记行政案件时，应当准确把握当事人的诉讼请求，正确确定被诉行政行为，厘清其中的行政法律关系。当事人的诉讼请求表述可能与其真实诉求并不完全一致，人民法院在此情形下可以向当事人予以释明，准确表述其诉讼请求及提起行政诉讼。如行政相对人自愿将户口迁出后又想迁回，提起行政诉讼请求否定户口迁出行为的合法性并主张行政机关回复其户籍的，人民法院可以告知当事人在符合法定条件下申请户口迁回，而非将户口迁出及办理户口迁入行为同时提起行政诉讼。

2. 当事人因对他人身份信息有异议而提起行政诉讼的，除身份信息行政确认的行为直接影响其合法权益外，一般不具有原告主体资格。

【典型案例】

案例一：卢某诉某区公安分局户籍登记案

【裁判要旨】

办理户籍登记，包括落户或迁出等行为，除法律规定的特定情形外，一般属于依申请行为。户籍登记机关收到行政相对人办理户口登记申请，经审查认为符合法定条件后予以登记的，申请人因户口办理意愿发生改变而主张否定户口登记行为效力，人民法院不予支持。

【简要案情】

根据卢某户籍档案证据显示，卢某因缔结婚姻关系而进行户口迁移，公安机关根据其申请，并审查属实后予以变更，卢某自愿迁移户籍的行为，符合《户口登记条例》的相关规定，故其诉请确认某区公安分局注销其原户籍违法的理由不能成立。至于其请求恢复其原户口，属于内容变更，应当向户口登记机关申报，其未提出申报。其诉讼请求不予支持。

案例二：赵某诉某派出所户籍登记案

【裁判要旨】

户籍登记信息与居民身份证属于二者相互独立的身份登记行为，当事人就身份登记行为不服的，应当明确具体的行政登记行为。

【简要案情】

某派出所根据北京市关于外省市人员进京投靠的政策规定，对申请人提交的双方身份证、户口簿、结婚证、被投靠人住房证明、投靠人原籍村、乡、派出所、计生委证明等材料进行审查，并据此为翟某办理户籍登记，具有事实根据，亦不违反相关法律规定。关于赵某提出的对翟某身份的质疑，在案证据表明，翟某在办理本案被诉户籍登记时，其姓名为"翟某"，身份证号码为××××××，赵某与翟某的结婚证、翟某的社会保障卡以及相关《民事判决书》等证据均可证明这一事实。而且，公民的身份证是公安机关对公民个人身份的登记确认，其本身是一个独立的具体行政行为，未经法定程序撤销或改变，其具有法律效力。赵某如对上述身份登记信息有异议，应通过其他途径解决。

【规范性文件】

《中华人民共和国户口登记条例》

第三条　户口登记工作，由各级公安机关主管。

城市和设有公安派出所的镇，以公安派出所管辖区为户口管辖区；乡和不设公安派出所的镇，以乡、镇管辖区为户口管辖区。乡、镇人民委员会和公安派出所为户口登记机关。

居住在机关、团体、学校、企业、事业等单位内部和公共宿舍的户口，由各单位指定专人，协助户口登记机关办理户口登记；分散居住的户口，由户口登记机关直接办理户口登记。

居住在军事机关和军人宿舍的非现役军人的户口，由各单位指定专人，协助户口登记机关办理户口登记。

农业、渔业、盐业、林业、牧畜业、手工业等生产合作社的户口，由合作社指定专人，协助户口登记机关办理户口登记。合作社以外的户口，由户口登记机关直接办理户口登记。

第十七条　户口登记的内容需要变更或者更正的时候，由户主或者本人向户口登记机关申报；户口登记机关审查属实后予以变更或者更正。

户口登记机关认为必要的时候，可以向申请人索取有关变更或者更正的证明。

第十九条　公民因结婚、离婚、收养、认领、分户、并户、失踪、寻回或者其他事由引起户口变动的时候，由户主或者本人向户口登记机关申报变更登记。

63. 婚姻登记类案件的审查

【审查要点】

1. 因婚姻登记行为羁束于婚姻登记的相对人，对婚姻登记行为不服提起行政诉讼的适格原告主体，通常也仅限于婚姻登记的相对人。在特定情形下，如冒用他人身份或登记信息出现误差涉及他人身份信息等，婚姻登记相对人以外的主体也可能具有就婚姻登记行为提起行政诉讼的主体资格。

2. 在婚姻登记行政案件中，人民法院应当严格按照《行政诉讼法》有关起诉期限计算的法律规定认定是否超过起诉期限。对于依法确应当予以纠正但又超过起诉期限的婚姻登记行为，人民法院亦应当严格遵守《行政诉讼法》的规定，不宜不顾已超过起诉期限事实作此裁判，而应当通过司法建议等方式实质性化解行政争议。

【典型案例】

案例一：李某诉某市民政局婚姻登记案

【裁判要旨】

婚姻登记是婚姻登记机关依当事人的申请，对当事人自愿缔结婚姻关系的一种行政确认行为。婚姻登记机关的婚姻登记行为，其作用对象只能是申请结婚登记的双方当事人，并不涉及他人，在婚姻关系当事人仍然在世的情况下，婚姻关系当事人以外的其他人不是婚姻登记行为的相对人，其与婚姻登记行为不具有利害关系，不具有原告资格。

【简要案情】

本案中涉案婚姻登记行为的婚姻当事人为李春某、余某，只有这二人有权针对涉案婚姻登记行为提起行政诉讼。当然根据最高人民法院行政审判庭《关于婚姻登记行政案件原告资格及判决方式有关问题的答复》（〔2005〕行他字13号）第一项的规定，依据修订前的《行政诉讼法》第24条第2款规定，有权起诉婚姻登记行为的婚姻关系当事人死亡的，其近亲属可以提起行政诉讼。在婚姻当事人一方已经死亡，不可能对生前的婚姻登记表达自己意愿的情形下，为保护死亡公民的合法权益，此答复将原告资格转移给近亲属，赋予近亲属提起行政诉讼的原告资格，近亲属的起诉并非为了自己的合法权益，而是为了死亡公民的合法权益。故最高人民法院的上述答复应当理解为仅在婚姻关系一方当事人死亡的情况下，其近亲属方可提起行政诉讼，在有权提起行政诉讼的公民未死亡的情况下，其作为婚姻关系当事人的主体资格依然存在，对婚姻登记行为提起行政诉讼的原告资格未发生转移，其近亲属不能作为婚姻登记行政行为利害关系人提起行政诉讼。原审法院认为本案申请人非婚姻关系当事人，在其父尚未死亡的情况下，其作为婚姻关系当事人以外的其他人，无权对其父的婚姻登记行为提起行政诉讼并无不当。

案例二：张甲诉某区民政局婚姻登记案

【裁判要旨】

到场办理婚姻登记的双方当事人，就婚姻行政登记提起的行政案件，起诉期限应当自登记之日起计算。作为婚姻登记的相对人，通常可以认定其在婚姻登记之日即已知晓婚姻登记行为的内容。

【简要案情】

案外人张乙因未到法定婚龄，冒用张甲的身份信息，骗取了婚姻登记，不论张乙与张丙是否属于自愿结婚，其行为均违反了前述规定，扰乱了正常的婚姻登记管理秩序。虽然婚姻登记机构在办理婚姻登记中负有审查义务，但当时办理登记时申请人提供的是第一代居民身份证，本身辨认效率低下，结合当时的办公条件，不能苛刻地要求登记机关必须查明持证人是否属于本人。加之张乙采取的方式较为隐蔽，难以发现。因此，造成错误登记的原因在于申请人张乙与张丙，不宜认定婚姻登记机关未尽到审慎的审查义务。一审对此认定欠妥，予以纠正。

涉案被诉登记行为在2005年即已作出，依照《行政诉讼法》第四十六条第二款"因不动产提起诉讼的案件自行政行为作出之日起超过二十年，其他案件自行政行为作出之日起超过五年提起诉讼的，人民法院不予受理"的规定，本不应受理。但考虑本案特殊情况，加之本案当事人各方以及案外人张乙均对撤销该婚姻登记不持异议，为维护婚姻法的严肃性，实质化解行政争议，减少当事人诉累，保护合法婚姻当事人的权益，对于一审处理结果本院予以维持，以取得法律效果与社会效果的统一。

【规范性文件】

《婚姻登记条例》

第二条 内地居民办理婚姻登记的机关是县级人民政府民政部门或者乡（镇）人民政府，省、自治区、直辖市人民政府可以按照便民原则确定农村居民办理婚姻登记的具体机关。

中国公民同外国人，内地居民同香港特别行政区居民（以下简称香港居民）、澳门特别行政区居民（以下简称澳门居民）、台湾地区居民（以下简称台湾居民）、华侨办理婚姻登记的机关是省、自治区、直辖市人民政府民政部门或者省、自治区、直辖市人民政府民政部门确定的机关。

第四条 内地居民结婚，男女双方应当共同到一方当事人常住户口所在地的婚姻登记机关办理结婚登记。

中国公民同外国人在中国内地结婚的，内地居民同香港居民、澳门居民、台湾居民、华侨在中国内地结婚的，男女双方应当共同到内地居民常住户口所在地的婚姻登记机关办理结婚登记。

第六条 办理结婚登记的当事人有下列情形之一的，婚姻登记机关不予登记：

（一）未到法定结婚年龄的；

（二）非双方自愿的；

（三）一方或者双方已有配偶的；

（四）属于直系血亲或者三代以内旁系血亲的；

（五）患有医学上认为不应当结婚的疾病的。

第九条 因胁迫结婚的，受胁迫的当事人依据婚姻法第十一条的规定向婚姻登记机关请求撤销其婚姻的，应当出具下列证明材料：

（一）本人的身份证、结婚证；

（二）能够证明受胁迫结婚的证明材料。

婚姻登记机关经审查认为受胁迫结婚的情况属实且不涉及子女抚养、财产及债务问题的，应当撤销该婚姻，宣告结婚证作废。

【典型案例】

案例三：郭甲诉某县民政局撤销补办婚姻登记案

【裁判要旨】

婚姻登记系对夫妻人身关系的确认。男女双方符合婚姻实质要件，自愿向婚姻登记机关申请婚姻登记，为双方行使婚姻自由权的体现，他人无权干涉及主张撤销。

【简要案情】

本案根据相关证据体现，案外人郭乙生前与原审第三人共同生活多年，且不存在禁止结婚的法定情形，其二人于2017年12月书面声明原结婚证丢失并提交其他证明材料，共同向被申请人申请补办婚姻登记并领取补办的结婚证，可认为系二人真实意愿。且本案亦无证据证明案外人郭乙生前曾向被申请人主张撤销补办的婚姻登记或授权再审申请人代为主张。因此，本案再审申请人以被申请人未严格审查相关虚假证明材料、违法补办婚姻登记侵害其继承权及继母子身份权为由请求撤销该登记，无诉讼主体资格，一、二审对其起诉裁定予以驳回，适用法律正确。

案例四：史某诉某市婚姻登记服务中心撤销婚姻登记案

【裁判要旨】

已经超过最长起诉期限的婚姻登记案件，人民法院裁定驳回起诉，结论上并无不当。经审查认为婚姻登记行为确应予以纠正的，可以依法向婚姻登记机关发送相关司法建议。

【简要案情】

根据《行政诉讼法》第四十六条第二款、《最高人民法院关于适用〈中华人民共和国行政诉讼法〉的解释》第六十五条的规定，上诉人史某请求撤销案涉结婚登记证的诉讼请求已超过《行政诉讼法》规定的最长五年的起诉期限，原审裁定驳回其起诉并无不当。对某市婚姻登记服务中心颁发案涉结婚登记证的行为，史某可以要求行政机关依法履行"自行纠错"的法定职责，如未果，可另案起诉。

【规范性文件】

《最高人民法院、最高人民检察院、公安部、民政部印发〈关于妥善处理以冒名顶替或者弄虚作假的方式办理婚姻登记问题的指导意见〉的通知》

一、人民法院办理当事人冒名顶替或者弄虚作假婚姻登记类行政案件，应当根据案情实际，以促进问题解决、维护当事人合法权益为目的，依法立案、审理并作出裁判。

人民法院对当事人冒名顶替或者弄虚作假办理婚姻登记类行政案件，应当结合具体案情依法认定起诉期限；对被冒名顶替者或者其他当事人不属于其自身的原因耽误起诉期限的，被耽误的时间不计算在起诉期限内，但最长不得超过《中华人民共和国行政诉讼法》第四十六条第二款规定的起诉期限。

人民法院对相关事实进行调查认定后认为应当撤销婚姻登记的，应当及时向民政部门发送撤销婚姻登记的司法建议书。

……

四、民政部门对于当事人反映身份信息被他人冒用办理婚姻登记，或者婚姻登记的一方反映另一方系冒名顶替、弄虚作假骗取婚姻登记的，应当及时将有关线索转交公安、司法等部门，配合相关部门做好调查处理。

民政部门收到公安、司法等部门出具的事实认定相关证明、情况说明、司法建议书、检察建议书等证据材料，应当对相关情况进行审核，符合条件的及时撤销相关婚姻登记。

民政部门决定撤销或者更正婚姻登记的，应当将撤销或者更正婚姻登记决定书于作出之日起15个工作日内送达当事人及利害关系人，同时抄送人民法院、人民检察院或者公安机关。

民政部门作出撤销或者更正婚姻登记决定后，应当及时在婚姻登记管理信息系统中备注说明情况并在附件中上传决定书。同时参照婚姻登记档案管理相关规定存档保管相关文书和证据材料。

......

64. 收养登记类案件的审查

【审查要点】

1. 在收养登记案件中，通常涉及属于未成年人的被收养人及其亲生父母、养父母等之间的人身关系，人民法院妥善处理案件，通常需要考虑人情与法律等因素，案件的审理获得良好的效果，应当严格以法律为准绳，在坚持法律效果的基础上，合理运用司法权限，尽可能地化解当事人之间的亲情纠纷，获得良好的社会效果。

2. 人民法院在审理子女收养登记案件时，应当对收养是否符合法律规定以及相关事实是否成立进行审查认定。对于一些争议较大、需要鉴定才能确定的事实，如与被抚养人之间是否存在亲生关系等，人民法院应当正确运用行政诉讼证据规则，综合认定各种证据的证明力大小后作出认定。

【典型案例】

案例一：陈某、乙某诉某县民政局收养登记案

【裁判要旨】

当事人弄虚作假骗取收养登记的，人民法院可以依法判决撤销被诉登记行为。因抚养等产生的感情纠纷以及相应的损失补偿等问题，应当通过其他法定途径予以解决。

【简要案情】

乙某因向甲某索要寄养小孩而发生纠纷，甲某在双方发生纠纷过程中向原审被告申请发放收养登记证，隐瞒陈某存在亲生父母的事实，属弄虚作假行为，原审判决据此认定该收养关系无效并撤销该登记行为，依法有据。甲某与乙某为姐妹关系，为讼争抚养的男孩"陈某"的抚养权，双方发生纠纷，乙某为此提起抚养权之民事诉讼，甲某随即向原审被告申请发放抚养登记证。但甲某在申请发放抚养登记证时，隐瞒了被收养对象事实存在亲生父母的情况，虽然双方对于乙某是否是陈某的亲生父母存在严重分歧，但该事实已被生效的民事判决书所认定。乙某在民事诉讼和本案一审诉讼中均提出亲子鉴定的申请，但甲某以消极诉讼的方式拒绝配合，应承担不利的法律后果。在本案二审中，虽然甲提出申请陈某到庭作证，但即便陈某承认甲某是自己亲生父母，作为不满10岁小孩且长期与甲某共同生活经历，其证言亦不足以推翻乙某是陈某亲生父母的事实。至于甲某主张其为抚养陈某已付出千辛万苦的代价的问题，其行可悯，但人道同情无法改变甲弄虚作假骗取登记的事实，原审判决撤销原审被告所作的行政行为证据充分，应予维持。甲某若认为因抚养陈某付出所造成的损失得不到补偿的问题，应另案寻求解决。

【规范性文件】

《中国公民收养子女登记办法》

第十三条 收养关系当事人弄虚作假骗取收养登记的，收养关系无效，由收养登记机关撤销登记，收缴收养登记证。

【典型案例】

案例二：霍某某、张某某、艾某某诉某县民政局收养登记案

【裁判要旨】

在办理收养登记时，当事人应当根据送养人以及被收养人的具体情况，按照法律规定提供相应的材料。如被收养人亲生父母应当到场而未能到场的，应当提供证据证明存在正当理由。下落不明是公民不能到场的正当理由之一。下落不明应由该公民居住地的相关单位予以证明，没有证明资格的主体出示的证明，依法不能采纳。

【简要案情】

本案的争议焦点为某县民政局所作《不予办理收养登记通知书》是否合法。该《通知》以"被收养人母亲聂某某未到场，且不能提供未到场的有效证明"为由，不予办理收养登记。双方对被送养人母亲未到场的认定均无异议。但对是否提供未到场的有效证明有分歧。上诉人均认为，其提供的与艾某某一起打工的工友艾某兵和租住房屋房东杨某的证言及某村委会证明可以证明被送养人母亲下落不明。而某县民政局认为，上诉人未提供被送养人母亲下落不明的有效证明。经查，公民下落不明应由该公民居住地的相关单位予以证明，其他公民、组织无权证明该事项，故上诉人提供的证据不足以支持其证明目的，因此，涉案《通知》认定事实并无不当。另，2016年7月，三上诉人向某县民政局申请办理收养登记。某县民政局于2016年7月29日依据当时有效的《收养法》和《中华人民共和国收养子女登记办法》相关规定作出《通知》，行政程序、适用法律亦无不当。

【规范性文件】

《中国公民收养子女登记办法》

第七条 送养人应当向收养登记机关提交下列证件和证明材料：

（一）送养人的居民户口簿和居民身份证（组织作监护人的，提交其负责人的身份证件）；

（二）民法典规定送养时应当征得其他有抚养义务的人同意的，并提交其他有抚养义务的人同意送养的书面意见。

社会福利机构为送养人的，并应当提交弃婴、儿童进入社会福利机构的原始记录，公安机关出具的捡拾弃婴、儿童报案的证明，或者孤儿的生父母死亡或者宣告死亡的证明。

监护人为送养人的，并应当提交实际承担监护责任的证明，孤儿的父母死亡或者宣告死亡的证明，或者被收养人生父母无完全民事行为能力并对被收养人有严重危害的证明。

生父母为送养人，有特殊困难无力抚养子女的，还应当提交送养人有特殊困难的声明；因丧偶或者一方下落不明由单方送养的，还应当提交配偶死亡或者下落不明的证明。对送养人有特殊困难的声明，登记机关可以进行调查核实；子女由三代以内同辈旁系血亲收养的，还应当提交公安机关出具的或者经过公证的与收养人有亲属关系的证明。

被收养人是残疾儿童的，并应当提交县级以上医疗机构出具的该儿童的残疾证明。

《收养登记工作规范》

第二十三条 收养登记机关对不符合收养登记条件的，不予受理，但应当向当事人出具《不予办理收养登记通知书》，并将当事人提交的证件和证明材料全部退还当事人。对于虚假证明材料，收养登记机关予以没收。

【典型案例】

案例三：潘某诉某县民政局、某市民政局撤销行政决定案

【裁判要旨】

收养关系当事人隐瞒情况或弄虚作假骗取收养登记的，利害关系人可以依法向收养登记机关提出，请求撤销收养登记。

【简要案情】

潘某在申请办理收养登记的过程中，没有告知真实情况、隐瞒其丈夫夏某已经死亡、弄虚作假骗取收养登记，其行为违反法律法规的规定，某县民政局根据当时有效的《收养法》第二十五条、《中国公民收养登记办法》第十二条、《收养登记工作规范》第三十条的规定，作出撤销案涉收养登记决定书，撤销原告潘某以夫妻名义申请办理的收养登记、并收缴收养登记证。该行政行为事实清楚，证据充分，程序合法，适用法律、法规正确，依法应予维持。夏某某系夏某的父亲，与夏某具有利害关系、属于法律意义上的利害关系人，根据《收养登记工作规范》第三十条的规定，夏某某具备申请撤销收养登记的主体资格，原告潘某未提交证据证明其主张，不予支持。

【规范性文件】

《收养登记工作规范》

第十六条 收养登记员要分别询问或者调查收养人、送养人、年满8周岁以上的被收养人和其他应当询问或者调查的人。

询问或者调查的重点是被询问人或者被调查人的姓名、年龄、健康状况、经济和教育能力、收养人、送养人和被收养人之间的关系、收养的意愿和目的。特别是对年满8周岁以上的被收养人应当询问是否同意被收养和有关协议内容。

询问或者调查结束后，要将笔录给被询问人或者被调查人阅读。被询问

人或者被调查人要写明"已阅读询问（或者调查）笔录，与本人所表示的意思一致（或者调查情况属实）"，并签名。被询问人或者被调查人没有书写能力的，可由收养登记员向被询问或者被调查人宣读所记录的内容，并注明"由收养登记员记录，并向当事人宣读，被询问人（被调查人）在确认所记录内容正确无误后按指纹。"然后请被询问人或者被调查人在注明处按指纹。

第三十条 收养关系当事人弄虚作假骗取收养登记的，按照《中国公民收养子女登记办法》第十二条的规定，由利害关系人、有关单位或者组织向原收养登记机关提出，由收养登记机关撤销登记，收缴收养登记证。

65. 税务登记类案件的审查

【审查要点】

1. 人民法院在审理办理税务登记案件时，应当审查当事人的具体情况、是否提交了相应的证件和资料以及相关材料是否属实等。

2. 在税务登记的具体案件中，地方依法制定的税务登记管理实施办法通常明确了具体的程序及实体认定事项，人民法院应当查明并正确适用相关规范性文件。

【典型案例】

案例一：上诉人某区国家税务局与被上诉人刘某税务行政登记案

【裁判要旨】

税务机关有权对提供虚假资料的纳税人进行制裁，责令改正有关行为。行政机关实施行政管理，应当依照法律、法规、规章的规定进行，《税务登记管理办法》虽然只规定了注销登记的条件和必须依申请办理，但依据这些规定无法作出一定行为，明显影响公民合法权益的时候，可以依法作出撤销或者注销相关税务登记的决定，以保障当事人合法权益的实现。

【简要案情】

税务登记机关在进行税务登记时，履行的是以形式审查为主，以实质审查为辅的审慎审查义务。上诉人主张税务登记只是形式审查的观点，不予支持。本案中某公司在向上诉人申报税务登记时，上诉人未尽到审慎审查义务。某公司只提供了营业执照、组织机构代码证和公司法定代表人刘某的居民身份证，刘某不是经办人没有到场，那么对刘某的身份信息的核实应当审慎，在经办人未提供其本人身份信息，也没有提供公司授权其办理税务登记委托手续的情况下，即为该公司办理了登记，违反了规定精神。而在该公司经办人员填写的税务登记表中，"联系人"栏标示的"高某""谢某"两人的移动电话为同一号码，"经办人（签章）"栏与"法定代表人（负责人）签章"栏签具的"高某""刘某"签名系同一笔迹，无论从形式上、实质上都不符合上述规定要求，足以引起登记人员的合理怀疑。因此上诉人主张其税务登记不存在过错的理由，不予支持。

被上诉人在某公司的税务登记上被冒名，现需要注册公司并申请税务登记未获通过，实际上是为他人的违法行为承担了某种责任，不符合公平公正原则。上诉人已经查明某公司不欠税款但尚有没有缴销的发票，可以撤销或注销某公司税务登记，并可以继续向有关人员追缴缴销的发票。从《山东省国家税务局税务登记管理实施办法》第七十九条第二款的规定上看，税务机关有权撤销虚假的注销税务登记，依据相关法则，上诉人以注销登记须依申请，撤销登记法无明文规定，撤销登记税收征管系统不支持等理由不符合问题导向和依法行政要求，不予支持。某公司的注册登记违法，被上诉人是否起诉是被上诉人的诉权处分，不影响被上诉人向上诉人主张诉权，公司注册登记违法不是注销、撤销税务登记的前置程序，上诉人称被上诉人应当找工商管理部门处理此事的理由不能成立。赵某及某公司是否侵犯了上诉人姓名权，被上诉人是否提起诉讼救济也是被上诉人的权利，上诉人不能以此判断自己在税务登记上没有责任和义务。

【规范性文件】

《税务登记管理办法》

第十一条 纳税人在申报办理税务登记时，应当根据不同情况向税务机关如实提供以下证件和资料：

（一）工商营业执照或其他核准执业证件；

（二）有关合同、章程、协议书；

（三）组织机构统一代码证书；

（四）法定代表人或负责人或业主的居民身份证、护照或者其他合法证件。

其他需要提供的有关证件、资料，由省、自治区、直辖市税务机关确定。

第四十一条 纳税人通过提供虚假的证明资料等手段，骗取税务登记证的，处2000元以下的罚款；情节严重的，处2000元以上10000元以下的罚款。纳税人涉嫌其他违法行为的，按有关法律、行政法规的规定处理。

《山东省国家税务局税务登记管理实施办法》

第二十五条第一款 对纳税人提交的居民身份证，主管国税机关应当进行真伪验证。第二十六条规定："纳税人提交的资料齐全且税务登记表填写内容符合规定的，主管国税机关应当于收到申报的当日办理登记并发给税务登记证。纳税人提交的证件和资料不齐全或税务登记表的填写内容不符合规定的，主管国税机关应当场一次性告知其补正或重新填报。纳税人提交的证件和资料明显有疑点的，税务机关应进行实地调查，核实后予以发放税务登记证件。"

【典型案例】

案例二：靳某诉某国税分局注销税务登记案

【裁判要旨】

税务注销登记仅是税务关系的终止，并不消灭被登记人的民事主体资格，不影响其民事权利义务的享有与承担。且税务注销登记的效力仅及于被注销单位，其具有对登记行为不服提起行政诉讼的原告主体资格。

【简要案情】

某分公司以自己的名义申请税务注销登记，是行使其自身的民事权利，某国税分局作出的税务注销登记行为的法律效力仅及于该分公司。而靳某只是某分公司税务登记的委托代理人，涉案的税务注销登记行为代表该公司与国税部门在税务关系上的终止，并不影响靳某向该公司追讨劳务报酬等民事权利，故靳某与某国税分局作出的税务注销登记行为并无法律上的利害关系，不具备行政诉讼原告起诉资格，对其起诉，本院依法予以驳回。

【规范性文件】

《税务登记管理办法》

第二十九条　纳税人办理注销税务登记前,应当向税务机关提交相关证明文件和资料,结清应纳税款、多退(免)税款、滞纳金和罚款,缴销发票、税务登记证件和其他税务证件,经税务机关核准后,办理注销税务登记手续。

(撰写人:章文英)

七、行政确认类案件的司法审查

【裁判标准】

1. 行政确认主要表现为就行政相对人是否具有某种资格、能力或是否享有某种待遇进行审核及给予结论。实践中，部分行政登记或行政许可行为可能与行政确认存在一定的交叉关系，通过登记或许可等方式发挥出确认的效力，属于广义上的行政确认。

2. 行政确认通常为依申请行政行为，仅在少数情形下可能由行政主体依职权主动作出确认。因行政确认需要对行政相对人的有关情况作出准确判断，一般都有较为具体、明确的规范性文件作为依据，行政主体在作出行政确认时应该正确理解与执行。行政确认的部分案件，在适用法律依据时呈现出一定的领域或地域性，即为更好细化、具体实施法律规定而交由主管部门或地方部门制定特定的规范性文件。对于此类规范性文件，人民法院在具体适用时通常应当予以尊重。当规范性文件的相关条文或部分内容可能损害行政相对人或潜在利害关系人的合法权益时，人民法院则不能适用。另外，具体的核算工作相对较为繁琐且可能具有较强的专业性，人民法院在审理此类行政确认案件时，应仔细对照行政相对人的情况与相关规范性文件的具体规定，在此基础上对有关事实作出认定。在对部分规定的理解出现分歧时，人民法院应当按照不违反上位法立法目的或法律精神的原则进行处理，尤其是要把握"同等情况、同等处理"标准。

3. 行政确认案件中，部分事实通常时间跨度较长，相关的证据保存制度并不完善，证据的识别及事实的认定难度相对较大。人民法院应当结合当事人的具体情况，综合考虑证据产生的背景、特定年代的特征等因素作出认定，公平、公正地保护当事人的合法权益。

66. 基本养老保险资格或者待遇认定类案件的审查

【审查要点】

1. 基本养老保险资格的法定条件较为明确，即达到退休年龄时累计缴费满 15 年。但养老保险具有较强的政策性特征，不同时期的规定也不尽相同，相关案件的处理涉及不同政策的衔接，相对较为复杂。人民法院在作出具体认定时，须查明应当适用的规范性文件并正确理解其中的具体规定。

2. 关于养老保险待遇的认定，因存在工龄、连续工龄、缴费年限、实际缴费年限等概念的衔接，具有较强的专业性，实践中的问题可能较为复杂。人民法院在处理相关案件时，应当准确把握计算相关待遇的公式，并正确认定公式中的具体事项。

【典型案例】

案例一：陈某诉某区社会保险局基本养老保险资格或者待遇认定案

【裁判要旨】

对于基本养老保险待遇的认定案件，人民法院应当先审查当事人是否具备领取基本养老金保险条件，认定其符合条件后再确认当事人依法可以领取的待遇。人民法院认定有关问题如养老保险金的缴费年限、比例、基数以及可以领取养老保险金的时间等，

更多依据的是地方制定的相关规范性文件。行政机关证明其被诉行政行为具有合法性，应当全面提供相应的规范性文件。

【简要案情】

陈某认为某区社会保险局对其基本养老保险待遇认定和计算错误，其实际的具体诉求为：应将在某羽绒服装厂的工作时间计算为实际缴费年限、应以缴费基数的 11% 计入个人账户、缴费年限满 10 年即应享受养老金、退休时间应为 2018 年 3 月并领取养老金。具体如下：第一，关于陈某在某羽绒服装厂的工作时间是否应该计算为实际缴费年限的问题。陈某于 1987 年 1

月 10 日被招录为某羽绒服装厂全民所有制工人，1988 年 3 月 1 日被某羽绒服装厂除名。根据关于除名职工连续工龄计算时效的溯及力问题的规定，重庆市以 1992 年 4 月 1 日实施个人缴纳养老保险费后作为除名职工计算连续工龄的起始时间，而陈某被某羽绒服装厂除名时间在 1992 年 4 月 1 日重庆市实施个人缴纳养老保险费之前，因此，其在某羽绒服装厂的工作时间不属于前述规定应当合并计算为连续工龄的情形。第二，关于陈某应计入个人账户的比例问题。陈某于 2007 年 1 月开始缴纳重庆市个人保险基本养老保险费至 2018 年 3 月，并于 2018 年 8 月补缴了 1993 年 3 月至 1995 年 12 月、2006 年 1 月至 2006 年 12 月的基本养老保险费。某区社会保险局在计入陈某个人账户缴费金额时，均系按照规定确定的缴费比例进行计算，即确定陈某 1993 年 3 月至 1995 年 12 月期间，养老保险费计入个人账户的比例为 3%，2006 年 1 月 1 日之后，养老保险费计入个人账户的比例为 8%。故某区社会保险局根据陈某缴纳个人基本养老保险费的时间段，分别按当时政策确定的缴费比例计入陈某个人账户，并无不当。第三，关于陈某缴费年限满多少年即应享受养老金的问题。陈某系《社会保险法》实施后才办理正常退休，应执行该法之规定，应达到退休年龄时累计缴费满 15 年才能按月领取基本养老金。第四，关于陈某退休时间和养老保险待遇支付时间的问题。陈某 2018 年 3 月年满 50 周岁，应以 2018 年 4 月作为退休时间和养老保险待遇支付时间。

【规范性文件】

《中华人民共和国社会保险法》

第十六条第一款 参加基本养老保险的个人，达到法定退休年龄时累计缴费满十五年的，按月领取基本养老金。

【典型案例】

案例二：王某诉某人保局基本养老保险资格或者待遇认定案

【裁判要旨】

劳动保障行政部门在具体审核基本养老保险待遇的过程中，应当以原始档案记载为基础对退休人员的具体情况进行调查核实。对于调查过程中存疑的事实，尤其是档案保存不完善的情形下，劳动保障行政部门可以进行多次调查核实后作出认定。行政机关因调查核实工作依法延长作出处理期限的，人民法院应当予以尊重。行政相对人以故意拖延办理为由主张被诉行政行为不具有合法性的，人民法院不予支持。

【简要案情】

某人保局作为本行政区域内的劳动保障行政部门，具有审核基本养老保险待遇的法定职责。某人保局经审查王某的原始人事档案，初审认定其参加工作的时间为1982年6月，王某对此存在异议，以致未在年满60周岁当月办理退休审批。后某人保局经多次调查核实，再次对王某缴纳基本养老保险前的连续工龄进行审定，认定王某参加工作年月为1981年1月，并以被诉核准表核准王某退休。在王某的退休审批过程中，某人保局以当事人原始档案记载为基础，在充分调查核实的基础上依法履责，并未存在王某所称的故意拖延情形。王某的诉讼请求缺乏事实和法律依据，不予支持。

【规范性文件】

《北京市基本养老保险规定》

第四条第一款　市劳动保障行政部门负责组织、指导、监督和管理全市基本养老保险工作；区、县劳动保障行政部门负责监督和管理本行政区域内的基本养老保险工作。

第二十二条　被保险人符合下列条件的，自劳动保障行政部门核准后的次月起，按月领取基本养老金：

（一）达到国家规定的退休条件并办理相关手续的；

（二）按规定缴纳基本养老保险费累计缴费年限满15年的。基本养老金由社会保险经办机构负责发放。

第三十五条　本规定所称的缴费年限是指企业和城镇职工共同缴纳基本养老保险费的年限。本市实行个人缴纳基本养老保险费前，按照国家规定计算的连续工龄视同缴费年限。城镇个体工商户和灵活就业人员的缴费年限按照实际缴费年度计算。

67. 基本医疗保险资格或者待遇认定类案件的审查

【审查要点】

1. 基本医疗保险费用的报销及待遇认定，具有较强的专业性，且呈时代性、地域性等特征。行政相对人就基本医疗保险资格或待遇认定等事项提起行政诉讼的，被诉行政机关应当着重从规范性文件角度，结合行政相对人的具体进行阐释以证明其行政行为具有合法性。

2. 行政机关应当依法、审慎对医疗保险报销费用进行审核，尤其行政审批意见可能影响相关费用的产生且难以采取措施予以弥补的。因行政审批意见错误而导致行政相对人发生相关医疗费用，行政相对人主张在合理信赖范围内报销有关医疗费用，人民法院可以按照公平、合理原则予以支持。

【典型案例】

案例一：田某诉某市城镇职工基本医疗保险管理中心基本医疗保险资格或待遇认定再审案

【裁判要旨】

不符合基本医疗保险药品目录或诊疗项目的医疗费用，原则上不能从基本医疗保险基金中支付。但参保人员因不确定转诊转院能否报销而向医保部门请求审批，医保部门给予肯定的审批即对参保人员构成合理的信赖。在合理信赖范围发生的医疗费用，医保部门应当参照属于可以报销范围的相关规定予以报销。

【简要案情】

某市城镇职工基本医疗保险管理中心（以下简称"医保中心"）不履行审核医保报销费用职责的行为是行政不作为行为，属于行政诉讼受案范围。原再审裁定以司法不宜审查为由裁定驳回田某的起诉系适用法律错误。根据盖劳发〔2002〕9号《盖州市城镇职工基本医疗保险诊疗项目管理办法》第一条基本医疗保险不予支付费用的诊疗项目范围中第四项治疗项目类第二条有"除肾脏、心脏瓣膜、角膜、皮肤、血管、骨、骨髓移植外的其他器官或组织移植不予报销"的规定，牛某肝移植治疗费用确实不属于当时基本医疗保险诊疗项目予以报销的范围。但由于医保中心在医保报销所必须持有的转诊转院审批单上出具了"同意"的意见，使田某有理由相信医保中心同意牛某转至北京301医院进行肝移植手术治疗，并对治疗费用按照医保政策给予报销，即田某基于医保中心的审批意见产生了信赖利益。因此，医保中心应当参照现行文件关于肝移植治疗费用的报销范围及比例的规定，对牛某在北京301医院进行肝移植所花费的治疗费用予以报销。关于田某主张的经济损失和精神损害 300 万元的赔偿请求，因无事实根据和法律依据，不予支持。

【规范性文件】

《中华人民共和国社会保险法》

第二十八条 符合基本医疗保险药品目录、诊疗项目、医疗服务设施标准以及急诊、抢救的医疗费用，按照国家规定从基本医疗保险基金中支付。

第二十九条 参保人员医疗费用中应当由基本医疗保险基金支付的部分，由社会保险经办机构与医疗机构、药品经营单位直接结算。

社会保险行政部门和卫生行政部门应当建立异地就医医疗费用结算制度，方便参保人员享受基本医疗保险待遇。

【典型案例】

案例二：李某诉某县医疗保险局基本医疗保险待遇案

【裁判要旨】

我国不同时期的医保统筹范围不同，且不同地区的标准也不尽相同，在医保待遇上将可能相应出现不同地区同一情况、不同处理的现象，当事人以此为由提起行政诉讼的，要求参照医保统筹范围外的其他地区标准确定医保待遇的，人民法院通常不予支持。

【简要案情】

退休人员享受基本医疗保险待遇的缴费年限按照各地规定执行。《广安市人民政府办公室关于印发广安市城镇职工基本医疗保险市级统筹实施办法的通知》（广安府办发〔2011〕83号）确定的标准为"从2000年11月1日起参加我市城镇职工基本医疗保险的单位职工，其实际缴费年限必须累计男满20年、女满15年且达到国家法定退休年龄的，方可终生享受基本医疗保险退休待遇……"该标准中的广安市的职工基本医疗保险的实际缴费年限系广安统筹地区参保职工可以享受基本医疗保险退休待遇的最低缴费年限，原告在广东某市参加医疗保险的实际缴费年限不能否认，但该缴费年限并不等同于原告在广安参加职工基本医疗保险的实际缴费年限，在没有新的相关规定出台前，某县医疗保险局依据现有文件之相关规定，在作出的案涉答复意见书中书面告知李某其在广东某市缴纳的医疗保险不应纳入广安市的职工基本医疗保险的实际缴费年限，并无不妥。李某关于请求撤销某县医疗保险局作出的案涉答复意见书的诉讼请求没有法律及政策依据,该院不予支持。二审法院认为,本案的争议焦点是上诉人李某在广东某市参加的职工医疗保险缴费年限,是否能与其在某县以灵活就业人员身份参加职工医疗保险缴费年限累计计算问题。现阶段职工医保实行的是市级统筹,规定明确的是在省内跨统筹地区,可以累计计算医保缴费年限,上诉人李某在省外医保缴费年限不符合累计计算的条件。

【规范性文件】

《中华人民共和国社会保险法》

第二十七条　参加职工基本医疗保险的个人,达到法定退休年龄时累计缴费达到国家规定年限的,退休后不再缴纳基本医疗保险费,按照国家规定享受基本医疗保险待遇;未达到国家规定年限的,可以缴费至国家规定年限。

《人力资源和社会保障部实施〈中华人民共和国社会保险法〉若干规定》

第七条第一款　社会保险法第二十七条规定的退休人员享受基本医疗保险待遇的缴费年限按照各地规定执行。

68. 失业保险资格或者待遇认定类案件的审查

【审查要点】

1. 失业保险待遇的认定及领取应当符合《社会保险法》等法律规定。行政相对人在发生失业等事实后,应当按照法律规定及时办理有关事项。行政机关按照法律规定认定以及发放失业保险待遇,人民法院依法应当予以支持。因行政相对人的原因导致失业保险待遇低于其客观失业事实上可以获得的待遇,行政相对人据此否定被诉行政行为的,人民法院不予支持。

2. 失业人员从失业保险基金中领取失业保险金,依法应当满足三个条件。其中,有客观性较强的条件,通过有关事实可以有效证明;也有主观性较强的条件,如"非因本人意愿中断就业",需要通过一定的客观表现间接推断认定,如是否递交了辞职书或自愿解除劳动合同协议等。但是,间接推断可以作为事实认定的有效方式,所作结论没有相反证据予以推翻的,人民法院一般可以认定。反之,相关证据可以证明间接推断的事实与客观事实可能并不一致的,人民法院应当尊重客观事实并在此基础上作出认定。

【典型案例】

案例一:吴某诉某市社会保险事业局失业保险待遇认定案

【裁判要旨】

失业人员应当持本单位为其出具的终止或者解除劳动关系的证明,及时到指定的公共就业服务机构办理失业登记。失业人员凭失业登记证明和个人身份证明,到社会保险经办机构办理领取失业保险金的手续。失业保险金领取期限自办理失业登记之日起计算。失业人员在领取失业保险金期间重新就业的,停止领取失业保险金,并同时停止享受其他失业保险待遇。

【简要案情】

某市社会保险事业局作为社会保险经办机构,在其管辖范围内具有对失业保险待遇进行核定及支付的主体资格和法定职权。申领失业保险金须失业人员先办理失业登记,再凭失业登记证明和个人身份证明,办理领取失业保险金手续,失业保险金领取期限自办理失业登记之日起计算。吴某于2019年1月才完成失业登记,于2019年1月24日向某市社会保险事业局申领失业保险金,被告经核定,吴某开始享受失业保险金时间为2019年1月,并已向吴某发放了2019年1月至2月的失业保险待遇,2019年3月吴某在某公司重新就业,某市社会保险事业局因此决定于2019年3月起停止向吴某发放失业保险待遇,该决定认定事实清楚,证据确凿,适用法律、法规正确,程序合法。吴某主张由于某市社会保险事业局不作为导致其损失,并请求某市社会保险事业局支付其14个月的失业金、医疗保险费等失业保险待遇,没有事实和法律依据,不予支持。

【规范性文件】

《中华人民共和国社会保险法》

第八条 社会保险经办机构提供社会保险服务,负责社会保险登记、个人权益记录、社会保险待遇支付等工作。

第五十条第二款、第三款 失业人员应当持本单位为其出具的终止或者解除劳动关系的证明,及时到指定的公共就业服务机构办理失业登记。

失业人员凭失业登记证明和个人身份证明，到社会保险经办机构办理领取失业保险金的手续。失业保险金领取期限自办理失业登记之日起计算。

第五十一条 失业人员在领取失业保险金期间有下列情形之一的，停止领取失业保险金，并同时停止享受其他失业保险待遇：

（一）重新就业的；

（二）应征服兵役的；

（三）移居境外的；

（四）享受基本养老保险待遇的；

（五）无正当理由，拒不接受当地人民政府指定部门或者机构介绍的适当工作或者提供的培训的。

《失业保险金申领发放办法》

第七条 失业人员申领失业保险金应填写《失业保险金申领表》，并出示下列证明材料：

（一）本人身份证明；

（二）所在单位出具的终止或者解除劳动合同的证明；

（三）失业登记；

（四）省级劳动保障行政部门规定的其他材料。

【典型案例】

案例二：吕某诉某市失业保险中心、第三人某印刷厂撤销不予给付失业保险待遇答复意见案

【裁判要旨】

关于"非因本人意愿中断就业"的认定，人民法院要结合各方当事人提出的证据材料，从实质层面作出认定。除有证据明显指向失业人员自愿中断就业，且失业人员也难以提供证据予以反驳的外，失业人员主张其属于非因本人意愿中断就业且可以合理说明的，人民法院一般予以支持，以有效救济失业人员的合法权益。

【简要案情】

吕某在第三人处工作期间造成工伤，在诉讼中表示与第三人解除劳动关系，亦经法院确认。原告向被告提出领取失业保险金的要求后，被告作出答复意见，明确告知原告其要求不符合《社会保险法》第四十五条之规定，其

属于本人意愿与用人单位即第三人解除劳动关系，不能领取失业保险金。双方争议的焦点在于原告是否为"非本人意愿中断就业的"的情形。《社会保险法》第四十五条第二项规定："非本人意愿中断就业的失业人员，从失业保险基金中领取失业保险金。"《实施若干规定》第十三条第一项规定："非因本人意愿中断就业包括依照劳动合同法第四十四条第一项、第四项、第五项规定终止劳动合同的情形。"而《劳动合同法》第四十四条第五项的规定为："用人单位被吊销营业执照、责令关闭、撤销或者用人单位决定提前解散的。"事实上，第三人在2006年已经被工商行政管理部门吊销了营业执照，因此原告在第三人处中断就业并非其本人意愿，且第三人在拆迁安置过程中已经依法为原告缴纳了失业保险金，原告应当依法享受失业保险待遇。综上，被告作出答复意见的行政行为事实不清，适用法律错误，其辩解理由无事实依据及法律依据，其主张本院不予考虑，其行政行为应当予以撤销。

【规范性文件】

《中华人民共和国社会保险法》

第四十五条 失业人员符合下列条件的，从失业保险基金中领取失业保险金：

（一）失业前用人单位和本人已经缴纳失业保险费满一年的；

（二）非因本人意愿中断就业的；

（三）已经进行失业登记，并有求职要求的。

【典型案例】

案例三：王某诉某人社局失业保险待遇认定案

【裁判要旨】

在符合失业保险金领取条件下，行政机关在确认领取标准时，主要认定失业保险缴费年限。由于我国的就业情形在不同时期的政策有所不同，为了有效衔接不同时期的就业，需要对一些时期的就业情形进行统一，从而出现实际缴费、视同缴费等情形，对于这些情况的具体认定，则必须准确适用其对应的规范性文件。

【简要案情】

王某对某人社局按照其在本市的缴费情况核定其实际缴费4年6个月无异议。王某主要争议焦点在于其认为某人社局认定其失业保险视同缴费年限为4年错误。对此,《北京市劳动和社会保障局关于印发〈北京市失业保险规定实施办法〉的通知》(京劳社失发〔1999〕129号)第二十六条第二款规定,事业单位职工,其1998年12月底以前按国家规定计算的连续工龄视同缴费时间,与以后的实际缴费时间合并计算。本案中,某人社局依据王某的档案材料记载,认为王某自1991年7月在某省水利水电工程局第一工程处工作,为事业单位职工,因王某自1995年7月起缴纳失业保险,因此核定王某失业保险视同缴费年限为4年,并无不当。《失业保险条例》第十七条规定,累计缴费时间满5年不足10年的,领取失业保险金的期限最长为18个月。某人社局基于王某的情况,综合认定其累计缴费时间为8年6个月,应领取失业保险金期限为16个月,并无不当。

【规范性文件】

《中华人民共和国社会保险法》

第四十六条 失业人员失业前用人单位和本人累计缴费满一年不足五年的,领取失业保险金的期限最长为十二个月;累计缴费满五年不足十年的,领取失业保险金的期限最长为十八个月;累计缴费十年以上的,领取失业保险金的期限最长为二十四个月。重新就业后,再次失业的,缴费时间重新计算,领取失业保险金的期限与前次失业应当领取而尚未领取的失业保险金的期限合并计算,最长不超过二十四个月。

《北京市劳动和社会保障局关于印发〈北京市失业保险规定实施办法〉的通知》

第二十六条第二款 事业单位职工,其1998年12月底以前按国家规定计算的连续工龄视同缴费时间,与以后的实际缴费时间合并计算。

《北京市劳动和社会保障局办公室转发劳动保障部办公厅〈关于单位成建制跨统筹地区转移和职工在职期间跨统筹地区转换工作单位时失业保险关系转迁有关问题的通知〉的通知》

第一条 外省、自治区、直辖市成建制转移和调入本市的单位或职工,其转移和调入我市前单位和职工缴纳的失业保险费不转移,应由单位或职工所在地统筹地区的地、市失业保险经办机构为转出单位和职工开具失业保险关系转迁证明,并注明每名职工累计缴纳失业保险费时间。

《关于失业保险金跨省市转移有关经办问题的通知》

第二条 在外埠参统且回京申领失业保险金的本市城镇人员,须向其户口所在地的区县社保中心提供参统地的省（直辖市）、市、区县劳动和社会保障局社保机构的证明材料。待失业保险基金转入后，其户口所在地的区县社保中心填写《北京市失业保险金转入通知单》，并负责通知失业保险经办机构按照本市失业保险金发放标准重新核定其应领取的金额、期限和其他失业保险待遇。

69. 工伤保险资格或者待遇认定类案件的审查

【审查要点】

1. 关于工伤保险资格或待遇的认定，实践中可能引发的行政争议多种多样，有的同时涉及民事与行政法律关系，有的可能更多地涉及价值选择。无论是何种争议，人民法院要准确把握行政争议的实质所在，厘清不同主体之间的法律关系，正确理解与适用涉工伤保险的法律、法规、规章以及司法解释等规范性文件，统筹兼顾保障劳动者合法权益与符合我国国情需要，以获得良好的法律效果与社会效果。

2. 工伤认定包括直接认定工伤和视同认定工伤两大类情形，仅要符合其中一种情形即可认定，但每类情形都应当严格符合工伤保险条例规定的相应条件。"三工"即工作时间、工作岗位、工作原因，是劳动者受伤可被认定为工伤的核心要件。但实践中，劳动者的工作形式多样，履行工作职责的方式也有多种，因而对"三工"的认定可能出现不同认识，人民法院须结合工作以及受伤的具体情形，在符合工伤保险条例有关条文字义表述的同时，合理运用所相应规定所内含的法律精神，以应对符合立法目的但现行规定又未直接表述的各类情形。

3. 工伤保险待遇的计算与支付，因劳动者的受伤原因、用人单位是否缴纳工伤保险费用、是否有第三人侵权主体、是否需要暂停工作接受工伤医疗、受伤程度等，可能存在多个支付主体或路径、不同的支付顺序、多种支付标准。在明确当事人的实质诉求后，人民法院应当查明受伤劳动者的具体情况，对照工伤保险条例的相关规定作出认定。

【典型案例】

案例一：某山庄诉某区劳动和社会保障局工伤认定案

【裁判要旨】

对劳动者进行工伤认定的前提条件就是劳动者与企业、个体经济组织之间存在劳动关系或者事实劳动关系。

【简要案情】

王某与某山庄之间并未形成劳动关系或事实劳动关系，某区劳动和社会保障局依据《北京市企业劳动者工伤保险规定》第6条第1款第1项的规定，作出王某为工伤的认定，属主要证据不足，适用法律法规错误，故依据《行政诉讼法》第54条第2项第1目之规定，判决撤销某区劳动和社会保障局作出的《工伤认定书》。

【规范性文件】

《中华人民共和国劳动法》

第二条 在中华人民共和国境内的企业、个体经济组织（以下统称用人单位）和与之形成劳动关系的劳动者，适用本法。

国家机关、事业组织、社会团体和与之建立劳动合同关系的劳动者，依照本法执行。

【典型案例】

案例二：阳某诉某社会事业局行政确认案

【裁判要旨】

能否认定工伤，主要判断标准为劳动者受伤情形是否符合《工伤保险条例》规定的相应条件。对于视同工伤的情形，其属于在工伤认定的基础上合理扩大范围，因而原则上必须严格适用《工伤保险条例》的相应规定，不宜再作扩大解释。

【简要案情】

邢某于2017年12月28日上午感到身体不适去医院诊治后出院，下午参加会议，次日上午返程，下午到达家中。当日17：06，某人民医院接到急救电话后到达邢某家中对其进行急救，后经抢救无效死亡。虽然不幸的后果值得同情，但上述情形不属于在工作时间和工作岗位上突发疾病死亡，也不属于在工作时间和工作岗位上突发疾病直接送医经抢救无效死亡，故邢某死亡的情形不符合《工伤保险条例》第十五条第一款第一项的规定。江某社会事业局收到工伤认定申请后，履行了受理、审查等程序，在法定期限内作出了不予认定工伤决定书，认定事实清楚，适用法律正确，程序合法。

【规范性文件】

《工伤保险条例》

第十五条第一款第一项 职工有下列情形之一的，视同工伤：

（一）在工作时间和工作岗位，突发疾病死亡或者在48小时之内经抢救无效死亡的。

【典型案例】

案例三：单某诉某市工伤管理处工伤医疗待遇案

【裁判要旨】

工伤保险医疗费用或有关待遇的支付标准、主体及顺序，涉工伤保险的相关规范性文件已明确作出规定，相关主体应当严格遵守。对于因第三人侵权造成工伤，受伤职工主张工伤保险基金先行支付工伤医疗费用的，人民法院依法应当予以支持。

【简要案情】

2014年7月1日，某市人力资源和社会保障局对单某所受事故伤害认定为工伤，且认定书中载明肇事人逃逸，单某的用人单位也已缴纳工伤保险费用。单某或者其近亲属可以持工伤认定决定书和有关材料向某市工伤管理处申请工伤保险基金先行支付。单某要求某市工伤管理处先行支付医疗费的请求，予以支持。

【规范性文件】

《中华人民共和国社会保险法》

第三十八条 因工伤发生的下列费用，按照国家规定从工伤保险基金中支付：

（一）治疗工伤的医疗费用和康复费用；

（二）住院伙食补助费；

（三）到统筹地区以外就医的交通食宿费；

（四）安装配置伤残辅助器具所需费用；

（五）生活不能自理的，经劳动能力鉴定委员会确认的生活护理费；

（六）一次性伤残补助金和一至四级伤残职工按月领取的伤残津贴；

（七）终止或者解除劳动合同时，应当享受的一次性医疗补助金；

（八）因工死亡的，其遗属领取的丧葬补助金、供养亲属抚恤金和因工死亡补助金；

（九）劳动能力鉴定费。

第四十二条 由于第三人的原因造成工伤，第三人不支付工伤医疗费用或者无法确定第三人的，由工伤保险基金先行支付。工伤保险基金先行支付后，有权向第三人追偿。

《社会保险基金先行支付暂行办法》

第四条 个人由于第三人的侵权行为造成伤病被认定为工伤，第三人不支付工伤医疗费用或者无法确定第三人的，个人或者其近亲属可以向社会保险经办机构书面申请工伤保险基金先行支付，并告知第三人不支付或者无法确定第三人的情况。

《最高人民法院关于审理工伤保险行政案件若干问题的规定》

第八条第二款 职工因第三人的原因受到伤害，社会保险行政部门已经作出工伤认定，职工或者其近亲属未对第三人提起民事诉讼或者尚未获得民事赔偿，起诉要求社会保险经办机构支付工伤保险待遇的，人民法院应予支持。

70. 生育保险资格或者待遇认定类案件的审查

【审查要点】

1.《社会保险法》对我国的生育保险的资格与待遇事项仅作出了原则性规定，对于具体的相关事项，主要授权给地方作出规定，遵循属地统筹管理原则，执行统一标准和原则。对于涉生育保险的行政案件，人民法院应当查明并尊重地方制定的与上位法不相抵触的有效规范性文件，公平、公正地认定生育保险资格及确定有关待遇。

2. 在社会保险待遇确认及支付行政案件中，人民法院经审查认定行政机关应当向行政相对人支付，且双方当事人对于支付数额等各事项均无异议，行政主体亦无可行政裁量的空间的，可以直接判令行政主体履行具体的支付职责，以高效、实质地解决行政争议。

【典型案例】

案例一：贾某诉某县医疗保障事务中心、原审第三人某律师事务所给付生育保险金案

【裁判要旨】

我国《社会保险法》对于用人单位在缴纳生育保险后，生育职工在多长时间内能够享受生育保险待遇并未作出明确规定。我国生育保险制度遵循"以支定收，收支基本平衡"以及属地管理等原则，各省、自治区、直辖市人民政府的劳动行政部门可以根据上位法的规定，结合本地区实际情况制定本统筹区域范围内的具体实施办法，即按照属地原则实行社会统筹，执行统一政策、标准和待遇。

【简要案情】

本案双方争议焦点为：用人单位在贾某生育当月前未连续不间断足额缴费满12个月，某县医疗保障事务中心（以下简称"某医保中心"）是否应向贾某支付生育保险金。2007年1月19日，原四川省劳动和社会保障厅发布的《四川省城镇职工生育保险办法（试行）》（川劳社发〔2007〕3号）第七条规定："生育保险原则上以市（州）为统筹单位，执行统一政策、标准和待遇。统一管理条件不成熟的市（州），可以实行分级管理。"2008年1月1日，原乐山市劳动和社会保障局根据《四川省城镇职工生育保险办法（试行）》的规定，结合乐山实际，按照"以支定收，收支基本平衡"的原则，制定并颁布了《乐山市城镇职工生育保险办法（试行）》，该办法第四条规定："生育保险基金实行全市统一政策、标准和待遇，分级管理，自求平衡，条件成熟后再过渡到全市统筹。"第八条规定："职工享受生育保险，必须符合下列条件：（一）生育、流产或实施计划生育手术符合婚姻法、计划生育政策等法律法规规定；（二）参加生育保险并在生育、流产或实施计划生育手术当月前已连续不间断足额缴费满12个月（间隔期）。"2012年8月7日，为充分发挥社会保险的统筹作用，增强基金抗风险能力，乐山市人

民政府办公室发布《乐山市生育保险市级统筹试行办法》（乐府办发〔2012〕26号），对全市生育保险基金实行市级统筹制度。该办法第六条第二项规定："职工享受生育保险待遇，必须符合下列条件：……（二）参加生育保险并在生育、流产或施行计划生育手术当月前已连续不间断足额缴费满12个月。"第十三条规定："本办法从2012年10月1日起执行，有效期2年……"自2019年12月31日起执行的《乐山市医疗保障局、乐山市财政局、乐山市人力资源和社会保障局、乐山市卫生健康委员会、国家税务总局乐山市税务局关于生育保险和职工基本医疗保险合并实施工作的通知》（乐医保发〔2019〕41号）也规定："职工参加生育保险并在生育、流产当月（含当月）前已连续不间断足额缴费满12个月，由医疗保险经办机构按规定支付用人单位生育津贴。"前述规定表明，因生育保险系按属地原则实行社会统筹，执行统一政策、标准和待遇。乐山市作为统筹单位，于2008年制定了《乐山市城镇职工生育保险办法（试行）》，对乐山市统筹区域内城镇职工的生育保险基金的收取和支付规定了统一的政策、标准和待遇。该办法明确规定，职工享受生育保险必须符合用人单位参加生育保险并在生育、流产或实施计划生育手术当月前已连续不间断足额缴费满12个月（间隔期）。该办法针对生育津贴支付条件的规定符合我国生育保险属地管理原则，与上位法并不冲突，且并未被废止。其后颁布的乐府办发〔2012〕26号文件与乐医保发〔2019〕41号文件系针对生育保险市级统筹以及生育保险和职工基本医疗保险合并的不同时期所作出的规范性文件，其对生育津贴支付需符合"参加生育保险并在生育、流产或施行计划生育手术当月前已连续不间断足额缴费满12个月"的规定与《乐山市城镇职工生育保险办法（试行）》一致，均对乐山市统筹范围内职工享受生育保险提出了12个月间隔期（等待期）的要求，具有政策的连续性和统一性，在乐山市统筹区域范围内应遵照执行。本案中，贾某虽然陈述其自2013年9月起在原审第三人某律师事务所处工作，但该律所于2019年1月1日才为贾某参加生育保险并缴费，以致贾某生育时，该律所在乐山市统筹区域内为贾某连续不间断缴费用共计5个月，不足12个月。虽然贾某在2019年6月15日生育时乐府办发〔2012〕26号文件已超过有效期，乐医保发〔2019〕41号文件尚未施行，但在用人单位2020年6月4日为贾某申请生育保险待遇时乐医保发〔2019〕41号文件，该文件为现行执行文件，其对领取生育保险待遇12个月间隔期的要求与之前乐山市统筹区域范围内对生育保险领取的规定均一致。故某医保中心根据现行乐医保发〔2019〕41号文件作出2号通知书,决定不予支付贾某生育津贴的行为符合相关规定,并无不当。

【规范性文件】

《中华人民共和国社会保险法》

第五十四条第一款 用人单位已经缴纳生育保险费的,其职工享受生育保险待遇;职工未就业配偶按照国家规定享受生育医疗费用待遇。所需资金从生育保险基金中支付。

《劳动部关于发布〈企业职工生育保险试行办法〉的通知》

第三条 生育保险按属地原则组织。生育保险费用实行社会统筹。

第四条 生育保险根据"以支定收,收支基本平衡"的原则筹集资金,由企业按照其工资总额的一定比例向社会保险经办机构缴纳生育保险费,建立生育保险基金。生育保险费的提取比例由当地人民政府根据计划内生育人数和生育津贴、生育医疗费等项费用确定,并可根据费用支出情况适时调整,但最高不得超过工资总额的百分之一。企业缴纳的生育保险费作为期间费用处理,列入企业管理费用。

职工个人不缴纳生育保险费。

第十五条 省、自治区、直辖市人民政府劳动行政部门可以按照本办法的规定,结合本地区实际情况制定实施办法。

【典型案例】

案例二:宋某诉某市医保中心生育保险资格或者待遇认定案

【裁判要旨】

生育保险待遇支付给职工是社会保险制度的当然之义。实践中,关于支付机构的具体支付方式,如直接支付给职工或通过用人单位支付给职工,现行法律并未作出明确规定。在当事人之间未发生争议之时,支付方式可以由当事人之间选择。但依法符合支付条件的职工未享受生育保险待遇,向支付机构主张直接向其支付的,人民法院依法应予支持。支付机构抗辩已支付给职工所在单位的理由,不能成立。

【简要案情】

某市医保中心应当向宋某支付生育保险金,理由如下:首先,用人单位具有依法为职工参加生育保险并缴费的法定义务,但其并不具有享受生育保险待遇的权利；职工虽不具有缴纳生育保险费的义务，但具有享受生育保险待遇的权利。本案中，宋某的用人单位为其参加了生育保险并缴费，故宋某应当依法享受生育保险待遇。其次，职工是生育保险待遇权利的享有者，当然是生育保险待遇的支付对象，用人单位仅具有协助职工申报生育保险待遇等义务。职工享受由生育保险基金支付的生育保险待遇，应当由社会保险经办机构直接支付给职工或亲属。本案中，宋某向某市医保中心申请相关生育保险待遇。某市医保中心虽对宋某享有的生育保险待遇进行了核定，但却将核定的生育保险金向不享有生育保险待遇的用人单位进行了支付，并且没有证据证实用人单位已将收到的生育保险待遇转交了宋某，致使宋某没有享受到相应的生育保险待遇权利。故某市医保中心应当依法向宋某支付生育保险金。第三，某市医保中心没有提交对于生育保险金可以向用人单位支付的法律、法规以及合法规章的依据。某市医保中心提交的3号办法和《乐山市生育保险市级统筹试行办法》规定将生育保险金支付给用人单位，与上述法律、法规基本原理相违背，且《乐山市生育保险市级统筹试行办法》已超过有效期，故不能作为被告支付给用人单位合法的依据。第四，对于因被告向第三人支付原告的生育保险金的行为错误，导致的社保基金损失，被告应当依法另行主张权利，以确保社保基金的资金安全。另外，某市医保中心未向案涉申请账号支付宋某的生育保险金亦存在过错。因此，对某市医保中心提出因宋某的生育保险系第三人没有按规定支付，相关责任应由第三人承担，宋某应向第三人主张权利的理由不成立，依法不予支持。鉴于某市医保中心已为宋某核定生育津贴、生育医疗费，宋某亦向法庭承诺对核定的具体生育保险待遇的项目和金额无异议，并明确表示不再主张可能存在的漏核的生育保险待遇项目和数额。故，无须再重核定生育保险待遇，可直接判决某市医保中心向宋某支付上述生育保险金。

【规范性文件】

《中华人民共和国社会保险法》

第五十三条 职工应当参加生育保险，由用人单位按照国家规定缴纳生育保险费，职工不缴纳生育保险费。

第五十四条 用人单位已经缴纳生育保险费的，其职工享受生育保险待遇；职工未就业配偶按照国家规定享受生育医疗费用待遇。所需资金从生育保险基金中支付。

生育保险待遇包括生育医疗费用和生育津贴。

71. 最低生活保障资格或者待遇认定类案件的审查

【审查要点】

1. 社会救助制度是保障公民依法从国家和社会获得物质帮助的权利的重要制度之一，为了使宝贵而又有限的资源可以及时、有效地救助更多的公民，同时促使公民积极通过自身的劳动改变生活状况，社会救助制度在设计之时，就定位于仅为确实需要帮助的公民提供最低生活保障。因此，领取社会救助必须符合特定的条件，由负责社会救助的管理部门进行审核确认后予以发放。当事人就是否符合社会救助资格等引发行政争议的，人民法院应当对照《社会救助暂行办法》等规范性文件对行政机关的认定是否有事实根据，以及是否符合法律规定等进行审查。

2. 社会救助制度因涉及最低生活保障标准，具有较为明显的属地特征，通常授权由省、自治区、直辖市或者设区的市级人民政府按照国家有关规定制定具体办法或实施细则。对于这些具体的规范性文件，人民法院应当审查其是否与上位法的规定或法律精神相抵触，在确认其不抵触的情形下，应当予以尊重并将其作为认定被诉行政行为是否具有合法性的重要依据。

【典型案例】

案例一：刘某等3人诉某区民政局最低生活保障资格认定案

【裁判要旨】

社会救助的目的在于使确实需要救助的公民得到相应救助，行政机关可以对申请社会救助的公民家庭收入状况依法进行调查。经审查认定申请人不符合法定的救助条件的，可以作出不予确认的决定。家庭收入状况不再符合救助条件的，可以依法作出终止社会救助的决定。

【简要案情】

根据北京市社会救助家庭经济状况认定指导意见的相关规定，本市实施最低生活保障等社会救助需要进行家庭经济状况认定的，应当适用该指导意见。家庭经济状况认定范围包括家庭收入和家庭财产两个方面。家庭财产包括家庭成员拥有的全部货币财产和实物财产等内容。货币财产包括现金、存款、资产管理产品、有价证券等。实物财产包括住宅类和非住宅类房屋、机动车辆等。家庭财产的认定标准是：对于家庭拥有应急之用的货币财产总额，3人及3人以上户家庭，人均不超过上年度本市居民人均消费支出。此外，家庭成员名下拥有及承租的住房亦不得达到两套及以上。家庭财产的认定时段为，对于已经获得社会救助的家庭，在任一时点核对出的家庭成员名下的全部货币财产和实物财产，均认定为其家庭财产。本案中，某区民政局依据刘某等3人的《北京市居民经济状况核对报告》，知悉其家庭银行存款总数在2019年11月已经达16万余元，明显超过了2018年度本市居民人均消费支出39843元的标准，收入状况不符合城乡居民最低生活保障的相关认定条件。根据北京市社会救助家庭经济状况认定指导意见的相关规定，家庭收入是指共同生活的家庭成员在一定期限内拥有的全部现金和实物收入，主要包括工资性收入、经营净收入等。工资性收入指就业人员通过各种途径得到的全部劳动报酬和各种福利扣除缴纳的个人所得税及个人按规定缴纳的社会保障支出后的净收入。劳动报酬和福利包括所从事的主要职业及第二职业、其他兼职和零星劳动得到的工资、薪金、劳务费、加班费、各种奖金、各种津贴补贴、稿酬等。本案中，李某自2012年9月起即就职于公共文明引导服务岗位，且获得相应的资金补贴。该补贴不符合参加短期公益劳动或活动范畴，应按照规定计入家庭收入。但刘某等3人并未将取得资金补贴的情况向其户籍所在地的街道办事处如实告知，且刘某家庭在2019年6月及11月两次填写的《社会救助申请（定期核查）表及授权书》中，均未如实填写李某取得资金补贴的情况。据此，某区民政局作出4号终止决定具有事实和法律依据，处理并无不当。

【规范性文件】

《城市居民最低生活保障条例》

第十条 享受城市居民最低生活保障待遇的城市居民家庭人均收入情况发生变化的，应当及时通过居民委员会告知管理审批机关，办理停发、减发或者增发城市居民最低生活保障待遇的手续。

管理审批机关应当对享受城市居民最低生活保障待遇的城市居民的家庭收入情况定期进行核查。

在就业年龄内有劳动能力但尚未就业的城市居民，在享受城市居民最低生活保障待遇期间,应当参加其所在的居民委员会组织的公益性社区服务劳动。

《社会救助暂行办法》

第十条 最低生活保障标准,由省、自治区、直辖市或者设区的市级人民政府按照当地居民生活必需的费用确定、公布,并根据当地经济社会发展水平和物价变动情况适时调整。最低生活保障家庭收入状况、财产状况的认定办法,由省、自治区、直辖市或者设区的市级人民政府按照国家有关规定制定。

第十三条第一款 最低生活保障家庭的人口状况、收入状况、财产状况发生变化的,应当及时告知乡镇人民政府、街道办事处。

第六十八条 采取虚报、隐瞒、伪造等手段,骗取社会救助资金、物资或者服务的,由有关部门决定停止社会救助,责令退回非法获取的救助资金、物资,可以处非法获取的救助款额或者物资价值1倍以上3倍以下的罚款;构成违反治安管理行为的,依法给予治安管理处罚。

《北京市社会救助实施办法》

第九条第四款 最低生活保障标准,由市民政、财政、统计等部门按照本市上年度城镇居民人均消费支出的一定比例拟定,报市人民政府批准、公布。

【典型案例】

案例二：孟某诉某街道办事处最低生活保障资格或者待遇认定案

【裁判要旨】

社会救助制度的实施涉及不同行政主体的分工,县级人民政府民政部门为审批最低生活保障的主体,乡镇人民政府(街道办事处)是受理与初审最低生活保障申请的主体。行政相对人对审批结论不服的,一般以民政部门为被告。但乡镇政府或街道办事处等初审机关直接作出具有最终结论性质的决定、民政部门未参与作出决定的,行政相对人则可以初审机关为被告提起行政诉讼。

【简要案情】

被告作出的涉案《情况说明》从内容上看已经实质是否定了原告的最低

生活保障的申请，从程序上看，被告其后未将原告申请及初审意见报白云区民政局审批，故被告的《情况说明》实质上已经直接对原告的申请作了定性，但被告对原告的最低生活保障申请，依法仅具备受理或不受理及对申请人家庭经济状况进行调查核实、向县级以上人民政府民政部门提出初审意见的职权，而无最后审批原告最低生活保障申请的权限，其直接作出涉案《情况说明》答复原告显然超越了其法定职权，属违法行为，依法应予撤销。

【规范性文件】

《贵州省城市居民最低生活保障办法》

第四条第三款、第四款 街道办事处和乡（镇）人民政府负责申请对象的初审和最低生活保障金的发放工作。

社区居民委员会受街道办事处或者乡（镇）人民政府委托，承担城市居民最低生活保障的日常管理、服务工作。

第十六条第二款 街道办事处、乡（镇）人民政府应当在接到社区居民委员会上报材料之日起10个工作日内审核，并报县级人民政府民政部门。县级人民政府民政部门应当在接到街道办事处、乡（镇）人民政府报告之日起10个工作日内审批。对符合条件的，填发《贵州省城市居民最低生活保障金领取证》；对不符合条件的，应当书面向申请对象说明理由。

《城市居民最低生活保障条例》

第七条第一款 申请享受城市居民最低生活保障待遇，由户主向户籍所在地的街道办事处或者镇人民政府提出书面申请，并出具有关证明材料，填写《城市居民最低生活保障待遇审批表》。城市居民最低生活保障待遇，由其所在地的街道办事处或者镇人民政府初审，并将有关材料和初审意见报送县级人民政府民政部门审批。

《社会救助暂行办法》

第十一条 申请最低生活保障，按照下列程序办理：

（一）由共同生活的家庭成员向户籍所在地的乡镇人民政府、街道办事处提出书面申请；家庭成员申请有困难的，可以委托村民委员会、居民委员会代为提出申请。

（二）乡镇人民政府、街道办事处应当通过入户调查、邻里访问、信函索证、群众评议、信息核查等方式，对申请人的家庭收入状况、财产状况进行调查核实，提出初审意见，在申请人所在村、社区公示后报县级人民政府民政部门审批。

（三）县级人民政府民政部门经审查，对符合条件的申请予以批准，并在申请人所在村、社区公布；对不符合条件的申请不予批准，并书面向申请人说明理由。

72. 确认保障性住房分配资格类案件的审查

【审查要点】

与其他社会救助或保障制度相同，对于保障性住房分配资格的案件，人民法院应当对照有关资格认定的规范性文件，结合行政相对人在被诉行政行为作出时的收入状况与获得资格需要的条件，对被诉行政行为的合法性作出认定。

【典型案例】

陈某等53人诉某市住房和城乡建设局确认保障性住房分配资格案

【裁判要旨】

住房保障属于社会保障的一部分，是否给予保障或是否符合需要保障的条件，通常针对的是公民提出保障申请时的情况。对于符合保障条件并获得保障的公民，若随着个人或家庭经济状况的变化而不再符合相应条件的，应当及时停止相应保障待遇，将有限的资源留给切实需要保障的主体。当事人以其原为廉租房住房，应当不分情况保留住房保障资格的主张，人民法院不予支持。

【简要案情】

上诉人陈某等53人与原某市房产管理局均签订有《某市廉租住房租赁合约》，系相关廉租房的租户，该合约约定租赁期限为2年，期满后如符合廉租房条件可以继续租用。因应社会经济的发展以及城市低收入住房困难家庭人口、收入、住房等情况的变化需要，真正解决城镇低收入家庭的住房困难，某房管局通知决定对现租用廉租房住户的家庭情况进行复核，并重新签

· 191 ·

订租赁合约，换发新住房证；并告知租户如不能提供街道及社区出具的家庭低收入证明的住户将统一按公租房租金收取。该通知内容符合《廉租住房保障办法》第二十四条第三款、《湛江市区公共租赁住房管理办法》第三十六条、第三十七条的规定，并无不当。至于上诉人认为街道和社区出具低收入证明缺乏法理的问题，根据《城市低收入家庭认定办法》第十六条第一款的规定，该通知告知各住房家庭低收入证明应由街道及社区出具并无不当，上诉人的该上诉意见不能成立。另外，根据《建保（2013）178号住房和城乡建设部、财政部、国家发展改革委关于公共租赁住房和廉租住房并轨运行的通知》第四条关于"……已建成并分配入住的廉租房统一纳入公共租房管理，其租金水平仍按原租金标准执行"的规定，只明确对于纳入了公共租房进行管理的廉租房，其租金水平仍按原租金标准执行，并没有否定住房保障主管部门根据社会经济发展的情况，在一定期间内城市低收住房困难家庭的变化情况进行核查，以重新确定廉租住房的保障对象范围。上诉人认为其原为廉租房住房，就应该一直享有按原租金租用廉租房住房的资格的意见缺乏理据，本院亦不予支持。

【规范性文件】

《廉租住房保障办法》

第二十四条第三款 建设（住房保障）主管部门应当根据城市低收入住房困难家庭人口、收入、住房等变化情况，调整租赁住房补贴额度或实物配租面积、租金等；对不再符合规定条件的，应当停止发放租赁住房补贴，或者由承租人按照合同约定退回廉租住房。

《城市低收入家庭认定办法》

十六、城市低收入家庭应当按年度向所在地街道办事处或者乡镇人民政府如实申报家庭人口、收入以及财产的变动情况。街道办事处或者乡镇人民政府应当对申报情况进行核实，并将申报及核实情况报送县（市、区）人民政府民政部门。

县（市、区）人民政府民政部门应当根据城市低收入家庭人口、收入以及财产的变动情况，重新出具家庭收入核定证明。

《湛江市区公共租赁住房管理办法》

第三十六条第一款 房产管理部门对公共租赁住房保障情况实行年度核查。

第三十七条第一款 核查后仍符合公共租赁住房保障范围并且愿意继续承租的，可以与市房产管理部门续约。

73. 颁发学位证书或者毕业证书类案件的审查

【审查要点】

1. 高校具有高度的自主管理权，其针对学生作出的相关管理行为通常有其特定的救济路径，不属于行政诉讼的受案范围。但颁发学位证书或毕业证书行为，因直接关乎学生的资格和身份法律关系，依法属于行政诉讼的受案范围。

2. 高等学校承担学生管理职责，可以制定本校的学生管理规定或者纪律处分规定，但应当符合《普通高等学校学生管理规定》。尤其是涉及毕业证书或学位证书的颁发事项，不能违反《教育法》《高等教育法》等上位法的规定。

3. 能否颁发毕业证或学位证通常涉及较强的专业知识，对于具有专业性判断部分，人民法院应当在充分保障当事人程序性权利的基础上，确保相关决定符合程序要求的基础上，给予充分尊重。

【典型案例】

案例一：雷某诉某大学科技学院颁发毕业证书案

【裁判要旨】

高校以其制定的学生管理规定为依据，拒绝颁发学位证或毕业证的，学生不服依法提起行政诉讼的，人民法院应当依法予以立案。经审查，管理规定违反《教育法》《高等教育法》等上位法的规定，学校的拒绝颁发行为因缺乏法律依据而不具有合法性。

【简要案情】

从《普通高等学校学生管理规定》中关于毕业与结业的相关条款规定来看，无论是修订前的还是修订后的《普通高等学校学生管理规定》都明确规定，学生在学校规定学习年限内，修完教育教学机关规定内容，达到学校毕业要求的，学校就应当颁发毕业证。而学校对学生准予结业，发给结业证书的情形则明确规定限于学生在未达到学校毕业要求的情况下，也就是说按照《普通高等学校学生管理规定》，学生在学校规定学习年限内，修完教育教学机关规定内容，达到学校毕业要求的，学校就应当履行颁发毕业证书的职责，而不应对部分学生再设定一定条件，在条件未成就情形下，就按永久结业处理，拒绝颁发毕业证书。本案中，某大学科技学院在二审庭审中认可雷某在离校时就已达到该校所规定的毕业要求，在此情形下，雷某向某大学科技学院提出申请，依照上述法律规定，某大学科技学院就应当依法履行向其颁发毕业证书的法定职责。某大学科技学院至今未向雷某颁发毕业证书，构成不履行法定职责。上诉人雷某的诉讼请求，符合法律规定，应当予以支持。

【规范性文件】

《中华人民共和国教育法》

第二十二条 国家实行学业证书制度。

经国家批准设立或者认可的学校及其他教育机构按照国家有关规定，颁发学历证书或者其他学业证书。

《中华人民共和国高等教育法》

第二十条第一款 接受高等学历教育的学生，由所在高等学校或者经批准承担研究生教育任务的科学研究机构根据其修业年限、学业成绩等，按照国家有关规定，发给相应的学历证书或者其他学业证书。

《普通高等学校学生管理规定》

第三十二条第一款 学生在学校规定学习年限内，修完教育教学计划规定内容，成绩合格，达到学校毕业要求的，学校应当准予毕业，并在学生离校前发给毕业证书。

第三十三条第一款、第二款 学生在学校规定学习年限内，修完教育教学计划规定内容，但未达到学校毕业要求的，学校可以准予结业，发给结业证书。

结业后是否可以补考、重修或者补作毕业设计、论文、答辩，以及是否颁发毕业证书、学位证书，由学校规定。合格后颁发的毕业证书、学位证书，毕业时间、获得学位时间按发证日期填写。

第六十七条第一款 学校应当根据本规定制定或修改学校的学生管理规定或者纪律处分规定，报主管教育行政部门备案（中央部委属校同时抄报所在地省级教育行政部门),并及时向学生公布。

【典型案例】

案例二:李某诉某大学撤销学位决定案

【裁判要旨】

高校依法查处学术造假行为并作出撤销学位决定时,应当事实清楚、程序正当、依据充分、处理得当。在作出撤销决定前,应当通知相对人、听取其陈述及申辩。对于严重违反法律程序,可能影响事实清楚的决定,人民法院可以对被诉行为的合法性给予否定性评价。

【简要案情】

李某的涉案博士学位论文专业性非常强,判断标准亦十分专业,如果不是专业人员作出评判,如果不允许李某参与甚至不听取其陈述和申辩,就可能无法判断涉案学术论文的抄袭对该博士学位论文产生多大影响,就无法判断李某学术论文造假与博士学位撤销的关联性。本案某大学某学院作出的关于案涉论文抄袭的说明,既没有让李某参与或听取过李某的意见,有失公正;也不能得出"……经调查,李某博士学位论文的主要成果中,有部分学术论文的核心内容是翻译或抄袭自其他文献的行为,情节严重"的结论。李某的涉案博士学位论文于2013年通过了查重检测、通过了论文答辩、通过了学位评定委员会不记名投票并经全体成员2/3以上同意,现有证据仅能够证明李某有学术不端行为,至于这种学术不端行为对其博士学位论文关联程度多大、是否应当撤销已授予的博士学位,尚属事实不清。

【规范性文件】

《中华人民共和国学位条例》

第十七条 学位授予单位对于已经授予的学位,如发现舞弊作伪等严重违反本条例规定的情况,经学位评定委员会复议,可以撤销。

《学位论文作假行为处理办法》

第十三条第一款 对学位申请人员、指导教师及其他有关人员做出处理决定前,应当告知并听取当事人的陈述和申辩。

【典型案例】

案例三：马某诉某大学颁发毕业证和学位证书案

【裁判要旨】

高校拒绝颁发毕业证、学位证的行为，依法属于行政诉讼的受案范围。对于拒绝颁发的事实根据审查，人民法院应当尊重专业机构的学术判断，在保障相关程序符合法律规定的基础上，有限度地对学术判断进行审查，除有证据足以否定外，对学术判断的结论一般予以采纳。

【简要案情】

原告马某在2016年6月9日的论文答辩中，存在无法打开PPT，无法提供图纸等相关详细资料，无法正常展示其成果等问题，导致答辩委员会成员2票通过，3票不通过，该次论文答辩未能通过的结果，原告认为其在答辩后拿走的表决票结果为3票通过，但原告拿走表决票时，该票已经被涂抹，且答辩委员会尚未召开答辩委员会会议，原告拿走的表决票并未生效，故不应将原告拿走的表决票作为其能否通过论文答辩的依据。原告在2017年3月虽然通过了论文答辩，但其论文查重率超标，导致其答辩成绩无效，原告认为责任在于被告没有在其答辩前进行论文查重，但并没有法律法规规定，教育单位仅能就受教育者的论文进行一次查重，且该次查重系在被告发现原告对论文有大篇幅修改后进行的，其查重目的系为规范原告的学术成果，并无不当，故原告未通过此次论文答辩的责任不在被告。2017年5月原告在论文第三次送审后未通过外审，未能取得论文答辩资格。故原告的情况不符合颁发学业证和学位证的条件，对于原告的诉讼请求本院不予支持。

【规范性文件】

《中华人民共和国学位条例》

第九条 学位授予单位，应当设立学位评定委员会，并组织有关学科的学位论文答辩委员会。

学位论文答辩委员会必须有外单位的有关专家参加，其组成人员由学位授予单位遴选决定。学位评定委员会组成人员名单由学位授予单位确定，报国务院有关部门和国务院学位委员会备案。

第十条 学位论文答辩委员会负责审查硕士和博士学位论文、组织答辩，就是否授予硕士学位或博士学位作出决议。决议以不记名投票方式，经全体成员三分之二以上通过，报学位评定委员会。

学位评定委员会负责审查通过学士学位获得者的名单；负责对学位论文答辩委员会报请授予硕士学位或博士学位的决议，作出是否批准的决定。决定以不记名投票方式，经全体成员过半数通过。决定授予硕士学位或博士学位的名单，报国务院学位委员会备案。

第十七条 学位授予单位对于已经授予的学位，如发现有舞弊作伪等严重违反本条例规定的情况，经学位评定委员会复议，可以撤销。

（撰写人：章文英）

八、行政给付类案件的司法审查

【裁判标准】

行政给付有广义与狭义之分。广义的行政给付是政府为保障公民社会权和受益权的实现所需履行法定行政义务的总和,表现为为促进经济社会的协调发展,向个人、家庭或企业提供必要的物质支持和资金援助,如对特定企业科技研发进步的财政奖励支持、对大学生自主创业的财政扶持,还有不断提高给付对象的与物质利益相关的权益保障标准,赋予给付对象相应的权利与资格等。从不同角度看,行政给付与给付行政、社会保障、社会救助、行政救助等都存在一定的联系。狭义的行政给付是行政给付主体对符合法定给付标准的申请人,依法向其本人及其家庭提供一定物质帮助或赋予其与物质利益有关的相关权益的行政行为。其中,提供"物质帮助"主要表现为行政给付申请人获得一定数量的金钱或实物,"与物质有关的相关权益"则表现为多种形式,如赋予行政给付相对人的子女免费入学接受义务教育、减免大学学费、申请国家助学贷款,给予行政给付家庭成员一定数额的特殊情况下的临时医疗救助,享受免费或优惠数额不等的国立公园参观机会,优先申请与分配社会保障房等优惠待遇与资格。[①] 在《暂行规定》中,行政给付则使用在更为狭义的层面上,仅仅包含履行对行政相对人金钱或实物的给付职责,不包括上述"与物质有关的相关权益"及行为类给付等。在我国目前的行政审判实践中,行政给付主要应用于社会保障领域,表现为在符合一定条件的公民及其家庭成员年老、疾病或丧失劳动能力等情况下,向其给付一定数量的金钱或实物。

一般而言,对于行政给付类案件,主要从以下几个方面进行审查。

---

① 参见于家富:《行政给付的行为规范研究——以最低生活保障制度实践中失范行为规制为中心》,中国政法大学出版社2015年版。

一、原告是否符合请求行政给付的条件

这里强调符合请求行政给付条件的原告，不仅指其满足《行政诉讼法》第二十五条规定的"行政行为的相对人以及其他与行政行为有利害关系"的条件，在某些情况下，还需要其与死者具有特定的亲属关系。如《人民警察抚恤优待办法》第十八条规定，一次性抚恤金发给烈士、因公牺牲、病故人民警察的父母（抚养人）、配偶、子女；没有父母（抚养人）、配偶、子女的，发给未满18周岁的兄弟姐妹和已满18周岁但无生活费来源且由该人民警察生前供养的兄弟姐妹。也就是说，在死亡的人民警察有父母（抚养人）、配偶或子女的情况下，其未满18周岁的兄弟姐妹和已满18周岁但无生活费来源且由该人民警察生前供养的兄弟姐妹无权请求给付一次性抚恤金；在死亡的人民警察没有父母（抚养人）、配偶和子女的情况下，其已满18周岁但有生活来源，非该人民警察生前供养的兄弟姐妹也无权请求给付一次性抚恤金。这是由其与死亡人民警察之间的亲属关系决定的。

二、被告是否具有行政给付的法定职责

在行政给付类案件中，具有行政给付法定职责的机构不一而足。准确认定具有给付义务的行政机关有利于确定适格被告，便于案件的后续审理。请求给付抚恤金和给付最低生活保障金的行政案件中，具有给付义务的多为县级人民政府民政部门，但是也有例外，如《军人抚恤优待条例》第十四条规定，对生前作出特殊贡献的烈士、因公牺牲军人、病故军人，可以由军队按照有关规定发给其遗属一次性特别抚恤金。第二十六条第二款规定，因工作需要继续服现役的残疾军人，经军队军级以上单位批准，由所在部队按照规定发给残疾抚恤金。《人民警察抚恤优待办法》第十七条规定，因公牺牲、病故人民警察的一次性抚恤金、增发一次性抚恤金，由所在单位的县级以上政法机关发放。请求给付基本养老金、基本医疗保险金、失业保险金、工伤保险金、生育保险金等行政案件中，具有给付义务的一般为具体的社会保险经办机构。但由于机构改革、职能转换等原因，当事人确定准确的被告仍然存在难度。如武某等人诉Z市社会保险中心给付工伤保险金一案中，武某等人以Z市社会保险局为被告提起诉讼，而Z市社会保险中心则辩称Z市社会保险局已经更名为Z市社会保险中心，但改革之后该中心的公章及事业单位并没有更改，所以对外一直是以Z市社会保险局的名义进行业务经办和诉

讼；关于武某等人要求其履行的先行支付职责，由于其履责权限已被撤销，改为Z市二七区社会保险中心履行，故武某等人应到Z市二七区社会保险中心申请办理相关业务。《最高人民法院关于适用〈中华人民共和国行政诉讼法〉的解释》第二十六条规定："原告所起诉的被告不适格，人民法院应当告知原告变更被告；原告不同意变更的，裁定驳回起诉。"在相关案件的审查中，确定适格的被告并告知原告是法院应尽的义务。

三、当事人的给付请求是否成立

给付请求是否成立是行政给付案件需要审查的核心问题，其判断标准需要根据具体的给付内容确定。如死亡的人民警察遗属请求给付烈士的一次性抚恤金，应当提交该人民警察被认定为烈士的相关证据，如由县级人民政府民政部门发放的《中华人民共和国烈士证明书》。再如受伤职工请求给付工伤保险待遇的，应当提交其参加工伤保险和已被社会保险行政部门认定为工伤的材料，即《认定工伤决定书》。总之，当事人的给付请求是否成立涉及不同类型案件的实体审查，下文将分类详述之。

四、行政机关是否正确履行了给付义务

在当事人给付请求成立的情况下，还应审查负有给付义务的行政机关是否存在应当给付而未给付、未足额给付、未按时给付、中止或停止给付的情况。如由用人单位提出解除聘用合同或者被用人单位辞退、除名、开除的失业人员，社会保险经办机构以不满足"非因本人意愿中断就业"的情形而拒绝向其支付失业保险金的，属于应当给付而未给付。再如当事人被认定为工伤后，社会保险经办机构只报销治疗工伤的医疗费用和康复费用，对当事人提交了证据的住院伙食补助费、到统筹地区以外就医的交通食宿费等其他费用不予报销的，属于未足额给付。再如，对于基本养老金、最低生活保障金、伤残抚恤金等需要按月或定期发放的钱款，具有给付义务的行政机关未按时发放，或者对于其他应当给付的一次性抚恤金、社会保险金等给付有不适当的延迟，都属于未按时给付的情形。强调行政给付行为的及时性，主要是因为在我国，行政给付一般具有社会救助的性质，如果行政机关不及时履行给付义务，可能会影响当事人的基本生活。

除了上述所列裁判标准，在审理行政给付类案件时，还应当注意以下几个问题：一是注意参考地方性法规、政府规章及与上位法不冲突的规范性文

件等。因为行政给付类案件大部分涉及民生问题，需要考虑维持当地基本生活水平所必需的费用，不宜实行全国统一的标准。但同时也要注重保护行政相对人的权利，不应过多依赖地方的规范性文件，尤其是对给付相关待遇设置过多限制条件的文件。二是尽量作出责令行政机关履行或不履行具体给付义务的裁判，避免程序空转。如果能够确定具体的数额，就判决行政机关给付具体的数额。这是因为行政给付类案件往往关系到行政相对人的基本生活，甚至生存问题，裁判越具体，越便于执行，行政相对人便可以更快地得到保障。三是注意行政给付与行政确认的关系。司法实践中，行政相对人很难区分行政确认之诉和行政给付之诉，如某女职工诉请确认其享有获得生育保险待遇的资格，并要求社会保险机构给付其生育医疗费用和生育津贴。此类案件中，首先应当对当事人能否享受生育保险待遇进行认定，其次再根据行政给付类案件的裁判标准对被诉社会保险机构是否应当给付其生育保险金进行审查。

74. 给付抚恤金类案件的审查

【审查要点】

对给付抚恤金类案件的审查，应当注意以下几点：一是死亡抚恤金分为一次性抚恤金和定期抚恤金。如《军人抚恤优待条例》第十五条规定对符合条件的烈士遗属、因公牺牲军人遗属、病故军人遗属，《人民警察抚恤优待办法》第十九条规定对符合享受定期抚恤金条件的烈士遗属，由县级人民政府民政部门发放定期抚恤金，主要是针对无劳动能力、无生活来源的遗属。对享受定期抚恤金的遗属，行政机关负有持续向其发放抚恤金的义务，除非出现法定事由，如享受定期抚恤金的遗属死亡，或者被判处有期徒刑、剥夺政治权利或者被通缉等情况，不得随意中止、停止发放定期抚恤金。二是注意区分定期抚恤金和工伤保险中的供养亲属抚恤金。两者都是定期发放给死者亲属的抚恤金，但有很多不同之处：（1）经费来源不同。军人和人民警察抚恤优待经费由国务院和地方各级人民政府分级负担，列入财政预算，专款专用；供养亲属抚恤金则从工伤保险基金中支出。（2）发放对象不同。定期抚恤金发放对象限定为烈士、因公牺牲军人、病故军人的无劳动能力、无生

· 201 ·

活费来源，或者收入水平低于当地居民平均生活水平的父母（抚养人）、配偶，未满18周岁或者已满18周岁但因上学或者残疾无生活费来源的子女，未满18周岁或者已满18周岁但因上学无生活费来源且由该军人生前供养的兄弟姐妹；供养亲属抚恤金的发放对象则较为宽泛，包括依靠因工死亡职工生前提供主要生活来源且满足一定条件的配偶、子女、父母、祖父母、外祖父母、孙子女、外孙子女、兄弟姐妹等。（3）抚恤金的发放标准不同。定期抚恤金标准参照全国城乡居民家庭人均收入水平确定，全国实行统一标准。供养亲属抚恤金则按照因工死亡职工本人工资的一定比例发放，标准为：配偶每月40%，其他亲属每人每月30%，孤寡老人或者孤儿每人每月在上述标准的基础上增加10%。核定的各供养亲属的抚恤金之和不应高于因工死亡职工生前的工资。

【典型案例】

陆某诉甲县政府给付抚恤金行政复议案

【裁判要旨】

烈士证明书、因公牺牲证明书、病故证明书等发放后，民政部门不得随意撤回。死者符合因公牺牲的条件，其家属申请行政复议请求给付死亡抚恤金的，行政复议机关应当责令相关部门及时履行发放抚恤金的职责。

【简要案情】

陆某系黄某丈夫，原为甲县公安局民警，2011年11月16日因病去世。2012年8月4日，甲县公安局认定陆某为因公牺牲并函报甲县民政局。2012年8月27日，甲县民政局向黄某发放了《国家机关工作人员因公牺牲证明书》。2014年6月24日，甲县民政局向甲县公安局发出《关于撤回陆某因公牺牲证明的函》，认定因公牺牲证明书是在县民政局未启动复核工作、未作出认定的情况下颁发的，故陆某因公牺牲性质尚未核定，需待认定后才能按程序颁证，要求甲县公安局协助其收回因公牺牲证明书。2016年12月14日，甲县公安局具函甲县人社局，要求为陆某的遗属发放一次性抚恤金、丧葬费和赡养费等。2016年12月22日，甲县人社局作出《发放抚恤金复函》，称陆某因公牺牲证明书已被甲县民政局决定撤回，故拒绝按因公牺牲给陆某遗属发放一次性抚恤金。黄某得知后，于2016年12月23日向甲县政府提起行政复议申请，要求撤销甲县民政局的《撤回牺牲证明函》，撤销甲县人社局的《发放抚恤金复函》，并按因公牺牲标准发放抚恤金及利息，同时对因此给家属带来的精神损害承担责任。2017年3月28日，甲县政府作出行政复议决定，认定甲县人社局作出的《发放抚恤金复函》违反法律规定，责令其60日内依法重新处理。黄某不服，诉至法院，请求撤销复议决定，确认甲县人社局作出的《发放抚恤金复函》违法，判决甲县人民政府按因公牺牲标准发放抚恤金及支付利息。

法院经审理认为，在甲县民政局已自行撤销其先前作出的《撤回牺牲证明函》，甲县人社局也撤销其《发放抚恤金复函》，陆某因公牺牲性质的法律效力未受到影响的情况下，甲县政府应对甲县人社局未履行给付抚恤金职责的行为作出实质义务的评判。被诉复议决定对黄某给付抚恤金请求不予支持，不仅回避了对甲县人社局应当履行之法定职责中实质义务的判断，且导致该纠纷的重新处理已丧失实际意义。另有生效判决已查明认定陆某符合因公牺牲的条件，甲县政府应依照人民法院的生效判决责令甲县人社局限期履行核定发放陆某因公牺牲死亡抚恤金的职责。据此，判决撤销被诉复议决定，由甲县政府重新对黄某关于发放抚恤金的复议请求作出决定。

【规范性文件】

《人民警察抚恤优待办法》

第七条　人民警察死亡被评定为烈士、被确认为因公牺牲或者病故的，其遗属依照本办法规定享受抚恤。

第十条第一款　人民警察死亡，符合下列情形之一的，确认为因公牺牲：

（一）在执行任务或者在上下班途中，由于意外事件死亡的；

（二）被认定为因战、因公致残后因旧伤复发死亡的；

（三）因患职业病死亡的；

（四）在执行任务中或者在工作岗位上因病猝然死亡，或者因医疗事故死亡的；

（五）其他因公死亡的。

第十一条第一款　人民警察因公牺牲，由所在单位的县级以上政法机关审查确认，由同级人民政府民政部门复核，实施监督。

第十三条第一款　对烈士遗属，由县级人民政府民政部门发给《中华人民共和国烈士证明书》。对因公牺牲和病故人民警察的遗属，由所在单位的县级以上政法机关分别发给《中华人民共和国人民警察因公牺牲证明书》和

《中华人民共和国人民警察病故证明书》。

第十七条 烈士的一次性抚恤金、增发一次性抚恤金，由颁发烈士证书的县级人民政府民政部门发放；因公牺牲、病故人民警察的一次性抚恤金、增发一次性抚恤金，由所在单位的县级以上政法机关发放。

75. 给付基本养老金类案件的审查

【审查要点】

除普通的基本养老保险外，还有新型农村社会养老保险和城镇居民社会养老保险，也属于基本养老保险范畴。

对给付基本养老金类案件的审查，应当注意以下几点：一是关于灵活就业人员的养老保险问题。随着我国经济体制改革的进一步深化和产业结构的调整，以非全日制、临时性和弹性工作等灵活形式就业的人员逐步增加，这部分人的养老保障问题日益突出。《社会保险法》第十条第二款规定，无雇工的个体工商户、未在用人单位参加基本养老保险的非全日制从业人员以及其他灵活就业人员可以参加基本养老保险，由个人缴纳基本养老保险费。需要注意的是，灵活就业人员参加基本养老保险实行自愿原则，这部分人员可以根据个人意愿决定是否参加基本养老保险，这一点与用人单位的职工参加基本养老保险的强制原则是不同的。二是跨省流动的参保人员养老保险关系转移接续的问题。《国务院办公厅关于转发人力资源社会保障部、财政部城镇企业职工基本养老保险关系转移接续暂行办法的通知》（国办发〔2009〕66号）对相关问题进行了规范。当参保人员达到待遇领取条件时，应根据该通知的规定确定待遇领取地，人民法院也应当据此确定适格被告。三是审查当事人是否符合领取养老保险待遇的条件。如是否参加基本养老保险，是否达到退休年龄，是否累计缴费满十五年等。

【典型案例】

黄某诉甲县人力资源和社会保障局给付养老保险待遇案

【裁判要旨】

《社会保险法》及相关规范性文件明确了国家关于退休年龄的规定，而职工出于各种各样的原因更改出生日期、档案的行为并不鲜见，为防止违反国家规定办理提前退休的行为，有关部委专门出台了相关文件。在认定当事人是否达到退休年龄时，如本人身份证与档案记载的出生时间不一致，一般以本人档案最先记载的时间为准。

【简要案情】

1980年11月1日，黄某被原甲县印刷厂招收为工人。黄某在该厂工作至企业改制被注销为止。工作期间和企业改制后，黄某所在单位及黄某缴纳了养老保险费至2016年8月。2016年7月18日，黄某填写乙省企业退休职工条件审批表，向甲县人力资源和社会保障局申请退休。甲县人力资源和社会保障局口头告知黄某待其年满60周岁后方能办理退休审批事宜。2016年8月29日，甲县人力资源和社会保障局向黄某送达告知书，告知经查阅其档案，档案中有1980年10月20日招收退休退职工人子女申请表、关于招收退休职工子女的通知及1980年11月1日招收新工人审批表、1980年黄某自传，记载黄某出生时间为1958年8月15日，依据相关规定，不能办理退休手续。黄某户口簿、居民身份证记载出生日期为1956年8月15日；其档案中招工后的工人转正定级表、工人定级表、工人履历表、企业职工固定升级呈报表、企业职工调整工资标准呈报表、企业职工调升工资呈报表、企业职工考核晋升工资呈报表记载的出生年月均为1956年8月；其职工养老保险手册上记载的出生年月为1956年8月。2017年8月2日，黄某提起行政诉讼，请求判令甲县人力资源和社会保障局为其办理退休手续，从2016年8月16日起依法为其按月给付养老金等社会保险待遇。

法院经审查认为，黄某居民身份证上记载其出生时间为1956年8月15日，其职工档案中有两个出生时间，批准其参加工作的招收新工人审批表上记载出生时间为1958年8月15日，即档案中最先记载的出生时间为1958年8月15日。在黄某居民身份证上记载的出生时间与档案记载出生时间不一致时，甲县人力资源和社会保障局以档案最先记载的出生时间为准，认定黄某未满60周岁而不予批准退休，符合《国务院关于工人退休、退职的暂行办法》退休条件的规定。遂判决驳回黄某的诉讼请求。

【规范性文件】

《中华人民共和国社会保险法》

第十六条 参加基本养老保险的个人，达到法定退休年龄时累计缴费满十五年的，按月领取基本养老金。

参加基本养老保险的个人，达到法定退休年龄时累计缴费不足十五年的，可以缴费至满十五年，按月领取基本养老金；也可以转入新型农村社会养老保险或者城镇居民社会养老保险，按照国务院规定享受相应的养老保险待遇。

《社会和劳动保障部关于制止和纠正违反国家规定办理企业职工提前退休有关问题的通知》

一、要严格执行国家关于退休年龄的规定，坚决制止违反规定提前退休的行为

国家法定的企业职工退休年龄是：男年满60周岁，女工人年满50周岁，女干部年满55周岁。从事井下、高空、高温、特别繁重体力劳动或其他有害身体健康工作（以下称特殊工种）的，退休年龄为男年满55周岁、女年满45周岁；因病或非因工致残，由医院证明并经劳动鉴定委员会确认完全丧失劳动能力的，退休年龄为男年满55周岁、女年满45周岁。

......

二、规范退休审批程序，健全审批制度

......

（二）对职工出生时间的认定，实行居民身份证与职工档案相结合的办法。当本人身份证与档案记载的出生时不一致时，以本人档案最先记载的出生时间为准。要加强对居民身份证和职工档案的管理，严禁随意更改职工出生时间和编造档案。

......

76. 给付基本医疗保险金类案件的审查

【审查要点】

对给付基本医疗保险金类案件的审查，应当注意以下几点：一是能够报销的医疗费用有限制。除了《社会保险法》第三十条规定的四类医疗费用不纳入基本医疗保险基金支付范围之外，医疗费用还需要符合基本医疗保险药品目录、诊疗项目、医疗服务设施标准以及急诊、抢救，才能按照国家规定

从基本医疗保险基金中支付。二是关于第三人侵权的问题。应当由第三人负担的医疗费用不纳入基本医疗保险基金支付范围，但是并非有第三人侵权的情况出现，社会保险经办机构就可以不支付医疗费用。第三人承担的医疗费用应当按照其责任大小依法分配，超过第三人责任部分的医疗费用，仍由基本医疗保险基金支付。并且，对于应当由第三人支付的医疗费用，第三人不支付或者无法确定第三人、找不到第三人的，参保人也可以申请基本医疗保险基金先行支付。

【典型案例】

杨某某诉甲市社会医疗保险管理局给付医疗保险待遇案

【裁判要旨】

应当由第三人负担的医疗费用不纳入基本医疗保险基金支付范围，但社会保险经办机构以此为由拒绝支付医疗费用时，如不能提供存在侵权第三人及第三人应当承担的责任份额的证据，人民法院不予支持。社会保险经办机构在收到参保人员报销医疗费用的申请时，若不能确定侵权第三人及第三人的承担责任份额，应当先行从基本医疗保险基金中支付相关医疗费用。

【简要案情】

2016年10月30日，杨某某因运送养牛饲料乘坐机动车受伤后，到乙矿业集团公司总医院住院治疗。在治疗期间，2016年11月2日，甲市医疗保险管理局工作人员董某某接到乙矿业集团公司总医院电话通知后，随同医院医保科工作人员郑某某到医院骨二疗区对杨某某的意外伤害进行审核。杨某某自述，其与他人合伙养牛，2016年10月30日，其在运送饲料时（此时，车在行驶过程中，开车司机是他的合伙人），从车上不慎掉下，摔伤右腿。杨某某口头要求甲市医疗保险管理局对其在乙矿业集团公司总医院医疗费给予报销，甲市医疗保险管理局工作人员口头答复因为有第三方责任，不能认定为意外伤害，对杨某某的医疗费不予报销。杨某某遂诉至法院，要求甲市医疗保险管理局给付其因意外事故伤害享有的医疗保险待遇。

法院经审理认为，甲市医疗保险管理局认定杨某某受伤系第三人责任并以此为由不予报销医疗费用，但对于是否存在侵权第三人的事实，杨某某对此予以否认，亦没有第三人对此予以自认。甲市医疗保险管理局在作出处理时亦没有充分的证据认定存在侵权第三人及第三人应当承担的责任份额。甲市医疗保险管理局应当针对杨某某的申请依法重新作出行政行为。在重新作出行政行为时，若不能确定侵权第三人及第三人的承担责任份额，应当先行从基本医疗保险基金中支付杨某某的医疗费用。甲市医疗保险管理局先行支付后，有权向第三人追偿。据此，判决确认甲市医疗保险管理局对杨某某医疗费不予报销的行为违法；责令甲市医疗保险管理局60日内依法重新作出行政行为。

【规范性文件】

《中华人民共和国社会保险法》

第二十三条 职工应当参加职工基本医疗保险，由用人单位和职工按照国家规定共同缴纳基本医疗保险费。

无雇工的个体工商户、未在用人单位参加职工基本医疗保险的非全日制从业人员以及其他灵活就业人员可以参加职工基本医疗保险，由个人按照国家规定缴纳基本医疗保险费。

第三十条 下列医疗费用不纳入基本医疗保险基金支付范围：

（一）应当从工伤保险基金中支付的；

（二）应当由第三人负担的；

（三）应当由公共卫生负担的；

（四）在境外就医的。

医疗费用依法应当由第三人负担，第三人不支付或者无法确定第三人的，由基本医疗保险基金先行支付。基本医疗保险基金先行支付后，有权向第三人追偿。

《社会保险基金先行支付暂行办法》

第二条 参加基本医疗保险的职工或者居民（以下简称个人）由于第三人的侵权行为造成伤病的，其医疗费用应当由第三人按照确定的责任大小依法承担。超过第三人责任部分的医疗费用，由基本医疗保险基金按照国家规定支付。

前款规定中应当由第三人支付的医疗费用，第三人不支付或者无法确定第三人的，在医疗费用结算时，个人可以向参保地社会保险经办机构书面申请基本医疗保险基金先行支付，并告知造成其伤病的原因和第三人不支付医疗费用或者无法确定第三人的情况。

第三条 社会保险经办机构接到个人根据第二条规定提出的申请后，经审核确定其参加基本医疗保险的，应当按照统筹地区基本医疗保险基金支付的规定先行支付相应部分的医疗费用。

第十二条 社会保险经办机构按照本办法第三条规定先行支付医疗费用或者按照第五条第一项、第二项规定先行支付工伤医疗费用后，有关部门确定了第三人责任的，应当要求第三人按照确定的责任大小依法偿还先行支付数额中的相应部分。第三人逾期不偿还的，社会保险经办机构应当依法向人民法院提起诉讼。

77. 给付失业保险金类案件的审查

【审查要点】

根据《失业保险条例》的规定，失业保险基金用于以下支出：失业保险金；失业保险金期间的医疗补助金；失业保险金期间死亡的失业人员的丧葬补助金和其供养的配偶、直系亲属的抚恤金；失业保险金期间接受职业培训、职业介绍的补贴；国务院规定或者批准的与失业保险有关的其他费用。故给付失业保险金此类案由，当事人请求给付的可以不只是失业保险金，还包括与失业保险有关的其他费用。

对给付失业保险金类案件的审查，应当注意以下几点：一是失业保险金的计算问题。失业保险金应当按照失业人员失业前用人单位和本人累计缴费时间确定领取期限。失业人员重新就业后，再次失业的，缴费时间重新计算，但领取失业保险金的期限与前次失业应当领取而尚未领取的失业保险金的期限合并计算。二是领取失业保险金的期限可能会缩短。失业保险金是为了保障失业人员在失业期间的基本生活，如发生特定情形，失业人员的基本生活有了保障或者可以推定失业人员的基本生活有了保障，应当停发失业保险金。《社会保险法》对此也作出了明确的规定，包括失业人员重新就业的、应征服兵役的、移居境外的、享受基本养老保险待遇的，以及无正当理由，拒不接受当地人民政府指定部门或者机构介绍的适当工作或者提供的培训的。三是并非所有缴纳了失业保险费的失业人员都能领取失业保险金。《社会保险法》第四十五条规定的领取失业保险金的条件需要同时满足，如其中"非因本人意愿中断就业"一项，劳动者本人申请自谋职业，与用人单位终止或者解除劳动关系，即属于因本人意愿中断就业的情形，在自谋职业期间不享受失业保险待遇。

【典型案例】

张某某诉甲县劳动就业管理处给付失业保险金案

【裁判要旨】

给付失业保险金不是社会保险经办机构应当主动履行的职责，需要以失业人员到社会保险经办机构办理领取失业保险金的手续为前提。根据相关规定，失业人员应当持本单位为其出具的终止或者解除劳动关系的证明，及时到指定的公共就业服务机构办理失业登记，并在终止或者解除劳动合同之日起60日内申领失业保险金。

【简要案情】

张某某自1981年2月至2001年9月在B县染料化工厂工作，1987年至1997年由该染料化工厂向甲县劳动就业管理处足额缴纳失业保险费，自1998年起该单位欠缴失业保险费，直至2003年该单位改制吊销。2003年11月5日，张某某与该染料化工厂签订《解除劳动关系协议书》，约定张某某不再享受失业保险待遇，领取一次性安置费。2015年3月6日，张某某向法院提起行政诉讼，请求判决甲县劳动就业管理处给付其失业保险金5760元。

法院经审查认为，甲县染料化工厂向甲县劳动就业管理处履行缴费义务满1年，该单位与张某某签订的《解除劳动关系协议书》约定张某某不再享受失业保险金，并不能免除甲县劳动就业管理处作为社会保险经办机构为张某某办理失业保险金的义务。但是，根据《失业保险条例》第十四条和《失业保险金申领发放办法》第六条规定，失业人员领取失业保险金，办理失业登记并有求职要求为必要条件之一，且失业人员应在终止或解除劳动合同之日起60日内到受理其单位失业保险业务的经办机构申领失业保险金。根据上述规定，张某某在提起本次诉讼时应当提供其已经办理失业登记并向甲县劳动就业管理处申领失业保险金的证据，但张某某未能提供上述证据。因此，张某某认为甲县劳动就业管理处未依法履行给付失业保险金的法定职责，起诉要求判令甲县劳动就业管理处给付其失业保险金5760元没有相应的事实根据。同时，根据张某某的陈述，其于2003年11月5日签订《解除劳动关系协议书》时就已经认为协议中约定其不再享受失业保险金是违反政策规定、侵犯其合法权益的，因此，张某某应当在知道其失业保险待遇权益被侵犯之日起2年内提起诉讼，其直至2015年3月6日向法院提起行政诉讼,已超过法定起诉期限。遂裁定驳回张某某的起诉。

【规范性文件】

《中华人民共和国社会保险法》

第四十五条 失业人员符合下列条件的,从失业保险基金中领取失业保险金:

(一) 失业前用人单位和本人已经缴纳失业保险费满一年的;

(二) 非因本人意愿中断就业的;

(三) 已经进行失业登记,并有求职要求的。

第五十条 用人单位应当及时为失业人员出具终止或者解除劳动关系的证明,并将失业人员的名单自终止或者解除劳动关系之日起十五日内告知社会保险经办机构。

失业人员应当持本单位为其出具的终止或者解除劳动关系的证明,及时到指定的公共就业服务机构办理失业登记。

失业人员凭失业登记证明和个人身份证明,到社会保险经办机构办理领取失业保险金的手续。失业保险金领取期限自办理失业登记之日起计算。

《失业保险条例》

第十四条第一款 具备下列条件的失业人员,可以领取失业保险金:

(一) 按照规定参加失业保险,所在单位和本人已按照规定履行缴费义务满1年的;

(二) 非因本人意愿中断就业的;

(三) 已办理失业登记,并有求职要求的。

第十六条第二款 城镇企业事业单位职工失业后,应当持本单位为其出具的终止或者解除劳动关系的证明,及时到指定的社会保险经办机构办理失业登记。失业保险金自办理失业登记之日起计算。

《失业保险金申领发放办法》

第四条 失业人员符合《条例》第十四条规定条件的,可以申请领取失业保险金,享受其他失业保险待遇。其中,非因本人意愿中断就业的是指下列人员:

(一) 终止劳动合同的;

(二) 被用人单位解除劳动合同的;

(三) 被用人单位开除、除名和辞退的;

（四）根据《中华人民共和国劳动法》第三十二条第二、三项与用人单位解除劳动合同的；

（五）法律、行政法规另有规定的。

第六条 失业人员应在终止或者解除劳动合同之日起60日内到受理其单位失业保险业务的经办机构申领失业保险金。

第七条 失业人员申领失业保险金应填写《失业保险金申领表》，并出示下列证明材料：

（一）本人身份证明；

（二）所在单位出具的终止或者解除劳动合同的证明；

（三）失业登记；

（四）省级劳动保障行政部门规定的其他材料。

78. 给付工伤保险金类案件的审查

【审查要点】

根据《社会保险法》的规定，工伤保险基金支付的项目包括：（1）治疗工伤的医疗费用和康复费用；（2）住院伙食补助费；（3）到统筹地区以外就医的交通食宿费；（4）安装配置伤残辅助器具所需费用；（5）生活不能自理的，经劳动能力鉴定委员会确认的生活护理费；（6）一次性伤残补助金和一至四级伤残职工按月领取的伤残津贴；（7）终止或者解除劳动合同时，应当享受的一次性医疗补助金；（8）因工死亡的，其遗属领取的丧葬补助金、供养亲属抚恤金和因工死亡补助金；（9）劳动能力鉴定费。

对给付工伤保险金类案件的审查，应当注意以下几点：一是工伤保险待遇与民事侵权赔偿性质不同，不得替代。如职工在执行工作任务时因第三人原因受伤，其一方面可依据侵权行为法向侵权人请求损害赔偿，另一方面可依据工伤保险制度请求工伤保险给付，两者请求权基础不同，归责原则和权利的保护范围不同，互不排斥。工伤保险实行无过错责任原则，只要发生工伤，用人单位履行了缴纳工伤保险费用的义务，职工就应享有工伤保险待遇。根据《社会保险法》及相关司法解释的规定，除工伤医疗费用外，职工可以同时享受工伤保险待遇和民事侵权赔偿。二是工伤保险基金先行支付工

· 212 ·

伤保险待遇。在用人单位未参加工伤保险以及虽已参加但未依法缴纳工伤保险费的情形下，发生工伤事故，用人单位不支付工伤保险待遇的，工伤职工或者其近亲属可以持工伤认定决定书和有关材料向社会保险经办机构书面申请先行支付工伤保险待遇。工伤保险基金应将自《社会保险法》实施日之后用人单位未足额支付工伤保险费用的工伤职工纳入保护范围，使工伤职工及时得到医疗救治，更好地保护工伤职工的生存权利。三是工伤保险基金先行支付工伤医疗费用。职工由于第三人的侵权行为造成伤病被认定为工伤，第三人不支付工伤医疗费用或者无法确定第三人的，工伤职工或者其近亲属可以持工伤认定决定书和有关材料向社会保险经办机构书面申请工伤保险基金先行支付，并告知第三人不支付或者无法确定第三人的情况。社会保险经办机构应当及时审查受伤职工获得基本医疗保险基金先行支付和其所在单位缴纳工伤保险费等情况，根据不同情形分别处理。

【典型案例】

常某某等3人诉甲县社会保险事务中心给付工伤保险金案

【裁判要旨】

工伤保险待遇与侵权赔偿责任竞合时，侵权赔偿责任不是社会保险经办机构拒绝支付工伤保险待遇的理由。工伤保险待遇是职工参加工伤保险应得的劳动待遇，不能因用人单位之外的第三人承担了民事侵权赔偿责任，而剥夺职工应得到的工伤保险待遇。职工因第三人的原因导致工伤，社会保险经办机构以职工或者其近亲属已经获得民事赔偿为由，拒绝支付工伤保险待遇或者进行差额补偿的，人民法院不予支持，但医疗费用除外。

【简要案情】

常某生前系乙公司职工，常某某等3人分别为常某的父亲、母亲、儿子。乙公司至少于2013年10月至2020年4月期间为常某参加工伤保险并缴纳了相应的工伤保险费。2020年4月10日，常某发生交通事故，经抢救后于同年5月6日死亡。当地交通警察大队作出《道路交通事故认定书》，认定常某在此事故中无责任。同年9月1日，常某受到的事故伤害被丙市人力资源和社会保障局认定为工伤。同年11月19日，乙公司向甲县社会保险事务中心申请核定并支付常某因工死亡的工亡待遇。常某在该次交通事故造成的民事部分损失，已由侵权责任人及相关保险公司赔付。2020年12月23日，甲县社会保险事务中心作出〔2020〕第09号《受理工伤待遇支付申请审查告知书》。甲县社会保险事务中心核定常某因工死亡的丧葬补助金31401元、一次性工亡补助金847180元，住院伙食补助费390元，第三方已支付死亡赔偿金723080元、丧葬费34633.50元；甲县社会保险事务中心采用补差方式支付常某因工死亡的工伤保险待遇为105821.46元，第三方支付的住院伙食补助费高于390元，不再补差支付。甲县社会保险事务中心已向常某某等3人支付了补差款105821.46元和基本养老保险部分的费用68576.25元。常某某等3人对甲县社会保险事务中心核定的项目和金额无异议，但认为不应补差，应全额支付。故向法院提起行政诉讼。

法院经审理认为，常某因第三方原因造成工亡，虽然常某某等3人已获得了民事赔偿，但根据相关司法解释的规定，常某某等3人同样应当享受工伤保险待遇。对于甲县社会保险事务中心提出本案应当适用"补差"的主张，与司法解释不一致，其作出的告知书适用法律、法规错误，应当予以撤销。遂判决撤销《受理工伤待遇支付申请审查告知书》中不予支付的部分；责令甲县社会保险事务中心30日内向常某某等3人支付常某因工死亡的丧葬补助金、一次性工亡补助金、住院伙食补助费，共计878971元（支付时扣除已支付的补差款）。

【规范性文件】

《中华人民共和国社会保险法》

第四十一条　职工所在用人单位未依法缴纳工伤保险费，发生工伤事故的，由用人单位支付工伤保险待遇。用人单位不支付的，从工伤保险基金中先行支付。

从工伤保险基金中先行支付的工伤保险待遇应当由用人单位偿还。用人单位不偿还的，社会保险经办机构可以依照本法第六十三条的规定追偿。

第四十二条　由于第三人的原因造成工伤，第三人不支付工伤医疗费用或者无法确定第三人的，由工伤保险基金先行支付。工伤保险基金先行支付后，有权向第三人追偿。

《最高人民法院关于审理工伤保险行政案件若干问题的规定》

第八条　职工因第三人的原因受到伤害，社会保险行政部门以职工或者其近亲属已经对第三人提起民事诉讼或者获得民事赔偿为由，作出不予受理工伤认定申请或者不予认定工伤决定的，人民法院不予支持。

职工因第三人的原因受到伤害，社会保险行政部门已经作出工伤认定，职工或者其近亲属未对第三人提起民事诉讼或者尚未获得民事赔偿,起诉要求社会保险经办机构支付工伤保险待遇的,人民法院应予支持。

职工因第三人的原因导致工伤,社会保险经办机构以职工或者其近亲属已经对第三人提起民事诉讼为由,拒绝支付工伤保险待遇的,人民法院不予支持,但第三人已经支付的医疗费用除外。

79. 给付生育保险金类案件的审查

【审查要点】

女职工生育或流产后,由本人或所在单位到当地社会保险经办机构办理手续,领取生育津贴和报销生育医疗费。生育保险待遇包括生育医疗费用和生育津贴。

对给付生育保险金类案件的审查,应当注意以下几点:一是生育保险待遇包括生育医疗费用和生育津贴。当事人申请报销生育或者计划生育的医疗费用属于要求给付生育保险金;当事人申请领取产假或者计划生育手术休假期间的生育津贴,也属于要求给付生育保险金。二是生育保险可能延续到生育结束之后。根据《企业职工生育保险试行办法》第六条第二款的规定,女职工生育出院后,因生育引起疾病的医疗费,也应当由生育保险基金支付。三是职工个人不承担缴纳生育保险费的义务,生育保险费全部由用人单位缴纳。就职工个人而言,其一旦参加工作,就应当享受生育保险待遇,用人单位为其缴纳了生育保险费的,其生育医疗费用和生育津贴由生育保险基金支付;用人单位未为其参加生育保险的,其生育医疗费用和生育津贴由用人单位支付。四是不应对职工获得生育保险的权利进行过多限制。生育保险权是社会权的一种,是我国《宪法》规定的社会保障的基本权利之一,突出基于生育事实进行经济补偿、健康恢复的保险功能。在审理给付生育保险金类的案件时,应当注意将生育保险和计划生育区分开,两者属于不同层面的问题。我国宪法、法律和行政法规对不履行计划生育义务的,规定了缴纳社会抚养费的行政法律责任,没有对生育保险基本待遇作出任何限制,也就是说,生育保险核心权利不因违反计划生育义务而受限制。此外,对于从其他方面限制生育保险权的地方性法规,在其对相关问题没有明确规定时,也应

· 215 ·

当从有利于当事人的角度进行裁判。

【典型案例】

刘某某诉甲县医疗保险事业管理局履行生育保险待遇案

【裁判要旨】

生育保险制度是为了保障女职工生育期间的基本生活和基本医疗保健，维护女职工合法权益，促进妇女平等就业而设立的。用人单位已经缴纳生育保险费的，其职工可以享受生育保险待遇。地方性法规可以结合当地实际情况对职工享受生育保险待遇的条件进一步进行规范，但在对具体问题没有明确规定时，应当从有利于参保职工的角度作出解释。

【简要案情】

刘某某所在单位依法参加了生育保险，并于2016年2月28日至2016年11月30日为刘某某缴纳了自2016年1月起至2016年12月止连续一年的生育保险费用。2016年12月17日，刘某某在医院行剖宫产术生育一女（婚生二孩）。2017年2月7日，刘某某向甲县医疗保险事业管理局提出支付生育保险待遇的申请，甲县医疗保险事业管理局以其生育不符合享受生育保险待遇条件为由不予支付，并向刘某某出具《告知书》，内容为：经核实，刘某某生小孩时间为2016年12月17日，根据景府字〔2012〕10号《景德镇市职工生育保险暂行规定》第十一条"职工所在单位按照规定参加生育保险并为该职工履行缴费义务满一年"之规定，其申请报销的费用不符合生育保险报销要求。刘某某诉至法院，请求责令甲县医疗保险事业管理局依法向其支付生育保险待遇。

法院经审理认为，上述规定虽规定职工所在单位参加生育保险并为该职工履行缴费义务满1年，但对于开始享受生育保险待遇的具体时间并未明确。用人单位为职工缴纳社会保险费是按月缴纳。本案中，刘某某所在单位为其缴纳了自2016年1月起至2016年12月止连续一年的生育保险费用，除1月、2月份为补缴，至12月份均为按月正常缴纳，之后亦继续正常缴纳。刘某某所在单位已经按照规定参加了生育保险并为其履行缴纳生育保险费用义务满1年。甲县医疗保险事业管理局提出的单位履行缴费义务应计算至2016年12月31日满一年，且应从次月起才开始享受生育保险待遇的主张没有法律依据。对于此类法律法规没有明确规定的情形，应当从有利于参保职工的角度作出解释，遂判决甲县医疗保险事业管理局15日内依法履行给付刘某某生育保险待遇的法定职责。

【规范性文件】

《中华人民共和国社会保险法》

第五十三条 职工应当参加生育保险，由用人单位按照国家规定缴纳生育保险费，职工不缴纳生育保险费。

第五十四条 用人单位已经缴纳生育保险费的，其职工享受生育保险待遇；职工未就业配偶按照国家规定享受生育医疗费用待遇。所需资金从生育保险基金中支付。

生育保险待遇包括生育医疗费用和生育津贴。

《女职工劳动保护特别规定》

第八条 女职工产假期间的生育津贴，对已经参加生育保险的，按照用人单位上年度职工月平均工资的标准由生育保险基金支付；对未参加生育保险的，按照女职工产假前工资的标准由用人单位支付。女职工生育或者流产的医疗费用，按照生育保险规定的项目和标准，对已经参加生育保险的，由生育保险基金支付；对未参加生育保险的，由用人单位支付。

《企业职工生育保险试行办法》

第六条 女职工生育的检查费、接生费、手术费、住院费和药费由生育保险基金支付。超出规定的医疗服务费和药费（含自费药品和营养药品的药费）由职工个人负担。

女职工生育出院后，因生育引起疾病的医疗费，由生育保险基金支付；其它疾病的医疗费，按照医疗保险待遇的规定办理。女职工产假期满后，因病需要休息治疗的，按照有关病假待遇和医疗保险待遇规定办理。

第七条 女职工生育或流产后，由本人或所在企业持当地计划生育部门签发的计划生育证明，婴儿出生、死亡或流产证明，到当地社会保险经办机构办理手续，领取生育津贴和报销生育医疗费。

《社会保险费征缴暂行条例》

第十条第一款 缴费单位必须按月向社会保险经办机构申报应缴纳的社会保险费数额，经社会保险经办机构核定后，在规定的期限内缴纳社会保险费。

《景德镇市职工生育保险暂行规定》

第十一条 职工享受生育保险待遇，应当同时具备下列条件：

（一）职工所在单位按照规定参加生育保险并为该职工履行缴费义务满1年；

（二）符合法定条件并履行规定手续生育（含流产）或者实施计划生育避孕节育情况检查、避孕节育手术和复通手术的。

80. 给付最低生活保障金类案件的审查

【审查要点】

对给付最低生活保障金类案件的审查，应当注意以下几点：一是此类案件不属于复议前置案件，当事人可以直接向人民法院提起行政诉讼。有观点认为，根据《城市居民最低生活保障条例》第十五条的规定，给付最低生活保障金类案件应当复议前置，但该条并未禁止当事人就此类案件直接提起行政诉讼，只是赋予当事人可以选择先行复议的权利。自2021年7月1日起施行的《最低生活保障审核确认办法》第三十八条也明确规定，当事人可以申请行政复议或者提起行政诉讼。二是给付最低生活保障待遇应当以家庭申请为前提。虽然上述办法规定乡镇人民政府（街道办事处）、村（居）民委员会在工作中发现困难家庭可能符合条件，但未申请最低生活保障的，应当主动告知其共同生活的家庭成员相关政策。但最低生活保障待遇的发放仍需经申请受理、家庭经济状况调查、审核确认等程序。当事人认为其符合享受最低生活保障待遇的条件，直接向人民法院起诉要求当地政府给付最低生活保障金的，人民法院不予支持。三是对于已经享受最低生活保障待遇的家庭，当地政府民政部门作出增发、减发、停发最低生活保障金的决定，应当符合法定事由和规定程序，不得随意变更。

【典型案例】

胡某某诉甲市乙区丙镇人民政府行政给付案

【裁判要旨】

当事人享受最低生活保障金需要满足一定的条件，政府部门增发、减发、停发最低生活保障金也应当符合法定事由和规定程序。尤其是减发、停发最低生活保障金，作为对当事人权益有所减损的行为，甚至可能对当事人的基本生活造成重大影响,更应当严格遵守法定程序,充分保障当事人的权利。

【简要案情】

胡某某向丙镇政府申请依法支付最低生活保障待遇。丙镇政府自2008年1月1日起开始向其发放最低生活保障金。后胡某某因故被劳动教养一年,丙镇政府于2009年9月停止向其发放低保,2011年5月恢复发放,后于2013年1月又停止发放。2014年10月20日,应丙镇政府的核查要求,胡某某居住地所在村委会出具了《对胡某某家庭经济收入的回函》。2014年11月15日,丙镇政府向乙区民政局报送了《甲市乙区城镇居民停止领取最低生活保障金备案表》,该表第二行载明胡某某因脱贫而停发最低生活保障金。2014年12月17日,乙区民政局作出〔2014〕222号《关于停止和调整城市低保救助人员的通知》,对丙镇享受城市低保对象进行了变动,该通知决定,胡某某从2015年1月1日起停止享受城市低保。至此,胡某某的低保领取资格被明确停止。2015年8月17日,胡某某诉至法院,要求判决丙镇政府向其给付最低生活保障金及困难补助。

法院经审理认为,丙镇政府于2014年以信函索证的形式向胡某某所在村组核查其家庭经济情况,查实评议之后,向乙区民政局报送备案表,报请胡某某低保停办手续,后依照乙区民政局作出的《关于停止和调整城市低保救助人员的通知》的审核决定,停止向胡某某发放最低生活保障金,该次审核报批手续合法。但是,丙镇政府早在2009年9月即停止向胡某某发放最低生活保障金,2011年5月恢复发放,后于2013年1月又停止发放,然而丙镇政府在2014年才进行了停止向胡某某发放最低生活保障金的报批手续。乙区民政局〔2014〕222号《关于停止和调整城市低保救助人员的通知》明文载明:"上述停止和调整人员从2015年1月1日起执行",故胡某某在2015年之前仍应享受最低生活保障金,丙镇政府在2015年1月1日前停止向胡某某发放最低生活保障金不合法,遂判决丙镇政府向胡某某补充发放2009年9月至2011年4月,2013年1月至2014年7月,2014年9月至12月相应数额的最低生活保障金。

【规范性文件】

《城市居民最低生活保障条例》

第四条第二款 县级人民政府民政部门以及街道办事处和镇人民政府

(以下统称管理审批机关)负责城市居民最低生活保障的具体管理审批工作。

第七条 申请享受城市居民最低生活保障待遇,由户主向户籍所在地的街道办事处或者镇人民政府提出书面申请,并出具有关证明材料,填写《城市居民最低生活保障待遇审批表》。城市居民最低生活保障待遇,由其所在地的街道办事处或者镇人民政府初审,并将有关材料和初审意见报送县级人民政府民政部门审批。

管理审批机关为审批城市居民最低生活保障待遇的需要,可以通过入户调查、邻里访问以及信函索证等方式对申请人的家庭经济状况和实际生活水平进行调查核实。申请人及有关单位、组织或者个人应当接受调查,如实提供有关情况。

第十条第一款、第二款 享受城市居民最低生活保障待遇的城市居民家庭人均收入情况发生变化的,应当及时通过居民委员会告知管理审批机关,办理停发、减发或者增发城市居民最低生活保障待遇的手续。

管理审批机关应当对享受城市居民最低生活保障待遇的城市居民的家庭收入情况定期进行核查。

第十五条 城市居民对县级人民政府民政部门作出的不批准享受城市居民最低生活保障待遇或者减发、停发城市居民最低生活保障款物的决定或者给予的行政处罚不服的,可以依法申请行政复议;对复议决定仍不服的,可以依法提起行政讼诉。

《最低生活保障审核确认办法》

第十六条第一款 乡镇人民政府(街道办事处)可以在村(居)民委员会协助下,通过下列方式对申请家庭的经济状况和实际生活情况予以调查核实。每组调查人员不得少于2人。

(一)入户调查。调查人员到申请家庭中了解家庭收入、财产情况和吃、穿、住、用等实际生活情况。入户调查结束后,调查人员应当填写入户调查表,并由调查人员和在场的共同生活家庭成员分别签字。

(二)邻里访问。调查人员到申请家庭所在村(居)民委员会和社区,走访了解其家庭收入、财产和实际生活状况。

(三)信函索证。调查人员以信函等方式向相关单位和部门索取有关佐证材料。

(四)其他调查方式。

第三十一条第一款 乡镇人民政府(街道办事处)应当对最低生活保障

家庭的经济状况定期核查,并根据核查情况及时报县级人民政府民政部门办理最低生活保障金增发、减发、停发手续。

第三十二条 县级人民政府民政部门作出增发、减发、停发最低生活保障金决定,应当符合法定事由和规定程序;决定减发、停发最低生活保障金的,应当告知最低生活保障家庭成员并说明理由。

第三十八条 申请或者已经获得最低生活保障的家庭成员对于民政部门作出的具体行政行为不服的,可以依法申请行政复议或者提起行政诉讼。

(撰写人:刘潋)

九、行政允诺类案件的司法审查

【裁判标准】

行政允诺伴随现代政府管理方式的不断创新而逐步出现、发展，主要应用于政府招商引资，地方基础设施、公共设施建设等领域，其最突出的特点是具有激励性、承诺性和互换性，是吸引公民、法人或者其他组织共同达成行政管理目标的一种有效手段。① 对行政允诺类案件进行司法审查，需要准确理解和把握以下裁判标准。

一是因行政允诺引发的行政争议一般作为行政案件审理。2004年1月，最高人民法院制定发布《关于规范行政案件案由的通知》（法发〔2004〕2号），将行政允诺视为定型化的行政行为之一，作为独立行政案件案由单列，由此，行政允诺正式成为人民法院行政诉讼的案由，纳入行政诉讼受案范围。《暂行规定》基于上述通知及审判实践，亦将行政允诺单列为行政案件案由之一。因行政允诺法律关系之中，行政允诺系行政机关作出的单方授益性行为，行政机关与行政相对人并不处于平等地位，故一般应作为行政案件审理。对此，在某房地产开发有限公司与某市人民政府债务纠纷一案中，最高人民法院所作（2006）民一终字第47号民事裁定亦认为："尽管本案双方当事人之间讼争的法律关系存在诸多民事因素，但终因双方当事人尚未形成民法所要求的平等主体关系，市政府办公会议关于优惠政策相关内容的纪要及其文件不是双方平等协商共同签订的民事合同，故本案不属于人民法院民事案件受理范围。此纠纷是市政府前届领导在兑现锅炉房优惠政策额度以及有关讼争项目遗留的未了事项，应当由某市本届政府领导继续解决。原审法院将此作为民事纠纷予以受理并作出实体判决不当，应予纠正。"

二是准确认定行政允诺类案件的审理对象。行政允诺行为包括行政机关发布的带有允诺内容的规范性文件或者通告行为，以及行政机关不履行或者

---

① 参见仝蕾：《行政案件案由制度解析与适用》，人民法院出版社2022年版，第167页。

不适当履行允诺义务的行为。对于前者，通常不属于行政诉讼的受案范围，当事人不能直接对其提起行政诉讼，但人民法院须对其合法性予以判断。对于后者而言，则系人民法院的主要审查对象，主要针对行政主体的"诺而不践"行为，审查内容包括被告是否作出过允诺，该允诺行为是否合法，原告是否完成指定行为，被告是否履行允诺义务等。① 人民法院在审查时，可以根据具体情形，先审查行政相对人的行为是否符合允诺设定的条件，如果明显不符合，则可以直接判决驳回原告的诉讼请求；如果符合允诺设定的条件，此时允诺行为本身的合法性问题则应予考虑并作为正确裁判的前提。② 具体而言，人民法院在受理当事人的起诉之后，通常应当按照行政允诺的整体运行过程依次对行政机关允诺意思表示的合法性（包括允诺目的、允诺权限的合法性以及允诺内容的可操作性和可实现性等）、行政相对人的行为是否符合设定条件、行政机关是否适当履诺等方面进行全面、合法的审查，以充分保护行政相对人的合法权益，提高行政相对人参与行政的积极性，监督和促进行政机关依法行使职权。③

三是妥善适用依法行政原则、诚信原则和信赖利益保护原则。诚实守信是依法行政的基本要求，是社会主义核心价值观的重要内容。政务诚信是社会信用体系建设的重要组成部分，对于进一步提升政府公信力、引领其他领域信用建设、弘扬诚信文化、培育诚信社会具有重大意义，行政机关应当带头守信践诺，依法、及时、全面履行行政允诺。对行政机关没有合理理由违反允诺的，人民法院要坚决依法支持行政相对人的合理诉求，此即信赖利益保护原则的价值所在。但是，合法性乃是行政机关依法行政的首要考量因素，行政机关违反法律、行政法规作出的相关允诺，人民法院应当给予否定性的评价。

---

① 参见最高人民法院行政审判庭编著：《行政协议典型案例裁判规则与评析》，人民法院出版社 2021 年版，第 203 页。
② 参见戴俊英：《行政允诺的性质及其司法适用》，载《湖北社会科学》2010 年第 12 期。
③ 参见郑烁：《论行政允诺诉讼的审查规则——以行政允诺的性质为视角》，载《黑龙江省政法管理干部学院学报》2012 年第 3 期。

81. 兑现奖金类案件的审查

【审查要点】

目前，我国法律体系对于行政允诺未作明确规定，关于行政允诺的兑现条件、法律后果等多见于各地的规范性文件之中。公民、法人或者其他组织可以按照各地的规范性文件完成一定的工作任务，再要求当地行政机关予以兑现奖金等。行政争议往往发生在公民、法人或者其他组织认为其已按照行政机关要求完成特定的工作任务中，应当领取相应奖金，而行政机关则认为公民、法人或者其他组织并未按照规范性文件要求完成工作任务或者认为并非该公民、法人或者其他组织完成相关工作任务等情形。在审理行政允诺类案件时，虽无明确的法律法规可以遵循，但应对行政允诺自身的合法性即行政机关是否享有作出行政允诺的法定职权、是否按照法定程序实施允诺等进行审查，并对公民、法人或者其他组织是否按照行政机关制定的规范性文件要求完成相关工作任务等事实进行审核。[①] 对兑现奖金类案件进行司法审查，需要准确理解以下审查要点。

1. 鼓励行政机关在法律许可的范围内充分发挥主动性、创造性。积极鼓励招商引资，促进经济平稳健康发展，是人民法院发挥行政审判职能作用、服务经济社会高质量发展的重要体现。尊重行政管理的灵活性、创造性是司法实践中应当考虑的重要因素。若奖金允诺内容不违反法律、行政法规禁止性规定，即应视为合法有效。

2. 行政机关不依法履行其设定的允诺义务时应当承担相应法律责任。若允诺内容合法，当特定的行政相对人作出符合行政允诺事项的行为时，行政机关与行政相对人之间即成立具体的行政允诺法律关系，基于诚信原则和依法行政原则，行政机关应当按照其承诺的内容履行相应的奖金给付义务，此时行政机关负有履行兑现其允诺义务的法定职责，并应审慎行使行政优益权。同时，在此类案件的司法审查中，还应兼顾行政合理性问题，即行政机关作出的行政行为是否存在合理性、可行性，行政审判实践中合理性是人民

---

① 参见仝蕾：《行政案件案由制度解析与适用》，人民法院出版社2022年版，第167页。

法院综合判断行政行为合法性的重要参考。

3. 人民法院要尊重行政机关的自由裁量权。司法权的行使存在合理限度，对于规范性文件设定允诺的相关规定不具体或者规定在执行过程中的具体问题，人民法院在审查时应保持司法谦抑，以体现对行政机关自由裁量权的充分尊重。针对行政机关为履行允诺所需支付的奖金数额问题，在相关规定不明确、相关证据不确实充分或者行政机关行为本身存在裁量度时，人民法院可以不直接判定行政机关履行允诺的奖金具体数额。①

4. 人民法院要适度发挥好裁量权。鉴于行政主体的行政允诺行为具有单方性特点，同时允诺内容本身的确定性以及奖金兑现方式上亦存在一定可变因素，人民法院在裁判时，可根据具体案情，在直接判令行政机关按照允诺履行给付义务和具体明确要求行政机关履行所允诺的实际奖金金额两种裁判方式之间作出妥善选择。

【典型案例】

行政机关违反招商引资承诺义务的处理——崔某某诉甲县人民政府行政允诺案

【裁判要旨】

诚信原则是行政允诺各方当事人应当共同遵守的基本行为准则。在行政允诺的订立和履行过程中，基于公共利益保护的需要，赋予行政主体在解除和变更中的相应的优益权固然必要，但行政主体不能滥用优益权。优益权的行使既不得与法律规定相抵触，也不能与诚信原则相违背。行政机关作出行政允诺后，在与行政相对人发生行政争议时，对行政允诺关键内容作出无事实根据和法律依据的随意解释的，人民法院不予支持。②

【简要案情】

2001年9月24日，乙公司向李某某出具合作承诺，对由李某某负责运作的城市污水处理项目成功后，该公司向李某某支付项目经营费的标准及方式等作出承诺。2002年3月28日，某省发展计划委员会作出批复，同意甲县建设污水处理厂一期工程。2003年1月4日，李某某以乙公司名义与甲

---

① 最高人民法院行政审判庭编：《中国行政审判指导案例》（第1卷），中国法制出版社2010年版，第112~113页。

② 参见最高人民法院公报案例《崔某某诉某县人民政府行政允诺案》，载《中华人民共和国最高人民法院公报》2017年第11期（总第253期）。

建设局签订框架协议书。2003年3月10日，甲县政府与乙公司签订《特许经营权协议书》，双方就甲县污水处理厂厂区工程的投资建设、特许经营事宜进行了约定；同日，甲县建设局与乙公司签订工程合同，就双方合作建设甲县污水处理厂的相关事宜进行了详细约定。《关于印发甲县招商引资优惠政策的通知》第25条规定，对引进外资项目实行分类奖励。2015年5月，原告崔某某（崔某某与李某某系夫妻关系）提起本案诉讼。人民法院判决责令甲县政府在该判决生效后60日内依法履行对崔某某的奖励义务。

【规范性文件】

《中华人民共和国行政诉讼法》

第十二条 人民法院受理公民、法人或者其他组织提起的下列诉讼：

……

（十二）认为行政机关侵犯其他人身权、财产权等合法权益的。

82. 兑现优惠类案件的审查

【审查要点】

目前，关于行政允诺中的"兑现优惠"方面尚无专门性的法律法规予以规范，仅散见于个别规范性文件之中。例如，《国务院关于清理规范税收等优惠政策的通知》（国发〔2014〕62号）要求严格禁止各地政府擅自制定税收减免、先征后返及变相税收先征后返等税收优惠政策。为减少过渡期政策变化引发的矛盾冲突，国务院针对已经执行完毕的税收优惠，以及虽未执行完毕，但行政机关此前已经在具体合同中作出的税收优惠承诺是否要执行等问题，又发布了《国务院关于税收等优惠政策相关事项的通知》（国发〔2015〕25号），其中第三条规定："各地与企业已签订合同中的优惠政策，继续有效；对已兑现的部分，不溯及既往。"

行政允诺与行政协议具有紧密联系，甚至从某种角度而言，行政允诺是行政协议的重要内容，因为行政允诺的实现意味着完成行政机关所设定的特定行为的相对人有要求其签订并履行行政协议的权利。当然，行政允诺法律关系与行政协议法律关系亦并非完全一致。虽然二者均包含行政机关的意思表示，但前者仅需行政机关的单方意思表示即可成立，相对人只需完成指定行为，行政机关即应履行允诺义务；而后者以双方当事人的意思表示一致为成立要件，相对人完成指定行为之后能否获得授益，还需考察影响行政协议成立的其他因素，如相对人或者行政机关是否具有相应缔约能力等。① 在前述行政允诺类案件所需遵循的裁判规则之外，因兑现优惠不仅出现在行政允诺领域之中，亦时常出现在行政协议领域，故在审理相关案件时需注意区分案件性质。实践中，如果兑现优惠系作为行政机关与公民、法人或者其他组织签订的行政协议内容之一，签订行政协议双方因兑现优惠而发生争议，一般作为行政协议案件审理，该争议涉及行政协议的履行问题。若兑现优惠是行政机关制定的规范性文件中的内容之一，该规范性文件针对的是不特定对象，并不如行政协议一般具有针对性和特定性，则此时任何公民、法人或者其他组织均可以按照规范性文件要求在完成特定工作任务之后，要求行政机关兑现规范性文件中规定的优惠。此种情况下，可以作为行政允诺案件审理。②

【典型案例】

行政机关违反法律、行政法规作出允诺的处理——甲公司、乙公司诉丙旗人民政府、丙旗税务局依法履行行政允诺案

【裁判要旨】

行政机关作出的行政允诺必须建立在依法行政的前提之下，意即相关允诺必须在其具有自由裁量权的处置范围内，且不违反法律、行政法规的强制性规定，不损害国家利益、社会公共利益。行政机关违反法律、行政法规作出的行政允诺，人民法院应予否定性评价，不能将信赖利益保护原则置于依法行政之前，无原则地以牺牲社会公共利益为代价强调行政机关对所作允诺的遵守。确因国家利益、公共利益或者其他法定事由改变行政允诺的，行政机关可以依法补偿财产损失。

【简要案情】

2016年11月28日，甲公司向丙旗税务局发出《关于在丙旗新设企业征收企业所得税的咨询函》，主要咨询内容为：新设之"某投资有限公司"企

---

① 参见戴俊英：《行政允诺的性质及其司法适用》，载《湖北社会科学》2010年第12期。
② 参见仝蕾：《行政案件案由制度解析与适用》，人民法院出版社2022年版，第168~169页。

业所得税税率是多少？丙旗税务局作出《答复》，主要内容为："根据《中华人民共和国企业所得税法》（中华人民共和国主席令第63号）第四条'企业所得税税率为25%'，你单位新设'某投资有限公司'法定企业所得税税率为25%。根据《国家税务总局关于深入实施西部大开发战略有关企业所得税问题的公告》（国家税务总局公告〔2012〕12号）和《国家税务总局关于〈西部地区鼓励类产业目录〉有关企业所得税问题的公告》（国家税务总局公告〔2015〕14号）的相关规定，同意你单位根据西部大开发企业所得税优惠政策的规定，可申请享受15%的优惠税率。"2016年11月30日，乙公司成立，系甲公司的全资子公司，经营范围为：多金属矿、共生矿、伴生矿、开采销售。后甲公司将涉案股权转让给乙公司，乙公司又将部分涉案股权予以转让。在涉案股权转让前，某旗人民政府曾组织召开协调会，与甲公司就该公司持有的涉案股权转让交易所产生税费的"税留当地"事宜进行商谈。乙公司在转让部分涉案股权后，于2017年1月12日按15%的税率向丙旗税务局缴纳交易项下的企业所得税4743万元。2017年6月，乙公司向丙旗税务局提交《关于适用西部大开发税收政策的申请》，称依据《关于深入实施西部大开发战略有关税收政策问题的通知》，乙公司属于《产业结构调整指导目录》（2011年版）第38项的环境保护与资源节约综合利用，该目录第25条鼓励推广共生、伴生矿产资源中有价元素的分离及综合利用技术且当年度主营业务收入在企业收入总额的70%以上，申请享受西部大开发所得税优惠政策。2017年6月12日，丙旗税务局准予受理上述申请。同日，乙公司完成了享受西部大开发企业所得税优惠事项备案。2018年12月24日，丙旗税务局作出丙税税通〔2018〕8607号税务事项通知书，通知乙公司限其于2019年1月10日前缴纳该公司2017年1月1日至2017年12月31日应缴纳税款31620000元，同日送达乙公司。甲公司、乙公司不服，提起本案诉讼，请求判决某旗人民政府、丙旗税务局依法履行已作出的行政允诺，准予乙公司转让股权按15%优惠税率申报缴纳企业所得税。法院判决驳回甲公司、乙公司的诉讼请求和上诉。

【规范性文件】

《中华人民共和国行政诉讼法》

第七十八条第一款 被告不依法履行、未按照约定履行或者违法变更、解除本法第十二条第一款第十一项规定的协议的，人民法院判决被告承担继续履行、采取补救措施或者赔偿损失等责任。

《最高人民法院关于审理行政协议案件若干问题的规定》

第十九条 被告未依法履行、未按照约定履行行政协议,人民法院可以依据行政诉讼法第七十八条的规定,结合原告诉讼请求,判决被告继续履行,并明确继续履行的具体内容;被告无法履行或者继续履行无实际意义的,人民法院可以判决被告采取相应的补救措施;给原告造成损失的,判决被告予以赔偿。

原告要求按照约定的违约金条款或者定金条款予以赔偿的,人民法院应予支持。

《国务院关于税收等优惠政策相关事项的通知》

三、各地与企业已签订合同中的优惠政策,继续有效;对已兑现的部分,不溯及既往。

(撰写人:易旺)

十、行政征缴类案件的司法审查

【裁判标准】

征缴行为是该类案件案由的核心要素,只有直接因征缴税款或费用的行为而形成的,体现征缴法律关系的纠纷,才符合行政征缴这一案由。以下三类与征缴税费相关的行为引发的纠纷均不属行政征缴的案由:一是行政机关因保障、督促税款缴纳、费用收取而采取的手段行为,如税务机关扣押其价值相当于应纳税款的商品、货物以及税收保全措施、强制执行措施、通知出境管理机关阻止其出境等行为;二是行政机关因行政相对人不依法缴纳税费而作出的行政处罚行为;三是因缴纳税费引起的连带纠纷,如申请政府信息公开等。因上述行为及纠纷体现的不是行政征缴本身的法律关系,行政征缴仅是该行政行为的前因,故不能以行政征缴的案由归纳该类纠纷。而应当以行政强制、行政处罚、政府信息公开等案由处理。

行政征缴类案件纠纷,主要审查实施征缴的行政主体是否合法,征缴对象是否正确,税费开征是否有法律依据,征缴范围是否合法,计税计费依据是否合法,适用的征缴基数是否正确,税率费率是否合法,减免税费、退税及补交税费是否于法有据,征缴程序是否合法,征缴期限、征缴地点、征缴方式等是否合法,税费调整后相关征缴的变动是否正确等。不同的案件,根据诉讼请求及争议焦点的不同,审查的重点有所不同。

83. 征缴税款类案件的审查

【审查要点】

征缴税款类案件纠纷,要依据税收征管方面的法律法规确定纠纷范围。

根据《税收征收管理法》第三条、第二十八条等规定，征收税款的具体纠纷主要有：涉及税款开征依据是否合法等行政纠纷，多征、少征、提前征收、延缓征收或者摊派税款等行政纠纷；涉及减税、免税、退税、补税等行政纠纷；核定应纳税额纠纷；税额调整行政纠纷；要求履行代扣、代收税款义务引发的行政纠纷；责令缴纳、责令限期缴纳应纳税款、责成纳税人提供纳税担保、税收优先权行使等引发的行政纠纷等。

征缴税款的行为是征缴税款类案件案由的核心要素，并非税收征管法中规定的税务机关作出的行政行为均属于征缴税款类案件纠纷，只有直接因征缴税款行为而形成的，针对征税行为本身，体现税款征缴法律关系的纠纷，才符合"征缴税款"这一案由。因保障税款缴纳而采取的手段行为，如扣押其价值相当于应纳税款的商品、货物，以及税收保全措施、强制执行措施、通知出境管理机关阻止其出境等督促纳税义务人的行为，以及其他因税款而引起的连带纠纷如申请政府信息公开等，因其体现的不是税款征缴本身的法律关系，税款征缴仅是该行政行为的前因，故不能以税款征缴的案由归纳该类纠纷。因税收征管中发现偷逃税款、虚开增值税发票等而给予的行政处罚，或者税务机关未按照规定对检举人给予奖励、未依法发给税务登记证件等，均不属税款征缴案由。确定此类案由的界线对于行政诉讼的程序具有重大意义。依据《税收征收管理法》第八十八条第一款的规定，基于征收税款的纠纷进行诉讼，需要行政复议前置，故该类行政诉讼案件如果未进行复议即提起诉讼，应当不予立案或驳回起诉。涉及征收税款纠纷的案由通常表述为"征收税款及行政复议"。依据《税收征收管理法》第八十八条第二款规定："当事人对税务机关的处罚决定、强制执行措施或者税收保全措施不服的，可以依法申请行政复议，也可以直接向人民法院起诉。"因此，基于税务机关的处罚决定、强制执行措施或者税收保全措施等寻求诉讼救济的，该类诉讼不属征收税款的案由，也无行政复议前置的限制。从司法实践来看，存在少量因虚开增值税发票、偷逃税款等受到行政处罚的行政案件，被误认定为征收税款纠纷案件，并因此被要求行政复议前置的。

【典型案例】

陈某某诉甲市地方税务局稽查局等税务行政处理及行政复议案

【裁判要旨】

税务机关依法征收税款必然会涉及对相关应税行为性质的识别和判定，

这也是实质课税原则的基本要求。如不允许税务机关根据纳税人经营活动的实质内容依法征收税款,将必然影响正常的税收征管,难以避免纳税义务人滥用私法自治以规避或减少依法纳税义务。故税务机关在征收税款过程中,穿透经营活动的外在形式,根据经营活动的实质内容,依法征收税款,具有合法性。

【简要案情】

陈某某等与乙公司签订一份《商品房买卖合同》,约定由陈某某等共同从乙公司购买商铺。该合同送至所在县房地产管理中心备案。合同总价款5000余万元由陈某某予以支付。之后,乙公司以融资方案调整为由未履行上述《商品房买卖合同》并申请仲裁,当地仲裁委员会次日即作出《调解书》,解除该《商品房买卖合同》。陈某某等陆续收到乙公司转入资金共计人民币9000余万元,较其之前付款本金多收入3000余万元。后甲市纪检等部门接到举报进行调查,陈某某等及相关证人均证实陈某某名为商品房买卖,实为借款5000余万元给乙公司,乙公司以商品房作抵押,一年内陈某某共收取利息3000余万元。甲市地方税务局遂作出税务处理决定,决定由陈某某补缴营业税、个人所得税、城市维护建设税、教育费附加、地方教育费附加以及滞纳金,共计人民币500余万元。陈某某申请行政复议,继而提起行政诉讼,请求撤销上述税务处理决定和行政复议决定。

【规范性文件】

《中华人民共和国税收征收管理法》

第三条 税收的开征、停征以及减税、免税、退税、补税,依照法律的规定执行;法律授权国务院规定的,依照国务院制定的行政法规的规定执行。

任何机关、单位和个人不得违反法律、行政法规的规定,擅自作出税收开征、停征以及减税、免税、退税、补税和其他同税收法律、行政法规相抵触的决定。

第二十八条 税务机关依照法律、行政法规的规定征收税款,不得违反法律、行政法规的规定开征、停征、多征、少征、提前征收、延缓征收或者摊派税款。

农业税应纳税额按照法律、行政法规的规定核定。

84. 征缴社会抚养费类案件的审查

【审查要点】

该案由系依据制定《暂行规定》时有效的法律作出的表述,修订前的《人口与计划生育法》第四十一条规定:"不符合本法第十八条规定生育子女的公民,应当依法缴纳社会抚养费。未在规定的期限内足额缴纳应当缴纳的社会抚养费的,自欠缴之日起,按照国家有关规定加收滞纳金;仍不缴纳的,由作出征收决定的计划生育行政部门依法向人民法院申请强制执行。"第四十四条规定:"公民、法人或者其他组织认为行政机关在实施计划生育管理过程中侵犯其合法权益,可以依法申请行政复议或者提起行政诉讼。"2021年修订的《人口与计划生育法》已经取消了上述社会抚养费的规定,原《社会抚养费征收管理办法》也同步废止。因此,司法实践中,相应已经没有新的有关征缴社会抚养费的行政案件,该类案由将不再适用。该类案由仅在涉及司法统计、引用以往裁判文书以及少量申诉事项等,还会有所涉及。故对本类案由的审查适用不再详述。

85. 征缴社会保险费类案件的审查

【审查要点】

《社会保险费征缴暂行条例》第三条规定了基本养老保险费、基本医疗保险费、失业保险费的征缴范围。并规定省、自治区、直辖市人民政府根据当地实际情况,可以适当扩大基本养老保险、基本医疗保险、失业保险的范围。该条例第四条规定:"缴费单位、缴费个人应当按时足额缴纳社会保险费。征缴的社会保险费纳入社会保险基金,专款专用,任何单位和个人不得挪用。"

《社会保险费征缴暂行条例》第二十五条规定:"缴费单位和缴费个人对劳动保障行政部门或者税务机关的处罚决定不服的,可以依法申请复议;

对复议决定不服的，可以依法提起诉讼。"但是，针对征收社会保险费本身的行政纠纷，并未规定行政复议前置，这一点与税收征管法的规定是不同的。

对社会保险费征缴纠纷的审查，应当重点审查行政机关是否具有征缴的职权，征缴对象是否属法律法规规定的范围，行政机关确定的缴费比例、数额是否合法正确，行政相对人即缴费单位、缴费个人是否已经依法缴纳、是否已经足额缴纳，行政机关是否依法进行了减免，征缴程序是否合法等。

【典型案例】

丙金属结构厂不服甲市乙区劳动和社会保障局行政处理决定案

【裁判要旨】

《社会保险费征缴暂行条例》第三条确定了基本养老保险费、基本医疗保险费和失业保险费的征缴范围。根据该条规定，农村乡镇企业不在征缴范围内。人民法院应当根据企业建立、发展过程及与企业性质，认定企业是否为乡镇企业，据此判定是否属社会保险缴纳范围的企业。

需要指出的是，因本案虽系行政处理决定，但其本质系要求丙金属结构厂缴纳相应的社会保险费，对该征缴行为的案由亦可表述为"征缴社会保险费及行政复议"。

【简要案情】

甲市乙区劳动局作出行政处理决定书，认定丙金属结构厂未按规定为其某职工向社会保险经办机构申报并缴纳社会保险费，违反了《社会保险费征缴暂行条例》第十条第一款的规定，依据该条例第十三条的规定，要求丙金属结构厂限期到乙区社会保险基金管理中心为该职工补缴社会保险。丙金属结构厂以其是乡镇企业，不符合《社会保险费征缴暂行条例》规定的征缴条件为由，向甲市劳动和社会保障局提起行政复议，继而提起行政诉讼，请求法院撤销被诉行政处理决定。

【规范性文件】

《社会保险费征缴暂行条例》

第三条 基本养老保险费的征缴范围：国有企业、城镇集体企业、外商投资企业、城镇私营企业和其他城镇企业及其职工，实行企业化管理的事业单位及其职工。

基本医疗保险费的征缴范围：国有企业、城镇集体企业、外商投资企业、城镇私营企业和其他城镇企业及其职工，国家机关及其工作人员，事业单位及其职工，民办非企业单位及其职工，社会团体及其专职人员。

失业保险费的征缴范围：国有企业、城镇集体企业、外商投资企业、城镇私营企业和其他城镇企业及其职工，事业单位及其职工。

省、自治区、直辖市人民政府根据当地实际情况，可以规定将城镇个体工商户纳入基本养老保险、基本医疗保险的范围，并可以规定将社会团体及其专职人员、民办非企业单位及其职工以及有雇工的城镇个体工商户及其雇工纳入失业保险的范围。

社会保险费的费基、费率依照有关法律、行政法规和国务院的规定执行。

86. 征缴污水处理费类案件的审查

【审查要点】

征缴污水处理费，是指行政机关为保护和改善环境，防治水污染，保护水生态，保障饮用水安全，维护公众健康，推进生态文明建设，促进经济社会可持续发展，向排放污水或使用自来水的企业或个人征收费用的行为。[①]污水处理费通常是按照补偿排污管网和污水处理设施的运行维护成本，并合理盈利的原则核定。一般情况下，对公民个人而言，污水处理费包含在水费里。水费包括基本水费、城市附加费、水资源费、污水处理费、南水北调基金、水厂建设费、省专项费（各省市收费构成略有不同）。征缴污水处理费类案件纠纷，要依据水污染治理方面的法律法规尤其是行政规章及各地地方性法规或规范性文件确定纠纷范围。《水污染防治法》第四十九条第三款和第四款规定："城镇污水集中处理设施的运营单位按照国家规定向排污者提供污水处理的有偿服务，收取污水处理费用，保证污水集中处理设施的正常运行。收取的污水处理费用应当用于城镇污水集中处理设施的建设运行和污泥处理处置，不得挪作他用。""城镇污水集中处理设施的污水处理收费、管

---

① 《中华人民共和国水污染防治法》第一条、第四十九条第三款。

理以及使用的具体办法,由国务院规定。"对此类案件的审查,重点审查征缴单位是否有相应职权,征缴对象范围是否正确,征缴依据是否合法,征缴数额计算是否正确、是否应当减免、征缴程序是否合法等。

【典型案例】

乙公司诉甲市水利局水利行政处理案

【裁判要旨】

关于污水处理费的征费标准,应当依据各地关于收费标准征缴。关于污水处理费的具体征收数额,水利行政管理机关应当主要依据企业用水量的抄表统计,以及其他可资证明的证据予以认定和计算。

【简要案情】

2016年4月12日,被告甲市水利局作出《责令缴纳水资源费、污水处理费决定书》,责令原告乙公司缴纳所欠水资源费3万余元、污水处理费2万余元。逾期不缴纳按日各加收所欠水资源费、污水处理费2‰的滞纳金,并处所欠水资源费1~5倍的罚款。乙公司以被告认定的取水数据无相关证据、计算水资源费依据错误等为由提起行政诉讼,请求撤销该处理决定。

87. 征缴防空地下室易地建设费类案件的审查

【审查要点】

《人民防空工程建设管理规定》第四十八条规定:"按照规定应修建防空地下室的民用建筑,因地质、地形等原因不宜修建的,或者规定应建面积小于民用建筑地面首层建筑面积的,经人民防空主管部门批准,可以不修建,但必须按照应修建防空地下室面积所需造价缴纳易地建设费,由人民防空主管部门统一就近易地修建。防空地下室易地建设费的收取标准,由省、自治区、直辖市人民政府价格主管部门会同财政、人民防空主管部门按照当地防空地下室的造价制定。"第五十四条规定:"经人民防空主管部门批准需缴纳防空地下室易地建设费的,建设单位在办理建设工程规划许可证前,应当先缴纳防空地下室易地建设费。建设单位缴纳易地建设费后,人民防空主管部门应当向建设单位出具由财政部或者省、自治区、直辖市人民政府财政主管部门统一印制的行政事业性收费票据。"

针对此类案由纠纷，审查的重点有：征缴主体是否适当，缴纳主体是否正确，征缴是否有事实和法律依据，征缴数额是否合法、正确，征缴时间是否适当，征缴程序是否合法等。

【典型案例】

杨某某等诉被告甲市人民防空办公室征缴防空地下室易地建设费案

【裁判要旨】

在防空办作出征缴决定书前公司已注销登记的，防空办如要求作为公司股东的原告个人缴纳防空地下室易地建设费，应当举证证明存在公司未经清算即办理注销登记的事实；防空办作出决定前，应就限期修建人防工程或补缴易地建设费，听取当事人的陈述意见，未听取意见径行做出行政决定的，违反了程序正当原则。

【简要案情】

杨某某等系 A 公司股东，A 公司与 B 公司签订《房地产合作开发合同书》借用 B 公司资质开发某某家园项目。后甲市政府作出相关会议纪要，纪要载明："……鉴于某某家园小区在我市人防易地建设费开征之前已开工建设，且建设工程规划许可证正在积极办理之中，会议决定，……不再收取其人防易地建设费。"后 A 公司于同年作为建设单位依上述会议纪要取得《建设工程规划许可证》。后 A 公司于 2019 年注销登记。后乙市监察委员会监察建议书建议甲市政府责令防空办督促某某家园补建人防工程或者追缴防空地下室易地建设费，甲市人民防空办公室作出案涉《征缴防空地下室易地建设费决定书》，认定：A 公司股东杨某某等及 B 公司，应缴纳防空地下室易地建设费 1000 余万元。杨某某等及 B 公司分别起诉，请求法院撤销该《征缴防空地下室易地建设费决定书》。

【规范性文件】

《人民防空工程建设管理规定》

第四十八条 按照规定应修建防空地下室的民用建筑，因地质、地形等原因不宜修建的，或者规定应建面积小于民用建筑地面首层建筑面积的，经人民防空主管部门批准，可以不修建，但必须按照应修建防空地下室面积所需造价缴纳易地建设费，由人民防空主管部门统一就近易地修建。

防空地下室易地建设费的收取标准，由省、自治区、直辖市人民政府价格主管部门会同财政、人民防空主管部门按照当地防空地下室的造价制定。

88. 征缴水土保持补偿费类案件的审查

【审查要点】

征缴水土保持补偿费，是指国家为了预防和治理水土流失，保护和合理利用水土资源，改善生态环境，保障社会可持续发展，对于在容易发生水土流失的区域内从事生产建设活动或者从事生产建设活动对地貌植被等有损害的，又无法恢复原有状态的公民法人或者其他组织，收取相应费用，用于水土流失预防和治理工作的行为。[①]《水土保持法》第二条第二款规定："本法所称水土保持，是指对自然因素和人为活动造成水土流失所采取的预防和治理措施。"该法第三十二条规定，开办生产建设项目或者从事其他生产建设活动造成水土流失的，应当进行治理。损坏水土保持设施、地貌植被，不能恢复原有水土保持功能的，应当缴纳水土保持补偿费，专项用于水土流失预防和治理。第五十七条规定："违反本法规定，拒不缴纳水土保持补偿费的，由县级以上人民政府水行政主管部门责令限期缴纳；逾期不缴纳的，自滞纳之日起按日加收滞纳部分万分之五的滞纳金，可以处应缴水土保持补偿费三倍以下的罚款。"

针对此类案由纠纷，审查的重点有：征缴主体是否适当，征缴费用是否有法律依据，相对人是否应当缴纳，缴纳主体是否正确，征缴数额是否合法、正确，征缴时间是否适当，征缴程序是否合法等。

---

① 参见《水土保持法》第一条、第三十二条。

【典型案例】

乙公司与甲市水土保持监督总站水土保持行政处理纠纷案

【裁判要旨】

征缴水土流失补偿费,行政机关首先要证明根据公司企业资源开采性质,公司企业的生产行为已经或必然致使原有的水土保持功能降低的事实;其次行政机关要根据《水土保持法》第五十七条及各省实施《水土保持法办法》及其他相关地方性法规等规定,确定缴纳水土流失补偿费的具体标准。

【简要案情】

乙公司所属的生产单位,在甲市行政区域内开采石油、天然气。后甲市水土保持站作出《水土流失补偿费缴纳通知书》,要求乙公司缴纳开采石油、天然气须缴纳的水土流失补偿费共计1.2亿余元。乙公司拒不缴纳。后甲市水土保持站作出《水土保持行政处理决定书》,要求乙公司自决定书作出之日起缴纳水土流失补偿费。乙公司申请行政复议继而提起行政诉讼,认为开发没有造成损坏,因此就没有缴纳补偿费的义务,"水土流失补偿费"费种的征收也缺乏法律依据。

【规范性文件】

《中华人民共和国水土保持法》

第三十二条 开办生产建设项目或者从事其他生产建设活动造成水土流失的,应当进行治理。

在山区、丘陵区、风沙区以及水土保持规划确定的容易发生水土流失的其他区域开办生产建设项目或者从事其他生产建设活动,损坏水土保持设施、地貌植被,不能恢复原有水土保持功能的,应当缴纳水土保持补偿费,专项用于水土流失预防和治理。专项水土流失预防和治理由水行政主管部门负责组织实施。水土保持补偿费的收取使用管理办法由国务院财政部门、国务院价格主管部门会同国务院水行政主管部门制定。

生产建设项目在建设过程中和生产过程中发生的水土保持费用,按照国家统一的财务会计制度处理。

89. 征缴土地闲置费类案件的审查

【审查要点】

征缴土地闲置费，是指国家为了保护土地，推动土地资源的有效合理利用，对于公民、法人或其他组织已办理审批手续的非农业建设占用耕地，一年以上未动工建设的，按照省、自治区、直辖市的规定缴纳一定量的土地闲置费，以督促尽快开发，并弥补因未开发又未耕种而造成的土地资源浪费损失的行为。[①] 征缴土地闲置费类案件纠纷，要依据土地和房地产管理方面的法律、行政法规及地方性法规等确定纠纷范围。《土地管理法》第三十八条规定："禁止任何单位和个人闲置、荒芜耕地。已经办理审批手续的非农业建设占用耕地，一年内不用而又可以耕种并收获的，应当由原耕种该幅耕地的集体或者个人恢复耕种，也可以由用地单位组织耕种；一年以上未动工建设的，应当按照省、自治区、直辖市的规定缴纳闲置费；连续二年未使用的，经原批准机关批准，由县级以上人民政府无偿收回用地单位的土地使用权；该幅土地原为农民集体所有的，应当交由原农村集体经济组织恢复耕种。在城市规划区范围内，以出让方式取得土地使用权进行房地产开发的闲置土地，依照《城市房地产管理法》的有关规定办理。"《城市房地产管理法》第二十六条规定："以出让方式取得土地使用权进行房地产开发的，必须按照土地使用权出让合同约定的土地用途、动工开发期限开发土地。超过出让合同约定的动工开发日期满一年未动工开发的，可以征收相当于土地使用权出让金百分之二十以下的土地闲置费；满二年未动工开发的，可以无偿收回土地使用权；但是，因不可抗力或者政府、政府有关部门的行为或者动工开发必需的前期工作造成动工开发迟延的除外。"需要注意的是，因征缴过程中发生的其他纠纷，如因满二年未动工开发而被收回土地的纠纷、开发过程中因违法用地受到行政处罚等，均不属此类案由。

征缴土地闲置费纠纷审查的重点主要有，征缴主体是否适当，征缴费用是否有法律依据，缴费主体是否适当，相对人是否应当缴纳（包括是否未动

[①] 参见《土地管理法》第一条、第三十八条。

工开发、是否满一年,未动开发是否主要因不可抗力或行政机关原因等),征缴数额是否正确(包括土地出让金的构成、征缴比例是否适当),征缴程序是否合法等。

【典型案例】

乙公司诉甲县国土资源局征缴土地闲置费决定案

【裁判要旨】

土地权属登记解决的是土地物权的归属问题,不能当然认定取得土地使用证后即视为土地交付并符合开发条件。国家征收土地闲置费是为了规范土地市场行为,促进节约集约用地。对于确实因法律规定的客观原因导致无法开发土地,经调查核实属实的,不应征收土地闲置费。

【简要案情】

原告乙公司与被告甲县国土资源局签订国有建设用地使用权出让合同一份。合同约定了宗地交付时间,并约定乙公司应于2013年12月1日之前开工。合同签订后,乙公司足额付清了宗地全部价款,并于2013年1月29日取得了国有土地使用权证。2013年5月,原告向被告发函称近期准备对案涉宗地进行开发建设,拟在6月10日前接受该宗地,请求被告协调将该宗地上的青苗、农作物、建(构)筑物、坟山及一切临时建筑物清除干净,确保具备可以顺利开发建设的条件。被告收到该函件后未与原告协调处理此事。2014年12月,因涉及其他刑事案件,该宗地被司法机关查封。2016年7月,被告以原告取得土地使用权后未按照约定的期限及开发条件进行开发建设,至今未动工已满两年,认定上述土地为闲置土地。原告提出土地闲置主要是政府原因造成,要求撤销闲置土地认定书。后被告于2017年1月作出征缴土地闲置费决定书,认定由于原告自身原因导致涉案宗地未动工开发建设已满一年,对原告闲置土地征缴土地闲置费1000余万元。原告遂提起行政诉讼。

【规范性文件】

《闲置土地处置办法》

第八条 有下列情形之一,属于政府、政府有关部门的行为造成动工开发延迟的,国有建设用地使用权人应当向市、县国土资源主管部门提供土地闲置原因说明材料,经审核属实的,依照本办法第十二条和第十三条规定处置：

（一）因未按照国有建设用地使用权有偿使用合同或者划拨决定书约定、规定的期限、条件将土地交付给国有建设用地使用权人，致使项目不具备动工开发条件的；

（二）因土地利用总体规划、城乡规划依法修改，造成国有建设用地使用权人不能按照国有建设用地使用权有偿使用合同或者划拨决定书约定、规定的用途、规划和建设条件开发的；

（三）因国家出台相关政策，需要对约定、规定的规划和建设条件进行修改的；

（四）因处置土地上相关群众信访事项等无法动工开发的；

（五）因军事管制、文物保护等无法动工开发的；

（六）政府、政府有关部门的其他行为。

因自然灾害等不可抗力导致土地闲置的，依照前款规定办理。

第九条　经调查核实，符合本办法第二条规定条件，构成闲置土地的，市、县国土资源主管部门应当向国有建设用地使用权人下达《闲置土地认定书》。

90. 征缴土地复垦费类案件的审查

【审查要点】

《土地管理法》第四十三条规定："因挖损、塌陷、压占等造成土地破坏，用地单位和个人应当按照国家有关规定负责复垦；没有条件复垦或者复垦不符合要求的，应当缴纳土地复垦费，专项用于土地复垦。复垦的土地应当优先用于农业。"该法第七十六条规定："违反本法规定，拒不履行土地复垦义务的，由县级以上人民政府自然资源主管部门责令限期改正；逾期不改正的，责令缴纳复垦费，专项用于土地复垦，可以处以罚款。"

针对此类案由的案件纠纷，主要审查重点有：实施征缴的行政主体是否合法，征缴对象是否正确，征缴是否有法律和事实依据，征缴范围是否合法，适用的征缴数额是否正确，征缴程序是否合法等，税费调整后相关征缴的变动是否正确等。

【典型案例】

乙村村委会拒不履行复垦义务案

【裁判要旨】

因挖损造成土地破坏，应当缴纳土地复垦费，专项用于土地复垦。

需要说明的是：此案虽是以行政处罚决定书的形式作出的行政处理，但其实质是要求行政相对人履行择一的义务，一是负责复垦，二是缴纳土地复垦费，义务人必须履行其中之一的义务，所涉纠纷主要为是否应当缴纳土地复垦费，故其案由亦可归纳为"征缴土地复垦费"。

【简要案情】

甲县乙村因进行标准化建设需用到土方，村委会经研究后组织村民在村后挖一大坑取土，其后数年都未将坑填平。后甲县国土局经调查，向乙村下达了行政处罚决定书，要求村里在接到处罚决定之日起30日内组织复垦，否则责令缴纳土地复垦费专项用于复垦。期限届满后，村委会称因人力物力有限，没有条件复垦故仍没有复垦。甲县国土局又向乙村村委会下达了行政处罚决定，责令村委会缴纳土地复垦费，专项用于复垦，否则，将申请法院强制执行。乙村村委会针对此责令村委会缴纳土地复垦费的决定提起行政诉讼。

【规范性文件】

《中华人民共和国土地管理法》

第四十三条 因挖损、塌陷、压占等造成土地破坏，用地单位和个人应当按照国家有关规定负责复垦；没有条件复垦或者复垦不符合要求的，应当缴纳土地复垦费，专项用于土地复垦。复垦的土地应当优先用于农业。

91. 征缴耕地开垦费类案件的审查

【审查要点】

《土地管理法》第三十条规定："国家保护耕地，严格控制耕地转为非耕地。国家实行占用耕地补偿制度。非农业建设经批准占用耕地的，按照

'占多少，垦多少'的原则，由占用耕地的单位负责开垦与所占用耕地的数量和质量相当的耕地；没有条件开垦或者开垦的耕地不符合要求的，应当按照省、自治区、直辖市的规定缴纳耕地开垦费，专款用于开垦新的耕地。"《土地管理法实施条例》第八条规定："国家实行占用耕地补偿制度。在国土空间规划确定的城市和村庄、集镇建设用地范围内经依法批准占用耕地，以及在国土空间规划确定的城市和村庄、集镇建设用地范围外的能源、交通、水利、矿山、军事设施等建设项目经依法批准占用耕地的，分别由县级人民政府、农村集体经济组织和建设单位负责开垦与所占用耕地的数量和质量相当的耕地；没有条件开垦或者开垦的耕地不符合要求的，应当按照省、自治区、直辖市的规定缴纳耕地开垦费，专款用于开垦新的耕地。省、自治区、直辖市人民政府应当组织自然资源主管部门、农业农村主管部门对开垦的耕地进行验收，确保开垦的耕地落实到地块。划入永久基本农田的还应当纳入国家永久基本农田数据库严格管理。占用耕地补充情况应当按照国家有关规定向社会公布。个别省、直辖市需要易地开垦耕地的，依照《土地管理法》第三十二条的规定执行。"上述规定是此类案由范围的依据。《土地管理法实施条例》第五十一条规定："违反《土地管理法》第三十七条的规定，非法占用永久基本农田发展林果业或者挖塘养鱼的，由县级以上人民政府自然资源主管部门责令限期改正；逾期不改正的，按占用面积处耕地开垦费2倍以上5倍以下的罚款；破坏种植条件的，依照《土地管理法》第七十五条的规定处罚。"该条例第五十五条规定："依照《土地管理法》第七十五条的规定处以罚款的，罚款额为耕地开垦费的5倍以上10倍以下；破坏黑土地等优质耕地的，从重处罚。"以上条例两条所规定的罚款均是以耕地开垦费为基准确定金额，但其本质均是对破坏耕地行为的行政处罚，并不属征缴耕地开垦费征缴案由。

此类案由审查的重点有，征缴主体是否适当，征缴对象是否正确，对相对人征缴耕地开垦费是否有事实和法律的依据，征缴数额是否正确、征缴程序是否合法等。

【典型案例】

乙公司诉甲县国土资源局征缴耕地开垦费及行政赔偿案

【裁判要旨】

行政机关向未实际获得土地使用权的行政相对人，直接收取耕地开垦费、社保基金、土地预收款等费用，不符合法律规定和规范性文件的规定。

【简要案情】

乙公司向甲县国土资源局提出建设用地申请，拟在甲县某村占用土地20余亩。后甲县国土资源局向乙公司收取耕地开垦费、社保基金、土地预收款（新增建设用地有偿使用费），合计90余万元。后因行政区划调整涉案土地至今尚未挂牌出让，该公司多次与甲县国土资源局协商返还所交上述款项未果，遂提起诉讼，请求确认甲县国土资源局收取该公司耕地开垦费等费用的行政行为违法，并返还耕地开垦费等共计90余万元。

【规范性文件】

《中华人民共和国土地管理法》

第三十条 国家保护耕地，严格控制耕地转为非耕地。

国家实行占用耕地补偿制度。非农业建设经批准占用耕地的，按照"占多少，垦多少"的原则，由占用耕地的单位负责开垦与所占用耕地的数量和质量相当的耕地；没有条件开垦或者开垦的耕地不符合要求的，应当按照省、自治区、直辖市的规定缴纳耕地开垦费，专款用于开垦新的耕地。

省、自治区、直辖市人民政府应当制定开垦耕地计划，监督占用耕地的单位按照计划开垦耕地或者按照计划组织开垦耕地，并进行验收。

（撰写人：朱宏伟）

十一、行政奖励类案件的司法审查

【裁判标准】

行政奖励是国家依法赋予行政相对人的一项法定权利，符合条件的公民有权要求行政机关给予奖励；依法给予奖励则是行政机关的义务。行政相对人认为行政机关未依法履行奖励的义务，侵犯其财产权或名誉权，可以根据《行政诉讼法》第十二条第一款第十二项"认为行政机关侵犯其他人身权、财产权等合法权益的"规定，提起行政诉讼。《暂行规定》中"行政奖励"二级案由下，列举了授予荣誉称号和发放奖金两个三级案由。

在审查行政奖励类案件中，人民法院应当对诉争的行政行为是否构成行政奖励、行政相对人是否符合行政奖励设定的条件、行政主体是否适当履行奖励内容等进行审查。

实施行政奖励的主体是行政主体。奖励有多种，但只有以行政主体为奖励实施者的才属于行政奖励。国家行政机关是行政奖励的当然主体，各级人民政府、各级行政主管部门，在实施国家行政管理的过程中，有权对符合条件的对象给予行政奖励，成为行政奖励主体；法律、法规授权的组织，在授权范围内有权对符合条件的对象给予奖励，成为行政奖励主体。未经授权的个体企业、外资企业或者一般的社会组织等非行政主体实施的奖励行为，不是行政奖励。行政奖励的对象是对国家、人民和社会作出突出贡献或者模范地遵纪守法的个人或者组织。国家行政机关及其工作人员、普通公民、企事业单位、社会团体等，都可以成为其对象。外国组织或者个人在中国作出了显著贡献者，同样可以成为行政奖励的对象。

行政奖励可以分为内部的行政奖励行为和外部的行政奖励行为。《行政诉讼法》第十三条第三项规定："人民法院不受理公民、法人或者其他组织对下列事项提起的诉讼：（三）行政机关对行政机关工作人员的奖惩、任免等决定。"对内部行政奖励行为提起行政诉讼，不属于法院的受案范围。外部行政奖励的表现方式很多，有些是根据法律、法规的规定实施的，有些是根据规范性文件实施的。行政相对人对行政机关根据规范性文件所实施的奖励行为不服提起行政诉讼的，人民法院应当依法立案。

现有法律、法规和规章在一些行政管理领域创设了行政奖励，但行政奖励内容丰富、形式多样，法律不可能也没有必要覆盖所有奖励形式。事实上，各地、各级行政机关为更好地实现行政管理的目标，通过制定规范性文件的形式规定了各种奖励办法。我们认为，在与法律不冲突的情况下，对行政主体通过规范性文件创设行政奖励的行为，应当予以一定认可。但需要注意的是，在审理以规范性文件为依据的行政奖励案件时，需要对行政规范性文件的合法性进行审查，审查的内容包括发布主体是否合法，发布的程序是否合法以及该文件的内容是否合法。经审查，行政规范性文件合法，且行政相对人符合奖励条件，应当判决给予行政奖励，但不宜在裁判文书中直接对规范性文件的合法性作出评判。

92. 授予荣誉称号类案件的审查

【审查要点】

1. 授予荣誉称号属于精神奖励的一种形式。在审理相关案件时，可以适用相关领域的法律法规并参照规章等。

2. 在行政审判工作中，并不是所有的涉及"授予荣誉称号"的起诉都属于行政诉讼受理范围。如对于公务员的奖励或行政机关内部上级行政机关对下级行政机关或事业单位的奖励等，即不属于可以提起行政诉讼的范畴。

3. 关于见义勇为行为的认定。近年来，因见义勇为引发的法律问题不断出现，《民法典》规定了见义勇为行为人的损害赔偿请求权及损害补偿请求权，建立了民法上的见义勇为制度，但对于见义勇为行为如何认定，我国目前尚没有统一立法，各地通过颁布地方性法规或地方政府规章对见义勇为行为进行立法保护。人民法院在审判实践中，可以从以下四个方面来认定：一是见义勇为的主体要件构成。见义勇为的主体必须是不负有法定或者约定救助义务的自然人。见义勇为的主体仅限于没有法定或约定义务，只要是行为发生在我国境内，其身份无论是成年人还是未成年人，是中国人还是外国人或无国籍人,是有政治权利还是被剥夺政治权利,甚至是正被羁押或刑满释放的人,都不应当受到限制。二是见义勇为主观要件的构成。见义勇为的行为人在实施救助时,其主观方面应为了正义性的目的,其出发点必须是正义的,其目的是有利于国家利益、社会利益或者他人人身、财产利益的。三是见义勇为客体要件构成。见义勇为所保护或者救助的客体是国家利益、社会公共利益或他人的人身、财产利益。四是见义勇为的客观要件构成。行为人实施保护和救助行为时其所保护和救助的对象必须是在客观上正在或将要遭到不法侵害、自然灾害或意外事故,遭遇危险或者面临危险,行为人实施见义勇为时必须面临较大的人身危险性,行为人主动挺身而出,具体实施了保护行为或者救助行为。

【典型案例】

案例一:马某某诉甲镇政府行政奖励案

【裁判要旨】

行为人认为政府的行政奖励决定侵犯其合法权益,没有给予其应得的奖励,有权向法院提起行政诉讼。但是政府有权依法根据行为人行为当时的具体情况,如参与救人行为的程度以及效果等因素,决定行政奖励的方式和幅度。

【简要案情】

1999年5月23日,乙村8名群众渡河时不幸翻船,5名群众遇险。王某某、邵某某及马某某等数十名群众闻讯赶到,抢险救人。5月25日,乙村党支部、村委会向甲镇党委、甲镇政府呈报"乙村关于'5·23事件'见义勇为先进事迹的大会评选报告"。5月26日,甲镇党委、甲镇政府以甲发(1999)42号文件作出"关于对王某某、邵某某等人见义勇为先进事迹进行表彰的决定",授予王某某等5人"见义勇为先进个人"荣誉称号,并分别奖励500元或200元,对马某某等9人在全镇通报表扬。马某某不服5月26日甲镇政府表彰决定而上访。此后,乙村委会向甲镇党委、甲镇政府去函报告,申报马某某为5月23日翻船事件中"见义勇为先进个人",并申请发给荣誉证书。2000年4月8日,甲镇政府向马某某颁发了"见义勇为先进个人"荣誉证书。马某某认为甲镇政府不以政府规范性文件形式确认其为"见义勇为先进个人",属于行政不作为,提起行政诉讼,请求确认甲镇政府行政奖励不作为行为违法,同时要求甲镇政府给其赔礼道歉,发放奖金,赔偿其差旅费、误工费等经济损失。

案例二：甲公司不服乙市公安局授予"见义勇为"荣誉称号决定案

【裁判要旨】

对于公民在法定职责、法定义务之外，为保护国家利益、社会公共利益和他人的人身、财产安全挺身而出的行为，人民法院应当认定为见义勇为，以弘扬中华民族传统美德。

【简要案情】

王某某生前系甲公司职工。2009年6月13日上午，王某某与李某某等四人一起到河滩洗衣服，其间，李某某为捞掉入河中的刷子落入河中。王某某见状随即跳入河水中去救李某某。后在附近群众帮助下，李某某被救上来，王某某溺水身亡。报警后，王某某的尸体第二天被打捞上来。7月份王某某家属（王某某的父亲）以其儿子王某某的行为属见义勇为，要求甲公司进行申报而甲公司未予申报为由向乙市公安局申请，要求认定王某某的行为属见义勇为。11月5日，乙市公安局作出关于授予王某某同志乙市见义勇为先进个人荣誉称号的决定。甲公司认为王某某的行为不符合见义勇为的条件，乙市公安局认定王某某为见义勇为先进个人事实不清、证据不足、程序违法，请求依法撤销乙市公安局作出的关于授予王某某同志乙市见义勇为先进个人荣誉称号的决定。

案例三：管某某诉甲市政府不履行法定职责案

【裁判要旨】

根据《国家勋章和国家荣誉称号法》第十九条的规定，国家勋章和国家荣誉称号的有关具体事项，由国家功勋荣誉表彰有关工作机构办理。行政相对人请求行政机关履行授予荣誉称号等职责，应当依法向具有相应职责的工作机构提出申请，不能笼统地以政府具有领导职权为由，要求人民政府直接作出行政决定或认定。

【简要案情】

管某某向甲市政府提出申请，要求限期为其办理"国家勋章申请书"并给予奖励1万元人民币。因甲市政府未作出回复，其向人民法院提起诉讼，请求确认甲市政府不作为违法。

【规范性文件】

《中华人民共和国教师法》

第三十三条　教师在教育教学、培养人才、科学研究、教学改革、学校建设、社会服务、勤工俭学等方面成绩优异的，由所在学校予以表彰、奖励。

国务院和地方各级人民政府及其有关部门对有突出贡献的教师，应当予以表彰、奖励。

对有重大贡献的教师，依照国家有关规定授予荣誉称号。

《中华人民共和国国家勋章和国家荣誉称号法》

第四条　国家设立国家荣誉称号，授予在经济、社会、国防、外交、教育、科技、文化、卫生、体育等各领域各行业作出重大贡献、享有崇高声誉的杰出人士。

国家荣誉称号的名称冠以"人民"，也可以使用其他名称。国家荣誉称号的具体名称由全国人民代表大会常务委员会在决定授予时确定。

93. 发放奖金类案件的审查

【审查要点】

审查行政机关是否依法定的条件、形式和程序实施发放奖金行为。

【典型案例】

案例一：马某诉乙区国家税务局行政奖励案

【裁判要旨】

行政机关未依法律、法规、规章或相关规定实施行政奖励的，人民法院可以依法判决撤销行政奖励行为并责令其重新处理。税务机关承诺对举报发票违章行为的人实施奖励，举报人对奖励不满提起诉讼的，人民法院应当受理。行政机关必须依法定的条件、形式和程序实施行政奖励，在法律仅对行政奖励作原则性规定的情况下，行政机关对如何实施奖励制定规范性文件并对外公布，那么，行政机关在实施奖励行为时，也应遵循该文件的规定。

【简要案情】

2000年3月23日，甲市国家税务局下发甲国税发〔2000〕155号文件，该文件第五项规定："举报发票违章案件经查实后，举报人每次可获奖励100~500元。"第四项规定："消费者一次取得同一单位或者个人数份假发票（或违章发票）等，分次举报的，只可获得一次奖励。"该文件在甲市税务部门的办事大厅张贴，内容曾向社会广为宣传。马某于2004年8月16日向甲市国家税务局举报了16家商户发票违章，甲市国家税务局指定由乙区国家税务局作出处理。乙区国家税务局于同年11月16日决定对其中的15份发票向马某奖励200元（对另外一份发票奖励100元），11月19日向马某发出领奖通知。马某认为乙区国家税务局没有严格依规定足额发放奖金，遂向法院提起诉讼。

案例二：孙某某诉甲区税务局行政奖励案

【裁判要旨】

公民检举税收违法行为有权得到奖励，税务机关在发放行政税务奖励时，可以基于当前社会经济发展情况，依据便民及效率原则选择奖励交付方式。在行为程序轻微违法，但在对原告权利不产生实际影响的情况下，人民法院可以判决确认行为违法，但不撤销税务奖励行为。

各省、自治区、直辖市和计划单列市国家税务局可以根据《检举纳税人税收违法行为奖励暂行办法》的规定，结合地方税务系统工作实际制定具体规定，属于对部门规章细化操作的行政规范性文件，依法具有行政效力。

【简要案情】

孙某某向甲区税务局检举乙公司收取孙某某房租而不开发票涉嫌偷税漏税。甲区税务局在给予乙公司行政处罚后，于2019年3月1日作出〔2019〕001号《检举纳税人税收违法行为领奖通知书》（以下简称被诉领奖通知），决定颁发孙某某检举纳税人税收违法行为奖金0.6元。孙某某认为该市《关于贯彻国家税务总局、财政部〈检举纳税人税收违法行为奖励暂行办法〉的通知》（以下简称《通知》）不是执法依据，甲区税务局未向其告知对乙公司的税收征缴及罚款情况致使其无法确定可获得的奖励具体数额，未经孙某某授权同意直接向孙某某汇款剥夺了孙某某提出异议甚至放弃奖励的权利，执法程序违法，向法院提起本案诉讼，请求判令甲区税务局对孙某某检举纳税人税收违法行为未依法奖励的行政不作为违法，撤销被诉领奖通知，判令甲区税务局对孙某某检举纳税人税收违法行为重新依法奖励，并书面向孙某某赔礼道歉。

【规范性文件】

《中华人民共和国税收征收管理法》

第十三条　任何单位和个人都有权检举违反税收法律、行政法规的行为。收到检举的机关和负责查处的机关应当为检举人保密。税务机关应当按照规定对检举人给予奖励。

《检举纳税人税收违法行为奖励暂行办法》

第六条　检举的税收违法行为经税务机关立案查实处理并依法将税款收缴入库后，根据本案检举时效、检举材料中提供的线索和证据详实程度、检举内容与查实内容相符程度以及收缴入库的税款数额，按照以下标准对本案检举人计发奖金：

（一）收缴入库税款数额在1亿元以上的，给予10万元以下的奖金；

（二）收缴入库税款数额在5000万元以上不足1亿元的，给予6万元以下的奖金；

（三）收缴入库税款数额在1000万元以上不足5000万元的，给予4万元以下的奖金；

（四）收缴入库税款数额在500万元以上不足1000万元的，给予2万元以下的奖金；

（五）收缴入库税款数额在100万元以上不足500万元的，给予1万元以下的奖金；

（六）收缴入库税款数额在100万元以下的，给予5000元以下的奖金。

（撰写人：徐小玉）

十二、行政收费类案件的审查

【裁判标准】

1. 行政收费类二级案由下，共列举了六个三级案由，这些案由都是相关规范性文件明确予以规定的收费项目。但实践中行政机关可能以各种名目进行收费，难以一一列举，但都可以归类于行政收费案由中，对于此类案件的司法审查，遵循同样的规律。

2. 行政收费包括收费的主体权限、项目、标准等，都应当有明确的法律依据。没有法律依据的或者与法律规定不相符的行政收费行为，行政相对人可以拒绝缴纳费用。因对是否应当缴纳费用以及如何缴纳费用等发生争议，如当事人依法提起行政诉讼的，请求撤销行政机关要求行政相对人缴纳相应费用的决定或者请求退回已经缴纳的相关费用等，人民法院应当依法立案。

人民法院应当重点审查行政机关是否属于法定的收费主体即是否具有行政收费权限、行政相对人是否具有缴纳相应费用的法定义务、依法应当缴纳的费用数额及期限、是否实际缴纳及缴纳的数额等。在法律适用方面，作为行政收费领域的两个核心主管部门即财政部及国家发展改革委，其制定的有关行政收费的部门规章及相关规范性文件，通常可作为行政收费行为的有效法律依据。如国家发展改革委与财政部于2018年制定的《行政事业性收费标准管理办法》（发改价格规〔2018〕988号），属于调整行政收费行为的"基本法"；两部门在特定时期对行政收费政策进行调整而制定的规范性文件，都属于对应时期行政收费行为的有效法律依据。

3. 行政收费具有较强的政策性，随着经济发展状况等现实情况的变化，有关行政收费的规定性文件可能发生调整，尤其是减免的趋势较为明显，因而在判断具体行政收费行为时，应当特别留意与收费项目相关的规范性文件。当前，行政案由中所列的三级案由，已有较多被取消或暂停征用。对于行政相对人就行政收费行为提起的行政诉讼，人民法院应当正确运用法的溯及力原则,准确适用行政争议或被诉行政行为应当适用的规范性文件。

4. 作为对公民财产权益直接产生影响的一类行政行为,行政事业性收费应当遵循合法性原则,必须有明确的法律依据。我国行政事业性收费标准实行中央和省两级审批制度,对于没有合法性依据、违反法律法规以及相关规范性文件的收费,行政相对人可以拒绝缴纳和举报,已经缴纳的,可以要求予以退回。另外,行政收费通常由具体的收费单位执行,执行主体更多的是地方基层单位,直接的法律依据也相应更多的为地方制定的更为具体、明确的规范性文件,被诉行政机关应当予以提供。

5. 收费行政许可证是认定被许可主体是否具有行政事业性收费资格的重要证据,在许可证被撤销之前,行政相对人否定被许可主体的行政收费资格的,除许可证存在明显违法而效力可能被否定的外,人民法院通常不予支持。人民法院应当厘清行政收费行为与行政收费许可之间的联系与区别,对于当事人的实质诉求与诉讼请求并不匹配的,予以适当释明。

6. 依法由其他非行政主体代收行政事业性费用的,被收费人对收费行为不服提起行政诉讼的,应当以具有行政事业性收费法定职责的行政主体为被告。其他主体以受委托为由收取行政事业性费用,但不能提供证据证明行政委托成立,且具有收费职责的行政主体予以否认的,被收费主体以该行政主体为被告提起行政诉讼的,则属于被告不适格的情形。

95. 车辆通行费类案件的审查

【审查要点】

车辆通行费收取的主体、对象、方式、标准、时限等,都应当有明确、有效的法律依据。经审查,被诉收费行为具有法律依据,在该依据的效力被依法否定之前,行政相对人主张收费不合理的,人民法院不予支持。

十二、行政收费类案件的审查

【典型案例】

案例一：上诉人赖某诉被上诉人某市政设施收费处车辆通行费及被上诉人某市交通运输局行政复议决定案

【裁判要旨】

对于具有法律依据、经过有权机关批准的行政收费行为，行政相对人认为行政收费不符合自身需要、收费不合理，而主张行政收费行为不具有合法性的，人民法院不予支持。

【简要案情】

某市人民政府经省人民政府批准同意，在某市城区范围内实行车辆通行费年票制，收费标准亦获得省级有权部门的审查批准，符合规定。据此，被上诉人某市政设施收费处作为车辆通行费的征收管理机构，于2015年12月3日以年票方式向上诉人收取其涉案车辆2015年度的车辆通行费980元，于法有据，并无不当。案涉复议决定维持上述收费行为，亦无不当。

【规范性文件】

《中华人民共和国公路法》

第五十九条 符合国务院交通主管部门规定的技术等级和规模的下列公路，可以依法收取车辆通行费：

（一）由县级以上地方人民政府交通主管部门利用贷款或者向企业、个人集资建成的公路；

（二）由国内外经济组织依法受让前项收费公路收费权的公路；

（三）由国内外经济组织依法投资建成的公路。

第六十三条 收费公路车辆通行费的收费标准，由公路收费单位提出方案，报省、自治区、直辖市人民政府交通主管部门会同同级物价行政主管部门审查批准。

《收费公路管理条例》

第十一条第二款 省、自治区、直辖市人民政府交通主管部门对本行政区域内的政府还贷公路，可以实行统一管理、统一贷款、统一还款。

【典型案例】

案例二：上诉人某货运公司与被上诉人某市公路桥梁收费所车辆通行费案

【裁判要旨】

车辆通行费的收取，因公路、区域等情形的不同，其收取的主体、方式、标准等也可能相应存在区别。人民法院应当查明车辆通行费的法定职权主体，依法确定适格的被告主体。有权主体颁发的行政收费许可证，通常可以作为行政收费主体资格的有效事实根据。

【简要案情】

本案争议焦点在于某市公路桥梁收费所作出的被诉之《某市机动车辆路桥通行年票费催缴决定书》是否合法。(1)关于收费主体的问题。根据市编制委员会文件，某市公路桥梁收费所是自1989年设立的正科级建制事业单位，负责某市政府还贷公路车辆通行费的征收工作。根据某市事业单位登记管理局核发的《事业单位法人证书》显示，某市公路桥梁收费所的"宗旨和业务范围"为"承担征收路桥费；收费还贷"。另据某市公路桥梁收费所提供的《广东省收费行政许可证》，某市公路桥梁收费所已取得征收某市非经营性路桥收费的行政许可。依照国务院《收费公路管理条例》（自2004年11月1日起施行）第十一条第一款"建设和管理政府还贷公路，应当按照政事分开的原则，依法设立专门的不以营利为目的的法人组织"的规定，由于某市公路桥梁收费所是某市设立的符合该行政法规规定的政府还贷收费公路的收费单位，按该行政法规的授权，其作为征收东莞市政府还贷公路车辆通行费的主体适格。(2)关于案涉催缴决定书是否合法的问题。某市自2005年3月31日起试行的车辆通行费年票制，对本地车辆以年票方式收取车辆通行费，其收费方式、收费标准均形成方案向省人民政府进行请示，并经省人民政府同意及省级有权部门的审查批准，符合前述法律法规的规定。而且，2008年7月31日，广东省人民代表大会常务委员会对《广东省公路条例》进行了修订，其中新增第三十四条第二款规定，"经省人民政府批准，可在一定区域内实行车辆通行费年票制"，以地方性法规的方式对广东省在一定区域实行车辆通行费年票制进行了明确，该修订后的条例自2009年1月1日起施行。因此，在广东省人民政府同意及省级相关部门审查批准的前提下,某市公路桥梁收费所向某货运公司作出案涉《某市机动车辆路桥通行年票费催缴决定书》,并无不当。某货运公司上诉要求撤销该催缴决定书的理由不充分,依法予以驳回。

【规范性文件】

《中华人民共和国公路法》

第五十九条 符合国务院交通主管部门规定的技术等级和规模的下列公路,可以依法收取车辆通行费:

(一)由县级以上地方人民政府交通主管部门利用贷款或者向企业、个人集资建成的公路;

(二)由国内外经济组织依法受让前项收费公路收费权的公路;

(三)由国内外经济组织依法投资建成的公路。

第六十三条 收费公路车辆通行费的收费标准,由公路收费单位提出方案,报省、自治区、直辖市人民政府交通主管部门会同同级物价行政主管部门审查批准。

《收费公路管理条例》

第十一条第二款 省、自治区、直辖市人民政府交通主管部门对本行政区域内的政府还贷公路,可以实行统一管理、统一贷款、统一还款。

97. 不动产登记费类案件的审查

【审查要点】

1. 在不动产登记行政收费案件中,当事人可能将办理不动产登记过程中发生的相关费用都一并提出主张,人民法院应当查明属于被告行政主体收取费用的部分,将不属于被告收取的部分费用予以驳回。

2. 关于行政收费案件的举证责任,行政相对人应当证明被诉行政行为存在,即提供证据证明被告已经收取其费用或要求其缴纳相关费用。在特定的行政收费情形下,原告穷尽其能力也仅能提供初步证据,一般由被告提供证据否定原告的主张。被告应当对其收费行为的合法性承担举证责任。

· 257 ·

【典型案例】

鲁某诉某市住房保障和房屋管理局不动产登记费案

【裁判要旨】

广义上的不动产登记收费包括在办理不动产登记过程中收费主体所有收取行政相对人费用的行为。业主对建筑物专有部分以外的共有部分，享有权利、承担义务，不得以放弃权利不履行义务。购买者应当缴纳维修基金，包括公用部分的房屋，其以非专有为由拒绝缴纳相关费用的，没有法律依据。

【简要案情】

鲁某购买了案涉商品住房一套，作为小区业主，应根据《民法典》的有关规定缴纳本小区内建筑物共有部分的维修资金。因此，对鲁某关于小区内建筑物共有部分不归其所有、其不应缴纳共有部分的维修资金的理由不能成立。（1）关于住房维修基金2713元是否合法。本案中，鲁某购买的该案涉案住房价值135664元，被告某市住房保障和房屋管理局（以下简称市房管局）收取鲁某维修基金2713.28元（135664元×2%＝2713.28元）合法，不超出《住宅公用部位公用设施设备维修基金管理办法》第五条规定的购房款2%~3%的比例。（2）关于房屋登记费是否合法。市房管局于本案原审诉讼期间提交了收费许可证及收费依据，市房管局收取鲁某登记费60元合法，且鲁某对该项费用认可，法院予以确认。（3）关于房屋测绘费是否合法。省发展和改革委员会、省测绘局联合下发的豫发改收费〔2005〕1007号文件《关于降低部分测绘产品价格标准有关问题的通知》附表《房屋分户图、建筑用地拨地定桩、建筑物放线测绘产品价格明细表》住宅用房C（小面积测量、楼外形复杂、户型在六种以上）测绘费1.36元$/m^2$。鲁某房屋面积为$88.13m^2$，被上诉人收取其测绘费$88.13m^2 \times 1.36$元$/m^2 = 120$元，并无不当。（4）关于鲁某主张市房管局收取其办理房产证费用4604元是否有证据证实。经查，该项费用系房地产开发公司向鲁某收取，并向鲁某出具了收款收据，鲁某并无证据证明市房管局向其收取了该项费用，鲁某如认为房地产开发公司向其收费违法，可持收据向房地产公司主张权利，其要求市房管局返还房地产公司向其收取的该项费用没有事实根据和法律依据，法院不予支持。

【规范性文件】

《中华人民共和国民法典》

第二百七十一条 业主对建筑物内的住宅、经营性用房等专有部分享有所有权,对专有部分以外的共有部分享有共有和共同管理的权利。

第二百七十三条 业主对建筑物专有部分以外的共有部分,享有权利,承担义务;不得以放弃权利为由不履行义务。

业主转让建筑物内的住宅、经营性用房,其对共有部分享有的共有和共同管理的权利一并转让。

第二百八十一条 建筑物及其附属设施的维修资金,属于业主共有。经业主共同决定,可以用于电梯、屋顶、外墙、无障碍设施等共有部分的维修、更新和改造。建筑物及其附属设施的维修资金的筹集、使用情况应当定期公布。

紧急情况下需要维修建筑物及其附属设施的,业主大会或者业主委员会可以依法申请使用建筑物及其附属设施的维修资金。

《建设部、财政部关于印发〈住宅共用部位共用设施设备维修基金管理办法〉的通知》

第五条 商品住房在销售时,购房者与售房单位应当签定有关维修基金交纳约定。购房者应当按购房款2-3%的比例向售房单位缴纳维修基金。售房单位代为收取的维修基金属于全体业主共同所有,不计入住宅销售收入。维修基金收取比例由省、自治区、直辖市人民政府房地产行政主管部门确定。

第九条 在业主办理房屋权属证书时,商品住房销售单位应当将代收的维修基金移交给当地房地产行政主管部门代管。

98. 船舶登记费类案件的审查

【审查要点】

船舶登记费的收取已被《财政部、国家发展和改革委员会关于清理规范一批行政事业性收费有关政策的通知(财税〔2017〕20号)》予以取消,且《财政部关于取消有关水运涉企行政事业性收费项目的通知》（财税〔2015〕92号）取消了船舶港务费等相关费用，就船舶登记费等引发的行政争议，人民法院应当重点审查收取费用的时间，正确适用法的溯及力原则。

【规范性文件】

《财政部关于取消有关水运涉企行政事业性收费项目的通知》

交通运输部，各省、自治区、直辖市、计划单列市财政厅（局）、发展改革委、物价局：

根据国务院关于推进收费清理改革工作部署，为切实减轻航运企业负担，促进长江经济带发展，决定取消有关水运涉企行政事业性收费项目。现将有关事项通知如下：

一、自2015年10月1日起，取消船舶港务费、特种船舶和水上水下工程护航费、船舶临时登记费、船舶烟囱标志或公司旗注册费、船舶更名或船籍港变更费、船舶国籍证书费、废钢船登记费等7项中央级设立的行政事业性收费。

二、各省（区、市）财政、价格部门要对省级设立的水运涉企行政事业性收费项目进行清理。取消属于政府提供普遍公共服务或体现一般性管理职能，以及主要目的是养人、违背市场经济基本原则的不合理收费项目。坚决取缔违规设立的收费项目。

三、取消有关水运涉企行政事业性收费项目后，相关部门和单位依法履行职能和事业发展所需经费，由同级财政预算予以统筹安排，保障工作正常开展。

四、有关执收部门和单位要到财政部门办理财政票据缴销手续。有关行政事业性收费的清欠收入，应当按照财政部门规定的渠道全额上缴国库。

五、各地区和有关部门要严格执行本通知规定，对公布取消的水运涉企行政事业性收费项目，不得以任何理由拖延或者拒绝执行，不得以其他名目或者转为经营服务性收费方式变相继续收费。各级财政、价格部门要加强对落实本通知情况的监督检查，对不按规定取消相关收费项目的，按有关规定给予处罚，并追究责任人员的行政责任。

财政部 国家发展改革委
2015年8月17日

99. 考试考务费类案件的审查

【审查要点】

1. 当事人就考试费的收取行为提起行政诉讼的,人民法院应当查明案件的适格被告,收费标准以及实际缴纳的费用等事实。

2. 费用收取的行政案件,收取之日一般可作为起诉期限的计算点,且可认定当事人在当时即已知晓被诉行为的内容。

【典型案例】

汪某诉某市财政局考试考务费案

【裁判要旨】

在考务费收取的案件中,当存在执收单位和收款人时,是否收取以及如何收取一般由执收单位决定,通常应以执收单位为适格被告。

【简要案情】

汪某于2011年因交通违章记24分,被交通部门要求接受培训并到某考试中心考试,并缴纳考试费、培训费。缴款收据上载明,执收单位为某市公安局交通管理局车管所某考试中心,收款人为某市财政局。汪某所缴纳考试费的执收单位是某市公安局交通管理局车管所某考试中心,其以某市财政局为被告起诉收费行为,所列被告错误。汪某于2011年得知该收费行为,于2015年起诉已超过起诉期限。一审法院裁定驳回其起诉,适用法律正确。

其他行政收费类案件的审查

【审查要点】

行政收费作为二级案由,除明确列举的三级案由外,实践中还存在多种多样形式的行政收费行为。无论具体收取费用的名目如何,都应遵循同样的司法审查规律,包括举证责任、适格被告、法律依据等,不同三级案由之间可以相互借鉴。

【典型案例】

案例一：曾某诉某市公安局交通警察大队、原审第三人某道路设施安装工程有限公司行政收费纠纷案

【裁判要旨】

公民、法人或者其他组织以行政机关违法收取费用为由提起行政诉讼的，应当提供证据证明被诉行政行为客观存在。原告不能提供证据初步证明被告收取或委托其他主体收取相关费用的，人民法院依法可以裁定驳回起诉。

【简要案情】

曾某指导梁某学习机动车驾驶技能，梁某在驾驶粤Q15××学小型轿车过程中与他人发生交通事故，某市公安局交通警察大队（以下简称某交警大队）在处理事故时作出行政强制措施扣押事故车辆。某道路设施安装工程有限公司（以下简称某公司）根据其于2011年4月11日与某市公安局签订的《协议书》约定，承接某市公安局因交通事故、交通违法和涉案车辆、物品的拖、吊、运输和保管业务，对涉案的事故车辆进行拖车及保管。2016年9月26日，某公司向曾某收取车辆拖车费和保管费共955元。在本案中，曾某未能提供证据证明某交警大队向其收取扣押事故车辆的保管费或委托某公司向其收取扣押事故车辆保管费的事实。因此，曾某请求确认某交警大队行政收费违法，并予以返还，没有事实和法律依据，不予采纳。至于某公司向曾某收取车辆拖车费和保管费共955元是否合法，曾某可依法另寻途径救济。

案例二：常某诉民航某机场公安局行政收费案

【裁判要旨】

行政机关向行政相对人收取费用，依法需要完成向有管辖权的物价部门核定收费标准并领取收费许可证等程序。已经领取收费许可证的，在该许可证被依法撤销之前，行政机关按照核定的标准收取相关费用的行为，人民法院依法可以支持。

【简要案情】

中国民用航空总局公安局总局公发〔1999〕114号《关于为旅客开具乘

机临时身份证明有关事宜的通知》规定,开具临时身份证明收取工本费应事先向当地物价部门申请,被上诉人民航某机场公安局向陕西省物价部门申请,经核定收费标准后领取收费许可证,故其依据该收费许可证在向上诉人常某开具乘机临时身份证明时收取费用并无不当。该《通知》第五条规定,向旅客收取的工本费包含人力、材料、照相、核查电话等费用,而陕西省物价局陕价费函发〔2000〕31号文件核定包括材料、照相、电话核查等费用在内的每张40元收费标准,亦是对乘机临时身份证明服务费的核定;而为乘机旅客签发《临时身份证明》以及规定《临时身份证明》有效期限的职权系由民航机场公安机关行使,该职权与物价部门核定乘机临时身份证明服务费系不同的法律关系,故被上诉人民航某机场公安局依据2013年7月16日中国民航航空局公安局下发的《乘坐中国民航飞机临时身份证明管理规定》,为上诉人签发期限为15天的乘机临时身份证明并无不当。《乘坐中国民航飞机临时身份证明管理规定》第九条对开具临时身份证明的程序作出规定,被上诉人依据该规定对上诉人审核后签发《临时身份证明》并无不当,上诉人认为被上诉人程序违法不能成立。上诉人常某的上诉理由不能成立,其要求确认被上诉人收取临时身份证明40元的行政收费行为违法并退还收取的40元的请求不予支持。

案例三：武某诉某县国土资源局行政收费案

【裁判要旨】

行政相对人对行政收费行为不服提起行政诉讼的,应当提供证据初步证明被告已经收取其费用以及具体的数额。原告已经完成前述举证责任的,被告应当承担证明被诉收费行为具有合法性的责任,包括法定职责以及收费数额计算的依据等。被告未尽到举证责任的,对于原告要求返还已收取的相关费用的诉讼请求,人民法院依法可以支持。

【简要案情】

某县国土资源局向武某收取开垦费的行政行为主体合法,也属被告的职权范围。据武某提供的王某证明、租地合同和收费票据,足以证实武某系某砖厂的实际承包人,即10万元开垦费的实际交款人。某县国土资源局在庭审中一直坚称武某占用的土地并非耕地,也不能提供武某没有条件开垦或者开垦的耕地不符合要求的证据,更不能说清该10万元如何计算而来,故应当认定被告收取武某10万元开垦费的行政行为主要证据不足。武某提供的收费票据上显示被告收费性质为开垦费,被告辩解收取的是复垦费而不是开垦费的理由（被告工作人员笔误）不能成立。因被告未在法定期限内提供该行政行为的法律依据，故应当认定被诉行政行为适用法律、法规错误。

案例四：上诉人某公司诉被上诉人某市人民防空办公室人防工程易地建设费追缴案

【裁判要旨】

行政相对人对行政机关收取费用所适用的规范性文件提出异议的，尤其是涉及专业性较强问题，人民法院可以在对案件法律适用进行评述的过程中，就当事人的疑义给予回应，并结合当事人的具体情况，对照依法应当适用的规范性文件进行审查、认定。

行政相对人已经缴纳行政性费用但低于法定标准的，行政机关可以依法通知行政相对人予以补缴。

【简要案情】

某市人民防空办公室（以下简称某市人防办）作为某市人民政府人民防空主管部门，具有对辖区内的人民防空工作进行管理的法定职权。上诉人对某市人防办的职权无异议，但认为某市人防办依照《关于印发湖北省防空地下室易地建设费收费标准及有关问题的通知》（鄂价费〔2004〕206号）规定的收费标准向其追缴防空地下室易地建设费2798987.68元，系适用法律错误，案涉防空地下室易地建设费的收取标准应当适用湖北省人民防空办公室《关于人防工程建设管理有关问题的通知》（鄂人防〔2005〕44号）的规定。对此，具体评述如下：鄂价费〔2004〕206号文件系湖北省物价局、财政厅和人防办于2004年共同制定的防空地下室易地建设费征收标准，湖北省辖区内的建设单位经批准不修建防空地下室的，均应按照该标准缴纳防空地下室易地建设费。该文件第一条第一项规定的是10层及以上民用建筑应建防空地下室面积（按地面首层建筑面积修建），第二项规定的是除居民住宅和10层（含）以上民用建筑以外的且地面总建筑面积在2000平方米以上的其他民用建筑的应建防空地下室面积（按地面总建筑面积的相应比例修建），第四项规定的是10层（不含）以下居民住宅楼和危房翻新住宅项目的应建防空地下室面积（按地面首层建筑面积修建）。本案中，上诉人某公司新建某工程，因地质条件不能配套建设防空地下室，经某市人防办批准不修建防空地下室而按规定缴纳易地建设费。某工程包含10层（含）以上居民住宅及6层居民住宅两类建筑，按照鄂价费〔2004〕206号文件第一条第一项和第四项之规定，上诉人缴纳防空地下室易地建设费，应按某工程地面首层建筑面积进行计算。2005年8月，湖北省人民防空办公室下发了《关于人防工程建设管理有关问题的通知》（鄂人防〔2005〕44号），结合《省人防办公室关于黄石市结合民用建筑修建防空地下室面积计算有关问题的请示的批复》（鄂人防办函〔2018〕80号），可以看出，鄂人防〔2005〕44号文件是湖北省人防办为避免居民住宅项目（特别是多层居民住宅项目）配建防空地下室工作的混乱、保持工作的连续性而下发的，其目的是明确多层居民住宅"因建设条件限制不能按地面首层建筑面积修建的，可以结合住宅（住宅小区）建设规划调整，按地面总建筑面积的相应比例建设"。而关于多层居民住宅，《民用建筑设计通则》（在本案的法律适用中有效）3.1.2条规定："住宅建筑按层数分类：一层至三层为低层住宅，四层至六层为多层住宅，七层至九层为中高层住宅，十层至十层以上为高层住宅；除住宅之外的民用建筑高度不大于24米者为单层和多层建筑，大于24米者为高层建筑（不包括建筑高度大于24米的单层公共建筑）。"综上可见，鄂人防〔2005〕44号文件与鄂价费〔2004〕206号文件并非相互矛盾，鄂人防〔2005〕44号文件在鄂价费〔2004〕206号文件的基础上，对多层居民住宅应建防空地下室面积进行了补充规定，其对鄂价费〔2004〕206号文件第一条第四项的内容进行了部分变更，即因建设条件限制，不能按地面首层建筑面积修建防空地下室的多层居民住宅，可以按地面总建筑面积的相应比例计算应建防空地下室面积。某市属于省人防重点城市，某市城区的易地建设费收费标准为800元/平方米。依照鄂价费〔2004〕206号文件及鄂人防〔2005〕44号文件之规定，上诉人开发某工程，其应缴纳的人防工程易地建设费包括两个部分：（1）新建10层及以上建筑7栋（属于高层居民住宅），按首层建筑面积计算易地建设费。该7栋楼首层建筑面积合计5239.02平方米，应收取防空地下室易地建设费4191216元（5239.02平方米×800元/平方米）；（2）新建6层建筑6栋（属于多层居民住宅），按地面总建筑面积的2%计算易地建设费。该6栋楼地面总建筑面积为22781.76平方米，应收取易地建设费364508.16元（22781.76平方米×2%×800元/平方米）；两项合计4555724.16元。某公司已缴纳易地建设费1756736.48元，某市人防办于2019年11月11日通知其补缴易地建设费2798987.68元，符合规定。

【规范性文件】

《中华人民共和国人民防空法》

第七条第三款 县级以上地方各级人民政府人民防空主管部门管理本行政区域的人民防空工作。

《湖北省人民防空工程管理规定》

第二十一条第一款、第二款 经县级以上人民政府人民防空主管部门批准不修建防空地下室的，建设单位应当按规定缴纳人防工程易地建设费。人防工程易地建设费标准由省物价局、财政和人民防空主管部门制定，并根据情况变化适时调整。

《关于印发湖北省防空地下室易地建设费收费标准及有关问题的通知》

……

一、结合地面民用建筑修建防空地下室是依法建设人防工程的重要组成部分，是战时保障城市人员与物资就地就近掩蔽，减少人员伤亡的重要途径。凡在国家和省规定的人防重点城市市区和县（区）城关（具体名单见附件）以及国家和省批准的开发区、工业园区、保税区和重要经济目标区范围内新建开发用建筑（指除工业生产厂房及其配套设施以外的所有非生产性建筑），应按下列标准修建防空地下室：

（一）人防重点城市新建10层（含）以上或基础埋置深3米（含）以上的民用建筑，按照地面首层建筑面积修建6级（含）以上防空地下室。

（二）新建除一款规定和居民住宅以外的其他民用建筑，地面总建筑面积在2000平方米以上的，按照地面建筑面积的2-4%修建6级（含）以上防空地下室。其中，武汉市、宜昌市的中心城区按照4%修建；襄樊市、黄石市、十堰市、荆州市、荆门市、鄂州市、孝感市、黄冈市、咸宁市的中心城区按照3%修建；其他市、县（区）城关按照2%修建。

（三）开发区、工业园区、保税区和重要经济目标区除一款规定和居民住宅以外的新建民用建筑、按照一次性规划地面总建筑面积和第二款规定的比例集中修建6级（含以上防空地下室）。

（四）新建除一款规定以外的人防重点城市的居民住宅楼和危房翻新（指危房拆除后在原址重建）的住宅项目，按照地面首层建筑面积修建6B级防空地下室。

……

十二、行政收费类案件的审查

【典型案例】

案例五：张某诉某市医疗保障事务服务中心行政收费案

【裁判要旨】

行政事业性收费具有较强的政策性，适用的规范性文件在特定时期发生调整。规范性文件已经取消收取相关费用的，行政机关应当在规范性文件生效后按照要求停止行政事业性收费，已经提前收取的，应当及时予以退还。在此情形下，行政相对人要求退还其已经缴纳的相关费用，人民法院可以依法予以支持。

【简要案情】

本案的争议焦点是某市医疗保障事务服务中心（以下简称市医保中心）收取张某基本医疗保险代办费的行为是否合法。依据《社会保险法》第八条规定，市医保中心作为社会保险经办机构，负责社会保险登记、个人权益记录、社会保险待遇支付等工作，其在为张某等灵活就业人员提供基本医疗保险代办服务时，根据某市物价局〔2003〕131号、〔2004〕71号的批复，收取每年10元的代办费用，其行为具有相应依据。但在2015年12月30日上述收费批复被废止后，市医保中心仍然收取2017年度10元代办费的行为缺乏依据，原审认定该行为违法并判决返还相应费用正确。此外，市医保中心在收费依据被废止前的2015年第四季度即已提前收取了2016年度的10元代办费用，该费用亦应向张某予以返还。市医保中心在本案二审审理期间，同意向张某返还上述2016年度的10元代办费用及相应利息，故该笔费用的返还可由市医保中心自动履行。

【规范性文件】

《国家发展改革委、财政部关于印发〈行政事业性收费标准管理办法〉的通知》

第三条 本办法所称行政事业性收费（以下简称"收费"），是指国家机关、事业单位、代行政府职能的社会团体及其他组织根据法律法规等有关规定，依照国务院规定程序批准，在实施社会公共管理，以及在向公民、法人和其他组织提供特定公共服务过程中，向特定对象收取的费用。

第四条 收费标准实行中央和省两级审批制度。国务院和省、自治区、直辖市人民政府（以下简称"省级政府"）的价格、财政部门按照规定权

· 267 ·

限审批收费标准。未列入行政事业性收费目录清单的收费项目，一律不得审批收费标准。

中央有关部门和单位（包括中央驻地方单位，下同），以及全国或者区域（跨省、自治区、直辖市）范围内实施收费的收费标准，由国务院价格、财政部门审批。其中，重要收费项目的收费标准应当由国务院价格、财政部门审核后报请国务院批准。

除上款规定的其他收费标准，由省级政府价格、财政部门审批。其中，重要收费项目的收费标准应当由省级政府价格、财政部门审核后报请省级政府批准。

第五条 地域成本差异较大的全国或者区域（跨省、自治区、直辖市）范围内实施的收费标准，国务院价格、财政部门可以授权省级政府价格、财政部门审批。

专业性强且类别较多的考试、注册等收费，省级以上政府价格、财政部门可以制定收费标准的上限，由行业主管部门在上限范围内确定具体收费标准。

第七条 公民、法人或者其他组织有权对收费的实施和管理进行监督，可以拒绝缴纳和举报违反法律法规以及本办法规定的收费。

第八条 除法律法规和省级以上人民政府另有规定外，收费单位申请制定或者调整收费标准，应当按照管理权限向国务院价格、财政部门或者省级政府价格、财政部门（以下简称"价格、财政部门"）提出书面申请。

国务院价格、财政部门负责审批的收费标准，由中央有关部门，省级政府或者其价格、财政部门向国务院价格、财政部门提出书面申请。

省级政府价格、财政部门负责审批的收费标准，由省级政府有关部门、地市级人民政府或者其价格、财政部门向省级政府价格、财政部门提出书面申请。

第十四条 对符合规定申请的收费标准，应当根据收费的不同性质和成本构成特点实行分类审核。

第十五条 行政管理类收费，即根据法律法规规定，在行使国家管理职能时，向被管理对象收取的费用，收费标准按照行使管理职能的需要从严审核。其中，各种证件、牌照、簿卡等证照收费标准按照证照印制、发放的直接成本，即印制费用、运输费用、仓储费用及合理损耗等成本进行审核。

证照印制费用原则上按照招标价格确定。全国统一印制，分散发放的证照，应当分别制定印制证照和具体发放证照部门的收费标准。

第十六条 资源补偿类收费，即根据法律法规规定向开采、利用自然和社会公共资源者收取的费用，收费标准参考相关资源的价值或者其稀缺性，并考虑可持续发展等因素审核。

对开采利用自然资源造成生态破坏、环境污染或者其他环境损坏的，审核收费标准时，应当充分考虑相关生态环境治理和恢复成本。

第十七条 鉴定类收费，即根据法律法规规定，行使或者代行政府职能强制实施检验、检测、检定、认证、检疫等收取的费用，收费标准根据行使管理职能的需要，按照鉴定的场地费用、人员劳务费、仪器设备折旧、流动耗材损耗及其他成本审核。

第十八条 考试类收费，即根据法律法规、国务院或者省级政府文件规定组织考试收取的费用，以及组织经人力资源和社会保障部批准的专业技术资格、执业资格和职业资格考试收取的费用，收费标准按照考务工作、组织报名、租用考试场地、聘请监考人员等组织考试的成本审核。

在全国范围内统一组织的考试，可以分别制定中央有关单位向各地考试机构收取的考务费标准和各地考试机构向考生收取的考试费标准。

第十九条 培训类收费，即根据法律法规或者国务院规定开展强制性培训收取的费用，收费标准按照聘请师资、租用培训场地、编制培训资料、交通支出等培训成本审核。

第二十条 收费涉及与其他国家或者地区关系的，收费标准按照国际惯例和对等原则审核。

第二十一条 其他类别的收费标准，根据管理或者服务需要，按照成本补偿和非营利原则审核。

（撰写人：章文英）

十三、政府信息公开类案件的司法审查

【裁判标准】

政府信息公开这一案由并未设置第三级案由，主要是考虑以下几个因素：第一，公民、法人或者其他组织申请公开的政府信息种类繁多，几乎可以覆盖所有行政管理领域，如果均列为三级案由，实际上很难列全；第二，在长期的行政审判实践中，对于政府信息公开类案件的案由均是表述为"政府信息公开"，并未再细分；第三，对于在二级案由项下是否需要继续列明三级案由，取决于三级案由的功能是否符合案由设置体系的整体功能和案由自身的定位。有一些二级案由必须列明三级案由，那是因为每一个三级案由都是行政诉讼中的常见案由且都能自成体系；而有的二级案由则不必再细分三级案由。列明二级案由则可以满足案由功能和审判工作的实际需要，若再细分三级案由反倒增添了案由自身的复杂性，影响了行政审判工作的效率，而且对司法统计也没有实际意义。[1]

《政府信息公开条例》对政府信息规定了两种公开方式：行政机关主动公开和依申请公开。如何监督行政机关履行主动公开政府信息的义务，《政府信息公开条例》第四十七条规定："政府信息公开工作主管部门应当加强对政府信息公开工作的日常指导和监督检查，对行政机关未按照要求开展政府信息公开工作的，予以督促整改或者通报批评；需要对负有责任的领导人员和直接责任人员追究责任的，依法向有权机关提出处理建议。公民、法人或者其他组织认为行政机关未按照要求主动公开政府信息或者对政府信息公开申请不依法答复处理的，可以向政府信息公开工作主管部门提出。政府信息公开工作主管部门查证属实的，应当予以督促整改或者通报批评。"行政机关没有履行主动公开政府信息的义务，能不能直接到法院提起行政诉讼，有不同观点。《最高人民法院关于审理政府信息公开行政案件若干问题的规

---

[1] 参见仝蕾：《行政案件案由制度解析与适用》，人民法院出版社2022年版，第188页。

定》第三条规定："公民、法人或者其他组织认为行政机关不依法履行主动公开政府信息义务，直接向人民法院提起诉讼的，应当告知其先向行政机关申请获取相关政府信息。对行政机关的答复或者逾期不予答复不服的，可以向人民法院提起诉讼。"这主要是考虑主动公开政府信息的行为并不是针对一个特定的个人作出，因此这种行为具有抽象行政行为的特征，这种诉讼也具有公益诉讼的性质，人民法院对此受理尚没有诉讼法依据。如上所述，在行政机关不履行主动公开政府信息义务的情况下，《政府信息公开条例》还规定了可以向行政机关申请公开，直接起诉也属没有穷尽行政救济手段。在依申请公开案件的审理过程中，提起申请是必然前提。因此，在信息公开案件审查中，无论是依职权主动公开还是依申请公开，都需要对是否向行政机关申请获取相关政府信息进行审查。此外，审查政府信息公开案件，主要对是否属于政府信息公开案件的受案范围、对公开政府信息行为的程序和实体是否合法进行审查。

【审查要点】

一、受案范围

政府信息公开行政诉讼的受案范围，也就是人民法院对哪些有关政府信息公开的行政诉讼案件具有司法主管权。对受案范围的确定，既可以表明公民、法人或者其他组织对政府信息公开工作中的哪些行政行为可以向人民法院提起诉讼，也可以表明人民法院可以对哪些行政行为行使司法审查权，还标志着政府信息公开司法审查中司法权与行政权的界限和关系，反映着公民、法人或者其他组织获取政府信息的权利受法律保护的范围和程度。人民法院受理信息公开案件，并不见于《行政诉讼法》第十二条对于受案范围的具体列举，而是隐含在该条第二款中，即"除前款规定外，人民法院受理法律、法规规定可以提起诉讼的其他行政案件"。《政府信息公开条例》第五十一条规定："公民、法人或者其他组织认为行政机关在政府信息公开工作中侵犯其合法权益的，可以向上一级行政机关或者政府信息公开工作主管部门投诉、举报，也可以依法申请行政复议或者提起行政诉讼。"

具体来讲，人民法院可以受理公民、法人或者其他组织对下列政府信息公开工作中的行政行为不服提起的诉讼：（1）向行政机关申请获取政府信息，行政机关拒绝提供或者逾期不予答复的；（2）认为行政机关提供的政府信息不符合其在申请中要求的内容或者法律、法规规定的适当形式的；（3）认为行政机关主动公开或者依他人申请公开政府信息侵犯其商业秘密、个人隐私的；（4）认为行政机关提供的与其自身相关的政府信息记录不准确，要求该行政机关予以更正，该行政机关拒绝更正、逾期不予答复或者不予转送有权机关处理的；（5）认为行政机关在政府信息公开工作中的其他具体行政行为侵犯其合法权益的；（6）公民、法人或者其他组织认为政府信息公开行政行为侵犯其合法权益造成损害的，可以一并或单独提起行政赔偿诉讼。

二、原告主体资格

原告资格即向人民法院提起诉讼的主体资格。在政府信息公开行政诉讼中，能够取得原告资格，引起行政诉讼法律关系发生的个人、组织主要包括以下几类：（1）依法向行政机关申请获取政府信息的申请人；（2）认为行政机关依申请公开政府信息涉及其商业秘密、个人隐私的第三方；（3）认为行政机关主动公开政府信息或者依申请公开政府信息行为侵犯其合法权益造成损害的行政赔偿请求人；（4）与政府信息公开工作中的具体行政行为有其他法律上的利害关系的公民、法人或者其他组织。

《政府信息公开条例》删除了申请政府信息公开"三需要"规定，删去"三需要"的条件限制并不意味着可以没有规则、不当行使政府信息公开申请权。《政府信息公开条例》规定了豁免条款和滥用信息公开权利的处理措施。例如，对于同一申请人反复、大量提出政府信息公开申请的问题，规定了不予重复处理、要求说明理由、延迟答复并收取信息处理费等措施。对于申请人以政府信息公开申请的形式进行信访、投诉、举报等活动的，行政机关应当告知申请人通过相应渠道解决。

三、对原告是否提出申请的审查

政府信息公开案件的审查，首先就涉及原告是否提出过申请以及提出申请的内容和方式是否符合法律、法规的规定。在讨论对原告是否提出申请的审查之前，有必要指出的是，对被诉具体行政行为是否合法进行审查是行政诉讼的基本原则。审查原告是否提出申请，本质上是对依申请行政行为启动条件的审查。既不是审查的重心，更不能沦为"审原告"。

（一）原告是否提出申请的举证责任

对于行政机关不予答复的行为，原告需要提供其在行政程序中曾经提出申请的证据材料。但有例外情况，原告因被告受理申请的登记制度不完备等正当事由不能提供相关证据材料并能够做出合理说明的，应当免除原告的举证责任，相应的举证责任由被告承担。

（二）对申请方式的审查

《政府信息公开条例》第二十九条第一款规定："公民、法人或者其他组织申请获取政府信息的，应当向行政机关的政府信息公开工作机构提出，并采用包括信件、数据电文在内的书面形式；采用书面形式确有困难的，申请人可以口头提出，由受理该申请的政府信息公开工作机构代为填写政府信息公开申请。"因此，申请信息公开的方式，既可以书面提出，也可以口头提出；既可以当面提出，也可以采用各种数据电文形式提出。法院在审查时应当注意避免对申请方式的苛刻要求。

（三）对申请内容的审查

《政府信息公开条例》第二十九条第二款规定："政府信息公开申请应当包括下列内容：（一）申请人的姓名或者名称、身份证明、联系方式；（二）申请公开的政府信息的名称、文号或者便于行政机关查询的其他特征性描述；（三）申请公开的政府信息的形式要求，包括获取信息的方式、途径。"其中第二项是关于申请具体化的要求，目的是方便行政机关查找相关信息。一般来说，由于申请人在获得文件之前无法掌握更多的细节，只要足以使政府明白其所要申请的信息是什么就符合要求。第三项则可以帮助法院审查行政机关是否满足了申请人对于信息形式的要求。

四、对公开政府信息行为的程序审查

（一）对行政机关帮助义务的审查

在实践中，被告有可能将申请人的申请不符合规定作为其拒绝公开申请的理由。当被告作此主张时，有必要对政府是否履行了《政府信息公开条例》所规定的帮助义务进行审查。《政府信息公开条例》规定的帮助义务主要有三项：一是申请人采用书面形式有困难的，受理申请的机关有帮助其代为填写申请的义务；二是申请内容不明确的，行政机关应当给予指导和释明，并自收到申请之日起7个工作日内一次性告知申请人作出补正，说明需要补正的事项和合理的补正期限；三是申请公开政府信息的公民存在阅读困难或者视听障碍的，行政机关应当为其提供必要的帮助。

（二）对行政机关告知义务的审查

根据《政府信息公开条例》第三十六条的规定，无论政府信息能否提供，行政机关都应做出回应，都有告知的义务。《政府信息公开条例》第四十条规定："行政机关依申请公开政府信息，应当根据申请人的要求及行政机关保存政府信息的实际情况，确定提供政府信息的具体形式；按照申请人要求的形式提供政府信息，可能危及政府信息载体安全或者公开成本过高的，可以通过电子数据以及其他适当形式提供，或者安排申请人查阅、抄录相关政府信息。"

（三）对答复期限的审查

《政府信息公开条例》第三十三条对答复期限作出了明确规定。行政机关收到政府信息公开申请，能够当场答复的，应当当场予以答复。行政机关不能当场答复的，应当自收到申请之日起 20 个工作日内予以答复；需要延长答复期限的，应当经政府信息公开工作机构负责人同意并告知申请人，延长的期限最长不得超过 20 个工作日。行政机关征求第三方和其他机关意见作出规定，所需时间不计算在前款规定的期限内。如果行政机关不及时公开信息，给当事人的合法权益造成损害，当事人提起行政赔偿请求时，对答复期限的审查就成为司法审查的重要内容。

（四）对行政机关提供政府信息形式的审查

在审查这一问题时，应当要求行政机关对没有按照申请人要求的形式提供信息的原因作出合理的说明。如果行政机关没有正当理由，原告又坚持其选择的信息形式，法院可判令行政机关按照申请人要求的形式提供信息。

五、对公开政府信息行为的实体审查

对于行政机关答复的内容，《政府信息公开条例》第三十六条规定了以下几种情况：（1）所申请公开信息已经主动公开的，告知申请人获取该政府信息的方式、途径；（2）所申请公开信息可以公开的，向申请人提供该政府信息，或者告知申请人获取该政府信息的方式、途径和时间；（3）行政机关依据本条例的规定决定不予公开的，告知申请人不予公开并说明理由；（4）经检索没有所申请公开信息的，告知申请人该政府信息不存在；（5）所申请公开信息不属于本行政机关负责公开的，告知申请人并说明理由；能够确定负责公开该政府信息的行政机关的，告知申请人该行政机关的名称、联系方式；

(6) 行政机关已就申请人提出的政府信息公开申请作出答复、申请人重复申请公开相同政府信息的，告知申请人不予重复处理；(7) 所申请公开信息属于工商、不动产登记资料等信息，有关法律、行政法规对信息的获取有特别规定的，告知申请人依照有关法律、行政法规的规定办理。

（一）是否属于政府信息

《政府信息公开条例》第二条规定："本条例所称政府信息，是指行政机关在履行行政管理职能过程中制作或者获取的，以一定形式记录、保存的信息。"由此可见，政府信息应具有以下三个构成要件：一是主体要素，是行政机关以及法律、法规授权的具有管理公共事务职能的组织制作或获取并负责公开。公开主体包括行政机关及前述授权组织两类。二是内容要素。是在履行行政管理职能过程中制作或获取的信息。三是形式要素。以一定形式记录、保存的信息。它没有特定的形式，可以是以文字、图像、照片、胶卷、录音带、计算机软盘、录像带等各种纸质介质和磁介质载体形式。不具备以上三个构成要件的文件当然不属于政府信息。

（二）是否属于公开范围

修订前的《政府信息公开条例》对于政府信息公开范围的划定较为原则笼统，豁免条款缺失，仅有的关于国家秘密、商业秘密和个人隐私的规定，由于对商业秘密和个人隐私缺乏认定标准，也很难执行。实践中，广大行政机关不得不援引俗称"三安全一稳定"这一"总则"中的条款，作为不公开的依据，或者将所申请信息认定为"非政府信息"，或者以申请人对特定信息没有"三需要"这种主观推论的方式拒绝公开，自行创设了数十种答复类型，以努力保护无法公开的政府信息，由此引发大量行政争议，难以做出裁判。通过豁免条款，明确划定政府信息公开范围，在保障公众知情权与维护社会公共利益之间加以平衡，这是政府信息公开制度的根本任务，也是政府信息公开争议得以化解的基本前提。修订后的《政府信息公开条例》立足中国现实国情，全面借鉴世界各国有益做法，明确了八种豁免情形，包括国家秘密，法律、行政法规禁止公开，公开后可能危及国家安全、公共安全、经济安全、社会稳定，公开后会对第三方合法权益造成损害，构成人事管理、后勤管理、工作规范三类内部事务信息，行政机关在履行行政管理职能过程中形成的讨论记录、过程稿、磋商信函、请示报告四类过程性信息，行政执法案卷，工商登记资料、不动产登记资料等其他法律或行政法规规定了专门查询办法的信息。这对于从源头上增强政府信息本身的明确性和现实针对性，进而减少相关争议，无疑具有重要意义。①

具体来讲，《政府信息公开条例》第十三条第一款规定："除本条例第十四条、第十五条、第十六条规定的政府信息外，政府信息应当公开。"第十四条规定："依法确定为国家秘密的政府信息，法律、行政法规禁止公开的政府信息，以及公开后可能危及国家安全、公共安全、经济安全、社会稳定的政府信息，不予公开。"第十五条规定："涉及商业秘密、个人隐私等公开会对第三方合法权益造成损害的政府信息，行政机关不得公开。但是，第三方同意公开或者行政机关认为不公开会对公共利益造成重大影响的，予以公开。"第十六条规定："行政机关的内部事务信息，包括人事管理、后勤管理、内部工作流程等方面的信息，可以不予公开。行政机关在履行行政管理职能过程中形成的讨论记录、过程稿、磋商信函、请示报告等过程性信息以及行政执法案卷信息，可以不予公开。法律、法规、规章规定上述信息应当公开的，从其规定。"根据《政府信息公开条例》第三十六条第七项的规定，所申请公开信息属于工商、不动产登记资料等信息，有关法律、行政法规对信息的获取有特别规定的，告知申请人依照有关法律、行政法规的规定办理。同时应注意，《政府信息公开条例》第十一条第二款规定："行政机关公开政府信息依照法律、行政法规和国家有关规定需要批准的，经批准予以公开。"

根据《保守国家秘密法》及其实施办法被确定为国家秘密的，应当被认定属于法定例外信息。根据《反不正当竞争法》第九条第四款的规定，商业秘密是指不为公众所知悉、具有商业价值并经权利人采取相应保密措施的技术信息、经营信息等商业信息。《关于禁止侵犯商业秘密行为的若干规定（修订）》第二条第五款对商业秘密的范围作了如下解释：技术信息和经营信息包括包括设计、程序、产品配方、制作工艺、制作方法、管理诀窍、客户名单、货源情报、产销策略、招投标中的标底及标书内容等信息。在对政府信息是否涉及商业秘密的司法审查方面，首先，不能单纯审查行政机关是否书面征求了第三方的意见，而应当对信息的商业秘密属性进行审查判断，着重点在于其是否具有保密性；其次，适用信息的可分割性原则，也即对其

---

① 参见徐运凯：《政府信息公开行政复议案件的实证解析与制度重构》，载《中国行政管理》2020年第2期。

中不宜公开的内容作区分处理；最后，体现利益衡量，也就是，商业秘密应当让位于公共利益。①

在政府信息公开案件中，对于个人隐私问题需要把握以下几个方面：第一，并非所有的个人信息都构成个人隐私。行政机关只对构成个人隐私权的记录可以拒绝公开。行政机关和司法机关在作出信息公开行政行为或进行司法审查时应当对此进行判断，不能只要涉及个人就一律归类于个人隐私。第二，个人对涉及其个人隐私的政府信息拥有决定其是否公开的权利。行政机关认为申请公开的政府信息涉及个人隐私，公开后可能损害第三方合法权益的，应当依照《政府信息公开条例》的规定，书面征求第三方的意见。在这种情况下，第三方对放弃自己的某些隐私利益拥有支配权。第三，如果与隐私权相对的公共利益足够重要，则允许隐私权为公共利益让步。政府信息公开案件中对涉及个人隐私的处理，与涉及商业秘密的政府信息类似。实践中，公民申请行政机关公开与土地征收和房屋拆迁有关的政府信息所占比重很大，有不少案件要求公开与其同一拆迁范围内的同类房屋的估价单、补偿协议等。

对于公开后可能危及"三安全一稳定"的审查。如果行政机关以此为由作出不予公开决定，应当充分说明理由。无论是行政机关或者法院，都应当做到既避免因随意公开政府信息而损害公共利益，又要避免剥夺公民获取政府信息的权利。

（三）对信息的可分割性进行审查

可分割性原则适用于包含所有例外信息的文件，无论是涉及国家秘密，还是涉及商业秘密或者个人隐私。判断信息能够分割的关键，是"能够作区分处理"。若文件中只是援引或引用了不予公开的信息，可以对信息进行重新处理或遮盖；如果申请人申请公开的只是一个文件中可以公开的部分，可以选择提供该部分内容。如果某一不应公开的政府信息在内容上无法区分，提供任何一部分都有可能使当事人获知整个信息的内容，则不能适用可分割性原则。

除以上三点外，还要注意对是否属于本机关公开的审查。法院对公开权限的审查，适用是否由该行政机关"制作"或"保存"的标准。对政府信息是否存在的审查。若行政机关作出信息不存在的答复，那么在审查时应当

---

① 参见李广宇：《政府信息公开诉讼：理念、方法与案例》，法律出版社 2009 年版，第 97 页。

着重要求行政机关提供其进行全面查询搜索的证据。对是否属于重复申请公开的审查。行政机关已就申请人提出的政府信息公开申请作出答复、申请人重复申请公开相同政府信息的，告知申请人不予重复处理。对适用特别规定的审查。所申请公开信息属于工商、不动产登记资料等信息，有关法律、行政法规对信息的获取有特别规定的，告知申请人依照有关法律、行政法规的规定办理。

【典型案例】

案例一：谢某某诉甲市人民政府行政复议案

【裁判要旨】

申请人请求公开的政府信息是行政机关在履行行政管理职能过程中制作或者获取的，以一定形式记录、保存的信息。信息咨询不属于政府信息公开的调整范围。

【简要案情】

谢某某向乙供电公司提交《政府信息公开申请表》，请求公开该公司2001年7月在谢某某承包地架设高压输电塔基应当支付的占地补偿款何时能兑现，实质上是请求乙供电公司答复何时能向其支付占地补偿款，并非申请公开《政府信息公开条例》第五十五条第一款规定的"在提供社会公共服务过程中制作、获取的信息"。因此，甲市政府不予受理谢某某的行政复议申请，并无错误。一审判决驳回谢某某的诉讼请求，二审予以维持。谢某某的再审申请不予支持，裁定驳回。

【规范性文件】

《中华人民共和国政府信息公开条例》

第二条 本条例所称政府信息，是指行政机关在履行行政管理职能过程中制作或者获取的，以一定形式记录、保存的信息。

【典型案例】

案例二：徐某某诉甲省卫健委、国家卫健委政府信息公开及行政复议案

【裁判要旨】

行政机关在履行行政管理职能过程中形成的讨论记录、过程稿、磋商信

函、请示报告等过程性信息以及行政执法案卷信息，不属于政府信息公开的范畴。

【简要案情】

徐某某申请公开甲省人民医院医务人员王某某、董某某等人申请执业医师资格时所提交的申请材料（包括医师资格认定申请审核表及其他应交申请材料）。甲省卫健委作出答复，告知上述信息属于行政执法案卷信息并不予公开。国家卫健委作出驳回复议申请的决定。一审法院判决驳回徐某某的诉讼请求，二审判决驳回上诉，维持一审判决。

【规范性文件】

《中华人民共和国政府信息公开条例》

第十六条 行政机关的内部事务信息，包括人事管理、后勤管理、内部工作流程等方面的信息，可以不予公开。

行政机关在履行行政管理职能过程中形成的讨论记录、过程稿、磋商信函、请示报告等过程性信息以及行政执法案卷信息，可以不予公开。法律、法规、规章规定上述信息应当公开的，从其规定。

【典型案例】

案例三：中华环保联合会诉甲县环境保护局环境信息公开案

【裁判要旨】

具有维护公众环境权益和社会监督职责的公益组织，根据其他诉讼案件的特殊需要，可以依法向环保机关申请获取环保信息。在申请内容明确具体且申请公开的信息属于公开范围的情况下，人民法院应当支持。

【简要案情】

2011年10月，原告中华环保联合会提起环境公益诉讼，起诉某公司超标排放工业污水。因案件需要某公司的相关环保资料，原告便向被告甲县环境保护局提出申请，要求被告向其公开某公司的排污许可证、排污口数量和位置、排放污染物种类和数量情况、经环保部门确定的排污费标准、经环保部门监测所反映的情况及处罚情况、环境影响评价文件及批复文件、"三同时"验收文件等有关环境信息。被告收到该信息公开申请表后，认为原告所申请公开的信息内容不明确、信息形式要求不具体、不清楚、获取信息的方式不明确，故一直未答复原告的政府信息公开申请，也未向原告公开其所申请的信息。一审判决甲县环境保护局于判决生效之日起十日内对原告的政府信息公开申请进行答复,并按原告的要求向其公开某公司的相关环境信息。甲县环境保护局不服一审判决,提起上诉。在二审审理过程中,甲县环境保护局以"环保局向公民、法人及其他组织主动公开政府信息是其义务和责任,自愿服从一审判决"为由,申请撤回上诉。二审法院裁定准许撤回上诉。

【规范性文件】

《中华人民共和国政府信息公开条例》

第二十七条 除行政机关主动公开的政府信息外,公民、法人或者其他组织可以向地方各级人民政府、对外以自己名义履行行政管理职能的县级以上人民政府部门(含本条例第十条第二款规定的派出机构、内设机构)申请获取相关政府信息。

第四十条 行政机关依申请公开政府信息,应当根据申请人的要求及行政机关保存政府信息的实际情况,确定提供政府信息的具体形式;按照申请人要求的形式提供政府信息,可能危及政府信息载体安全或者公开成本过高的,可以通过电子数据以及其他适当形式提供,或者安排申请人查阅、抄录相关政府信息。

《最高人民法院关于审理政府信息公开行政案件若干问题的规定》

第一条 公民、法人或者其他组织认为下列政府信息公开工作中的具体行政行为侵犯其合法权益,依法提起行政诉讼的,人民法院应当受理:

(一)向行政机关申请获取政府信息,行政机关拒绝提供或者逾期不予答复的;

(二)认为行政机关提供的政府信息不符合其在申请中要求的内容或者法律、法规规定的适当形式的;

(三)认为行政机关主动公开或者依他人申请公开政府信息侵犯其商业秘密、个人隐私的;

(四)认为行政机关提供的与其自身相关的政府信息记录不准确,要求该行政机关予以更正,该行政机关拒绝更正、逾期不予答复或者不予转送有权机关处理的;

(五)认为行政机关在政府信息公开工作中的其他具体行政行为侵犯其合法权益的。

公民、法人或者其他组织认为政府信息公开行政行为侵犯其合法权益造成损害的，可以一并或单独提起行政赔偿诉讼。

第九条 被告对依法应当公开的政府信息拒绝或者部分拒绝公开的，人民法院应当撤销或者部分撤销被诉不予公开决定，并判决被告在一定期限内公开。尚需被告调查、裁量的，判决其在一定期限内重新答复。

被告提供的政府信息不符合申请人要求的内容或者法律、法规规定的适当形式的，人民法院应当判决被告按照申请人要求的内容或者法律、法规规定的适当形式提供。

人民法院经审理认为被告不予公开的政府信息内容可以作区分处理的，应当判决被告限期公开可以公开的内容。

被告依法应当更正而不更正与原告相关的政府信息记录的，人民法院应当判决被告在一定期限内更正。尚需被告调查、裁量的，判决其在一定期限内重新答复。被告无权更正的，判决其转送有权更正的行政机关处理。

【典型案例】

案例四：陆某某诉甲市发展和改革委员会政府信息公开案

【裁判要旨】

如果公民提起政府信息公开申请违背了《政府信息公开条例》的立法本意且不具有善意，就会构成知情权的滥用。当事人反复多次提起琐碎的、轻率的、相同的或者类似的诉讼请求，或者明知无正当理由而反复提起诉讼，人民法院应对其起诉严格依法审查，对于缺乏诉的利益、目的不当、有悖诚信的起诉行为，因违背了诉权行使的必要性，不符合法定起诉条件，丧失了权利行使的正当性，应认定构成滥用诉权行为。

【简要案情】

陆某某向甲市发展和改革委员会（以下简称甲市发改委）申请公开"某工程的立项批文"，被告作出被诉答复并提供了相关批复。原告认为自己申请公开的批复信息和被告提供的批复信息虽只有两字之差，但内容完全不同。请求依法撤销被告作出的答复并责令被告重新作出答复。一审法院在审理过程中依职权查明，据不完全统计，2013年至2015年1月期间，陆某某及其父亲、伯母三人以生活需要为由，分别向甲市人民政府、甲市城乡建设局、甲市发改委、甲市住房保障和房产管理局、甲市规划局、甲市国土资源局、甲市公安局、某公安分局等共提起至少94次政府信息公开申请。原告所为已经背离了权利正当行使的本旨,超越了权利不得损害他人的界限。纵观本案及相关联的一系列案件,无论是原告所提出的政府信息公开申请还是向该院所提起的诉讼均构成明显的权利滥用。一审据此裁定驳回原告陆某某的起诉。二审予以维持。

【规范性文件】

《中华人民共和国行政诉讼法》

第二条第一款 公民、法人或者其他组织认为行政机关和行政机关工作人员的行政行为侵犯其合法权益,有权依照本法向人民法院提起诉讼。

《中华人民共和国政府信息公开条例》

第一条 为了保障公民、法人和其他组织依法获取政府信息,提高政府工作的透明度,建设法治政府,充分发挥政府信息对人民群众生产、生活和经济社会活动的服务作用,制定本条例。

第三十五条 申请人申请公开政府信息的数量、频次明显超过合理范围,行政机关可以要求申请人说明理由。行政机关认为申请理由不合理的,告知申请人不予处理;行政机关认为申请理由合理,但是无法在本条例第三十三条规定的期限内答复申请人的,可以确定延迟答复的合理期限并告知申请人。

【典型案例】

案例五:金某某诉丙区政府政府信息公开案

【裁判要旨】

公民、法人或者其他组织认为行政机关和行政机关工作人员的行政行为侵犯其合法权益,有权依照《政府信息公开条例》向人民法院提起诉讼。审查当事人是否具有滥用政府信息公开申请权、是否具有滥用诉权的主观故意,应从当事人提起诉讼的数量、周期、目的以及是否具有正当利益、是否符合法定起诉条件等综合分析认定。

【简要案情】

金某某向丙区政府提出政府信息公开申请,申请公开某文件及房屋征收补偿方案和房地产评估报告。丙区政府作出政府信息公开告知书。金某某不服,提起本案诉讼。另,丙区政府对金某某作出房屋补偿决定,金某某不服该补偿决定,正在审理中。金某某为了解其房屋被征收的相关情况,向丙区政府申请信息公开，故其提出本案信息公开具有保护其自身合法权益的目的。故被诉告知书与其具有利害关系。在无法得出金某某长期恶意反复提起大量诉讼的结论前，不能驳回其起诉。

【规范性文件】

《中华人民共和国政府信息公开条例》

第十三条　除本条例第十四条、第十五条、第十六条规定的政府信息外，政府信息应当公开。

行政机关公开政府信息，采取主动公开和依申请公开的方式。

第三十六条第六项　行政机关已就申请人提出的政府信息公开申请作出答复、申请人重复申请公开相同政府信息的，告知申请人不予重复处理；

【典型案例】

案例六：甲资产公司诉乙市政府政府信息公开案

【裁判要旨】

上级行政机关已经制定评估社会稳定风险实施办法的情形下，下级行政机关如认为公开某一政府信息有可能危及社会稳定的，应该对可能存在的社会稳定风险进行评估，并根据评估结论作出信息公开答复。

【简要案情】

甲资产公司向乙市政府申请"公布2010年10月25日丙省信访局（省信联办）主持召开H投资有限公司有关乙市政府与丁市政府共同处置中心城区改造项目和某住宅开发项目合作备忘录之内容"。乙市政府收到申请后，向某工商分局查询了H投资有限公司的工商登记资料，查明甲资产公司原为H投资有限公司的股东之一。2008年7月8日，H投资有限公司办理了工商登记变更，将股东之一的甲资产公司变更为某房产开发有限公司，甲资产公司名下的股权全部转为某房产开发有限公司所有。乙市政府向甲公司作出信息公开申请的答复，内容为："你公司申请公开乙市政府与丁市政府签署的合作备忘录。经查，你公司不是H投资有限公司股东，合作备忘录涉及的事项与你公司无利害关系，该申请不符合《政府信息公开条例》的规定。同时，该合作备忘录是在丙省处理信访突出问题及群体性事件联席会议办公室主持下，乙市和丁市两市为解决有关历史遗留问题所达成的共同意见，内容涉及社会稳定，公开该信息不符合《政府信息公开条例》之规定。据此，你公司申请公开的政府信息属于不予公开的范围，决定不予公开。"甲资产公司认为该信息公开申请答复侵犯了其合法权益，向法院提起行政诉讼。一审判决撤销乙市政府作出的被诉具体行政行为，并责令其在法律规定的期限内重新作出答复。二审判决驳回上诉，维持原判。

【规范性文件】

《中华人民共和国政府信息公开条例》

第十四条 依法确定为国家秘密的政府信息，法律、行政法规禁止公开的政府信息，以及公开后可能危及国家安全、公共安全、经济安全、社会稳定的政府信息，不予公开。

【典型案例】

案例七：郭某某与甲县自然资源和规划局政府信息公开案

【裁判要旨】

依申请公开的政府信息公开会损害第三方合法权益的，行政机关应当书面征求第三方的意见。第三方不同意公开且有合理理由的，行政机关不予公开。行政机关认为不公开可能对公共利益造成重大影响的，可以决定予以公开，并将决定公开的政府信息内容和理由书面告知第三方。

【简要案情】

郭某某系某村村民，因要求甲县国土局（后变更为甲县自然资源和规划局）向其公开某地块征地报批前的农户签字确认材料而甲县国土局未予答复，故提起行政诉讼，后法院判令甲县国土局依法向郭某某履行政府信息公开法定职责。判决生效后，甲县国土局发函至甲县某村委会，以郭某某申请的信息涉及该村被征地集体经济组织和其他被征地农户的合法权益为由，就是否同意公开某地块征地报批前的农户签字确认材料向该村委会征求意见。某村委会回函给甲县国土局称，作为被征地农户和集体经济组织认为，该信息涉及他人隐私，且公开会给其他被征地农户及集体经济组织成员带来不必要的纠纷和麻烦，会影响到其他被征地农户家庭正常的生产和生活，危及社会稳定，不同意公开某地块征地报批前的农户签字确认材料的信息。甲县国土局据此于当日作出《信息公开答复书》，对郭某某申请公开的信息不予提供。郭某某不服该答复，诉至一审法院。一审判决驳回郭某某的诉讼请求。二审判决驳回上诉，维持原判。再审判决撤销一审、二审判决，撤销原甲县国土资源局作出的《信息公开答复书》；责令其于收到本判决之日起 15 日内重新对郭某某申请某地块征地报批前农户签字确认材料作出答复。

【规范性文件】

《中华人民共和国政府信息公开条例》

第十五条 涉及商业秘密、个人隐私等公开会对第三方合法权益造成损害的政府信息，行政机关不得公开。但是，第三方同意公开或者行政机关认为不公开会对公共利益造成重大影响的，予以公开。

第二十一条 除本条例第二十条规定的政府信息外，设区的市级、县级人民政府及其部门还应当根据本地方的具体情况，主动公开涉及市政建设、公共服务、公益事业、土地征收、房屋征收、治安管理、社会救助等方面的政府信息；乡（镇）人民政府还应当根据本地方的具体情况，主动公开贯彻落实农业农村政策、农田水利工程建设运营、农村土地承包经营权流转、宅基地使用情况审核、土地征收、房屋征收、筹资筹劳、社会救助等方面的政府信息。

第三十二条 依申请公开的政府信息公开会损害第三方合法权益的，行政机关应当书面征求第三方的意见。第三方应当自收到征求意见书之日起 15 个工作日内提出意见。第三方逾期未提出意见的，由行政机关依照本条例的规定决定是否公开。第三方不同意公开且有合理理由的，行政机关不予公开。行政机关认为不公开可能对公共利益造成重大影响的，可以决定予以公开，并将决定公开的政府信息内容和理由书面告知第三方。

【典型案例】

案例八：陈某某诉甲市自然资源和规划局政府信息公开及乙省自然资源厅行政复议案

【裁判要旨】

若行政机关作出信息不存在的答复，在审查时应当着重要求行政机关提供其进行全面查询搜索的证据。若未尽到充分的检索义务即告知原告该信息不存在，该答复证据不足，应予撤销，判决重新作出答复。

【简要案情】

陈某某申请公开"某栋规划验收报告"的信息，甲市自然资源和规划局

(以下简称甲市资规局）未尽到充分的检索义务即告知原告该信息不存在，该答复证据不足，应予撤销。乙省自然资源厅作出的被诉复议决定书中关于某规划验收报告的答复合法的复议决定亦应予以撤销。法院责令甲市自然资源和规划局对某规划验收报告信息情况重新作出答复。

【规范性文件】

《中华人民共和国政府信息公开条例》

第三十六条第一款第四项　对政府信息公开申请，行政机关根据下列情况分别作出答复：

……

（四）经检索没有所申请公开信息的，告知申请人该政府信息不存在。

【典型案例】

案例九：杨某某诉甲开发区管理委员会政府信息公开案

【裁判要旨】

所申请公开信息属于工商、不动产登记资料等信息，有关法律、行政法规对信息的获取有特别规定的，申请人依照有关法律、行政法规的规定办理。

【简要案情】

杨某某向甲开发区管理委员会申请公开的信息属于不动产登记信息，因不动产登记信息涉及特定的权利人或利害关系人，为平衡个人隐私与公众知情权，国家从法律、法规、规章等层面对不动产登记信息查询作出了专门规定，故对于杨某某的信息公开申请不予以支持。

【规范性文件】

《中华人民共和国政府信息公开条例》

第三十六条第一款第七项　对政府信息公开申请，行政机关根据下列情况分别作出答复：

……

（七）所申请公开信息属于工商、不动产登记资料等信息，有关法律、行政法规对信息的获取有特别规定的，告知申请人依照有关法律、行政法规的规定办理。

《不动产登记暂行条例》

第二十七条第一款 权利人、利害关系人可以依法查询、复制不动产登记资料，不动产登记机构应当提供。

第二十八条 查询不动产登记资料的单位、个人应当向不动产登记机构说明查询目的，不得将查询获得的不动产登记资料用于其他目的；未经权利人同意，不得泄露查询获得的不动产登记资料。

《国务院办公厅政府信息与政府公开办公室关于国土资源部办公厅〈关于不动产登记资料依申请公开问题的函〉的复函》

国土资源部办公厅：

《关于不动产登记资料依申请公开问题的函》（国土资厅函〔2016〕363号）收悉，经研究，并征求国务院法制办公室、最高人民法院的意见，答复如下：

不动产登记资料查询，以及户籍信息查询、工商登记资料查询等，属于特定行政管理领域的业务查询事项，其法律依据、办理程序、法律后果等，与《政府信息公开条例》所调整的政府信息公开行为存在根本性差别。当事人依据《政府信息公开条例》申请这类业务查询的，告知其依据相应的法律法规规定办理。

国务院办公厅政府信息与政务公开办公室
2016 年 9 月 18 日

《国务院办公厅政府信息与政务公开办公室关于机构改革后政府信息公开申请办理问题的解释》

广东省人民政府办公厅：

《关于请求明确依申请公开相关事宜处理方式的函》（粤办函〔2019〕4号）收悉。经研究并征求司法部、国家档案局、最高人民法院等单位意见，现函复如下：

按照有关法律规定，行政机关职权发生变更的，由负责行使有关职权的行政机关承担相应的责任。根据《中华人民共和国政府信息公开条例》有关规定，政府信息公开申请应当按照"谁收到、谁处理"的原则办理。对于行政机关职权划转后的政府信息公开责任划分问题，提出如下处理意见：

第一，行政机关涉及职权划转的，应当尽快将相关政府信息一并划转。

第二，申请人向职权划出行政机关申请相关政府信息公开的，职权划出行政机关可在征求职权划入行政机关意见后作出相应处理，也可告知申请人向职权划入行政机关另行提出申请。

第三，申请人向职权划入行政机关申请相关政府信息公开的，职权划入行政机关应当严格依法办理，与职权划出行政机关做好衔接，不得以相关政府信息尚未划转为由拒绝。

第四，相关政府信息已经依法移交国家档案馆、成为国家档案的，按照《中华人民共和国档案法》及相关规定管理。对于相关政府信息公开申请，行政机关可以告知申请人按照档案法的规定办理。

第五，行政机关职权划入党的机关的，如果党的机关对外加挂行政机关牌子，相关信息公开事项以行政机关名义参照前述规定办理；如果党的机关没有对外加挂行政机关牌子，相关信息公开事项按照《中国共产党党务公开条例（试行）》办理。

国务院办公厅政府信息与政务公开办公室

2019年2月2日

（撰写人：唐斯斯）

十四、行政批复类案件的司法审查

【裁判标准】

行政批复是一种公文种类，适用于上级机关答复下级机关请示事项。[①] 下级行政机关在工作中遇到疑难问题、不能自行决定的事项等情况时，向上级行政机关请求指示、批准，上级行政机关就请求指示的事项作出答复。行政批复本质上体现的是上级机关就请示事项如何处理作出的意思表示。[②] 通常认为，行政批复具有三个主要特点：一是作出的被动性。行政批复的作出以下级行政机关呈报请示为前提。先有呈报的请示，后有行政批复的作出。一上一下、一问一答，被动而为。二是内容的针对性。下级行政机关的请示系就具体事项请示，行政批复必须针对请示的具体事项拟定内容、表明态度。行政批复不岔开话题，亦不新增话题。行政批复内容清晰、明确、具体，不模糊不清，亦不模棱两可。三是效力的权威性。上级行政机关作出的行政批复，属于向下行文，代表了上级行政机关的意志，是就下级行政机关请示的具体事项答复的结论性意见，下级行政机关必须遵从，予以贯彻执行。对于批复意见，下级行政机关不得违背，不得置之不理。

与行政处罚、行政强制措施、行政许可等其他案由相比，行政批复较为特殊。其特殊之处主要在于，其他案由涉及的行政行为大多为外部行政行

[①] 参见《党政机关公文处理工作条例》（中办发〔2012〕14号）第八条第十二项。

[②] 行政批复具有内容和形式两重含义。在行政案件案由制度上，行政批复是作为一种行为而论，是从内容而论。在形式上，依照《党政机关公文处理工作条例》（中办发〔2012〕14号）第八条的规定，批复属于十五种公文种类（决议、决定、命令、公报、公告、通告、意见、通知、通报、报告、请示、批复、议案、函和纪要）之一，适用于答复下级机关请示事项。行政批复的这两重含义类似于人民法院"判决"和"判决书"的关系。批复作为一种公文种类，不但应用于行政机关上下级之间，也应用于司法机关、军队等单位上下级之间。例如，依照《最高人民法院关于司法解释工作的规定》（法发〔2021〕20号）第六条的规定，批复属于司法解释的五种形式（解释、规定、规则、批复和决定）之一，在对高级人民法院、解放军军事法院就审判工作中具体应用法律问题的请示制定的司法解释时采用。

为，只有行政批复属于内部行政行为①。内部行政行为与外部行政行为是行政行为基本范畴的分类，是基于行为的效力范围而作的理论划分，不是一种法律划分。② 行政机关负有管理行政机关内部和国家社会外部的双重职能。前者体现的是内部行政关系，是行政机关的自我管理；后者体现的是外部行政关系，是行政机关对社会行政事务的管理。调整内部行政关系的法是内部行政法，调整外部行政关系的法是外部行政法（公共行政法）。内部行政行为是行政机关对隶属于自身的组织、人员和财物的管理。外部行政行为亦称公共行政行为，是行政机关对社会行政事务的法律管理。通常而言，内部行政行为不可诉，外部行政行为可诉。但是，当一种内部行政行为通过职权行为直接对行政相对人发生作用，内部行政行为发生了"外化"，就可被视为外部行政行为，就变得可诉。③ 内部行政行为直接对相对人发生的作用，可以是对相对人的权利义务直接发生作用，也可以是对有关事实作出确认，从而间接发生作用。前者如内部行政行为直接确定了对相对人给予补偿以及补偿数额，或者对相对人不予补偿；后者如内部行政行为确认了某种事实，该种事实对下级行政机关后续作出行政处理具有拘束力。

在目前的行政诉讼实践中，涉诉的内部行政行为主要有两种：一种是行政机关上下级领导、监督等工作层面上的。例如，上级行政机关对下级行政机关发布命令、指示，布置工作任务；上级行政机关对下级行政机关请示、报告的审批。另一种是行政机关对内部工作人员的奖惩、任免等决定。《中华人民共和国行政诉讼法》第十三条第三项明确将后一种内部行政行为排除在行政诉讼受案范围之外，即人民法院不受理对"行政机关对行政机关工作人员的奖惩、任免等决定"提起的诉讼。依照《最高人民法院关于适用〈中华人民共和国行政诉讼法〉的解释》第二条第三款的规定，这里的"对

---

① 有观点认为，依照《最高人民法院关于适用〈中华人民共和国行政诉讼法〉的解释》第一条第一款和第二款的规定，可诉的被称为"行政行为"，不可诉的被称为"行为"。由于行政机关的内部行为一般不可诉，故应称为"内部行为"，不宜称为"内部行政行为"。

② 有观点认为，内部行政行为和外部行政行为的分类是以相对人的身份为标准。这一分类源于大陆法上的特别权力关系理论，目的在于处理法律保留原则的适用和司法保护的范围。参见姜明安主编：《行政法与行政诉讼法》（第二版），北京大学出版社2005年版，第182页。特别权力关系与一般权力关系相对应，共同构成行政法律关系的一种基本分类。按照通行理解，特别权力关系是指行政主体基于特别的法律原因，为实现特殊行政目标，在一定范围内对行政相对人具有概括的命令强制权力，行政相对人负有服从义务的行政法律关系。参见章志远：《行政法学总论》（第二版），北京大学出版社2022年版，第165页。

③ 参见胡建淼：《行政法学》（第四版），法律出版社2015年版，第175~177页。

行政机关工作人员的奖惩、任免等决定"是行政机关作出的涉及行政机关工作人员公务员权利义务的决定。在司法实践中,由于后一种内部行政行为的外延比较清晰明确,故对其可诉性的审查判断一般争议不大。① 但对于前一种内部行政行为,由于在《行政诉讼法》层面缺乏明确规定,《最高人民法院关于适用〈中华人民共和国行政诉讼法〉的解释》第一条第二款第五项"行政机关作出的不产生外部法律效力的行为"、第八项"上级行政机关基于内部层级监督关系对下级行政机关作出的听取报告、执法检查、督促履责等行为"以及第十项"对公民、法人或者其他组织权利义务不产生实际影响的行为"的规定基本上属于方向性指引,被诉的行政机关作出的行为到底是否不产生外部法律效力、是否属于内部层级监督关系范畴以及是否对公民、法人或者其他组织权利义务不产生实际影响还有赖于在具体个案中审查判断,审查判断的核心标准是内部行政行为是否"外化"。

内部行政行为的"外化",就是内部行政行为没有转换成外部行政行为而直接对外部的公民、法人或者其他组织的合法权益产生实际影响。在行政诉讼实践中,较早触及内部行政行为外化后便具有可诉性问题的是最高人民法院于2000年2月23日对某某诉重庆市人民政府行政复议一案作出的(1998)行终字第10号行政判决。赖某某为渝州大学教职工,因工资和职称问题与该大学产生纠纷。1996年10月,渝州大学根据重庆市教育委员会的要求,调查研究了赖某某反映的问题,将"关于赖某某同志反映的问题及处理情况"的材料呈报重庆市教育委员会。重庆市教育委员会随后向国家教育委员会、四川省教育委员会呈报《"关于赖某某同志反映的问题及处理情况"报告》(重教函〔1996〕21号,以下简称21号报告),并抄送赖某某。该报告载明:"关于渝州大学赖某某同志反映的问题,我委对此非常重视,及时与渝州大学取得了联系,渝州大学再次进行了认真调查研究,并形成了'关于赖某某同志反映问题及处理情况'材料,我委原则上同意该校对赖某

---

① 需注意的是,依照《行政诉讼法》第二条第一款"公民、法人或者其他组织认为行政机关和行政机关工作人员的行政行为侵犯其合法权益,有权依照本法向人民法院提起诉讼"的规定,在履行法定职责之诉中审查判断对行政机关作出的涉及行政机关工作人员公务员权利义务的决定是否属于行政诉讼受案范围时,是按照原告的诉称作出判断,而非首先客观地核实认定原告诉称的事实,其次再判断是否属于行政诉讼受案范围。例如,原告因其父亲去世,诉请判令被告行政机关发放国家机关工作人员及离退休人员死亡一次性抚恤金。原告诉称的履行法定职责事项属于行政机关作出的涉及公务员权利义务决定的内部行政行为,该争议不属于人民法院行政诉讼的受案范围,无须核实认定原告父亲是否确为"国家机关工作人员及离退休人员"范畴。

某同志反映问题的处理意见,现特将此材料报请你委阅示。"赖某某不服,就21号报告向重庆市人民政府申请复议。重庆市人民政府依照《行政复议条例》第三十四条第二项的规定,于1998年7月裁定不予受理。赖某某起诉后,重庆市高级人民法院一审认为,21号报告系行政机关内部公文,不是对赖某某所作的具体行政行为,故判决维持重庆市人民政府作出的行政复议裁定。赖某某提起上诉后,最高人民法院二审认为,21号报告从形式上看属于行政机关内部公文,但在抄送赖某某本人后,即已具有具体行政行为的性质;由于该报告需待上级主管部门审批,其内容尚未最终确定,对赖某某的权利义务并未产生实际影响,故该行为属不成熟的行政行为,不具有可诉性,重庆市人民政府裁定不予受理赖某某的提议申请,其结论是正确的。故判决驳回上诉、维持一审判决。从该案判决,可抽象出内部行政行为可诉性的一般原则,即"内部行政行为不可诉,如果内部行政行为通过行政权力运作的方式外化了,在满足其他条件的情况下,该行政行为就成为可诉的行为"①。

在行政诉讼的制度构建层面,确立内部行政行为"外化"后便具有可诉性的是最高人民法院审判委员会讨论通过、最高人民法院于2013年11月8日发布的最高人民法院指导案例22号魏某某、陈某某诉甲县人民政府收回土地使用权批复案。② 2010年8月31日,安徽省甲县国土资源和房产管理局向甲县人民政府报送《关于收回国有土地使用权的请示》,请求收回该县永阳东路与塔山中路部分地块土地使用权。同年9月6日,甲县人民政府作出《关于同意收回永阳东路与塔山中路部分地块国有土地使用权的批复》。甲县国土资源和房产管理局收到该批复后,直接交由甲县土地储备中心付诸实施。魏某某、陈某某的房屋位于被收回使用权的土地范围内,其对甲县人民

---

① 该判决曾以法公布〔2000〕第8号向社会公布,要旨是"内部行政行为不可诉,如果内部行政行为通过行政权力运作的方式外化了,在满足其他条件的情况下,该行政行为就成为可诉的行为。但外化了的内部行政行为在不成熟的状态下,仍然不可诉"。参见李国光主编、最高人民法院行政审判庭编:《行政执法与行政审判参考》2000年第1辑(总第1辑),法律出版社2002年版,第316~317页。

② 参见《最高人民法院关于发布第五批指导性案例的通知》(法〔2013〕241号)。依照《最高人民法院关于案例指导工作的规定》(法发〔2010〕51号)第七条"最高人民法院发布的指导性案例,各级人民法院审判类似案件时应当参照"、《〈最高人民法院关于案例指导工作的规定〉实施细则》(法〔2015〕130号)第九条"各级人民法院正在审理的案件,在基本案情和法律适用方面,与最高人民法院发布的指导性案例相类似的,应当参照相关指导性案例的裁判要点作出裁判"的规定,指导性案例对同类案件具有参照效力。

政府收回国有土地使用权批复不服，提起行政复议。2011年9月20日，滁州市人民政府作出《行政复议决定书》，维持甲县人民政府的批复。魏某某、陈某某仍不服，提起行政诉讼，请求撤销甲县人民政府作出的上述批复。安徽省高级人民法院对该案作出的二审生效裁定认为，甲县人民政府作出的批复属于内部行政行为，不向相对人送达，对相对人的权利义务尚未产生实际影响，一般不属于行政诉讼的受案范围。但该案中，甲县人民政府作出批复后，甲县国土资源行政主管部门没有制作并送达对外发生效力的法律文书，即直接交甲县土地储备中心根据该批复实施拆迁补偿安置行为，对原土地使用权人的权利义务产生了实际影响，故对该批复不服提起行政诉讼的，人民法院应当依法受理。该指导案例从该案裁定抽象出的裁判要点是："地方人民政府对其所属行政管理部门的请示作出的批复，一般属于内部行政行为，不可对此提起诉讼。但行政管理部门直接将该批复付诸实施并对行政相对人的权利义务产生了实际影响，行政相对人对该批复不服提起诉讼的，人民法院应当依法受理。"

在判断上级行政机关对下级行政机关作出的批复是否"外化"时，从行政诉讼实践看，需要注意以下三种情况。

一是，按照相关法律法规规章规定，被诉批复即构成对行政相对人权利义务产生实际影响的行政行为，依法必须"外化"。例如，对于因实施城市规划进行旧城区改建而需要有偿收回国有土地使用权、进行土地储备的，依照《土地管理法》第五十八条第一款第一项"有下列情形之一的，由有关人民政府自然资源主管部门报经原批准用地的人民政府或者有批准权的人民政府批准，可以收回国有土地使用权：（一）为实施城市规划进行旧城区改建以及其他公共利益需要，确需使用土地的"、第二款"依照前款第（一）项的规定收回国有土地使用权的，对土地使用权人应当给予适当补偿"的规定，人民政府具有收回国有土地使用权的批准权限，国土资源主管部门需报经人民政府批准。在享有批准权的人民政府作出同意收回国有土地使用权的批复之后，国土资源主管部门将批复有关内容向相对人送达，就构成人民政府收回国有土地使用权决定的"外化"。又如，对于征收农民集体所有土地的，依照《土地管理法》第四十六条第一款"征收下列土地的，由国务院批准：……"、第二款"征收前款规定以外的土地的，由省、自治区、直辖市人民政府批准"，以及第四十七条第一款"国家征收土地的，依照法定程序批准后，由县级以上地方人民政府予以公告并组织实施"的规定，被征收土地所在地的市、县人民政府在收到有权机关作出的同意征地批复之后，在当地依法发布的征地公告①，就构成征地批复的"外化"。

二是，按照相关法律法规规章规定，被诉批复的效力只限于内部。这种批复通常只在行政机关内部运行，对公民、法人或者其他组织权利义务产生实际影响的行政行为需要下级行政机关收到批复之后再行作出。②例如，对于向国有土地使用权人征缴土地闲置费的，依照《土地管理法》第三十八条第一款"禁止任何单位和个人闲置、荒芜耕地……一年以上未动工建设的，应当按照省、自治区、直辖市的规定缴纳闲置费……"、《闲置土地处置办法》第十四条第一项"除本办法第八条规定情形外，闲置土地按照下列方式处理：（一）未动工开发满一年的，由市、县国土资源主管部门报经本级人民政府批准后，向国有建设用地使用权人下达《征缴土地闲置费决定书》，按照土地出让或者划拨价款的百分之二十征缴土地闲置费……"的规定，本级人民政府作出的同意征缴土地闲置费的批复的效力只及于呈报请示的国土资源部门，国土资源部门仍需向国有土地使用权人作出《征缴土地闲置费决定书》。③

三是，被诉批复的作出缺乏相关法律法规规章依据，效力范围也不明确。这种情况在行政诉讼实践中发生的较多，可诉性的争议也较大，往往需结合个案具体情况而定。例如，某宗地被规划为交通用地，几家公司在交通运输主管部门的要求下进场施工。后因本级人民政府用地规划调整，该宗地不再作为交通用地，需对这几家公司的工程投入进行补偿。交通运输主管部

---

① 市、县级人民政府发布征地公告的程序，参见原国土资源部于2010年11月30日发布的《征收土地公告办法》（国土资源部令第49号）。

② 对于这种情况，适格被告一般就是对外作出行政行为的下级行政机关。较为例外的是行政许可的批准或者不予批准行为。依照《最高人民法院关于审理行政许可案件若干问题的规定》第四条的规定，行政许可依法须经上级行政机关批准，当事人对批准或者不批准行为不服一并提起诉讼的，以上级行政机关为共同被告。

③ 对于经上级行政机关批准后作出的行政行为，行政诉讼的被告与行政复议的被申请人不一致。《最高人民法院关于适用〈中华人民共和国行政诉讼法〉的解释》第十九条规定："当事人不服经上级行政机关批准的行政行为，向人民法院提起诉讼的，以在对外发生法律效力的文书上署名的机关为被告。"《中华人民共和国行政复议法实施条例》第十三条规定："下级行政机关依照法律、法规、规章规定，经上级行政机关批准作出具体行政行为的，批准机关为被申请人。"就正文所举情形而言，若提起行政诉讼，被告是作出《征缴土地闲置费决定书》的国土资源部门；若申请行政复议，被申请人是作出同意征缴土地闲置费批复的同级人民政府。

门经调查确认几家公司各自完成的工程投入,向本级人民政府呈报关于审定拆迁补偿费用的请示,本级人民政府随后批复同意。在此情形中,交通运输主管部门呈报关于审定拆迁补偿费用的请示以及本级人民政府作出批复,均缺乏相关法律法规规章依据,是否"外化"往往还需结合后续情况而定。对于这种并非法定必须"外化"的情形,需要以是否对公民、法人或者其他组织权利义务产生实际影响作为根本的判断标准。

【审查要点】

行政批复作为一种公文种类,适用范围较广。在确定是否属于"行政批复"这种案由①时,需考虑结合批复的名称和批复的内容判断。若难以确定为其他案由,则确定为"行政批复"案由。

但若可确定为其他案由,则不宜确定为"行政批复"案由,因为"行政批复"较为笼统,其他案由较为具体,确定为其他案由有利于明确被诉行政行为、引导当事人依法行使诉讼权利、提示法律适用和事实查明等。行政诉讼实践中,通常需注意以下几种情况。

第一,表面为行政批复,实为行政指导。例如,赵某某原系某集体所有制企业法定代表人,因涉嫌刑事犯罪被逮捕。该企业向主管部门某区发展和改革局呈报请示,请求按照企业章程规定,由原领导班子成员暂时共同行使管理权。该区发展和改革局收到请示后,又向本级区人民政府请示。本级区人民政府批复同意。这种批复为上级行政机关对下级行政机关作出的不具有强制力的指导性批复,在法律属性上属于"行政指导"。②尽管没有"行政指导"案由,但《最高人民法院关于适用〈中华人民共和国行政诉讼法〉的解释》第一条第二款第三项规定了"行政指导行为",故可以按照该司法解释将案由确定为"行政指导行为",而非确定为行政批复。

第二,表面为行政批复,实为行政许可。例如,某县水利局作出《关于

---

① 在《最高人民法院关于规范行政案件案由的通知》(法发〔2004〕2号)所附"行政行为种类"中,行政批复未被明确列为一种行政行为。在实践中,行政批复被认为属于该通知所附"行政行为种类"中的"其他行政行为"。

② 《最高人民法院关于正确确定县级以上地方人民政府行政诉讼被告资格若干问题的规定》(法释〔2021〕5号)第一条规定:"法律、法规、规章规定属于县级以上地方人民政府职能部门的行政职权,县级以上地方人民政府通过听取报告、召开会议、组织研究、下发文件等方式进行指导,公民、法人或者其他组织不服县级以上地方人民政府的指导行为提起诉讼的,人民法院应当释明,告知其以具体实施行政行为的职能部门为被告。"

某某公司等5家用水单位取水申请的批复》。该批复的主要内容为："按照《中华人民共和国水法》及《取水许可和水资源费征收管理条例》等相关法律法规规定，我局已收悉……5家单位的《取水许可申请书》及相关材料，经材料审查，决定批准取水许可证……"该批复尽管是由行政机关作出，属于行政管理性的批复，但该批复内容是对民事主体取水申请的批复，故不应确定为"行政批复"案由，而是二级案由"行政许可"下的三级案由"矿产资源许可"。

第三，表面为行政批复，实为行政征收。例如，某省人民政府作出《关于某某县2022年度第六十七批次农用地转用和土地征收的批复》。该批复的主要内容为："你县《关于某某县2022年度第六十七批次农用地转用和土地征收的请示》收悉。经研究，现批复如下：一、同意将某某县境内农用地……未利用地……转为建设用地。征收某某县……公顷，计征收农民集体所有土地……公顷；使用国有其他土地……公顷。合计征收（使用）土地……公顷，按规划用途使用……"该批复是由上级行政机关对下级行政机关作出，但该批复内容是对相关农民集体所有土地的征收，故不应确定为"行政批复"案由，而是二级案由"行政征收"下的三级案由"征收土地"。①

第四，表面为行政批复，实为行政处罚。例如，某公司作为国有建设用地使用权人闲置土地，未动工开发满两年。经国土资源部门呈报无偿收回国有土地使用权的请示，某县人民政府作出无偿收回国有土地使用权的批复。其后，国土资源部门将该批复送达该公司。依照《关于认定收回土地使用权行政决定法律性质的意见》②第五条"依照《城市房地产管理法》第二十五条的规定，超过出让合同约定的动工开发日期满二年未动工开发的，人民政府或者土地管理部门依法无偿收回出让的国有土地使用权，属于行政处罚决定"的规定，就不应确定为"行政批复"案由，可将案由直接列为"无偿

---

① 国务院法制办公室于2017年8月22日对宁夏回族自治区人民政府法制办公室作出的《〈关于省级人民政府土地批复行政复议案件有关问题的请示〉的复函》（国法秘复函〔2017〕817号）明确规定："……省级人民政府作出的征地批复性质上是行政征收决定，是征地审批机关行使征地审批权的具体的、唯一的表现形式……"

② 〔1997〕国土〔法〕字第153号，原国家土地管理局于1997年10月30日颁布。

收回国有土地使用权",作为二级案由"行政处罚"下的一种三级案由。①

【典型案例】

案例一：魏某某、陈某某诉甲县人民政府收回土地使用权批复案

【裁判要旨】

地方政府对其所属行政管理部门的请示作出的批复，一般属于内部行政行为，不可对此提起诉讼。但行政管理部门直接将该批复付诸实施并对行政相对人的权利义务产生了实际影响，行政相对人对该批复不服提起诉讼的，人民法院应当依法受理。

【简要案情】

2010年8月31日，安徽省甲县国土资源和房产管理局向甲县人民政府报送《关于收回国有土地使用权的请示》，请求收回该县永阳东路与塔山中路部分地块土地使用权。9月6日，甲县人民政府作出《关于同意收回永阳东路与塔山中路部分地块国有土地使用权的批复》。甲县国土资源和房产管理局收到该批复后，没有依法制作并向原土地使用权人送达收回土地使用权决定，而直接交由甲县土地储备中心付诸实施。魏某某、陈某某的房屋位于被收回使用权的土地范围内，其对甲县人民政府收回国有土地使用权批复不服，提起行政复议。2011年9月20日，滁州市人民政府作出《行政复议决定书》，维持甲县人民政府作出的批复。魏某某、陈某某仍不服，提起行政诉讼，请求人民法院撤销甲县人民政府上述批复。

生效裁定认为，根据《土地储备管理办法》和《安徽省国有土地储备办法》以收回方式储备国有土地的程序规定，甲县国土资源行政主管部门在甲县人民政府作出批准收回国有土地使用权方案批复后，应当向原土地使用权人送达对外发生法律效力的收回国有土地使用权通知。甲县人民政府的批复属于内部行政行为，不向相对人送达，对相对人的权利义务尚未产生实际影响，一般不属于行政诉讼的受案范围。但本案中，甲县人民政府作出批复后，甲县国土资源行政主管部门没有制作并送达对外发生效力的法律文书，

---

① 参见仝蕾：《行政案件案由制度解析与适用》，人民法院出版社2022年版，第111页。另外，比较来看，目前没有把"无偿收回国有土地使用权"明确规定为一种案由，但将"有偿收回国有土地使用权"规定为二级案由"行政处理"下的一种三级案由。

即直接交甲县土地储备中心根据该批复实施拆迁补偿安置行为，对原土地使用权人的权利义务产生了实际影响；原土地使用权人通过申请政府信息公开知道了该批复的内容，并对批复提起了行政复议，复议机关作出复议决定时也告知了诉权，该批复已实际执行并外化为对外发生法律效力的具体行政行为。因此，对该批复不服提起行政诉讼的，人民法院应当依法受理。

案例二：甲公司诉乙市人民政府行政批复案

【裁判要旨】

负责生产安全事故调查的人民政府对事故调查组提交的事故调查报告的批复，虽从形式上看是行政机关的内部行为，但该种批复认定了事故责任，且认定具有公定力和约束力，对公民、法人或者其他组织的合法权益可能产生不利影响。如果被诉批复已对公民、法人或者其他组织的权利义务直接产生实际影响，构成针对特定主体就特定事项作出的行政处理决定，则其具有可诉性，属于行政诉讼受案范围。

【简要案情】

2014年9月9日，乙市某早餐店在实施天然气管道入户安装过程中，发生天然气爆炸事故。根据《安全生产法》和《生产安全事故报告和调查处理条例》的规定，乙市人民政府批准成立了由乙市安全生产监督管理局（以下简称乙市安监局）、乙市公安局、乙市监察局、乙市质量技术监督局等有关单位参加的该早餐店天然气爆燃事故调查组。该调查组于2014年10月27日作出了《调查报告》。该调查报告内容涉及对甲公司的责任认定及处理建议，认定该公司在施工现场存在安全监管缺失，对事故的发生负有责任。根据《生产安全事故报告和调查处理条例》第三十七条第一项的规定，建议乙市安监局对该公司处以12万元的罚款。同日，乙市安监局向乙市人民政府呈报了该事故调查报告的请示。乙市人民政府其后作出事故调查报告的批复，同意事故调查组对有关责任单位和有关责任人员的责任分析和处理意见。2014年12月5日，乙市安监局作出行政处罚决定，决定给予甲公司罚款12万元的行政处罚。该公司不服，提起行政诉讼，请求人民法院撤销乙市人民政府所作批复。生效裁定认为，案涉批复系乙市人民政府依法行使法定职权作出。该批复从形式上看是上级行政机关基于下级行政机关的请示所作，但该批复对《调查报告》予以同意以及要求乙市安监局落实对相关责任单位的处理意见和处罚决定确定了甲公司应当承担法律责任以及法律责任的具体承担方式，对该公司和乙市安监局产生了拘束效果。乙市安监局其后在对该公司作出的行政处罚中，明确以该批复为据，认定甲公司的违法事实即为该批复认定的该公司对案涉生产安全事故负有责任，该局自己并没有作出独立的事实认定。该批复并非内部指导行为，已构成针对特定主体就特定事项作出的行政处理决定，已对甲公司的权利义务直接产生实际影响，该批复构成可诉的行政行为，属于人民法院行政诉讼的受案范围。

（撰写人：李纬华）

十五、行政处理类案件的司法审查

【裁判标准】

关于行政处理的内涵和外延，尚有不同的看法。如有观点认为，行政处理行为包括我国目前已有专门法律统一规范的行政许可行为、行政处罚行为和行政强制行为，以及目前我国尚没有专门法律统一规范的行政征收行为、行政给付行为、行政确认行为和行政奖励行为。[①] 该观点认为行政处理包含了行政处罚、行政许可、行政强制等。也有观点认为，行政处理大致相当于单方行政行为的兜底行为，无法或者不宜归入常见行政行为种类中的行政职权行为。[②]

《暂行规定》的二级案由行政处理下设了13个三级案由（序号为100—112），包括责令退还非法占用土地、责令交还土地、责令改正、责令采取补救措施、责令停止建设、责令恢复原状、责令公开、责令召回、责令暂停生产、责令暂停销售、责令暂停使用、有偿收回国有土地使用权、退学决定。

【审查要点】

如何审理行政处理类案件，关键在于要区分行政处理行为的不同情况，并进行全面的审查，做到案件事实认定清楚、法条适用准确。

首先，从实体上看，要审查行为人是否存在非法占用土地、非法建设、非法生产、非法销售、非法使用等违法行为，有无确凿的证据证实。

其次，在程序方面，要审查行政机关作出的责令退还非法占用土地、责令交还土地、责令改正、责令采取补救措施等是否符合法定程序或者正当程序。例如，行为人在法定期限内对有关行政行为申请了行政复议或者提起行政诉讼，行政机关在复议或者诉讼期间作出责令交还土地决定，就违反了相

[①] 参见姜明安：《行政法》，北京大学出版社2017年版，第324~325页。
[②] 参见仝蕾：《行政案件案由制度解析与适用》，人民法院出版社2022年版，第189~190页。

关的程序规定。另外，由于行政机关作出的责令退还非法占用土地、责令交还土地、责令改正、责令采取补救措施、责令停止建设、责令恢复原状、责令暂停生产、责令暂停销售、责令暂停使用等行为在很多情况下是作为行政处罚、行政强制、限期拆除决定等行为的一部分内容而存在，即包含在相应的行政处罚、行政强制、限期拆除决定之中，故对于上述行为的审查，要侧重于程序方面的审查，如是否违反了"一事不再罚"原则，是否听取了当事人的陈述、申辩，是否举行了听证等。

再次，从依据上看，要审查行政机关作出的责令退还非法占用土地等行政处理行为是否有明确的法律、法规、规章及规范性文件依据。

最后，需要注意的是，有些行政机关在作出行政处罚、实施行政强制行为等过程中或之前，往往先作出责令退还非法占用土地、责令交还土地、责令改正、责令采取补救措施、责令停止建设、责令恢复原状、责令暂停生产、责令暂停销售、责令暂停使用"通知"或"告知书"，这类"通知"或"告知书"仅仅是行政处罚、行政强制等行为中的阶段性、程序性行为，尚未对当事人的权利义务产生实际影响，由此，当事人若对这些"通知"或"告知书"提起诉讼，可能存在时机不成熟因而不具有可诉性的问题。当然，司法实践中，这些"通知"或"告知书"对当事人的权利义务到底有没有产生实际影响，要具体情况具体分析，不能一概而论。

100. 责令退还非法占用土地类案件的审查

【典型案例】

案例一：林某某诉甲市自然资源局责令退还非法占用土地及责令限期拆除案

【裁判要旨】

"一事不再罚"原则意味着同一违法行为不能给予两次以上的相同或者类似性质的行政处罚，目的是防止行政机关重复处理，保护行政相对人的合法权益。行政机关先前作出的包含责令退还非法占用土地及责令限期拆除内容的行政处罚决定书未被撤销，其又以同样的理由作出处罚内容相同的行政处罚决定书，违反法律规定，应予以撤销。

【简要案情】

林某某于 2010 年在甲市××镇××村建房时，未办理土地申请审批手续，占地面积 1186.67 平方米。林某某持有两本土地使用证，名字分别为谷某某、林某峰，使用面积合计 1296.25 平方米。2015 年 9 月 15 日，甲市国土资源局出具情况说明，宣告谷某某集体土地使用权证书无效。后被告又以"甲国土资函〔2018〕17 号甲市国土资源局文件"函告一审法院，原告所持的土地使用者分别为林某峰、谷某某的土地权利证书予以公告撤销。被告在听证后于 2019 年 12 月 31 日作出了甲自然资执罚（2019）14 号行政处罚决定书。原告不服，于 2020 年 1 月 17 日向乙市自然资源局申请复议。乙市自然资源局于 2020 年 4 月 26 日作出准予撤回行政复议申请通知书。2020 年 6 月 28 日，原告提起行政诉讼，请求依法撤销甲市自然资源局作出的案涉行政处罚决定书。另查明，甲市自然资源局认为林某某未经人民政府国土资源行政主管部门批准，擅自在甲市××镇××村××屯建宅基地占集体土地的行为违反了《土地管理法》第五十九条的规定，于 2015 年 11 月 11 日作出甲国土资执罚（2015）14 号行政处罚决定书，责令在 15 日内退还非法占用的土地，限期拆除在非法占用的土地上新建的房屋。甲市自然资源局申请甲市人民法院强制执行，因送达程序不合法，甲市人民法院裁定不准予强制执行。甲市自然资源局于 2019 年 12 月 31 日作出的甲自然资执罚（2019）14 号行政处罚决定书内容与甲国土资执罚（2015）14 号行政处罚决定书内容相同。

【规范性文件】

《中华人民共和国行政处罚法》

第二十九条　对当事人的同一个违法行为，不得给予两次以上罚款的行政处罚。同一个违法行为违反多个法律规范应当给予罚款处罚的，按照罚款数额高的规定处罚。

《国土资源行政处罚办法》

第二十九条第二款　《行政处罚决定书》中应当包括行政处罚告知、当事人陈述、申辩或者听证的情况。

【典型案例】

案例二：甲公司诉乙县自然资源局责令退还非法占用土地、没收非法财物、罚款案

【裁判要旨】

地方行政执法部门在作出包含退还非法占用土地、没收非法财物、罚款等内容的行政处罚时，除了要遵守《行政处罚法》规定的一般程序外，还要遵守所在地的地方性法规、规章等规定的程序，诸如按照法定程序进行案件调查、进行法制审核等。

【简要案情】

2019年6月18日，乙县自然资源局对甲公司在案涉集体土地上修建钢结构大棚及硬化地面、堆放废弃机械的行为作出《责令改正违法行为通知书》，责令甲公司在接到通知之日起7日内改正，并于当日送达。2019年7月9日，乙县自然资源局作出《行政处罚听证告知书》，向甲公司告知了拟作出的行政处罚及听证、陈述和申辩的权利，并于次日向甲公司送达。因甲公司未按期主张权利，乙县自然资源局经集体讨论并经负责人同意后，于2019年7月17日作出《行政处罚决定书》，对甲公司作出了退还非法占用的土地、没收违法建筑物8898.5平方米、罚款191855元的行政处罚，并于次日送达甲公司。甲公司不服，提起行政诉讼。一审法院对乙县自然资源局是否履行了《行政处罚法》及《G省重大行政执法决定法制审核办法》规定的程序进行法制审核未予审查，属认定基本事实不清、证据不足。二审裁定撤销一审行政判决，并发回一审法院重审。

【规范性文件】

《中华人民共和国行政处罚法》（2009年修正）

第二十三条 行政机关实施行政处罚时，应当责令当事人改正或者限期改正违法行为。

第三十一条 行政机关在作出行政处罚决定之前，应当告知当事人作出行政处罚决定的事实、理由及依据，并告知当事人依法享有的权利。

第三十二条第一款 当事人有权进行陈述和申辩。行政机关必须充分听取当事人的意见，对当事人提出的事实、理由和证据，应当进行复核；当事

人提出的事实、理由或者证据成立的,行政机关应当采纳。

第三十八条第二款 对情节复杂或者重大违法行为给予较重的行政处罚,行政机关的负责人应当集体讨论决定。

第四十二条第一款 行政机关作出责令停产停业、吊销许可证或者执照、较大数额罚款等行政处罚决定之前,应当告知当事人有要求举行听证的权利;当事人要求听证的,行政机关应当组织听证……

《中华人民共和国土地管理法》(2004年修正)

第二条第三款 任何单位和个人不得侵占、买卖或者以其他形式非法转让土地。土地使用权可以依法转让。

第四条第一款、第四款 国家实行土地用途管制制度。

使用土地的单位和个人必须严格按照土地利用总体规划确定的用途使用土地。

第七十六条 未经批准或者采取欺骗手段骗取批准,非法占用土地的,由县级以上人民政府土地行政主管部门责令退还非法占用的土地,对违反土地利用总体规划擅自将农用地改为建设用地的,限期拆除在非法占用的土地上新建的建筑物和其他设施,恢复土地原状,对符合土地利用总体规划的,没收在非法占用的土地上新建的建筑物和其他设施,可以并处罚款;对非法占用土地单位的直接负责的主管人员和其他直接责任人员,依法给予行政处分;构成犯罪的,依法追究刑事责任。

超过批准的数量占用土地,多占的土地以非法占用土地论处。

《中华人民共和国土地管理法实施条例》(2014年修订)

第四十二条 依照《土地管理法》第七十六条的规定处以罚款的,罚款额为非法占用土地每平方米30元以下。

101. 责令交还土地类案件的审查

【典型案例】

案例一:阎某某诉甲市自然资源和规划局责令交还土地案

【裁判要旨】

对于当事人的违法占地行为,有关主管部门在作出责令限期交出土地决定前，依法送达限期交地催告书，要求其主动履行交地义务，并告知其享有陈述与申辩的权利。当事人无正当理由仍拒绝搬迁交地，人民法院对被诉责令交换土地决定予以支持。

【简要案情】

阚某某户口在甲市××社区，拥有集体土地使用权及××村镇房屋一处。2020年因城镇建设的需要，甲市人民政府拟征收土地。2022年3月14日，省人民政府作出征地批复。甲市人民政府于2022年3月23日发布征收土地公告，告知被征地位置、面积及土地补偿安置标准等相关事项。2022年10月4日，甲市自然资源和规划局发布了征地补偿安置方案公告，2022年12月5日征地补偿安置方案经甲市人民政府批准实施，甲市自然资源和规划局已与阚某某房屋所在集体经济组织签订了征地补偿协议，协议约定的征地补偿款已全额支付。该块土地征收为国有土地后阚某某一直未搬迁，妨碍了城镇建设用地项目的实施。2023年8月16日，甲市自然资源和规划局依法作出《限期交地催告书》，次日送达阚某某，告知阚某某搬迁期限、补偿方案选择及陈述申辩权利等，但阚某某以未达成房屋搬迁协议为由拒绝搬迁，已严重影响城镇建设用地项目的实施，违反了《土地管理法实施条例》第六十二条之规定，甲市自然资源和规划局于2023年11月29日作出责令限期交出土地决定，对阚某某户房屋所占土地实施征收，责令阚某某在2023年12月13日前将房内物品搬迁，并交出所使用的土地，逾期不履行，甲市自然资源和规划局将申请人民法院强制执行。阚某某不服，诉至法院，请求确认涉案责令限期交出土地决定无效。

【规范性文件】

《中华人民共和国土地管理法实施条例》

第二十八条第一款、第二款 征地补偿安置方案拟定后，县级以上地方人民政府应当在拟征收土地所在的乡（镇）和村、村民小组范围内公告，公告时间不少于三十日。

征地补偿安置公告应当同时载明办理补偿登记的方式和期限、异议反馈渠道等内容。

第六十二条 违反土地管理法律、法规规定，阻挠国家建设征收土地的，由县级以上地方人民政府责令交出土地；拒不交出土地的，依法申请人民法院强制执行。

【典型案例】

案例二：李某某、郑某诉甲市自然资源和规划局、乙省自然资源厅行政处理决定及行政复议案

【裁判要旨】

根据《土地管理法》和《土地管理法实施条例》的相关规定，农村集体土地被国家征收后，由县级以上人民政府予以公告并组织实施，按照法定程序对集体经济组织和村民进行补偿，集体经济组织或者村民在得到安置补偿后仍拒不交出土地，县级以上人民政府土地管理部门可以责令交出土地。若现有证据不能证明已经对当事人进行安置补偿或者当事人无正当理由拒不接受安置补偿，则《责令交还土地通知书》的作出事实依据不充分。

【简要案情】

甲市人民政府经乙省人民政府批准对李某某、郑某所在村的土地进行征收，李某某宅基地使用证证载土地在被批准的征收范围内。在涉案土地征收过程中，土地征收部门已履行了告知确认、安置补偿等义务，某村村委会及李某某、郑某并未对征收决定及土地补偿安置方案提出听证申请，且某村村委会承认已收到土地补偿安置费用。但李某某、郑某未获得安置补偿，也无证据显示李某某、郑某无正当理由拒不接受安置补偿。2022年7月14日，甲市自然资源和规划局新城区分局对某村村委会及村民郑某作出了《责令交还土地通知书》，通知某村及郑某立即交还依法征收的土地。李某某、郑某对该通知书不服，向乙省自然资源厅申请行政复议。2022年10月12日，乙省自然资源厅作出《行政复议决定书》，维持了《责令交还土地通知书》。李某某、郑某仍不服，提起行政诉讼。一审判决驳回了李某某、郑某的诉讼请求，二审判决驳回上诉、维持原判。后本案指令某中级人民法院再审。

【规范性文件】

《中华人民共和国土地管理法》

第四十六条 征收下列土地的，由国务院批准：

（一）永久基本农田；

（二）永久基本农田以外的耕地超过三十五公顷的；

(三) 其他土地超过七十公顷的。

征收前款规定以外的土地的,由省、自治区、直辖市人民政府批准。

征收农用地的,应当依照本法第四十四条的规定先行办理农用地转用审批。其中,经国务院批准农用地转用的,同时办理征地审批手续,不再另行办理征地审批;经省、自治区、直辖市人民政府在征地批准权限内批准农用地转用的,同时办理征地审批手续,不再另行办理征地审批,超过征地批准权限的,应当依照本条第一款的规定另行办理征地审批。

《中华人民共和国土地管理法实施条例》

第二十八条 征地补偿安置方案拟定后,县级以上地方人民政府应当在拟征收土地所在的乡(镇)和村、村民小组范围内公告,公告时间不少于三十日。

征地补偿安置公告应当同时载明办理补偿登记的方式和期限、异议反馈渠道等内容。

多数被征地的农村集体经济组织成员认为拟定的征地补偿安置方案不符合法律、法规规定的,县级以上地方人民政府应当组织听证。

第三十二条 省、自治区、直辖市应当制定公布区片综合地价,确定征收农用地的土地补偿费、安置补助费标准,并制定土地补偿费、安置补助费分配办法。

地上附着物和青苗等的补偿费用,归其所有权人所有。

社会保障费用主要用于符合条件的被征地农民的养老保险等社会保险缴费补贴,按照省、自治区、直辖市的规定单独列支。

申请征收土地的县级以上地方人民政府应当及时落实土地补偿费、安置补助费、农村村民住宅以及其他地上附着物和青苗等的补偿费用、社会保障费用等,并保证足额到位,专款专用。有关费用未足额到位的,不得批准征收土地。

第六十二条 违反土地管理法律、法规规定,阻挠国家建设征收土地的,由县级以上地方人民政府责令交出土地;拒不交出土地的,依法申请人民法院强制执行。

【典型案例】

案例三：甲公司诉乙市自然资源和规划局责令交还土地及罚款案

【裁判要旨】

根据《土地管理法》的相关规定，我国实行土地用途管制制度，建设单位使用国有土地的，必须严格按照原定用途使用，确需改变土地用途的，应当履行相应报批手续，否则应当承担相应的法律后果。当事人未依法办理用地转用手续，擅自将工业用地改变用途作经营性用地使用，具有主观故意，已构成擅自改变土地用途的违法事实，应受到相应处罚，责令交还土地。

【简要案情】

2021年8月26日，乙市自然资源和规划局（以下简称乙市自然资源局）接到反映甲公司在乙市开发区建安路3号存在改变土地用途情形的举报后，于同日向乙市人民政府报告甲公司土地违法情况，并对甲公司进行调查。2021年9月10日，乙市自然资源局对甲公司擅自改变土地用途的违法行为立案查处，并向甲公司送达了接受调查通知书。乙市地籍测绘管理所出具的甲公司用地勘测定界图显示：甲公司擅自改变土地用途面积为3938平方米。2021年11月4日，乙市国土资源监察大队以案情特别复杂需对案件重新进行调查取证为由，根据《国土资源违法行为查处工作规程》第十二条第五款的相关规定，向乙市自然资源局申请延期作出行政处罚，乙市自然资源局主要负责人批准同意。2021年11月29日，乙市自然资源局向甲公司送达行政处罚及听证告知书，甲公司于2021年12月3日向乙市自然资源局提交听证申请报告。乙市自然资源局于2022年1月16日作出《行政处罚决定书》：（1）责令交还3938平方米未按批准用途使用的土地；（2）处改变用途的3938平方米土地每平方米10元的罚款，罚款金额合计人民币39380元。甲公司不服，诉至法院，请求判决撤销乙市自然资源局作出的行政处罚决定。一审法院经审理认为，被诉行政处罚决定认定事实清楚、适用法律正确，且量罚适当。遂判决驳回甲公司的诉讼请求，二审判决驳回上诉、维持原判。

【规范性文件】

《中华人民共和国行政处罚法》

第四十四条 行政机关在作出行政处罚决定之前，应当告知当事人拟作出的行政处罚内容及事实、理由、依据，并告知当事人依法享有的陈述、申辩、要求听证等权利。

第四十五条 当事人有权进行陈述和申辩。行政机关必须充分听取当事人的意见，对当事人提出的事实、理由和证据，应当进行复核；当事人提出的事实、理由或者证据成立的，行政机关应当采纳。

行政机关不得因当事人陈述、申辩而给予更重的处罚。

《中华人民共和国土地管理法》

第四条第一款 国家实行土地用途管制制度。

第五条 国务院自然资源主管部门统一负责全国土地的管理和监督工作。

县级以上地方人民政府自然资源主管部门的设置及其职责，由省、自治区、直辖市人民政府根据国务院有关规定确定。

第十九条 县级土地利用总体规划应当划分土地利用区，明确土地用途。

乡（镇）土地利用总体规划应当划分土地利用区，根据土地使用条件，确定每一块土地的用途，并予以公告。

第五十六条 建设单位使用国有土地的，应当按照土地使用权出让等有偿使用合同的约定或者土地使用权划拨批准文件的规定使用土地；确需改变该幅土地建设用途的，应当经有关人民政府自然资源主管部门同意，报原批准用地的人民政府批准。其中，在城市规划区内改变土地用途的，在报批前，应当先经有关城市规划行政主管部门同意。

第八十一条 依法收回国有土地使用权当事人拒不交出土地的，临时使用土地期满拒不归还的，或者不按照批准的用途使用国有土地的，由县级以上人民政府自然资源主管部门责令交还土地，处以罚款。

《中华人民共和国土地管理法实施条例》

第五十九条 依照《土地管理法》第八十一条的规定处以罚款的，罚款额为非法占用土地每平方米100元以上500元以下。

102. 责令改正类案件的审查

【典型案例】

案例一：李某某不服 H 省生态环境厅、C 市生态环境局、第三人 C 市生态环境局 F 分局责令改正及行政复议案

【裁判要旨】

从事汽车喷漆业务势必对环境造成不利影响，应办理环境影响评价手续。若当事人经营的汽车喷漆业务未依法报批建设项目环境影响报告表，环保部门依法作出《责令改正决定》，责令其立即停止违法行为，并限期改正违法行为，并无不当。

【简要案情】

李某某系个体工商户，经营某汽车维修服务中心。因群众举报，原 C 市 F 区环境保护局于 2019 年 6 月 26 日对李某某及某汽车维修服务中心进行现场检查发现，李某某于 2019 年 6 月 10 日已建设一个烤漆房并投入使用，主要是承接汽车喷漆业务，虽然安装了污染防治设施，但未办理环境影响评价手续。经现场取证，决定对该环境违法行为予以立案查处。原 C 市 F 区环境保护局于 2019 年 6 月 21 日对李某某作出了《责令改正违法行为决定书》，责令其立即停止违法行为，并于 2019 年 7 月 15 日前改正违法行为。李某某不服，申请行政复议。2020 年 12 月 28 日，H 省生态环境厅作出《行政复议决定书》，维持上述责令改正决定。李某某不服，提起行政诉讼。请求判决 H 省生态环境厅未履行法定职责决策错误作出的行政复议决定违法无效，包庇第三人 C 市 F 区环境保护局作出的责令改正违法行为决定违法无效，判决 H 省生态环境厅、C 市生态环境局分别赔偿 7.3 万元、3.3 万元并赔礼道歉等。一审法院认为，李某某提出的诉讼请求无事实和法律依据，遂判决驳回其诉讼请求。

【规范性文件】

《中华人民共和国行政处罚法》

第二十八条第一款 行政机关实施行政处罚时,应当责令当事人改正或者限期改正违法行为。

《中华人民共和国行政复议法》（2017年修正）

第十五条第一款 对本法第十二条、第十三条、第十四条规定以外的其他行政机关、组织的具体行政行为不服的,按照下列规定申请行政复议：……（五）对被撤销的行政机关在撤销前所作出的具体行政行为不服的,向继续行使其职权的行政机关的上一级行政机关申请行政复议。

第十八条 依照本法第十五条第二款的规定接受行政复议申请的县级地方人民政府,对依照本法第十五条第一款的规定属于其他行政复议机关受理的行政复议申请,应当自接到该行政复议申请之日起七日内,转送有关行政复议机关,并告知申请人。接受转送的行政复议机关应当依照本法第十七条的规定办理。

《中华人民共和国国家赔偿法》

第二条第一款 国家机关和国家机关工作人员行使职权,有本法规定的侵犯公民、法人和其他组织合法权益的情形,造成损害的,受害人有依照本法取得国家赔偿的权利。

第十五条第一款 人民法院审理行政赔偿案件,赔偿请求人和赔偿义务机关对自己提出的主张,应当提供证据。

《中华人民共和国环境影响评价法》

第三十一条第一款 建设单位未依法报批建设项目环境影响报告书、报告表,或者未依照本法第二十四条的规定重新报批或者报请重新审核环境影响报告书、报告表,擅自开工建设的,由县级以上生态环境主管部门责令停止建设,根据违法情节和危害后果,处建设项目总投资额百分之一以上百分之五以下的罚款,并可以责令恢复原状；对建设单位直接负责的主管人员和其他直接责任人员,依法给予行政处分。

【典型案例】

案例二：甲养殖公司诉乙市丙区樵舍镇人民政府、乙市自然资源局丙分局、乙市丙区农业农村局行政处理案

【裁判要旨】

责令整改或限期改正违法行为是行政主体在实施行政处罚过程中对违法行为人发出的一种作为命令，要求违法行为人履行法定义务，停止违法行为，消除不良后果，恢复原状。

【简要案情】

2015年3月1日，甲养殖公司与某村及樵舍镇人民政府签订了《农业设施用地协议》，约定农业设施用地用于经营养牛项目，位于某村，土地面积12.43亩，其中生产设施用地面积约11.56亩，附属设施面积控制在0.87亩之内，不得擅自改变农业设施用地用途。丙区人民政府为落实上级关于"大棚房"问题专项清理整治行动的精神，印发《乙市丙区关于开展"大棚房"问题专项清理整治行动坚决遏制农地非农化的方案》开展治理工作。2019年1月18日，被告乙市自然资源局丙分局下属樵舍国土中心所向甲养殖公司法定代表人涂某制作询问笔录，其自认因2013年底至2014年底养牛亏损，于2015年初开始转型成立乙市三众洗涤服务有限公司，利用涉案农用地从事洗涤服务，国土部门于2018年11月7日送达了责停通知书。2019年1月25日，三被告共同作出《责令整改通知书》，责令原告于2019年2月20日之前按土地用途恢复农业生产或在2019年3月20日之前自行全部拆除到位，如超过2019年3月20日未整改，则按相关要求强制拆除。原告不服，诉至法院，要求撤销该《责令整改通知书》。

【规范性文件】

《中华人民共和国行政处罚法》

第九条　行政处罚的种类：

（一）警告、通报批评；

（二）罚款、没收违法所得、没收非法财物；

（三）暂扣许可证件、降低资质等级、吊销许可证件；

（四）限制开展生产经营活动、责令停产停业、责令关闭、限制从业；

（五）行政拘留；

（六）法律、行政法规规定的其他行政处罚。

103. 责令采取补救措施类案件的审查

【典型案例】

金某某等12人诉甲省乙县人民政府、甲省乙县桃花镇人民政府占用未被征收农业承包地用于非农建设及抛荒的行政行为违法、责令采取补救措施案

【裁判要旨】

公民、法人或者其他组织提起行政诉讼必须符合法定的条件。原告只能对与其有利害关系的责令采取补救措施行为提起诉讼，对于涉及其他人承包地的责令采取补救措施行为并不具备诉的利益。且原告提出的诉讼请求必须明确、具体。若原告起诉的是不同的征地批复以及相应的用地建设行为或者责令采取补救措施等行为，分别系不同的行政行为，属于不同的行政法律关系，不符合《行政诉讼法》第二十七条中关于共同诉讼的规定，属于诉讼请求不明确，且根据《最高人民法院关于审理涉及农村集体土地行政案件若干问题的规定》第三条的规定，当诉求涉及整个集体经济组织利益的时候，必须得以集体经济组织的名义或者由原集体经济组织的过半数成员方可提起诉讼。

【简要案情】

原告金某某等12人提起行政诉讼，请求确认甲省乙县人民政府、甲省乙县桃花镇人民政府占用未被征收农业承包地用于非农业建设及抛荒的行政行为违法；责令被告采取补救措施，保障承包经营权。原告提供了有关各自承包地及宅基地上建设等情况的图片证据。法院查明，原告提供的与占地建设及抛荒有关证据涉及柏堰社区范围内长安街道、金大郢村民组、王大郢村民组、松棵村民组等不同原告的承包土地，并分别涉及（2008）甲政地置45号、（2009）甲政地置124号、（2010）甲政地820号、甲政地（2011）656号、（2015）甲政地增减挂钩25号、（2017）甲政地增减挂钩405号等多个征地批复和润亚能源、中海地产、永和路等不同的建设项目。经法院释明，原告坚持其诉请，称其诉请的对象是本案二被告对柏堰社区的整体占地行为。另，桃花镇就业和社会保障所出具的《情况说明》载明，截至本案起诉时，柏堰社区范围内参保人员共计2490人。

【规范性文件】

《中华人民共和国行政诉讼法》

第二十五条　行政行为的相对人以及其他与行政行为有利害关系的公民、法人或者其他组织，有权提起诉讼。

有权提起诉讼的公民死亡，其近亲属可以提起诉讼。

有权提起诉讼的法人或者其他组织终止，承受其权利的法人或者其他组织可以提起诉讼。

人民检察院在履行职责中发现生态环境和资源保护、食品药品安全、国有财产保护、国有土地使用权出让等领域负有监督管理职责的行政机关违法行使职权或者不作为，致使国家利益或者社会公共利益受到侵害的，应当向行政机关提出检察建议，督促其依法履行职责。行政机关不依法履行职责的，人民检察院依法向人民法院提起诉讼。

第二十七条　当事人一方或者双方为二人以上，因同一行政行为发生的行政案件，或者因同类行政行为发生的行政案件、人民法院认为可以合并审理并经当事人同意的，为共同诉讼。

第四十九条　提起诉讼应当符合下列条件：

（一）原告是符合本法第二十五条规定的公民、法人或者其他组织；

（二）有明确的被告；

（三）有具体的诉讼请求和事实根据；

（四）属于人民法院受案范围和受诉人民法院管辖。

《最高人民法院关于审理涉及农村集体土地行政案件若干问题的规定》

第三条　村民委员会或者农村集体经济组织对涉及农村集体土地的行政行为不起诉的，过半数的村民可以以集体经济组织名义提起诉讼。

农村集体经济组织成员全部转为城镇居民后，对涉及农村集体土地的行政行为不服的，过半数的原集体经济组织成员可以提起诉讼。

104. 责令停止建设类案件的审查

【典型案例】

潘某某诉丁市丙县某镇人民政府强制拆除决定案

【裁判要旨】

行政机关对违法的建筑物、构筑物、设施等作出强制执行决定前应当作出要求当事人履行义务的行政决定，诸如责令停止建设、限期拆除等，并经催告程序督促当事人限期履行。在当事人对行政决定的行政复议和行政诉讼期限未届满的情况下，行政机关不能作出强制执行决定，否则违反法律规定。

【简要案情】

丁市丙县某镇人民政府于2020年9月2日对潘某某正在建设的涉案建筑物进行了现场检查和现场勘验，潘某某未能出示乡村建设规划许可证或临时乡村建设规划许可证。9月3日，某镇人民政府对潘某某作出《限期拆除决定书》。并依据《丁市城乡规划条例》第六十六条第一款和《丁市禁止违法建设若干规定》第十五条第一款第一项之规定，责令潘某某停止建设，并于2020年9月4日前自行拆除已建的违法建设，恢复原地貌。逾期未拆除，将依法组织拆除。如不服本决定，可依法申请行政复议或提起行政诉讼。2020年9月4日，某镇人民政府向潘某某作出《催告通知书》，主要内容是："2020年9月3日，本行政机关对您作出了《限期拆除决定书》，责令您于2020年9月4日前将已建违法建筑自行拆除，您未自行拆除，依据《行政强制法》第三十五条之规定，现向您送达《催告通知书。责令您自接到本通知书之日起1日内自行拆除上述违法建筑。依据《行政强制法》第三十六条之规定，您接到本通知书之日起1日内，可向本行政机关提出陈述和申辩。无正当理由，逾期不拆除的，本行政机关将作出强制拆除决定。"2020年9月5日，某镇人民政府向潘某某作出并送达了《强制拆除决定书》。潘某某不服该《强制拆除决定书》，提起诉讼。后该《强制拆除决定书》被人民法院确认违法。

· 315 ·

【规范性文件】

《中华人民共和国城乡规划法》

第六十五条 在乡、村庄规划区内未依法取得乡村建设规划许可证或者未按照乡村建设规划许可证的规定进行建设的，由乡、镇人民政府责令停止建设、限期改正；逾期不改正的，可以拆除。

《中华人民共和国行政强制法》

第三十四条 行政机关依法作出行政决定后，当事人在行政机关决定的期限内不履行义务的，具有行政强制执行权的行政机关依照本章规定强制执行。

第三十五条 行政机关作出强制执行决定前，应当事先催告当事人履行义务。催告应当以书面形式作出，并载明下列事项：

（一）履行义务的期限；

（二）履行义务的方式；

（三）涉及金钱给付的，应当有明确的金额和给付方式；

（四）当事人依法享有的陈述权和申辩权。

第三十六条 当事人收到催告书后有权进行陈述和申辩。行政机关应当充分听取当事人的意见，对当事人提出的事实、理由和证据，应当进行记录、复核。当事人提出的事实、理由或者证据成立的，行政机关应当采纳。

第三十七条 经催告，当事人逾期仍不履行行政决定，且无正当理由的，行政机关可以作出强制执行决定。

强制执行决定应当以书面形式作出，并载明下列事项：

（一）当事人的姓名或者名称、地址；

（二）强制执行的理由和依据；

（三）强制执行的方式和时间；

（四）申请行政复议或者提起行政诉讼的途径和期限；

（五）行政机关的名称、印章和日期。

在催告期间，对有证据证明有转移或者隐匿财物迹象的，行政机关可以作出立即强制执行决定。

第四十四条 对违法的建筑物、构筑物、设施等需要强制拆除的，应当由行政机关予以公告，限期当事人自行拆除。当事人在法定期限内不申请行政复议或者提起行政诉讼，又不拆除的，行政机关可以依法强制拆除。

105. 责令恢复原状类案件的审查

【典型案例】

甲副食超市诉乙自治县综合行政执法局、第三人丙置业有限公司责令恢复原状案

【裁判要旨】

当事人未经有权机关合法审批，将地下停车位改建成超市，行政执法部门依照法律规定，遵循法定程序，调查案件事实，作出责令恢复原状决定，符合法律规定。

【简要案情】

原告甲副食超市将3号楼地下停车场改建为超市。2020年1月2日，乙自治县综合行政执法局向原告和第三人丙置业有限公司送达了《责令限期恢复原状告知书》，责令原告和第三人在10日内恢复地下停车场原状。在该告知书中同时告知原告和第三人可自收到本告知书之日起3个工作日内向被告进行陈述和申辩。2020年1月6日，第三人向被告提交了陈述申辩意见书，原告在告知期限内未向被告进行陈述和申辩。被告于2020年1月9日针对第三人的陈述申辩意见书作出答复书。2020年1月10日，被告作出《责令限期恢复原状决定书》，责令原告和第三人在接到该决定书之日起十日内恢复地下停车场原状，并于同日送达给原告和第三人。原告收到该决定书后不服，提起行政诉讼，请求判决撤销《责令限期恢复原状决定书》，审查并确认被告作出行政行为所依据的《G省停车场管理办法》违法。一、二审法院经审理，对原告的诉讼请求未予支持。

· 317 ·

106. 责令公开类案件的审查

【典型案例】

屈某某诉甲市乙区丙街道办事处、乙区人民政府责令公开及行政复议案

【裁判要旨】

村务公开的主体是村民委员会，但乡、镇、县级人民政府对村民委员会的村务公开事项负有调查核实及监督职责。对于当事人反映的村务公开问题，乡、镇、县级人民政府有权向村委会发出《责令村务公开通知书》，并将调查了解的情况反馈当事人。

【简要案情】

2019年8月15日，屈某某向村委会提出要求书面公开2015年度、2016年度本村的全部"三资"账目审计结果的申请。后屈某某又以挂号信的方式向甲市乙区丙街道办事处（以下简称丙街道办）邮寄了《责令村务公开申请书》，称其向村委会申请村务公开，但村委会未公开，请求丙街道办责令村委会公开村务。丙街道办收到《责令村务公开申请书》后，未对屈某某予以答复，屈某某遂向乙区人民政府提起了行政复议。2020年2月28日，乙区人民政府作出《行政复议决定书》，责令丙街道办在收到复议决定30日内对屈某某反映的村务公开问题依法处理。2020年3月30日，丙街道办向村委会发出《责令村务公开通知书》，要求对屈某某的申请公开事项依法作出处理，并将相关情况书面反馈。2020年3月31日，村委会作出《关于屈某某申请村务公开的情况说明》，报告了村里财物公示情况，并告知收到屈某某于2019年8月15日提出的村务公开申请后，已经于2019年8月23日派员接待屈某某，向其公示了2015年度、2016年度的"三资"账目及审计结果。2020年3月31日，丙街道办作出《告知书》，将其调查处理的情况书面回复了屈某某。屈某某认为其未获得书面的"三资"账目及审计结果，遂于2020年4月6日以"乙区人民政府政务中心"为收件人邮寄了复议申请。因一直未得到乙区人民政府的回复，屈某某提起行政诉讼，要求确认乙区人民政府未依法履行复议职责违法。

【规范性文件】

《中华人民共和国村民委员会组织法》

第三十条第一款 村民委员会实行村务公开制度。

第三十一条 村民委员会不及时公布应当公布的事项或者公布的事项不真实的，村民有权向乡、民族乡、镇的人民政府或者县级人民政府及其有关主管部门反映，有关人民政府或者主管部门应当负责调查核实，责令依法公布；经查证确有违法行为的，有关人员应当依法承担责任。

107. 责令召回类案件的审查

【典型案例】

甲公司诉乙县市场监督管理局行政处罚案

【裁判要旨】

食品召回应根据造成食品不安全的原因，分别由食品生产者或食品经营者负责召回。食品安全监督管理部门在食品安全监督抽检时应当书面告知被抽样食品生产经营者依法享有的权利和应当承担的义务，并要求生产经营者在抽检样品的防拆封措施和抽样文书上签字或盖章。否则，该抽样行为构成程序违法。

【简要案情】

乙县市场监督管理局在对涉案面条进行现场抽样过程中，没有通知甲公司，亦未让其对抽检样品的防拆封措施签字或者盖章确认，并在食品安全抽样文书上签字或者盖章。同时，乙县市场监督管理局在甲公司对造成抽检产品发霉生虫的原因存有异议的情况下，未做进一步调查即将抽检产品送检，之后根据检验报告作出《食品责令召回通知书》，随后又进一步以甲公司拒绝召回为由作出《行政处罚决定书》。乙县市场监督管理局的责令召回行为合法与否直接影响到行政处罚行为的合法性。因抽样行为属于乙县市场监督管理局作出行政处罚前的调查、收集证据的行为，系其整个行政执法行为的一部分，乙县市场监督管理局提供的证据不足以证明涉案面条不符合食品安

· 319 ·

全标准或者可能危害人体健康的原因系甲公司所致，法院遂判决确认乙县市场监督管理局作出的行政处罚决定认定事实不清、程序违法。

【规范性文件】

《中华人民共和国食品安全法》

第六十三条 国家建立食品召回制度。食品生产者发现其生产的食品不符合食品安全标准或者有证据证明可能危害人体健康的，应当立即停止生产，召回已经上市销售的食品，通知相关生产经营者和消费者，并记录召回和通知情况。

食品经营者发现其经营的食品有前款规定情形的，应当立即停止经营，通知相关生产经营者和消费者，并记录停止经营和通知情况。食品生产者认为应当召回的，应当立即召回。由于食品经营者的原因造成其经营的食品有前款规定情形的，食品经营者应当召回。

食品生产经营者应当对召回的食品采取无害化处理、销毁等措施，防止其再次流入市场。但是，对因标签、标志或者说明书不符合食品安全标准而被召回的食品，食品生产者在采取补救措施且能保证食品安全的情况下可以继续销售；销售时应当向消费者明示补救措施。

食品生产经营者应当将食品召回和处理情况向所在地县级人民政府食品安全监督管理部门报告；需要对召回的食品进行无害化处理、销毁的，应当提前报告时间、地点。食品安全监督管理部门认为必要的，可以实施现场监督。

食品生产经营者未依照本条规定召回或者停止经营的，县级以上人民政府食品安全监督管理部门可以责令其召回或者停止经营。

《食品安全抽样检验管理办法》（2014年）

第二十条第二款 食品安全监督抽检中的样品应当现场封样。复检备份样品应当单独封样，交由承检机构保存。抽样人员应当采取有效的防拆封措施，并由抽样人员、被抽样食品生产经营者签字或者盖章确认。

第二十一条 食品安全监督抽检的抽样人员应当使用规范的抽样文书，详细记录抽样信息。记录保存期限不得少于2年。食品安全监督抽检的抽样人员应当书面告知被抽样食品生产经营者依法享有的权利和应当承担的义务。被抽样食品生产经营者应当在食品安全抽样文书上签字或者盖章，不得拒绝或者阻挠食品安全抽样工作。

108. 责令暂停生产类案件的审查

【典型案例】

甲石材厂诉乙市丙区环境保护局、乙市丙区市场监督管理局、乙市自然资源局丙区分局行政命令案

【裁判要旨】

责令暂停生产告知单与责令暂停生产并不等同。责令暂停生产告知单只是告知当事人将会"责令暂停生产",其系行政行为中的一个程序性告知行为,并不是行政程序中的最终处理决定,也即尚未确定原告的实体权利义务关系,未对原告的权利义务产生实际影响,故不具有最终决定效力。

【简要案情】

2007年4月12日,甲石材厂登记注册工商营业执照,营业执照上载明经营范围:石材、石雕、玉雕加工。2017年3月22日,乙市丙区环境保护局、乙市丙区市场监督管理局、乙市自然资源局丙区分局联合对原告作出《责令暂停生产告知单》,内容为:"经查,你企业没有办理用地审批、环评审批和环保'三同时'验收等手续,现根据《F省查处无证无照经营行为办法》及丙区人民政府办公室关于印发《丙区塑料拉丝编织网生产及废旧塑料回收行业污染整治工作方案》《丙区石材加工行业污染整治工作方案》《丙区机砖厂和传统砖瓦窑行业污染整治工作方案》和《丙区翻砂铸铁行业污染整治工作方案》的通知要求,特告知如下:1.责令你企业即日起暂停生产;2.若你企业有办理上述相关证照,限你企业在2017年3月27日前向区整治办提供相关证照,以备核实,逾期未提供的视为无证无照。对未能按期提供相关证照的,又拒不暂停生产的企业,将采取停水停电措施,并依法进行立案查处。特此告知。"甲石材厂不服,提起行政诉讼。

【规范性文件】

《最高人民法院关于适用〈中华人民共和国行政诉讼法〉的解释》

第一条第二款第六项 下列行为不属于人民法院行政诉讼的受案范围:

……

（六）行政机关为作出行政行为而实施的准备、论证、研究、层报、咨询等过程性行为。

109. 责令暂停销售类案件的审查

【典型案例】

案例一：甲公司诉乙市丙区市场监督管理局行政强制及乙市市场监督管理局行政复议案

【裁判要旨】

使用与知名商品包装、装潢构成近似、造成混淆，足以引起相关公众的误解，涉嫌构成不正当竞争行为。市场监管部门据此作出《暂停销售决定书》，符合法律规定。

【简要案情】

"椰树"牌椰汁销售区域广，为广大消费者熟知，其在全国范围内具有较高知名度，并被相关公众知悉。甲公司系"椰某某"牌椰汁的生产商。根据《关于禁止仿冒知名商品特有的名称、包装、装潢的不正当竞争行为的若干规定》第五条的规定："对使用与知名商品近似的名称、包装、装潢，可以根据主要部分和整体印象相近，一般购买者施以普通注意力会发生误认等综合分析认定。"本案中，甲公司的产品和椰树集团产品的包装、装潢进行比对，两者采用的包装罐体形状一致，罐体上选用的文字的字形、排布，图形的构图及颜色，以及各要素组合后的整体结构相似，可能使购买者误认为是该知名商品，涉嫌构成不正当竞争。据此，乙市丙区市场监督管理局为进一步查清事实，作出《责令暂停销售决定书》。乙市市场监督管理局收到甲公司的复议申请后，依法受理甲公司的复议申请，经审查、复议，在法定期限内作出了维持《责令暂停销售决定书》的行政复议决定。

十五、行政处理类案件的司法审查

【规范性文件】

《中华人民共和国反不正当竞争法》

第三条 各级人民政府应当采取措施，制止不正当竞争行为，为公平竞争创造良好的环境和条件。

国务院建立反不正当竞争工作协调机制，研究决定反不正当竞争重大政策，协调处理维护市场竞争秩序的重大问题。

第六条 经营者不得实施下列混淆行为，引人误认为是他人商品或者与他人存在特定联系：

（一）擅自使用与他人有一定影响的商品名称、包装、装潢等相同或者近似的标识；

（二）擅自使用他人有一定影响的企业名称（包括简称、字号等）、社会组织名称（包括简称等）、姓名（包括笔名、艺名、译名等）；

（三）擅自使用他人有一定影响的域名主体部分、网站名称、网页等；

（四）其他足以引人误认为是他人商品或者与他人存在特定联系的混淆行为。

第十三条第一款 监督检查部门调查涉嫌不正当竞争行为，可以采取下列措施：

（一）进入涉嫌不正当竞争行为的经营场所进行检查；

（二）询问被调查的经营者、利害关系人及其他有关单位、个人，要求其说明有关情况或者提供与被调查行为有关的其他资料；

（三）查询、复制与涉嫌不正当竞争行为有关的协议、账簿、单据、文件、记录、业务函电和其他资料；

（四）查封、扣押与涉嫌不正当竞争行为有关的财物；

（五）查询涉嫌不正当竞争行为的经营者的银行账户。

《关于禁止仿冒知名商品特有的名称、包装、装潢的不正当竞争行为的若干规定》

第三条第一款 本规定所称知名商品，是指在市场上具有一定知名度，为相关公众所知悉的商品。

第六条 县级以上工商行政管理机关在监督检查仿冒知名商品特有的名称、包装、装潢的不正当竞争行为时，对知名商品和特有的名称、包装、装潢一并予以认定。

【典型案例】

案例二：甲公司诉乙县市场监督管理局行政强制措施及乙县人民政府行政复议案

【裁判要旨】

依照《产品质量法》的相关规定，县级以上市场监督管理部门对不符合保障人体健康和人身、财产安全的国家标准、行业标准的产品或者有其他严重质量问题的产品，以及直接用于生产、销售该项产品的原辅材料、包装物、生产工具，予以暂停销售、查封或者扣押，属于依法履行职责。

【简要案情】

2016年12月24日、28日，乙县市场监督管理局接到某公司举报，称甲公司侵犯该公司商标专用权的染料产品运抵湖口，要求乙县市场监督管理局依法查处。2016年12月28日，乙县市场监督管理局认定某公司采用财物进行贿赂以销售商品，对其作出责令暂停销售通知书，责令其暂停销售涉案染料产品，并不得转移、隐匿、销毁该商品。2017年1月23日，乙县市场监督管理局通知甲公司解除责令暂停销售通知，并作出实施行政强制措施决定书，以甲公司涉嫌销售有质量问题的规格为2BLN100%的分散艳蓝为由，决定对其200箱规格为2BLN100%的分散艳蓝实施扣押行政强制措施。甲公司不服，于2017年3月24日向乙县人民政府申请复议。同年6月29日，乙县人民政府作出行政复议决定书，维持了乙县市场监督管理局作出的实施行政强制措施决定书。甲公司仍不服，提起行政诉讼。

【规范性文件】

《中华人民共和国产品质量法》

第十八条 县级以上市场监督管理部门根据已经取得的违法嫌疑证据或者举报，对涉嫌违反本法规定的行为进行查处时，可以行使下列职权：

（一）对当事人涉嫌从事违反本法的生产、销售活动的场所实施现场检查；

（二）向当事人的法定代表人、主要负责人和其他有关人员调查、了解与涉嫌从事违反本法的生产、销售活动有关的情况；

（三）查阅、复制当事人有关的合同、发票、帐簿以及其他有关资料；

（四）对有根据认为不符合保障人体健康和人身、财产安全的国家标准、行业标准的产品或者有其他严重质量问题的产品，以及直接用于生产、销售该项产品的原辅材料、包装物、生产工具，予以查封或者扣押。

111. 有偿收回国有土地使用权类案件的审查

【典型案例】

案例一：尚某某诉甲市人民政府收回土地使用权决定案

【裁判要旨】

建设单位使用国有土地的，应当按照土地使用权出让等有偿使用合同的约定或者土地使用权划拨批准文件的规定使用土地；确需改变该幅土地建设用途的，应当经有关人民政府土地行政主管部门同意，报原批准用地的人民政府批准。因此，对于未按规定用途使用土地的行为，人民政府可依法作出《收回土地使用权通知》或者《收回土地使用权决定》。

【简要案情】

2011年1月30日，乙文化用品厂与尚某某签订《合作建房协议》，主要约定由乙文化用品厂提供国有土地，尚某某提供资金，双方合作开发乙文化用品厂综合楼。2013年4月24日，乙文化用品厂与尚某某签订了《协议书》，该协议书实际转让的是土地使用权，尚某某购买土地使用权的目的是进行土地开发建设。乙文化用品厂、尚某某通过签订相关建房协议的方式，非法转让土地，未按规定用途使用土地。甲市国土资源局经研究，报请甲市人民政府依法收回涉案国有土地使用权，甲市人民政府作出《收回土地使用权通知》，载明了权利人申请复议或提起诉讼的权利。

【规范性文件】

《中华人民共和国土地管理法》（2004年修正）

第五十六条 建设单位使用国有土地的，应当按照土地使用权出让等有偿使用合同的约定或者土地使用权划拨批准文件的规定使用土地；确需改变该幅土地建设用途的，应当经有关人民政府自然资源主管部门同意，报原批准用地的人民政府批准。其中，在城市规划区内改变土地用途的，在报批前，应当先经有关城市规划行政主管部门同意。

第六十五条 有下列情形之一的，农村集体经济组织报经原批准用地的人民政府批准，可以收回土地使用权：

（一）为乡（镇）村公共设施和公益事业建设，需要使用土地的；

（二）不按照批准的用途使用土地的；

（三）因撤销、迁移等原因而停止使用土地的。

依照前款第（一）项规定收回农民集体所有的土地的，对土地使用权人应当给予适当补偿。

第八十条 依法收回国有土地使用权当事人拒不交出土地的，临时使用土地期满拒不归还的，或者不按照批准的用途使用国有土地的，由县级以上人民政府土地行政主管部门责令交还土地，处以罚款。

《中华人民共和国城市房地产管理法》（2009年修正）

第二十六条 以出让方式取得土地使用权进行房地产开发的，必须按照土地使用权出让合同约定的土地用途、动工开发期限开发土地。超过出让合同约定的动工开发日期满一年未动工开发的，可以征收相当于土地使用权出让金百分之二十以下的土地闲置费；满二年未动工开发的，可以无偿收回土地使用权；但是，因不可抗力或者政府、政府有关部门的行为或者动工开发必需的前期工作造成动工开发迟延的除外。

【典型案例】

案例二：甲公司诉乙县人民政府批准收回国有土地使用权案

【裁判要旨】

公民、法人或者其他组织提起行政诉讼应当与被诉行政行为有利害关系。通常情况下，债权人以行政机关对债务人所作的行政行为损害其债权实现为由提起行政诉讼的，人民法院应当告知其就民事争议提起民事诉讼。该债权人不具有提起本案行政诉讼的原告主体资格，即该债权人与行政机关对债务人所作的行政行为没有利害关系。

【简要案情】

甲公司系丙公司的债权人，丁公司系保证人，承担连带清偿责任。丁公司于2013年7月1日向乙县人民政府递交《申请书》，以资金不足无力继续投资建设为由，申请终止履行《国有建设用地使用权出让合同》。同年7月4日乙县国土局与丁公司签订协议，内容是解除《国有建设用地使用权出让合同》、乙县国土局收回案涉国有土地使用权、退还土地出让金。甲公司认为乙县人民政府于2013年7月3日在《收回国有土地使用权呈报表》上作出的批准收回丁公司的行政行为违法，诉请法院予以撤销。

【规范性文件】

《中华人民共和国民法典》

第五百三十八条 债务人以放弃其债权、放弃债权担保、无偿转让财产等方式无偿处分财产权益，或者恶意延长其到期债权的履行期限，影响债权人的债权实现的，债权人可以请求人民法院撤销债务人的行为。

《中华人民共和国土地管理法》

第五十八条 有下列情形之一的，由有关人民政府自然资源主管部门报经原批准用地的人民政府或者有批准权的人民政府批准，可以收回国有土地使用权：

（一）为实施城市规划进行旧城区改建以及其他公共利益需要，确需使用土地的；

（二）土地出让等有偿使用合同约定的使用期限届满，土地使用者未申请续期或者申请续期未获批准的；

（三）因单位撤销、迁移等原因，停止使用原划拨的国有土地的；

（四）公路、铁路、机场、矿场等经核准报废的。

依照前款第（一）项的规定收回国有土地使用权的，对土地使用权人应当给予适当补偿。

第八十一条 依法收回国有土地使用权当事人拒不交出土地的，临时使用土地期满拒不归还的，或者不按照批准的用途使用国有土地的，由县级以上人民政府自然资源主管部门责令交还土地，处以罚款。

《中华人民共和国行政诉讼法》

第二十五条第一款 行政行为的相对人以及其他与行政行为有利害关系的公民、法人或者其他组织，有权提起诉讼。

《最高人民法院关于适用〈中华人民共和国行政诉讼法〉的解释》

第十三条 债权人以行政机关对债务人所作的行政行为损害债权实现为由提起行政诉讼的，人民法院应当告知其就民事争议提起民事诉讼，但行政机关作出行政行为时依法应予保护或者应予考虑的除外。

《闲置土地处置办法》（2012年修订）

第十二条第一款第四项 因本办法第八条规定情形造成土地闲置的，市、县国土资源主管部门应当与国有建设用地使用权人协商，选择下列方式处置：

……

（四）协议有偿收回国有建设用地使用权。

第十三条 市、县国土资源主管部门与国有建设用地使用权人协商一致后，应当拟订闲置土地处置方案，报本级人民政府批准后实施。

闲置土地设有抵押权的，市、县国土资源主管部门在拟订闲置土地处置方案时，应当书面通知相关抵押权人。

第十四条第一款第二项 除本办法第八条规定情形外，闲置土地按照下列方式处理：

……

（二）未动工开发满两年的，由市、县国土资源主管部门按照《中华人民共和国土地管理法》第三十七条和《中华人民共和国城市房地产管理法》第二十六条的规定，报经有批准权的人民政府批准后，向国有建设用地使用权人下达《收回国有建设用地使用权决定书》，无偿收回国有建设用地使用权。闲置土地设有抵押权的，同时抄送相关土地抵押权人。

112. 退学决定类案件的审查

【典型案例】

案例一：房某诉甲高等专科学校退学决定案

【裁判要旨】

退学决定事关当事人的基本权利，司法审查应当从严把握。根据《全面推进依法行政实施纲要》依法行政中程序正当的要求，高等学校对学生作出退学决定前，应当告知其有权申请陈述申辩，并向本人送达。否则，退学决定违反法定程序。

【简要案情】

2011—2012学年，房某因多门科目不及格被留级一次；2015—2016学年，经补考累计有 4 门科目不及格。对于留级事实,房某未予否认,但提出 2015—2016 学年的琴法课不及格缺乏试卷材料证明。经查,上述琴法课采用现场弹奏的实践考核方式,并无书面试卷,故房某的异议不能成立。甲高等专科学校经校长办公会讨论对房某作出《退学决定》,其后又召开申诉委员会全体会议,对房某的申诉进行讨论并予以书面答复。房某认为,甲高等专科学校向其父亲邮寄《退学决定》,对其本人仅口头宣布退学,违反了法定程序。

【规范性文件】

《中华人民共和国教育法》

第二十九条第一款第一项、第四项 学校及其他教育机构行使下列权利:

(一)按照章程自主管理;

……

(四)对受教育者进行学籍管理,实施奖励或者处分。

《普通高等学校学生管理规定》(2005 年)

第二十七条第一项 学生有下列情形之一,应予退学:

(一)学业成绩未达到学校要求或者在学校规定年限内(含休学)未完成学业的。

第二十八条 对学生的退学处理,由校长会议研究决定。对退学的学生,由学校出具退学决定书并送交本人,同时报学校所在地省级教育行政部门备案。

【典型案例】

案例二:李某某诉甲大学退学决定案

【裁判要旨】

退学决定关涉当事人的重大利益,作为法律、法规、规章授权组织的高校应审慎作出,特别是要保障学生的程序权利,司法审查也应当从严把握。无论是主动申请退学还是被动退学,退学决定均应向学生本人送达。

【简要案情】

李某某系甲大学 2011 级海洋地球科学学院的硕士研究生。2016 年 6 月 28 日,李某某向被告提出退学申请。在退学审批表中,原告的申请原因填写内容为:本人已经找到工作,未能完成论文,决定放弃学籍。在肄业审批表中，原告表述称：本人在硕士研究生阶段，学分已经修满，论文开题报告通过，中期筛选通过，毕业论文未能完成，没有安排答辩。2016年8月，被告为原告颁发了《硕士研究生肄业证书》。2016年8月26日，被告经研究决定，根据《甲大学研究生学籍管理规定》第六章的规定，作出批准李某某等7位同学的退学申请决定。但被告未提交证据证明该决定已经向原告送达。

【规范性文件】

《普通高等学校学生管理规定》（2005年）

第二十七条 学生有下列情形之一，应予退学：

（一）学业成绩未达到学校要求或者在学校规定年限内（含休学）未完成学业的；

（二）休学期满，在学校规定期限内未提出复学申请或者申请复学经复查不合格的；

（三）经学校指定医院诊断，患有疾病或者意外伤残无法继续在校学习的；

（四）未请假离校连续2周未参加学校规定的教学活动的；

（五）超过学校规定期限未注册而又无正当事由的；

（六）本人申请退学的。

第三十四条 学满1学年以上退学的学生，学校应当颁发肄业证书。

（撰写人：谭红）

十六、行政复议类案件的司法审查

【裁判标准】

行政复议作为行政系统内部的一项监督工作，其本身也属于一种行政行为。从法律上看，无论是《行政诉讼法》还是《行政复议法》，均规定了公民、法人或者其他组织不服行政复议决定的，可以依法提起行政诉讼。从实践中看，行政复议案件在人民法院受理的各类型行政案件中也占据较大比重。

关于行政复议案件的立案问题。法律、法规规定应当先申请复议，公民、法人或者其他组织未申请复议直接提起诉讼的，人民法院裁定不予立案。复议机关不受理复议申请或者在法定期限内不作出复议决定，公民、法人或者其他组织不服，依法向人民法院提起诉讼的，人民法院应当依法立案。公民、法人或者其他组织已经申请行政复议，在法定复议期间内又向人民法院提起诉讼的，人民法院裁定不予立案。法律、法规未规定行政复议为提起行政诉讼必经程序，公民、法人或者其他组织向复议机关申请行政复议后，又经复议机关同意撤回复议申请，在法定起诉期限内对原行政行为提起诉讼的，人民法院应当依法立案。

关于行政复议案件的管辖问题。法律、法规未规定行政复议为提起行政诉讼必经程序，公民、法人或者其他组织既提起诉讼又申请行政复议的，由先立案的机关管辖；同时立案的，由公民、法人或者其他组织选择。依法未经行政复议直接起诉的，行政案件由最初作出行政行为的行政机关所在地的人民法院管辖；经过行政复议的，复议机关作共同被告的案件，以作出原行政行为的行政机关确定案件的级别管辖；复议机关作单独被告的案件，由复议机关所在地人民法院管辖。

关于行政复议案件的起诉期限问题。公民、法人或者其他组织不服复议决定的，可以在收到复议决定书之日起十五日内向人民法院提起诉讼。复议机关逾期不作决定的，申请人可以在复议期满之日起十五日内向人民法院提起诉讼，但法律另有规定的除外。公民、法人或者其他组织向复议机关申请行政复议后，复议机关作出维持决定的，以复议决定送达时间确定起诉期限。

关于行政复议案件的被告资格问题。复议机关决定维持原行政行为的，作出原行政行为的行政机关和复议机关是共同被告；原告只起诉作出原行政行为的行政机关或者复议机关的，人民法院应当告知原告追加被告；原告不同意追加的，人民法院应当将另一机关列为共同被告。复议机关改变原行政行为的，复议机关是被告。行政复议决定既有维持原行政行为内容，又有改变原行政行为内容或者不予受理申请内容的，作出原行政行为的行政机关和复议机关为共同被告。复议机关在法定期限内未作出复议决定，公民、法人或者其他组织起诉原行政行为的，作出原行政行为的行政机关是被告；起诉复议机关不作为的，复议机关是被告。

在审查复议机关作共同被告的案件时，人民法院应当在审查原行政行为合法性的同时，一并审查复议决定的合法性，并且应当对复议决定和原行政行为一并作出裁判。判决撤销原行政行为和复议决定的，可以判决作出原行政行为的行政机关重新作出行政行为。判决作出原行政行为的行政机关履行法定职责或者给付义务的，应当同时判决撤销复议决定。原行政行为合法、复议决定违法的，可以判决撤销复议决定或者确认复议决定违法，同时判决驳回原告针对原行政行为的诉讼请求。原行政行为被撤销、确认违法或者无效，给原告造成损失的，应当由作出原行政行为的行政机关承担赔偿责任；因复议决定加重损害的，由复议机关对加重部分承担赔偿责任。原行政行为不符合复议或者诉讼受案范围等受理条件，复议机关作出维持决定的，应当裁定一并驳回对原行政行为和复议决定的起诉。

在审查改变原行政行为的复议案件时，复议决定改变原行政行为错误的，人民法院判决撤销复议决定时，可以一并责令复议机关重新作出复议决定或者判决恢复原行政行为的法律效力。

《暂行规定》中对于行政复议案件案由的设置是按照行政复议机关单独作被告和与原行政行为作出机关共同作被告来进行的，在二级案由"行政复议"下设4个三级案由（序号为113—116）。人民法院在审查行政复议案件时，要注意区分行政复议机关单独作被告和与原行政机关作共同被告的不同情形。

113. 不予受理行政复议申请决定类案件的审查

【审查要点】

对于明显由信访事项引发、明显不属于行政复议受理范围的复议申请，行政复议机关作出不予受理复议申请等类似决定的，依法也不属于行政诉讼受案范围。

【典型案例】

案例一：熊某某、甲公司诉乙市政府不予受理行政复议申请决定案

【裁判要旨】

行政诉讼、行政复议对行政行为相对人以外的原告资格和复议申请人资格都以与行政行为有利害关系为前提，针对投诉人的利害关系问题，更是以"为维护自身合法权益"，作为判断投诉人与行政行为是否有利害关系的核心标准。只有基于维护自身合法权益的投诉，才属于与行政行为有利害关系，即投诉人有区别于其他人的可保护的特别权益，且应当是基于维护自身合法权益而非基于公益。

【简要案情】

2015年7月17日，熊某某、甲公司向乙市住房和城乡建设局寄送《关于申请对丙公司、段某某建造的某房地产项目未取得建设工程施工许可和商品房预售许可违法行为履行调查处理法定职责的申请书》，申请书称其是涉案工程项目的主要出资人之一，丙公司在未取得相关手续的情况下，违法建房并对外低价销售，该公司的行为严重损害了项目主要出资人、实际施工人、房屋买受人的利益。乙市住房和城乡建设局收到上述申请书后未予答复。之后，熊某某、甲公司再次到乙市住房和城乡建设局请求履行调查处理法定职责，而乙市住房和城乡建设局仍未予理会。2015年7月22日，熊某某、甲公司向乙市政府提出行政复议申请，请求：确认乙市住房和城乡建设局对某房地产项目建设单位未取得建设工程施工许可和商品房预售许可的违

· 333 ·

法行为未全面履行调查处理法定职责的行为违法；责令乙市住房和城乡建设局立即对某房地产项目建设单位未取得建设工程施工许可和商品房预售许可的违法行为履行调查处理法定职责；责令乙市住房和城乡建设局赔偿经济损失3000万元。乙市政府认为熊某某、甲公司既不是复议行为的行政管理相对人，也不是与被复议行政行为有利害关系的人，不具有行政复议申请人资格，决定不予受理其行政复议申请。熊某某、甲公司不服，提起行政诉讼。

案例二：王某等户诉甲市政府不予受理纠纷案

【裁判要旨】

复议机关不受理复议申请或者在法定期限内不作出复议决定，公民、法人或者其他组织不服，依法向人民法院提起诉讼的，人民法院应当依法立案。

【简要案情】

因某小区进行旧城改造，乙区政府作出《关于做好花园小区旧城改造房屋拆迁补偿安置工作的通知》（以下简称《通知》），王某等被拆迁户对该《通知》不服，向乙区政府申请行政复议，要求撤销该《通知》。乙区政府作出《行政复议告知书》，告知王某等被拆迁户向甲市政府申请复议。甲市政府作出《行政复议决定书》，认为该《通知》是抽象行政行为，决定不予受理复议申请。王某等户不服甲市政府不予受理复议申请的决定，提起行政诉讼。

【规范性文件】

《最高人民法院关于适用〈中华人民共和国行政诉讼法〉的解释》

第五十六条　法律、法规规定应当先申请复议，公民、法人或者其他组织未申请复议直接提起诉讼的，人民法院裁定不予立案。

依照行政诉讼法第四十五条的规定，复议机关不受理复议申请或者在法定期限内不作出复议决定，公民、法人或者其他组织不服，依法向人民法院提起诉讼的，人民法院应当依法立案。

《最高人民法院行政审判庭关于不予受理决定是否属于行政诉讼受案范围问题的答复》

山东省高级人民法院：

你院报送来的《关于如何适用〈山东省行政复议条例〉第二十三条的请示》收悉。经研究，答复如下：

根据行政复议法和行政诉讼法的有关规定，公民、法人或者其他组织不服行政复议机关作出的不予受理决定，依法提起行政诉讼的，人民法院应当受理。

此复。

114. 驳回行政复议申请决定类案件的审查

【审查要点】

驳回行政复议申请存在两种情形：程序上驳回和实体上驳回。程序上驳回即不符合受理条件的驳回，应该单独起诉驳回申请决定。如果属于实体上驳回的，则属于维持决定的范畴，应该和原行政行为一起提起共同诉讼。此处的"驳回行政复议申请决定"指的是以不符合受理条件为由的程序性驳回决定，主要审查是否存在不符合《行政复议法实施条例》第二十八条规定的情形或符合《行政复议法实施条例》第四十八条第一款第一项规定的情形。

115. ××（行政行为）及行政复议类案件的审查

【审查要点】

1. 复议机关决定维持原行政行为的，作出原行政行为的行政机关和复议机关是共同被告。原行政行为和复议决定均属于行政案件的审查对象。原告不能通过仅起诉原行政行为，而排除人民法院对复议决定一并审查。

2. 经过复议的案件，当事人可以在收到复议决定书之日起15日内向人民法院提起行政诉讼，而不能只针对原行政行为适用行政诉讼法6个月起诉期限的规定。

【典型案例】

李某某诉甲区政府房屋征收补偿决定及乙市政府行政复议案

【裁判要旨】

在行政审判中，人民法院一方面要按照《行政诉讼法》的规定，坚持被诉行政行为合法性审查的标准，监督和促进行政机关全面履行政府职能，助力法治政府尽快建成。另一方面在被诉行政行为达到合法性要求的情况下，人民法院应当作出明确的认定，既彰显依法行政的规则，使后续的行政执法活动有所遵循，又明晰权利保护的界限，为人民群众依法维权提供规范和指引。

【简要案情】

李某某户承租的公房位于案涉项目房屋征收范围内。甲区房管局因与李某某在征收补偿方案确定的签约期限内达不成补偿协议，报请甲区政府作出补偿决定。甲区政府组织调解未果，经核实相关材料，依据租用公房凭证记载的居住面积乘以相应系数计算被征收房屋建筑面积，结合房屋评估单价等确定货币补偿金额及补贴款等，并以乙市土地储备中心安排的用于征收地块安置的房源安置给李某某户。李某某未在规定的期限内对房屋评估报告申请复核或专家鉴定。在协商过程中，甲区房管局向李某某户提供货币补偿和房屋产权调换两种方式选择，因李某某不认可《补偿方案》，双方在签约期限内未达成补偿协议。甲区政府于2015年2月5日作出房屋征收补偿决定，并将决定书依法送达李某某及甲区房管局，同时在基地张贴公示。李某某不服，于2015年4月3日向乙市政府提出行政复议申请。乙市政府受理后，经审查作出行政复议决定，维持甲区政府所作房屋征收补偿决定。李某某仍不服，遂提起本案诉讼。

【规范性文件】

《中华人民共和国行政诉讼法》

第二十六条 公民、法人或者其他组织直接向人民法院提起诉讼的，作出行政行为的行政机关是被告。

经复议的案件，复议机关决定维持原行政行为的，作出原行政行为的行政机关和复议机关是共同被告；复议机关改变原行政行为的，复议机关是被告。

复议机关在法定期限内未作出复议决定，公民、法人或者其他组织起诉原行政行为的，作出原行政行为的行政机关是被告；起诉复议机关不作为的，复议机关是被告。

两个以上行政机关作出同一行政行为的，共同作出行政行为的行政机关是共同被告。

行政机关委托的组织所作的行政行为，委托的行政机关是被告。

行政机关被撤销或者职权变更的，继续行使其职权的行政机关是被告。

第七十九条 复议机关与作出原行政行为的行政机关为共同被告的案件，人民法院应当对复议决定和原行政行为一并作出裁判。

《最高人民法院关于适用〈中华人民共和国行政诉讼法〉的解释》

第一百三十三条 行政诉讼法第二十六条第二款规定的"复议机关决定维持原行政行为"，包括复议机关驳回复议申请或者复议请求的情形，但以复议申请不符合受理条件为由驳回的除外。

第一百三十四条 复议机关决定维持原行政行为的，作出原行政行为的行政机关和复议机关是共同被告。原告只起诉作出原行政行为的行政机关或者复议机关的，人民法院应当告知原告追加被告。原告不同意追加的，人民法院应当将另一机关列为共同被告。

行政复议决定既有维持原行政行为内容，又有改变原行政行为内容或者不予受理申请内容的，作出原行政行为的行政机关和复议机关为共同被告。

复议机关作共同被告的案件，以作出原行政行为的行政机关确定案件的级别管辖。

第一百三十五条 复议机关决定维持原行政行为的，人民法院应当在审查原行政行为合法性的同时，一并审查复议决定的合法性。

作出原行政行为的行政机关和复议机关对原行政行为合法性共同承担举证责任，可以由其中一个机关实施举证行为。复议机关对复议决定的合法性承担举证责任。

复议机关作共同被告的案件，复议机关在复议程序中依法收集和补充的证据，可以作为人民法院认定复议决定和原行政行为合法的依据。

第一百三十六条 人民法院对原行政行为作出判决的同时，应当对复议决定一并作出相应判决。

人民法院依职权追加作出原行政行为的行政机关或者复议机关为共同被告的，对原行政行为或者复议决定可以作出相应判决。

人民法院判决撤销原行政行为和复议决定的,可以判决作出原行政行为的行政机关重新作出行政行为。

人民法院判决作出原行政行为的行政机关履行法定职责或者给付义务的,应当同时判决撤销复议决定。

原行政行为合法、复议决定违法的,人民法院可以判决撤销复议决定或者确认复议决定违法,同时判决驳回原告针对原行政行为的诉讼请求。

原行政行为被撤销、确认违法或者无效,给原告造成损失的,应当由作出原行政行为的行政机关承担赔偿责任;因复议决定加重损害的,由复议机关对加重部分承担赔偿责任。

原行政行为不符合复议或者诉讼受案范围等受理条件,复议机关作出维持决定的,人民法院应当裁定一并驳回对原行政行为和复议决定的起诉。

116. 改变原行政行为的行政复议决定类案件的审查

【审查要点】

审查核心在于复议决定的合法性,具体包括复议决定认定事实是否清楚、证据是否确凿充分、适用法律是否正确。

【典型案例】

项某某诉甲市政府改变原行政行为的行政复议决定案

【裁判要旨】

依照《最高人民法院关于适用〈中华人民共和国行政诉讼法〉的解释》第八十九条规定,人民法院经审理认为复议决定改变原行政行为错误的,在判决撤销复议决定时,可以一并判决恢复原行政行为的法律效力。

【简要案情】

项某某系涉案事故被害人周某某妻子。罗某聘请周某某为案涉油罐车驾驶员,案涉车辆登记所有人为第三人乙公司。2017年,罗某母亲与乙公司就案涉车辆签订货运车代管协议,约定:罗某母亲每年向乙公司交纳管理费12000元,由乙公司办理车辆的所有权年审及其他事务。案涉车辆使用公司营运资质、以乙公司名义对外运营,驾驶员的安全责任由罗某母亲负责。

2019年，周某某驾驶案涉车辆时，因操作不当，致使车辆冲下路坎侧翻，造成燃油泄漏的交通事故，驾驶员周某某当场死亡。项某某于2019年12月16日向甲市人社局提交工伤认定申请，该局于2020年作出认定工伤决定，认定周某某所受伤害为工伤，乙公司不服该决定，向甲市政府提起行政复议，甲市政府决定撤销认定工伤决定，要求甲市人社局重新作出行政行为。甲市人社局又作出100692号认定工伤决定，认定周某某所受伤害为工伤，乙公司再次就该决定书提起行政复议，甲市政府于2020年10月16日作出16号复议决定，撤销甲市人社局作出的100692号认定工伤决定，并要求甲市人社局重新作出行政行为。项某某不服该行政复议决定，遂提起本案行政诉讼。

【规范性文件】

《中华人民共和国行政诉讼法》

第二十六条 公民、法人或者其他组织直接向人民法院提起诉讼的，作出行政行为的行政机关是被告。

经复议的案件，复议机关决定维持原行政行为的，作出原行政行为的行政机关和复议机关是共同被告；复议机关改变原行政行为的，复议机关是被告。

复议机关在法定期限内未作出复议决定，公民、法人或者其他组织起诉原行政行为的，作出原行政行为的行政机关是被告；起诉复议机关不作为的，复议机关是被告。

两个以上行政机关作出同一行政行为的，共同作出行政行为的行政机关是共同被告。

行政机关委托的组织所作的行政行为，委托的行政机关是被告。

行政机关被撤销或者职权变更的，继续行使其职权的行政机关是被告。

《中华人民共和国行政复议法实施条例》

第四十五条 具体行政行为有行政复议法第二十八条第一款第（三）项规定情形之一的，行政复议机关应当决定撤销、变更该具体行政行为或者确认该具体行政行为违法；决定撤销该具体行政行为或者确认该具体行政行为违法的，可以责令被申请人在一定期限内重新作出具体行政行为。

第四十七条 具体行政行为有下列情形之一，行政复议机关可以决定变更：

（一）认定事实清楚，证据确凿，程序合法，但是明显不当或者适用依据错误的；

（二）认定事实不清，证据不足，但是经行政复议机关审理查明事实清楚，证据确凿的。

《最高人民法院关于适用〈中华人民共和国行政诉讼法〉的解释》

第八十九条 复议决定改变原行政行为错误，人民法院判决撤销复议决定时，可以一并责令复议机关重新作出复议决定或者判决恢复原行政行为的法律效力。

（撰写人：徐小玉）

十七、行政裁决类案件的司法审查

【裁判标准】

对行政裁决的理解，有必要注意以下几点：第一，主体的行政性。行政裁决主体是法律法规授权的行政机关，既不同于作为民间机构的仲裁机构，也不同于人民法院。第二，行政裁决的对象具有特定性，主要涉及与行政管理活动密切相关的非合同类民事纠纷。因此合同纠纷被排除在外，当事人因合同产生的纠纷可以通过和解、调解、仲裁或者诉讼解决。同时行政主体之间、行政主体与相对人之间发生的行政纠纷也不属于行政裁决的对象。具体而言其涉及自然权属争议、知识产权侵权、补偿争议、政府采购等领域。第三，行政裁决多数不具有终局性，本质上属于行政行为的一种，当事人可以对其提起复议或者诉讼。与仲裁中的一裁终局和诉讼中二审终审制存在区别。

具体来讲，行政裁决具有以下特点：第一，专业性。行政裁决具有公共服务性质，实际上是行政机关运用其在社会管理方面的专业储备与公共资源，为社会提供解纷服务。第二，高效性。行政裁决针对的事项往往与行政管理活动具有较强相关性，行政机关对上述事项较为了解，相关人员具备专门技术和知识，处理上既可以避免当事人寻找其他部门裁断，又可以由行政机关在熟悉领域高效裁决，较之诉讼和仲裁更为快捷。第三，便捷性。上述两个特点决定了行政裁决的便捷性，避免直接诉诸法院可能不利于及时有效解决争议的弊端，促成矛盾纠纷快速解决，更好发挥2019年中共中央办公厅、国务院办公厅印发《关于健全行政裁决制度加强行政裁决工作的意见》所期待的行政裁决发挥化解民事纠纷"分流阀"的作用。

需要特别注意的是，行政机关在行政裁决中既充当管理者又充当裁判者，这一天然优势促进了其上述特点的存在和发挥。具体来讲，在行政裁决的很多领域尤其是涉及权属争议领域，行政机关本身代表国家以所有权人和管理者的身份参与权属争议处理，在解纷同时，也更好维护国家所有权。在行政裁决过程中，往往涉及行为同时侵犯他人民事权利，同时也损害公共利益，行政裁决中行政机关可以通过查清事实、及时制止侵权等方式维护公共利益。在行政裁决的公共服务过程中，行政机关可以利用其优势，更好保障公共服务、促进公共利益。

目前我国法律没有对行政裁决作出统一规范，相关规定散见于多部法律法规中，比如《土地管理法》《森林法》《草原法》《矿产资源法》等法律规定了土地、林地、草原、矿区等自然资源权属民事纠纷的行政裁决事项，商标法、专利法、植物新品种保护条例、中药品种保护条例、集成电路布图设计保护条例等法律、行政法规对知识产权侵权纠纷和补偿争议的行政裁决事项作出了规定，政府采购法等法律对政府采购活动争议的裁决处理作出了规定。此外，山东省多元化解纠纷促进条例等地方性法规也将行政裁决作为纠纷化解方式之一予以规范。梳理现有法律法规规定，目前设定的行政裁决事项主要包括权属争议裁决、侵权争议裁决、损害赔偿争议裁决、强制许可使用费争议裁决以及公共资源和公共服务争议裁决。就行政诉讼案由规定而言，主要就权属争议裁决进行了列举，包括自然资源权属和企业资产性质确认，前者具体来讲包括土地、矿藏、水流、荒地或者滩涂权属确权，林地、林木、山岭权属确权，海域使用权确权，草原权属确权以及水利工程权属确权；后者裁决事项实际上针对国有资产产权。权属争议裁决主要包括自然资源所有权、使用权争议和国有资产使用权争议。自然资源权属争议主要涉及前述土地、矿藏、水流、荒地、滩涂、林木、林地、山岭以及水利工程等。可以申请裁决的自然权属争议仅限于所有权和使用权，也就是说涉及行政区域边界、自然资源侵权、农村土地承包经营权争议等争议不包括在内。现有立法规定的自然权属争议主要包括：《土地管理法》（2019年修正）第十四条第一款规定，土地所有权和使用权争议，由当事人协商解决；协商不成的，由人民政府处理。《森林法》（2019年修订）第二十二条第一款和第二款规定，单位之间发生的林木、林地所有权和使用权争议，由县级以上人民政府依法处理。个人之间、个人与单位之间发生的林木所有权和林地使用权争议，由乡镇人民政府或者县级以上人民政府依法处理。《草原法》（2021年修正）第十六条第一款和第二款规定，草原所有权、使用权的争议，由当事人协商解决；协商不成的，由有关人民政府处理。单位之间的争议，由县级以上人民政府处理；个人之间、个人与单位之间的争议，由乡（镇）人民政府或者县级以上人民政府处理。《矿产资源法》第四十九条规定，矿山企业之间的矿区范围的争议，由当事人协商解决，协商不成的，由有关县级以上地方人民政府根据依法核定的矿区范围处理；跨省、自治区、直辖市的矿区范围的争议，由有关省、自治区、直辖市人民政府协商解决，协商不成的，由国务院处理。《矿产资源法实施细则》第二十三条规定，探矿权人之间对勘查范围发生争议时，由当事人协商解决；协商不成的，由勘查作业区所在地的省、自治区、直辖市人民政府地质矿产主管部门裁决；跨省、自治区、直辖市的勘查范围争议，当事人协商不成的，由有关省、自治区、直辖市人民政府协商解决；协商不成的，由国务院地质矿产主管部门裁决。特定矿种的勘查范围争议，当事人协商不成的，由国务院授权的有关主管部门裁决。

国有资产使用权争议主要是指由于财产所有权及经营权、使用权等产权归属不清而发生的争议，见《国有资产产权界定和产权纠纷处理暂行办法》（国资法规发〔1993〕68号第二条）。主要规定如下：《事业单位国有资产管理暂行办法》第三十六条规定，事业单位与其他国有单位之间发生国有资产产权纠纷的，由当事人协商解决。协商不能解决的，可以向同级或者共同上一级财政部门申请调解或者裁定，必要时报有管辖权的人民政府处理。《国有资产产权界定和产权纠纷处理暂行办法》（国资法规发〔1993〕68号）第二十九条规定，全民所有制单位之间因对国有资产的经营权、使用权等发生争议而产生的纠纷，应在维护国有资产权益的前提下，由当事人协商解决。协商不能解决的，应向同级或共同上一级国有资产管理部门申请调解和裁定，必要时报有权管辖的人民政府裁定，国务院拥有最终裁定权。第三十条规定，上述全民单位对国有资产管理部门的裁定不服的，可以在收到裁定书之日起15日内，向上一级国有资产管理部门申请复议，上一级国有资产管理部门应当自收到复议申请之日起60日内作出复议决定。

《暂行规定》的二级案由行政裁决下设了6个三级案由（序号为117—122）。分别为土地、矿藏、水流、荒地或者滩涂权属确权，林地、林木、山岭权属确权，海域使用权确权，草原权属确权，水利工程权属确权，企业资产性质确认。

117—120. 土地、矿藏、水流、荒地或者滩涂等自然资源权属确权类案件的审查

【审查要点】

土地、矿藏、水流、荒地或者滩涂权属纠纷类案件属于行政裁决类案件的主流。

一、概念厘清

处理好土地、矿藏、水流、荒地或者滩涂权属纠纷，首先应明白哪些案件属于权属纠纷案件。一般而言，在土地、山林登记前，因无有效权属凭证，此时所有权和使用权争议，当然属于权属争议。但在土地、山林已经登记发证后，所有权和使用权已依法确认，一方当事人仍以存在权属争议为由向争议处理机构提出的申请是否属于权属争议，应结合《国土资源部办公厅关于土地登记发证后提出的争议能否按权属争议处理问题的复函》（国土资厅函〔2007〕60号，以下简称60号复函）规定，分情况理解。

（一）属于权属纠纷的情形

"一是仅有一方的权属凭证包含有争议地，但该凭证对争议地记载的四至不清楚；二是双方的权属凭证均包含有争议地，但凭证之间对争议地记载的四至存在重叠、交叉或者包含等情形"；三是各方对不动产权属证书上记载的权属或四至的范围有异议，或者各方当事人持有的不动产权属证书在四至的文字描述、附图、现场界址以及指界情况互相冲突，根据已经核发的土地证无法确定争议地权属，即使当事人一方或者双方均持有不动产权属证书，也可以认定存在权属争议。

（二）不属于权属纠纷的情形

已经颁发权属证书且该凭证对林木林地权属、四至范围界定清楚明确的，不属于林木林地权属争议，无须进行林木林地权属争议处理。60号复函关于"土地登记发证后提出的争议不属于土地权属争议"的表述，应理解为主要指不动产权属证书的填制存在错误，或权证虽错但当事各方对实际状况

和界址无争议，无须进行土地权属确权的情形。如果一方当事人认为另一方持有的林权证侵犯其林木林地权属，但又不属于上述权属纠纷时，更为合理有效的救济途径应当是请求撤销对方林权证中侵犯其权利的部分，而非提出林木林地权属争议申请来寻求救济。

（三）尊重当事人对权属纠纷处理程序的选择

在土地山林水利确权案件中，一方当事人已经持有权属证书，另一方当事人既可以选择通过不动产权属证书的更正登记程序解决争议，也可以选择通过复议或者诉讼程序撤销颁证行为来解决，还可以通过申请政府作出权属争议处理决定程序解决争议，此时法院应尊重当事人的选择。当事人不选择更正登记程序或者撤销权属证书程序的，可以依法申请地方人民政府作出相应的权属处理决定。地方人民政府认为符合权属争议处理条件并且作出了否定不动产权属证书登记内容的权属处理决定的，地方人民政府不动产登记机构应当根据权属处理决定，依法变更不动产权属证书。此外，笔者还认为不管是否已经颁发权证，如果仍有权属纠纷，则均可作为权属争议案件受理，已颁发的权证可以视为证据对待。实践中也经常出现一方已有权属证书，另一方提起权属争议时，政府予以受理，并且将权属证书收回来，待争议明了后再视情况更改权属证书的情形。

二、基本原则

土地、山林、水利权属纠纷案件处理时须遵循的下列原则应贯穿于行政诉讼始终，并对整个案件的法律适用起指导和支配作用。

（一）"三个有利于"原则

习近平总书记强调，推进全面依法治国，根本目的是要依法保障人民权益。[1] "三个有利于"原则就是保障人民权益在农业农村法治建设中的具体体现，是山林权纠纷案件中的帝王条款。维护农民利益是"三农"工作的出发点和落脚点，也是农业农村法治工作的根本遵循。该原则主要指："有利于生产生活、有利于经营管理、有利于社会和谐稳定。"

（二）"从实际出发，尊重历史，面对现实"原则

调查处理土地权属争议，应当以法律、法规和土地管理规章为依据。从

---

[1] 《习近平在中央全面依法治国工作会议上强调 坚定不移走中国特色社会主义法治道路 为全面建设社会主义现代化国家提供有力法治保障》，载《人民日报》2020年11月18日，第1版。

实际出发，尊重历史，面对现实。要始终坚持立足我国国情农情。我国土地制度发展每一个阶段都有其历史特殊性，尊重历史、面对现实是土地山林权属纠纷处理过程中的指挥棒，能让我们坚持问题导向、循序渐进、因地制宜，更好推进乡村建设。

(三) 利益平衡原则

人民政府处理土地、山林和水利工程权属纠纷，在查明事实的基础上，根据不同情况作如下处理：(1) 申请人的主张有确实、充分证据的，作出支持其主张的决定；(2) 权属纠纷当事人各方均有一定证据，但证据不足以支持权属主张的，可以在兼顾各方利益的基础上作出处理决定。山林权属纠纷案件处理，要切实体现好"共享"的核心要义，妥善处理争议。

(四) 实质化解争议原则

化解行政争议是行政诉讼的最终目的。法院在处理权属纠纷案件时，应以实质化解纠纷为目的，有效节约司法行政资源，减轻当事人诉累。一方面，在能够确定争议地权属的情况下，不宜单纯强调监督行政机关依法行政，不考虑对行政相对人合法权益的维护，判令政府重新作出行政行为，或者对违法的被诉行政行为仅仅一撤了之，结案了事，而应对争议地权属直接作出判决。另一方面，在满足撤销复议决定条件时，若原行政行为事实清楚、证据充分、程序合法、法律适用正确，则判决撤销复议决定的同时，应一并判决恢复原行政行为法律效力，而不应再责令复议机关重新作出复议决定。

(五) 司法谦抑原则

司法谦抑亦称司法克制，指司法机关在裁判过程中，应当隐忍、克制行使司法权力的冲动，尊重社会自身净化作用。人民法院对政府作出的土地山林权属处理决定合法性的审查，应当保持司法谦抑原则，一般应尊重政府对事实的认定及处理的裁量权。注重权利归属的稳定性，保护诚实守信长期实际占有和管业的当事人权益。在双方当事人均提供历史使用证据但无法提供合法权属证明的情况下，行政机关按照尊重历史、面对现实原则作出的符合情理的权属处理与颁证行为，宜充分尊重，不能简单以司法机关的判断代替行政机关的初始判断。在判决方式的选择上，不能仅因行政处理存在程序瑕疵，即径行撤销权属处理决定或颁证行为，并责令重新处理。程序瑕疵可以补正的，可以允许行政机关补正或者补强相关证据；虽不能补正或者补强，但人民法院根据第三人申请调取证据后能够得出实体合法性结论的，应当判决确认违法，但不撤销行政行为，以避免行政机关和人民法院反复处理和诉讼，防止权属争议久拖不决。

三、案件的审查

作为行政裁决主流的案件，土地、山林、水利权属纠纷案件的审查应当侧重于两个方面，即起诉条件审查和实体审查。

（一）起诉条件审查

起诉条件的判断中，起诉人与被诉行政行为之间利害关系的审查是重点，应着重考虑以下三个方面。

第一，起诉应具有利害关系。根据《行政诉讼法》第二十五条、《最高人民法院关于行政诉讼证据若干问题的规定》第四条的规定，起诉人提起行政诉讼，应当提供证据初步证明与被诉行政行为有利害关系。否则，起诉不符合法定条件。

第二，在土地权属处理决定的复议申请受理审查阶段，曾管理使用争议地的村民小组与土地权属处理决定具有利害关系。

第三，政府给被征收后的土地颁发新权证的行为与原被征收人一般无利害关系。实践中，若是争议土地已经被征收为国有，或者签订过征收补偿协议，自征收补偿协议或决定因超过法定起诉期限未起诉，或者起诉后生效判决驳回被征收人的诉讼请求，征收补偿行为实际发生法律效力之日起，被征收人即已经丧失对被征收土地的所有权和使用权，自此之后，被征收人与被征收的土地没有利害关系，其不具备提起土地行政登记主体资格，但被征收人起诉要求依法补偿安置的，有利害关系。

第四，换发新的权属证书的行为不是新的颁证行为，对第三人实际权益不产生影响，与第三人没有利害关系。

需要注意的是，起诉条件中原告资格的审查在此类案件审理中具有一定特殊性。原告资格审查中要注意乡（人民公社）、村（生产大队）、村民小组（生产队）的沿革以及不同层级的集体所有制的代表。我国农村集体土地的所有权主体有乡（镇）农民集体、村农民集体和村内集体经济组织农民集体。我国在农村管理体制改革之前，实行的是人民公社、生产大队、生产队的三级所有，队为基础的所有权形式。在农村管理体制改革后，人民公社、生产大队、生产队分别由乡（镇）政府、村民委员会、村民小组替代。此外，《最高人民法院〈关于审理涉及农村集体土地行政案件若干问题的规定〉》第三条规定："村民委员会或者农村集体经济组织对涉及农村集体土地的行政行为不起诉的，过半数的村民可以以集体经济组织名义提起诉讼。"依照该规定，村民个人无权对涉及全体村民权益的行政行为提起诉讼，应通过村民民主自治程序提出。

（二）实体规范审查——坚持优势证据证明标准

土地、山林、水利确权案件属于行政机关对民事争议的处理，遵循与民事诉讼一致的优势证据证明标准，而不是高度盖然性的标准，更不是排除合理怀疑的标准。因土地、山林、水利权属纠纷时间跨度往往较长，争议各方可能均会有相应证据证明其对争议地享有相应权利。此时，应结合争议各方证据，逐一审查核实，既应注重对单个证据证明力的判断，更要综合分析全部证据材料，运用逻辑推理和生活经验，根据优势证明标准，从以下三个层次出发，对争议事实作出客观、公正的认定。

首先，政府颁发的权属凭证合法、明确的，应作为处理权属争议的主要依据，具体应注意以下五个方面。

第一，生效权属证书是处理权属争议的主要依据。生效权属证书是国家机关基于公权力制作的，其证明力优于其他书证。在处理权属纠纷过程中，只有当权属证书存在重大且明显违法的情况下，权属争议处理机构才可以不采信权属证书，并根据其他有效证据对权属争议进行处理。

第二，各个历史时期权属凭证的特点及认定。在土地山林水利确权案件中，虽各个历史时期的权属凭证、材料特点及效力不一，但合作化、四固定后，集体土地所有权没有较大变动，联产承包责任制、林业三定时期颁发的权属凭证，仍是以四固定时期确定的土地、山林权属为基础。因此，合作化、四固定时期形成的"社员入社清册""四固定清册"和"相关决议"等权属材料均可以作为确定土地、山林、水利所有权归属的基本依据之一。一般情况下，凡经四固定确定的权属，应以四固定为准；未经四固定确定权属的，则要参照土地改革、合作化时期的权属。须注意的是，虽各个历史时期的权属凭证和材料是纠纷处理的主要依据，但也并非定案的唯一依据，其证据能力和证明效力不能机械地一概而论，应结合具体案情，按照证据规则，全面、客观、综合地审核认定。

第三，土地改革前有关林木、林地权属的凭证，证明力要受到限制。"土地改革前有关林木、林地权属的凭证，不得作为处理林权争议的依据或者参考依据。"

第四，四固定、合作化、林业三定时期尚未取得林权证的，土地改革时期人民政府依法颁发的土地证方可作为处理林权争议的依据。如果已经在林业三定时期取得林权证的，土地改革时期取得的土地房产证则不宜作为处理林权争议的依据。

第五，《山界林权证》在无四邻指界，亦无其他相关证据佐证，且与管理使用证冲突矛盾时，不能作为确权的根据。

其次，权属凭证效力存疑或者内容不明确时，应将长期经营管理事实作为主要确权依据。权属纠纷当事人管理使用争议地的事实资料与凭证，是权属纠纷处理的重要依据。地方性规范中《广西壮族自治区土地山林水利权属纠纷调解处理条例》第三十五条规定，管理使用依据可作为土地、山林、水利权属纠纷处理的参考证据材料。因此，应尊重长期经营管理事实，当权属凭证效力存疑或者内容不明确时，应将长期经营管理事实作为主要确权依据，并注意以下三个方面：（1）农民集体无争议连续使用其他农民集体所有的土地已满20年的，该土地应视为现使用者所有。集体经济组织之间发生土地权属争议的，行政机关确定土地权属时，应当根据争议土地的管理使用情况，尊重历史，面对现实实事求是地作出处理，原则上应当将争议土地确权给长期管理使用争议土地的一方当事人。（2）有明确权属证据的时候，不能以经营管理事实来认定权属。（3）认定经营管理的事实一般是指纠纷发生以前的经营管理事实。保持现状是处理土地山林权属纠纷的先决条件，发生纠纷之后抢占争议土地山林，只能引发更大的冲突，不利于纠纷解决，因此《广西壮族自治区土地山林水利权属纠纷调解处理条例》第三十五条中关于可以作为确权依据的"权属纠纷当事人管理使用（包括投资）争议的土地、山林、水利的事实资料和有关凭证"，应理解为争议发生之前各方对争议土地山林进行管理使用的事实资料和凭证，纠纷发生之后的相关证据证明效力应排除。

最后，当争议各方均有一定的权属证据，但均不足以支持各自主张，且均无长期管理事实时，按照"三个有利于原则"和"利益平衡原则"，在兼顾各方利益的基础上确定权属。当事人达成的协议可以作为土地、山林、水利确权纠纷案件的证据材料。生效裁判文书可以作为定案依据。生效判决所涉及的土地与政府权属争议处理的争议地虽地名一致，但面积、四至范围不一样的，不能认定生效判决对政府权属争议处理产生完全的羁束力。河道堤防内的土地和堤防外的护堤地，无堤防河道历史最高洪水位或者设计洪水位以下的土地，除土改时已将所有权分配给农民，国家未征用，且迄今仍归农民集体使用的外，属于国家所有。

林地、林木、山岭权属确权、海域使用权确权、草原权属确权与土地、矿藏、水流、荒地或者滩涂权属确权审查要点近似，在此不再赘述。

【典型案例】

案例一：余某某与甲乡人民政府等土地权属行政裁决案

【裁判要旨】

根据《土地管理法》的规定，乡级人民政府有权对土地权属纠纷作出处理，但土地承包经营纠纷不是土地权属纠纷，故乡级人民政府无权对土地承包经营纠纷作出处理。

【简要案情】

原告余某某与第三人发生土地权属争议，争议土地在1996年集体统一经营时原告余某某放弃了优先承包权，该争议土地由第三人承包，后原告余某某反悔，发生争议，被告甲乡政府作出行政裁决，原告余某某享有的土地优先承包权自然不复存在。争议土地由第三人享有土地承包经营权。复议维持原裁决。原告不服起诉至人民法院。一审法院认为甲乡政府作出行政裁决认定事实清楚，主要证据确实充分，适用法律正确，判决维持该行政裁决。二审法院以当事人之间争议的性质不属于土地使用权争议，争议内容不是直接的土地使用权，而是土地发包和承包中的优先承包权。对争议的土地是否仍享有优先承包权，其优先承包权是否仍受法律保护，不属于甲乡政府处理土地权属的职权范围。判决撤销一审判决和甲乡政府的行政裁决。

【规范性文件】

《中华人民共和国土地管理法》

第十四条 土地所有权和使用权争议，由当事人协商解决；协商不成的，由人民政府处理。单位之间的争议，由县级以上人民政府处理；个人之间、个人与单位之间的争议，由乡级人民政府或者县级以上人民政府处理。当事人对有关人民政府的处理决定不服的，可以自接到处理决定通知之日起三十日内，向人民法院起诉。在土地所有权和使用权争议解决前，任何一方不得改变土地利用现状。

【典型案例】

案例二：甲市人民政府与乙村村民委员会不服土地所有权处理决定纠纷案

【裁判要旨】

根据《草原管理法》的规定，单位之间的草原使用权的争议协商不成的应由县级以上人民政府处理，镇政府不具有处理单位之间草原使用权争议的主体资格。

【简要案情】

原告乙村与第三人丙村承包的草原相邻，2002年以来，两村因为草原地界问题多次发生冲突，纠纷经过镇政府、草原站多次协调处理，没有最终达成圆满结果。2015年4月5日，两村村民在该区域就草原地界问题发生了近200人的对峙事件。2015年4月22日，丁镇人民政府作出〔2015〕40号《复查结果》，规定两村草原地界。原告乙村不服《复查结果》申请行政复议，甲市人民政府复议维持。原告乙村不服，起诉至丁县人民法院。一审判决丁镇人民政府所作的《复查结果》无效，撤销甲市人民政府所作的《复议决定》，确认案涉草原的所有权、使用权归原告乙村；甲市人民政府上诉，二审驳回上诉，维持原判。

【规范性文件】

《中华人民共和国草原管理法》

第十六条 草原所有权、使用权的争议，由当事人协商解决；协商不成的，由有关人民政府处理。

单位之间的争议，由县级以上人民政府处理；个人之间、个人与单位之间的争议，由乡（镇）人民政府或者县级以上人民政府处理。

当事人对有关人民政府的处理决定不服的，可以依法向人民法院起诉。

在草原权属争议解决前，任何一方不得改变草原利用现状，不得破坏草原和草原上的设施。

121. 水利工程权属确权类案件的审查

【审查要点】

水利工程权属确权在部门规章层面，主要是水利部印发的《关于加强河湖管理工作的指导意见》（水建管〔2014〕76号）："……4.开展水域岸线登记和确权划界工作。各地要全面开展河湖水域岸线登记、河湖管理范围划定、水利工程确权划界工作。抓紧制定河湖水域岸线登记办法，保障水域岸线登记工作统一标准、统一平台、统一发证。各地要依照法律法规规定，加快划定河湖管理范围，明确管理界线。水利工程确权划界工作要按照轻重缓急、先易后难、因地制宜的原则实施，对确权存在较大困难的可先划界、后确权。对已划定管理和保护范围的，要设立界桩、管理和保护标志，严格涉河湖活动的社会管理……"在目前的法律体系中，主要是各省、自治区和直辖市等制定的关于水利工程确权划界工作的地方政府规章及规范性文件等，如《山东省水利厅关于进一步做好水利工程确权划界工作的意见》《张家界市加快水利改革试点实施方案》《洛阳市人民政府办公室关于进一步加强河道管理保护工作的意见》等。[①]

122. 企业资产性质确认类案件的审查

【审查要点】

对企业资产性质的确认往往出现在对于争议企业中的相关资产是否属于国有资产的争议之中，在发生此类争议时，当事人会申请当地的国有资产管理部门对相关资产性质进行确认，以确定该资产的归属，若当事人对国有资产管理部门所作的企业资产性质确认答复不服，可以向人民法院提起行政诉讼。最高人民法院作出的答复对此有相关规定，即《最高人民法院行政审判

[①] 参见仝蕾：《行政案件案由制度解析与适用》，人民法院出版社2022年版，第209~210页。

庭关于地方国有资产监督管理委员会是否可以作为行政诉讼被告问题的答复》（〔2009〕行他字第 14 号），主要内容为，按照《行政诉讼法》的规定，原地方国有资产管理局被撤销，其确认企业资产性质的职能为地方国有资产监督管理委员会所承受，当事人对原地方国有资产管理局作出的确认企业资产性质的行为不服提起行政诉讼的，应当以地方国有资产监督管理委员会为被告。该答复除了确认此类案件的被告之外，也隐含着对企业资产性质确认争议可诉性的肯定。在审理相关案件时，可以参照适用国有资产监督管理领域中的规章及规范性文件。①

【典型案例】

甲海洋渔业集团公司诉乙市国土资源和房屋局不履行法定职责案

【裁判要旨】

根据《城市房屋拆迁管理条例》及《城市房屋拆迁行政裁决工作规程》的相关规定，建设行政管理部门作为城市房屋拆迁管理部门具有房屋拆迁行政裁决的法定职责，应当对当事人的行政裁决申请作出处理。

【简要案情】

2013 年，案涉被拆迁房屋系原告甲海洋渔业集团公司所有的国有产权，甲海洋渔业集团公司取得了丙省国资委的《关于对甲海洋渔业集团公司国有产权住宅进行资产确认的批复》，原告甲海洋渔业集团公司向被告乙市房屋局提出被拆迁房屋的行政裁决申请，被告乙市房屋局以国资委的批复不能作为房屋权属证明要件拒绝接收原告甲海洋渔业集团公司的申请。原告起诉至法院，一审以丙省国资委的《关于对甲海洋渔业集团公司国有产权住宅进行资产确认的批复》能够证明被拆迁房屋的国有性质和归属，但是不能完全证明房屋建筑物的合法性，不符合《城市房屋拆迁行政裁决工作规程》规定的权属证明要件要求，原告请求法院判令乙市房屋局履行法定职责的证据不充分，判决驳回原告诉讼请求。原告上诉，二审撤销原判，责令被告乙市房屋局对原告的行政裁决申请作出处理。

---

① 参见仝蕾：《行政案件案由制度解析与适用》，人民法院出版社 2022 年版，第 210~211 页。

【规范性文件】

《城市房屋拆迁管理条例》

第十六条 拆迁人与被拆迁人或者拆迁人、被拆迁人与房屋承租人达不成拆迁补偿安置协议的，经当事人申请，由房屋拆迁管理部门裁决。房屋拆迁管理部门是被拆迁人的，由同级人民政府裁决。裁决应当自收到申请之日起30日内作出。

当事人对裁决不服的，可以自裁决书送达之日起3个月内向人民法院起诉。拆迁人依照本条例规定已对被拆迁人给予货币补偿或者提供拆迁安置用房、周转用房的，诉讼期间不停止拆迁的执行。

《城市房屋拆迁行政裁决工作规程》

第三条 市、县人民政府城市房屋拆迁管理部门负责本行政区域内城市房屋拆迁行政裁决工作。房屋拆迁管理部门及其工作人员应当按照有关法律、法规规定，依法履行行政裁决职责。

（撰写人：田元）

十八、行政协议类案件的司法审查

【裁判标准】

人民法院审理行政协议类案件，应当以行政协议行为作为司法审查对象，依照《行政诉讼法》的规定，适用行政法律规范，对被诉行政协议行为的合法性进行全面审查。

一、行政协议类案件原告的诉讼请求基本决定案件的三级案由

我国《行政诉讼法》是将行政行为作为司法审查的对象。对于行政协议类案件而言，其司法审查对象亦应是行政协议行为。行政协议行为是一个因涉行政协议的订立、履行、变更、终止等过程，而由多个阶段、多个行为构成的连续、动态的行为集合。也就是，只要是因涉行政协议的订立、履行、变更、终止等过程的所有行政行为都是行政协议行为。我们针对行政协议类案件可能进行的司法审查，显然也可能将要依据行政协议发生的过程，对不同阶段的不同行为展开具体审查。因为每一起行政协议争议发生的争议焦点并不完全一样，有的可能因协议的订立发生争议，有的则可能是因协议的履行问题发生争议，等等。司法审查的焦点就是行政协议行为产生争议的焦点，一般也就是原告的诉讼请求所涉及的焦点，同时基本也是每一个案件归纳出的行政案由。原告的诉讼请求是行政协议类案件司法审查的出发点和落脚点，也就是说，每一个行政协议类案件的三级案由决定了每一个案件具体而不同的审理方向。行政协议司法解释第九条明确规定了行政协议案件中具体的诉讼请求类型，结合原告诉讼请求确定审查行为，但是在具体审查的一个或几个行政协议行为时，还要坚持行政案件司法审查的全面审查原则，此时不受原告诉讼请求和理由的限制，还要从主体、权限、内容、程序、形式等方面进行全面的合法性审查。

二、合法性审查仍是行政协议类案件司法审查的根本原则

《行政协议司法解释》第十一条明确规定了行政协议类案件的审查原则："人民法院审理行政协议案件，应当对被告订立、履行、变更、解除行政协议的行为是否具有法定职权、是否滥用职权、适用法律法规是否正确、是否遵守法定程序、是否明显不当、是否履行相应法定职责进行合法性审查。原告认为被告未依法或者未按照约定履行行政协议的，人民法院应当针对其诉讼请求，对被告是否具有相应义务或者履行相应义务等进行审查。"该规定体现了对待行政协议类案件审查原则的基本观点，实质上，也体现出将合法性审查作为行政协议类案件根本审查原则的态度。

行政诉讼以合法性审查为原则的特点是由司法权和行政权的关系所决定的。行政协议类案件中，法院应当依照《行政诉讼法》的规定进行合法性审查。依法行政原则是行政机关行政协议行为的基本遵循，由此决定了合法性审查也是行政协议行为司法审查的根本原则。也就是行政机关行使行政权力、管理公共事务必须由法律授权并依据法律规定这一依法行政原则，在行政协议行为司法审查中亦应将其作为根本原则予以遵循。行政机关与相对人订立行政协议，必须首先具有协议所涉内容的法定职权或者委托授权，如果行政机关根本不具有相关领域和事项的主体权限，那么即使双方合意达成一致形成协议，也不是合法有效的行政协议，进入司法审查后也会因超越职权因素导致违法或无效。因为，行政协议行为只是采用了有别于传统单方行政行为的合意形式，其实质仍然是行政行为的一种，对其进行合法性审查依法是题中之意。

三、行政协议类案件法律适用的基本原则

行政协议是行政机关作出的基于当事人合意的双方行政行为，该行为理应依照《行政诉讼法》接受司法监督。《行政协议司法解释》第二十七条对行政协议类案件法律适用问题作出明确规定："人民法院审理行政协议案件，应当适用行政诉讼法的规定；行政诉讼法没有规定的，参照适用《民事诉讼法》的规定。人民法院审理行政协议案件，可以参照适用民事法律规范关于民事合同的相关规定。"在诉讼程序规则的适用方面，人民法院审理行政协议类案件，首先要适用《行政诉讼法》及其司法解释、行政协议司法解释、批复答复的相关规定，上述没有规定的，可以适用民事诉讼法的相关规定。

在实体法适用方面，立法机关的权威意见认为，法院审理行政协议案件，在实体法方面，应当优先适用有关法律、法规或者规章的特别规定，没有特别规定的，才可以适用《民法典》的相关规定。行政协议类案件中评判被诉行政协议行为是否合法的标准，应当按照《行政诉讼法》的规定，依据法律法规，参照规章。对行政协议行为进行合法性审查，要看行政协议的订立、变更、解除等行为有没有相关法律法规或规章的依据。就行政法律规范与民事法律的适用而言，必须优先适用行政法律规范，只有在行政法律规范没有明确规定时，才可以参照适用与行政法原则不相抵触的民事法律规范。

123. 订立××（行政协议）类案件的审查

【审查要点】

订立行政协议行为通常包括三种情形：一是行政机关与相对人签订行政协议的行为；二是行政机关拒绝或拖延与相对人签订协议的行为；三是行政机关与他人签订协议的行为。其中，行政机关与相对人签订未明确双方具体权利义务内容的意向性协议行为，对当事人的权利义务不产生实际影响，属于不可诉的行政行为。对行政协议订立行为的审查，主要考虑的要点可能有：订立协议时行政主体是否违反法律的强制性规定；是否超越法定职权；能否作出事先处分或者承诺；[①] 协议订立程序、方式和形式是否符合法律规定；是否存有欺诈或者其他不正当竞争行为；是否违反法律有关程序的特别规定；是否为相对人提供足够对称的信息；是否违反关于第三人保护之规定。如国土部门在招拍挂程序之后，拒绝与签订成交确认书的原告签订土地出让合同，原告起诉土地管理部门拒绝签约行为，并请求判决土地管理部门限期与其签订国有土地使用权出让协议的案件。此类案件中，人民法院受理案件后，应当按照《行政诉讼法》的规定，对土地管理部门作出的拒绝签订国有土地出让协议行为的合法性进行审查，审查的依据是相关土地出让的法律法规和规章，在合法性审查的基础上，依法对被诉拒绝签订土地出让协议行为的合法性作出判决，并在此基础上对是否需要责令被告限期履行签约义

---

① 参见余凌云：《论对行政契约的司法审查》，载《浙江学刊》2006年第1期。

务作出判决。

值得注意的是，在行政协议尚未订立的情况下，行政主体与公民、法人或者其他组织之间会为订立协议进行接触、磋商或准备。这个过程中，可能产生因与订立协议直接相关的争议，由此进入司法审查中。此时主要审查的是，订立协议是否存在恶意串通损害国家利益或他人利益的行为；是否采取了具有订立协议的法定方式要求的行为，如法律规定必须采用公开招标的方式订立，就要就订立方式是否合法予以审查；是否保障了订立协议时应给予相对人对称信息，以保障其知情权与参与权；是否符合第三人合法竞争保护之规定等。

【典型案例】

案例一：再审申请人苏某某诉被申请人甲县政府、乙镇政府订立集体土地征收补偿行政协议案

【裁判要旨】

人民法院审理行政协议案件要优先适用行政法律规范。行政法律规范没有规定时，在不与行政法、行政诉讼法的基本原则相抵触的情况下，可以适用民事法律规范。不是说行政协议既有行政性又有协议性，所以既可以适用行政法律规范，也可以适用民事法律规范。

订立协议行为是否合法有效，应当依照《行政诉讼法》和相关行政实体法律规范进行审查判断，民事法律规范的适用仅仅是行政法和《行政诉讼法》没有相应规定情形下的一种补充适用。对订立行政协议行为不服提起的行政诉讼，其起诉是否符合法定条件，应当依照行政诉讼法规定的法定起诉条件进行审查判断。

【简要案情】

2018年5月，乙镇政府与苏某某签订棚户区改造征收补偿安置协议，协议第九条约定：签订征收补偿安置协议的比例达到全部被征收户数的98%后，甲方发布房屋搬迁公告或通知，征收补偿安置协议生效。2018年12月21日，甲县政府在张贴棚户区改造项目告知书，主要内容：2018年4月16日，甲县政府对棚户区改造区域内集体土地进行预征收，现已基本达到组卷报批条件，准备对已签订协议的集体土地进行组卷报批，待省自然资源厅正式批复下达后，发布正式征收决定。苏某某以征收未经省级政府批复同意，

2018年签订协议却以2016年评估结果进行补偿，严重侵犯其合法权益为由，提起本案行政诉讼，请求确认补偿协议无效。

　　人民法院经审查认为，人民法院审理行政协议案件要优先适用行政法律规范。行政法律规范没有规定时，在不与行政法、行政诉讼法的基本原则相抵触的情况下，可以适用民事法律规范。不是说行政协议既有行政性又有协议性，所以既可以适用行政法律规范，也可以适用民事法律规范。当事人请求确认行政协议无效，实质是对订立行政协议行为不服提起行政诉讼，起诉是否符合法定起诉条件，应当依照《行政诉讼法》规定的起诉条件进行审查判断；订立协议行为是否合法有效，应当依照《行政诉讼法》和相关行政实体法律规范进行审查判断，民事法律规范的适用仅仅是在行政法和《行政诉讼法》没有相应规定情形下的一种补充适用。本案中，苏某某的诉讼请求是确认补偿协议无效，实质是对订立行政协议行为不服提起的行政诉讼，其起诉是否符合法定条件，应当依照《行政诉讼法》规定的法定起诉条件进行审查判断。《最高人民法院关于适用〈中华人民共和国行政诉讼法〉的解释》第一条第二款第（十）项规定，对公民、法人或者其他组织权利义务不产生实际影响的行为不属于行政诉讼受案范围。在集体土地预征收过程中，征收管理部门与被征收人签订的征收补偿协议属于附条件的行政行为，只有在省级人民政府作出征收批复，市县人民政府发布正式的征收公告后，征收补偿协议才能够发生法律效力，对当事人的权利义务产生实际影响。未发生法律效力的征收补偿协议，对当事人的权利义务不产生实际影响，不属于行政诉讼的受案范围。本案中，苏某某与乙镇政府签订的补偿协议属于预征收过程中签订的补偿协议，应当在省级政府作出同意征收涉案土地的批复，甲县政府发布正式的征收公告后发生法律效力。未生效的补偿协议对苏某某的权利义务不产生实际影响，不属于行政诉讼的受案范围。二审裁定驳回苏某某的起诉并无不当。

案例二：再审申请人某村民小组诉被申请人甲乡政府、乙区政府订立土地征收补偿协议案

【裁判要旨】

　　订立行政协议行为依法应当撤销，但撤销会给国家利益、社会公共利益造成重大损害的，人民法院判决确认违法，但不撤销该行政行为。

　　当事人起诉订立行政协议的行为，同样适用《行政诉讼法》关于起诉期限的规定，不得以民事实体法上的诉讼时效替代对起诉期限法定立案条件的审查。

【简要案情】

2015年11月28日，某省政府批准征收案涉土地。2016年4月14日，某市政府发布《征收土地公告》，公告主要内容包括：征地批准机关、批准时间、批准用途、被征地单位、地类和面积、征收补偿标准；并要求征收范围内的土地所有权人、使用权人办理征地补偿登记，在规定期限内不办理征地补偿登记将被视为放弃其应有的权益，由市国土局依法处理。征地公告和审批单均未在征收范围内张贴公告。2016年11月14日，某村民小区对甲乡政府与其订立补偿协议行为提起行政诉讼，请求确认乙区政府、甲乡政府征地行为违法，撤销订立补偿协议行为。生效判决确认乙区政府征收土地行为违法，确认订立补偿协议行为违法，责令乙区政府根据《土地管理法》的规定对征地行为采取补救措施。

人民法院经审查认为，《行政诉讼法》第七十四条第一款第一项规定行政行为依法应当撤销，但撤销会给国家利益、社会公共利益造成重大损害的，人民法院判决确认违法，但不撤销该行政行为。本案中，甲乡政府在代理征收和补偿涉案土地时，未严格履行土地征收的法定程序，存在先征后批以及未确定征收补偿安置方案、对审批单未公告等违法行为，双方签订的补偿协议确实存在严重违法的情形，但该协议已经实际履行过半，且补偿协议签订后，省政府和市政府分别作出审批单和公告，撤销该协议会给国家利益、社会公共利益造成重大损害。故，二审依据《行政诉讼法》第七十四条第一款第一项之规定，判决确认被诉订立征收补偿协议行为违法，不撤销保留效力，符合本案事实和法律规定。应当指出的是，当事人起诉订立行政协议的行为，同样适用《行政诉讼法》关于起诉期限的规定，不得以民事实体法上的诉讼时效替代对起诉期限法定立案条件的审查。

【规范性文件】

《中华人民共和国行政诉讼法》

第七十四条第一款第一项 行政行为有下列情形之一的，人民法院判决确认违法，但不撤销行政行为：

（一）行政行为依法应当撤销，但撤销会给国家利益、社会公共利益造成重大损害的。

《最高人民法院关于审理行政协议案件若干问题的规定》

第二十七条第一款　人民法院审理行政协议案件，应当适用行政诉讼法的规定；行政诉讼法没有规定的，参照适用民事诉讼法的规定。

《最高人民法院关于适用〈中华人民共和国行政诉讼法〉的解释》

第一条第二款第十项　下列行为不属于人民法院行政诉讼的受案范围：……（十）对公民、法人或者其他组织权利义务不产生实际影响的行为。

124. 单方变更××（行政协议）类案件的审查

【审查要点】

行政机关在行政协议签订后对协议的履行享有优益权。主要表现为，为了公共利益需要，有权单方变更或解除行政协议。行政机关单方变更、解除行政协议，也应当遵循依法行政原则。其中，单方变更行政协议行为主要可能引发因行政协议变更或者调整行为产生的争议，审查依据是《行政诉讼法》以及相关实体行政法律、法规、规章或者其他规范性文件的规定。因一方当事人对约定的行政协议权利义务作出变更或调整发生的争议，这时主要是对行政机关单方变更协议是否合法进行审查，因为如果是相对人一方作出了变更履行行为，那么行政协议行政主体一方基于公共利益的实现，可以直接行使行政优益权进行干预甚至制裁。在行政协议履行的过程中发生了一些特定情形，行政机关基于公共利益的需要可以单方变更协议，但必须具备以下条件：（1）必须基于公共利益的目的，不能以公共利益以外的原因或以公共利益为借口变更协议；（2）必须是在公共利益需要的限度内变更，与公共利益无关的内容不得变更；因变更协议而加重相对人负担的，根据经济利益平衡原则，行政主体必须给予相对人适当的补偿；（3）必须是由于相对人在履行协议过程中有过错或者国家重大政策变化致使原协议不再符合公共利益的需要等合法的原因。公共利益不是一成不变的，它在行政协议履行过程中可能发生变化，行政机关必须根据公共利益的变化适时变更或者调整行政协议的内容。如果行政主体假借公共利益的变化滥用变更协议的权力，则肯定是违法的。在司法审查中，必须严格把握"公共利益"的界限，最大限度地保护协议相对人的合法权益。

【典型案例】

再审申请人徐某伶、徐某芳诉甲区政府、乙镇政府、丙村委会单方变更拆迁补偿行政协议案

【裁判要旨】

对是否存在政府单方变更协议的情形，应基于协议双方提交的证据综合判断。行政协议相对人一方虽然主张政府单方变更协议，但未提交任何证据予以证明，不存在变更协议情形的，人民法院应当判决驳回诉讼请求。

【简要案情】

徐某伶系丙村村民，其房屋在某公路建设征地拆迁范围内。根据拆迁现场勘查登记表记载，徐某伶房屋情况为：一层为有证房，平顶（8.9×7.1米），二层为无证彩钢房（8.9×5.5米）。2009年，某公路征地拆迁办公室、乙镇政府、丙村委会与徐某伶签订了《征地房屋拆迁产权置换合同》（以下简称《拆迁合同》）。《拆迁合同》中记载徐某伶房屋建筑面积66.6平方米，安置房面积99.9平方米。在东山地段为徐某伶安置住宅一套，面积约90平方米；结余面积9.9平方米补偿人民币19800元，各项附属物补偿金额52107.2元，临时安置补偿费7992元，各项补助费共计79899.2元。2010年7月22日，徐某伶按合同约定已经领取了该部分拆迁综合补偿款（79899.2元）。开庭过程中，徐某伶对已领取各项补偿款及过渡费的情况表示认可。合同中90平方米房屋尚未安置。2016年9月23日，徐某伶提起行政诉讼，主张当时各方签订的为空白合同，合同签订后合同文书被镇政府统一收回。徐某伶称其在2015年9月29日从镇政府工作人员手中拿到合同文本，才知道《拆迁合同》记载的房屋面积有误，二层彩钢房48.95平方米未予安置，遂起诉要求法院判决确认未将二层面积计算在合同内违法，要求安置房屋或者给予补偿。一审以徐某伶的起诉超过法定的起诉期限为由驳回起诉。二审以事实不清为由发回重审。一审法院按二审裁定要求，向徐某伶释明法律规定，要求其明确诉讼请求。徐某伶确认其诉讼请求为确认甲区政府变更合同行为违法，要求安置房屋或者给予补偿。另查明，甲区政府及乙镇政府虽然不认可徐某伶提出的各方当事人签订空白合同的说法，但镇政府工作人员表示，合同书文本存在事后统一发放的情况。

人民法院经审查认为，关于本案是否存在甲区政府单方变更协议的情形。申请人主张《拆迁协议》是由徐某伶先在空白协议上签字后，由甲区政府填上内容并分别盖章后才交予申请人。经查明，《拆迁协议》文本确实存在事后统一发放的情况，但甲区政府及乙镇政府均不认可申请人提出的各方当事人签订空白协议的说法，申请人亦未提交任何证据证明其该项主张。退一步而言，即使存在申请人所述的签订空白协议的情形，但《拆迁协议》记载的房屋建筑面积、产权调换方式、货币补偿等内容均与案涉房屋的勘测结果相符，补偿标准亦符合该项目的补偿标准，《补偿协议》并未侵犯申请人的合法权益，更不存在变更协议的情形。申请人在领取该补偿款项时并未提出任何异议，在事后又提出甲区政府单方变更协议的主张，缺乏事实根据。

125. 单方解除××（行政协议）类案件的审查

【审查要点】

行政协议终止争议可能产生于一方当事人对约定的行政协议权利义务作出解除发生的争议；也可能因其他终止协议事由的出现而引发协议争议。当事人对行政机关单方解除行政协议的行政行为不服，依法提起行政诉讼的，人民法院应当对解除行政协议行为的合法性进行全面审查。审查依据同样是《行政诉讼法》以及相关实体法规定。在此类案件中，人民法院主要审查四个方面：一是行政机关解除行政协议是否基于公共利益的需要。公共利益一直都是一个模糊概念，在审理具体案件时，公共利益的内容需要在法律框架内结合案件实际情况予以认定。需要指出的是，即使基于公共利益须解除协议，亦必须考虑在公共利益需要的合理限度内解除，与公共利益无关的内容不得解除。二是行政机关解除行政协议是否符合法律规定或者行政协议约定。三是行政机关解除行政协议是否履行了相关的行政程序或正当程序。四是行政机关是否给予因解除协议而受损害的相对人补偿或赔偿，或者采取了相应的补救措施等。

【典型案例】

再审申请人甲水电开发公司诉被申请人乙县政府单方解除行政协议案

【裁判要旨】

协议相对人对行政机关单方解除行政协议的行政行为不服,依法提起行政诉讼的,人民法院应当对解除行政协议行为的合法性进行审查。人民法院审查时主要看行政机关解除行政协议是否基于公共利益的需要。解除行政协议系基于公共利益之考量,解除协议的行为合法。

【简要案情】

甲水电开发公司请求撤销一、二审判决,改判乙县政府解除《某县丙水电站开发建设项目合同书》(以下简称《合同书》)的行为违法。

人民法院经审查认为,据一审判决所载,甲水电开发公司对乙县政府提起本案诉讼,系请求确认乙县政府解除案涉《合同书》的行为违法,乙县政府则主张其发函解除《合同书》事实清楚、证据确实充分、程序合法。经一审、二审法院查明,乙县政府与甲水电开发公司先后于2006年和2007年签订《合同书》,约定由甲水电开发公司开发建设丙水电站。2013年10月30日,《甘肃省甘南藏族自治州生态环境保护条例》颁布施行。该条例第四十一条第二款规定,该自治州辖区内禁止开发建设五万千瓦及以下水电建设项目。乙县政府于2017年2月16日对甲水电开发公司作出《关于停止开发丙水电站的函》,收回与甲水电开发公司签订的丙水电站项目建设开发权,取消丙水电站开发建设项目计划。在法律属性上,《合同书》系行政协议。乙县政府系为实现公共利益目标与甲水电开发公司协商订立《合同书》。甲水电开发公司作为一方当事人,也因之参与到公共利益的实现过程中。《合同书》约定的拟建水电站项目属于上述条例规定的禁止开发建设的"五万千瓦及以下水电建设项目"范围。在该条例颁布施行时,丙水电站项目尚未实际开工建设。二审法院认定,乙县政府根据条例规定,为实现其对辖区生态环境保护职能,维护公众环境权益,解除《合同书》的行为合法。从甲水电开发公司向本院提交的证据材料看,难以得出二审法院对其诉讼请求未予支持存在错误的结论。甲水电开发公司所提再审理由不能成立。

【规范性文件】

《最高人民法院关于审理行政协议案件若干问题的规定》

第十六条第一款 在履行行政协议过程中,可能出现严重损害国家利益、社会公共利益的情形,被告作出变更、解除协议的行政行为后,原告请求撤销该行为,人民法院经审理认为该行为合法的,判决驳回原告诉讼请求;给原告造成损失的,判决被告予以补偿。

126. 不依法履行××(行政协议)类案件的审查

【审查要点】

行政协议履行阶段可能发生的争议,主要是被告不依法履行或者拒绝履行协议义务的情形。不依法履行行政协议行为的审查,还是对不履行协议行为进行全面的合法性审查。人民法院在审理时,主要审查:一是当事人是否具有要求行政机关履行行政协议约定义务的主体资格和权利。二是行政机关依法是否具有履行协议义务的职责。三是行政机关是否已经依法履行了行政协议义务。这里主要看协议履行行为是否符合实体法律法规以及规章的相关规定;是否按照协议约定的期限、方式和内容进行;协议约定的权利及协议目的是否真正得到实现。四是行政机关未履行协议义务是否有正当理由,如继续履行义务将会侵害公共利益或他人合法权益等。在行政协议履行行为审查阶段,还涉及对行政机关行使监督和指挥权的审查。对行政优益权行使进行审查,必须依据合法性审查原则进行。行政协议的目标是为实现公共利益,其履行也必须符合公共利益的要求。因此,行政机关有权对行政协议相对人履行协议是否符合公共利益的要求,进行必要的监督和指挥。但这种行政优益权的行使必须在法律允许的范围内,不能利用这种优益权随意干涉协议相对人的协议履行行为,更不能违法要求协议相对人履行义务,甚至利用优益权损害协议相对人的合法权益。如果,行政机关在协议履行中利用行政职权干涉协议当事人的合法经营自主权,损害协议相对人的合法权益,就必然导致违法的判断。

【典型案例】

再审申请人鲁某某诉被申请人甲区政府、乙棚改指挥部不履行行政协议案

【裁判要旨】

行政协议案件涉及行政管理职能的履行和公共管理目标的实现,因此,审理行政协议案件必须按照行政法律、法规的规定,对被诉的行政协议行为进行合法性审查。基于公共利益的需要,征收国有土地上单位、个人的房屋,应当对被征收房屋所有权人给予公平补偿。行政协议系双方自愿达成,双方均应全面履行协议内容。

【简要案情】

人民法院经审查认为,行政协议虽以合同的形式出现,但说到底还是一种行政行为。行政协议案件涉及行政管理职能的履行和公共管理目标的实现,行政协议案件审理必须按照行政法律、法规的规定,对被诉的行政协议行为进行合法性审查。《国有土地上房屋征收与补偿条例》第二条规定,为了公共利益的需要,征收国有土地上单位、个人的房屋,应当对被征收房屋所有权人给予公平补偿。本案中,鲁某某的房屋因棚户区改造项目需要被征收,鲁某某签订了补偿安置协议并选择了货币补偿,如数领取了被征收房屋的补偿款项,涉案房屋的补偿义务已经履行完毕。鲁某某诉求乙棚改指挥部履行的《认购协议》,是在征收补偿已经完成之后签订的,但该协议因征收鲁某某房屋而产生,可视为行政协议。《认购协议》系鲁某某与棚改指挥部自愿达成,双方均应全面履行协议内容。鲁某某未提交 2016 年 8 月 29 日涉案小区取得《商品房预售许可证》后无法缴纳房款的证据,其申请调取的 2017 年 6 月 21 日的报警记录,也无法证明该日之前近八个月时间未缴纳房款并非其责任。因此,《认购协议》未能履行的责任在于鲁某某未按照协议约定缴纳房款,棚改指挥部已经履行了《认购协议》约定的义务,鲁某某的诉求没有事实和法律依据,一审、二审法院驳回其诉讼请求并无不当。

【规范性文件】

《国有土地上房屋征收与补偿条例》

第二条 为了公共利益的需要,征收国有土地上单位、个人的房屋,应

当对被征收房屋所有权人（以下称被征收人）给予公平补偿。

127. 未按约定履行××（行政协议）类案件的审查

【审查要点】

未按约定履行行政协议与不依法履行行政协议类案件的审查要点基本相同，特别值得指出的是，对行政机关履行协议约定义务是否合法的判断必须坚持以合法性审查原则为前提，如果行政机关虽然按照行政协议约定的义务履行了协议，但是该协议约定义务本身违反相关法律法规或规章的相关规定，那么，该按照约定履行的行为也会因违反相关法律规定，不能得到人民法院的支持。

【典型案例】

再审申请人崔某某、任某某诉甲县政府未按约定履行行政协议案

【裁判要旨】

人民法院审理行政机关不履行协议约定的支付奖励金义务，应当依照《行政诉讼法》第六十九条和第七十三条的规定进行审理和判决。请求支付奖励金理由不能成立的，判决驳回原告诉讼请求；查明事实后认为被告应当支付奖励金未予支付的，判决被告限期履行给付义务。审理过程中，人民法院首先要依照《行政诉讼法》第七十五条和《最高人民法院关于适用〈中华人民共和国行政诉讼法〉的解释》审查行政机关订立协议行为的合法性。如果订立协议行为的相关约定超越行政机关自由裁量权，或者侵犯国家利益、公共利益或他人合法权益的，应当认定该订立协议行为无效，相关约定内容不能作为判决被告履行给付义务的主要证据和依据；如果订立协议行为存在轻微程序违法但对原告权利不产生实际影响的，或者订立协议行为违法但撤销会给国家利益、社会公共利益造成重大损害的，应当认可订立协议行为相关内容的有效性，并可以作为判决被告履行给付义务的主要证据和依据。

【简要案情】

2012年9月24日,崔某某、任某某(协议乙方)与甲县政府(协议甲方)签订《青岛保税港区(甲县)功能区项目引进协议》(以下简称《引进协议》),约定:"一、乙方积极努力主动组织协调、动员有关部门单位在甲县××区功能区,在没有签订协议之前的各种活动经费开支由乙方先行垫付。二、鉴于保税功能区项目的特殊性,此项目是甲县更好地招商引资的平台和基础,此项目引进后,将会一举改变甲县招商引资局面。待例行完备各种程序,经青岛保税港区及青岛港授权许可,甲县政府与青岛保税港区及青岛港签约完毕,正式挂牌之后,甲方应按照冠发(2008)21号文件的规定,一次性对崔某某、任某某进行500万元奖励。"《引进协议》签订后,崔某某、任某某遂成立"青岛保税港区(甲县)功能区项目引进办公室",开展相关工作。2013年1月23日,青岛前湾保税港区管理委员会与甲县政府签订《关于建设青岛保税港区(甲县)功能区的框架协议》,崔某某、任某某认为已经完成《引进协议》约定的项目引进任务,请求兑付500万元奖励,甲县政府未予兑付。2018年7月10日,崔某某、任某某提起本案行政诉讼,请求判令甲县政府支付项目引进奖励金500万元。

人民法院经审查认为,《行政诉讼法》第六十九条规定,原告申请被告履行给付义务理由不成立的,人民法院判决驳回原告的诉讼请求。第七十三条规定,人民法院经过审理,查明被告依法负有给付义务的,判决被告履行给付义务。人民法院审理行政机关不履行协议约定的支付奖励金义务,应当依照行政诉讼前述规定进行审理和判决。请求支付奖励金理由不能成立的,判决驳回原告诉讼请求;查明事实后认为被告应当支付奖励金未予支付的,判决被告限期履行给付义务。审理过程中,人民法院首先要依照《行政诉讼法》第七十五条和《最高人民法院关于适用〈中华人民共和国行政诉讼法〉的解释》审查行政机关订立协议行为的合法性。如果订立协议行为的相关约定超越行政机关自由裁量权,或者侵犯国家利益、公共利益或他人合法权益的,应当认定该订立协议行为无效,相关约定内容不能作为判决被告履行给付义务的主要证据和依据;如果订立协议行为存在轻微程序违法但对原告权利不产生实际影响的,或者订立协议行为违法但撤销会给国家利益、社会公共利益造成重大损害的,应当认可订立协议行为相关内容的有效性,并可以作为判决被告履行给付义务的主要证据和依据。其次,人民法院要审查原告申请被告履行给付义务理由是否成立,被告是否依法、依约负有给付义务。

换句话说，就是要审查被告履行给付义务的法定或约定条件是否成就。条件成就的，依法判决被告限期履行给付义务；条件不成就的，依法判决驳回原告的给付诉讼请求。本案中，甲县政府拟设立保税港区功能区，该设想须经青岛保税港区及青岛港授权许可。所涉事项属于两个国家机关之间内部协商解决的事务，与外部行政管理活动无关。行政机关为了实现行政管理或者公共服务目标，与公民、法人或者其他组织协商订立的具有行政法上权利义务内容的协议，属于《行政诉讼法》第十二条第一款第十一项规定的行政协议。甲县政府通过协议方式，将两个国家机关之间的协商、协调事务，交给社会第三方进行运作，显然超越订立行政协议的职权范围、超越其自由裁量权，且极易引发权力腐败问题，损害国家利益、公共利益。因此，甲县政府与崔某某、任某某订立《引进协议》行为无效，相关奖励约定不能作为判决甲县政府履行给付义务的主要证据和依据。同时，《引进协议》约定"待例行完备各种程序，经青岛保税港区及青岛港授权许可，甲县人民政府与青岛保税港区及青岛港签约完毕，正式挂牌之后"，甲县政府一次性对崔某某、任某某进行500万元奖励。而根据本案查明的事实，涉案保税港区功能区并未"经青岛保税港区及青岛港授权许可"，奖励条件并未成就。崔某某、任某某请求甲县政府兑付奖励，缺乏事实根据和法律依据。一、二审判决驳回其诉讼请求，并无不当。

【规范性文件】

《中华人民共和国行政诉讼法》

第六十九条 行政行为证据确凿，适用法律、法规正确，符合法定程序的，或者原告申请被告履行法定职责或者给付义务理由不成立的，人民法院判决驳回原告的诉讼请求。

第七十三条 人民法院经过审理，查明被告依法负有给付义务的，判决被告履行给付义务。

第七十五条 行政行为有实施主体不具有行政主体资格或者没有依据等重大且明显违法情形，原告申请确认行政行为无效的，人民法院判决确认无效。

128. ××（行政协议）行政补偿类案件的审查

【审查要点】

在前几类案件中，当事人一般都会提出补偿或赔偿请求。补偿的情形主要出现在行政机关依照法定事由或者出于保护国家利益或社会公共利益等的需要而变更或者解除行政协议，因变更或解除协议给签订协议的另一方造成了损失。行政法上的补偿系国家以公益为目的，合法行使公权力致使公民生命、身体或者财产遭受损失时，由国家给予适当补偿的制度。行政协议诉讼中行政协议可以成为一种"信赖基础"，当被告基于公共利益单方变更、解除行政协议合法，但未依法给予补偿的，人民法院判决给予补偿。行政协议行政补偿类案件，人民法院一般需要重点审查：一是当事人提出的其所受实际损失与行政机关变更或解除行政协议等行为是否具有因果关系；二是行政机关变更或解除行政协议等行为在造成当事人所受实际损失的所有因素中所占比例；三是当事人提出的补偿请求是否有相关证据予以支持，即该补偿请求是否有法律依据以及补偿请求与其所受实际损失之间是否存在对应关系等。

【典型案例】

再审申请人何某某诉被申请人甲市乙区政府、丙公司、王某某房屋征收补偿协议案

【裁判要旨】

合法性审查原则是行政协议诉讼司法审查的基本原则。行政协议案件涉及行政管理职能的履行和公共管理目标的实现，作为行政案件审理，必须按照《行政诉讼法》的规定，对被诉的行政协议行为进行合法性审查。征收集体土地，应当依照法律规定的程序进行，应当对被征收人给予补偿。征收人与被征收人应当依照相关补偿标准协商订立征收补偿协议。

【简要案情】

何某某与王某某系夫妻关系。2007年，王某某、何某某对何某某父母的原有房屋进行了危房改建，改建后的房屋未重新办理房产证，仍在何某某的父亲名下。为推动体育新城建设，2013年2月26日，乙区政府成立体育中心指挥部。2013年5月28日，甲市政府发出公告，对预征地的范围、征地补偿标准等事项予以公告。2014年1月19日，体育中心指挥部在某村对王某某等人的房屋征收面积、结构情况进行了第一次张榜公示。同年5月30日，体育中心指挥部在某村对王某某等人的房屋征收补偿金额进行了第二次张榜公示。同年6月3日，体育中心指挥部发出了《通告》，对征收启动时间及相关事项予以通告。同年7月16日，甲市桃花公园第一期项目用地经省人民政府批准办理了农用地转用、土地征收审批手续。同年8月19日，体育中心指挥部、桃花体育中心建设公司与王某某签订了集体土地上房屋征收合同书，双方约定，对王某某、何某某所修建的房屋进行征收并选择安置房安置的方式进行补偿。

人民法院经审查认为，征收集体土地，应当依照法律规定的程序进行，应当对被征收人给予补偿。征收人与被征收人应当依照相关补偿标准协商订立征收补偿协议。本案中，甲市人民政府及有关征收部门就房屋征收范围及补偿等事宜按照法律规定的程序进行了公告和公示，征收程序合法。2014年8月19日，体育中心指挥部、桃花体育中心建设公司与王某某签订案涉协议，该协议以《土地管理法》《湖南省实施办法》《邵阳市集体土地上房屋征收与补偿安置办法》为依据，达成的补偿数额符合甲市人民政府发布的征收补偿标准，内容合法。案涉协议上除了有王某某签字，"家庭成员"一栏也写明何某某以及子女等人的姓名，足以证明体育中心指挥部在前期调查中已查明被征收人户的实际情况。王某某与何某某系夫妻，对于涉及家庭重大财产变动的房屋征收一事应当进行沟通，且可以多种方式进行沟通，何某某不知情的主张没有充足的证据证明，不能成立。一、二审判决驳回何某某的诉讼请求并无不当。

【规范性文件】

《中华人民共和国土地管理法》

第二条第四款 国家为了公共利益的需要，可以依法对土地实行征收或者征用并给予补偿。

第四十七条第二款 征收其他土地的土地补偿费和安置补助费标准，由省、自治区、直辖市参照征收耕地的土地补偿费和安置补助费的标准规定。

129. ××（行政协议）行政赔偿类案件的审查

【审查要点】

行政协议行政赔偿类案件主要发生在以下情况下：行政机关违反法律法规的规定或违反行政协议的约定变更、解除或不履行行政协议，因该变更、解除或不履行协议行为而给签订协议的另一方造成了损失。签订协议的另一方所受损失是因行政机关的违法行为而导致，有权提出赔偿请求。对于当事人请求判决给予赔偿的案件，按照法院目前的审理规则，一般分为两种情况：一种是当事人在对行政机关行政行为提起行政诉讼时一并提出行政赔偿请求；另一种是当事人单独向人民法院提起行政赔偿诉讼，请求判决行政机关予以赔偿。在这两种情况下，人民法院的审查重点略有不同。在第一种情况下，人民法院需要审查：当事人所提赔偿的事实根据中所涉及的行政行为是否合法；当事人所提赔偿请求是否项目清晰、数额具体明确；当事人所提赔偿请求是否具有事实根据；当事人所提赔偿请求是否具有法律依据；行政机关是否依法履行了相应的赔偿义务或责任。在第二种情况下，人民法院需要审查：当事人所提赔偿请求是否项目清晰、数额具体明确；当事人所提赔偿请求是否具有事实根据；当事人所提赔偿请求是否具有法律依据；当事人所提赔偿的事实根据中所涉及的行政行为是否已经被人民法院生效裁判确认违法或被有权机关予以撤销或确认违法；行政机关是否依法履行了相应的赔偿义务或责任。在人民法院审理此类案件时，对于当事人提出的赔偿请求，除了继续适用相关的行政法律法规外，也可以参照适用《民法典》中关于违约赔偿责任的相关规定。

【典型案例】

再审申请人刘某某诉被申请人甲县政府、乙镇政府解除行政协议、行政赔偿案

【裁判要旨】

原告请求解除行政协议，人民法院认为符合约定或者法定解除情形且不损害国家利益、社会公共利益和他人合法权益的,可以判决解除该协议。在行政协议无法履行的情况下,被告应当及时依法赔偿原告的损失,延迟支付的,应在支付款项的同时赔偿相应的利息损失。

【简要案情】

人民法院经审查认为,关于本案有如下焦点问题:(1)关于《企业补偿合同》应否解除的问题。本案再审被申请人与再审申请人签订的涉案《企业补偿合同》约定,乙镇政府从幸福路双塘安置点门面给予刘某某东西方向长53米,南北方向宽12米(红线退让以后)的门面房土地用于建安置房。但该土地已于2013年3月7日由甲县国土资源局拍卖出让给案外人。因此,《企业补偿合同》的上述约定显已无法履行,致使合同目的不能实现,再审申请人刘某某关于解除《企业补偿合同》的主张应予支持。(2)关于《企业补偿合同》解除后,再审被申请人应当如何承担违约和赔偿责任的问题。涉案合同中约定的土地,已经由甲县人民政府批准,由甲县国土资源局于2013年3月7日拍卖出让,并被案外人以5553.88元/平方米的价格竞买取得。原审据此认定上述土地使用权2013年3月7日的市场价值应为3532267.68元(53米×12米×5553.88元/平方米)并无不当。在该土地使用权被拍卖出让致《企业补偿合同》无法履行的情况下,再审被申请人应当及时根据该土地的市场价值赔偿刘某某的损失,但由于其至今尚未支付,因此,再审被申请人在支付上述款项的同时还应当承担相应的利息损失。故,二审法院判决再审被申请人按照中国人民银行同期同类银行贷款利率向刘某某支付上述3532267.68元赔偿款的利息,自2013年3月7日至款清之日止,结论正确。裁定驳回再审申请人刘某某的再审申请。

【规范性文件】

《最高人民法院关于审理行政协议案件若干问题的规定》

第十七条 原告请求解除行政协议,人民法院认为符合约定或者法定解除情形且不损害国家利益、社会公共利益和他人合法权益的,可以判决解除该协议。

130. 撤销××（行政协议）类案件的审查

【审查要点】

当事人请求撤销行政协议涉及终止履行行政协议事项。《最高人民法院关于审理行政协议案件若干问题的规定》第十四条规定，原告认为行政协议存在胁迫、欺诈、重大误解、显失公平等情形而请求撤销，人民法院经审理认为符合法律规定可撤销情形的，可以依法判决撤销该协议。人民法院在审理撤销行政协议类案件时，除了依据行政法律法规外，亦可以参照适用《民法典》及其相关司法解释的相关规定。还需要结合行政协议的具体约定，若行政协议中对于协议撤销的情形有约定的，人民法院也要审查当事人的诉求是否符合行政协议的相关约定。

【典型案例】

再审申请人魏某某因辛某某诉甲区政府撤销行政协议案

【裁判要旨】

补偿安置是对合法有效宅基地上的房屋进行补偿，以土地部门最终确认发放的宅基地使用证为准。在宅基地使用证登记权利人与协议签订人明显不符，且宅基地上的房屋所有权亦存有争议的情况下，行政主体应当听取宅基地使用权人的意见，尽到审慎审查义务。由于未尽到审慎审查义务，导致签订安置补偿协议的行政行为主要证据不足的，判决撤销被诉补偿安置协议。

【简要案情】

辛某某于1994年在甲区某村二组取得宅基地一块，面积为168平方米。在该宅基地上建有房屋，现辛某某与魏某某均称该宅基地上房屋为自己所建。2014年，甲区政府对某村进行棚户区（城中村）改造，魏某某持登记人为辛某某的宅基地使用证以及其他材料交付于由甲区政府成立的某村庄拆迁指挥部，并经附属物普查后，某村庄拆迁指挥部与魏某某于2014年10月5日签订了拆迁补偿安置协议，对魏某某进行了拆迁补偿安置。

人民法院经审查认为，根据《甲区某村棚户区（城中村）改造拆迁补偿安置方案》的规定，该次补偿安置是对合法有效宅基地上的房屋进行补偿，以土地部门最终确认发放的宅基地使用证为准。本案中魏某某持有宅基地使用权人为辛某某的宅基地使用权证与甲区政府成立的某村庄拆迁指挥部签订安置补偿协议，宅基地使用证登记权利人与协议签订人明显不符，且宅基地上的房屋所有权亦存有争议，故某村庄拆迁指挥部在未听取宅基地使用权人辛某某意见的情况下与魏某某签订安置补偿协议，未尽到审慎义务，其签订安置补偿协议的行政行为主要证据不足。一审法院依据《行政诉讼法》第七十条的规定，判决撤销被诉拆迁补偿安置协议并责令在3个月内对涉案相关权利人进行补偿安置，二审法院驳回上诉，维持原判，并无不当。

【规范性文件】

《最高人民法院关于审理行政协议案件若干问题的规定》

第十四条　原告认为行政协议存在胁迫、欺诈、重大误解、显失公平等情形而请求撤销，人民法院经审理认为符合法律规定可撤销情形的，可以依法判决撤销该协议。

131. 解除××（行政协议）类案件的审查

【审查要点】

《最高人民法院关于审理行政协议案件若干问题的规定》第十七条规定，原告请求解除行政协议，人民法院认为符合约定或法定解除情形且不损害国家利益、社会公共利益和他人合法权益的，可以判决解除该协议。人民法院在审理时可依照上述规定审查当事人提出的解除行政协议是否符合法定情形。同时，也需要审查行政协议的约定内容，若协议中对解除情形也有明确约定，则须一并予以审查。此外，鉴于行政协议的履行对社会公共利益会有一定影响，人民法院也必须注意审查解除行政协议是否会侵害到国家利益或社会公共利益等。人民法院经审理认为原告请求解除协议的理由符合协议解除的情形，且解除不会严重损害公共利益和他人合法权益的，人民法院可以判决解除行政协议。人民法院也可以适用《民法典》关于当事人可以解除合同的具体规定来审理解除行政协议类案件。同时，协议尚未履行的，终止履行；已经履行的，根据履行情况和协议性质，当事人可以要求恢复原状、采取其他补救措施，并有权要求赔偿损失。

【典型案例】

再审申请人张某某诉甲市政府解除房屋征收补偿协议及赔偿案

【裁判要旨】

判断被诉行政协议是否应予解除，可以参考《民法典》解除合同法定条件的有关规定。行政协议系当事人真实意思表示，且不违反法律、行政法规的强制性规定，依法成立并有效，不符合解除合同法定条件的，协议相对人一方关于解除行政协议的请求没有事实和法律依据，人民法院不予支持。

【简要案情】

2012年9月19日，甲市征补办根据《甲市原烟厂生产区旧城改造项目房屋征收补偿方案》，与张某某协商签订了《房屋征收补偿协议》。该协议约定，张某某同意甲市征补办征收其位于原××卷烟厂生产区××单元××楼住宅房屋一套，张某某选择产权调换方式，由甲市征补办按"征一还一"的标准为张某某还房。协议就征收补偿范围、征收补偿方式、补偿还房标准、过渡方式、临时安置费及搬家补助费、搬迁期限和奖励方式、违约责任等方面都作了约定。同日，某公司根据张某某与枣阳征补办签订的《房屋征收补偿协议》，在张某某签署了选房单后，与张某某签订了《房屋置换（补充）协议书》。以上协议签订后，张某某将其房屋的房产证、土地证交给某公司，在一周内搬家，并从某公司领取了房屋补偿款及奖金，同时选定了某房屋作为置换房屋。2015年2月10日，开发企业、施工公司、物业公司出具住宅楼《建筑工程竣工验收报告》，证明上述开发的房屋已具备交房条件并向甲市建筑工程质量管理监督站提交。2015年7月22日，甲市建筑工程质量管理监督站出具了《建筑工程质量监督报告》，认定其建筑物结构符合质量要求。2015年3月16日，某公司口头通知包括张某某在内的还房户办理接收房屋手续，张某某要求某公司出具房屋质量保证书、使用说明书，某公司未提供。张某某现场查看还建房屋有部分质量问题拒绝接收房屋。张某某仍认为某公司向其还建的房屋不符合质量要求，且未按协议约定按期还房，诉至法院，请求某市政府及某公司承担违约责任，解除合同并承担各项损失。

人民法院经审查认为，本案的争议焦点为案涉行政协议是否应予解除。涉及的《房屋征收补偿协议》和《房屋置换（补充）协议书》系当事人真实意思表示，且不违反法律、行政法规的强制性规定，依法成立并有效。再审申请人签订协议的目的是为取得具有居住使用价值的房屋，被申请人为履行协议完成了相应的建设工程，申请人的合同目的已经能够实现。从协议的实际履行来看，系因验收迟延导致被申请人当时未能提供相应文件，但并未对申请人的权利义务产生实质影响。本案不符合解除合同的法定条件。再审申请人关于解除案涉行政协议的请求没有事实和法律依据。

【规范性文件】

《中华人民共和国民法典》

第五百六十三条　有下列情形之一的，当事人可以解除合同：

（一）因不可抗力致使不能实现合同目的；

（二）在履行期限届满前，当事人一方明确表示或者以自己的行为表明不履行主要债务；

（三）当事人一方迟延履行主要债务，经催告后在合理期限内仍未履行；

（四）当事人一方迟延履行债务或者有其他违约行为致使不能实现合同目的；

（五）法律规定的其他情形。

以持续履行的债务为内容的不定期合同，当事人可以随时解除合同，但是应当在合理期限之前通知对方。

《国有土地上房屋征收与补偿条例》

第二十一条　被征收人可以选择货币补偿，也可以选择房屋产权调换。

被征收人选择房屋产权调换的，市、县级人民政府应当提供用于产权调换的房屋，并与被征收人计算、结清被征收房屋价值与用于产权调换房屋价值的差价。

因旧城区改建征收个人住宅，被征收人选择在改建地段进行房屋产权调换的，作出房屋征收决定的市、县级人民政府应当提供改建地段或者就近地段的房屋。

第二十二条　因征收房屋造成搬迁的，房屋征收部门应当向被征收人支付搬迁费；选择房屋产权调换的，产权调换房屋交付前，房屋征收部门应当向被征收人支付临时安置费或者提供周转用房。

第二十五条第一款　房屋征收部门与被征收人依照本条例的规定，就补偿方式、补偿金额和支付期限、用于产权调换房屋的地点和面积、搬迁费、临时安置费或者周转用房、停产停业损失、搬迁期限、过渡方式和过渡期限等事项，订立补偿协议。

132. 继续履行×× (行政协议) 类案件的审查

【审查要点】

继续履行行政协议类案件，与前述不依法履行行政协议、未按约定履行行政协议类案件密切相关，当事人提起确认不依法履行行政协议、未按约定履行行政协议违法的请求时，往往暗含请求被告继续履行行政协议的要求，或一并提起继续履行行政协议的请求。当事人认为行政机关未依法履行或未按约定履行行政协议，向人民法院提起行政诉讼，请求判令行政机关继续按照行政协议约定的内容履行。在行政协议中，行政机关往往是将需履行的法定职责通过约定协议条款形式转化为履行行政协议，行政机关的履约行为即是其履行法定职责的行为。因此，人民法院在审理此类案件时，不仅需要审查行政机关履行行政协议是否合约，更要注意审查行政机关履行行政协议是否合法，同时，还要看被诉行政协议是否可以依法或依约继续履行，是否确实产生不能继续履行的客观因素，继续履行是否会对国家利益、社会公共利益产生不利影响。对于请求判决继续履行行政协议的案件，当事人依据民事法律规范的规定行使同时履行抗辩权、不安抗辩权的，人民法院应予支持。对于行政协议约定不明的补救及履行等均可以参照适用民事法律规范的相关规定。

【典型案例】

再审申请人甲公司、乙公司诉被申请人某市政府、某市住建局继续履行行政协议案

【裁判要旨】

继续履行行政协议需要具备一定条件，确实产生不能继续履行的客观因素，或者继续履行将会对国家利益、社会公共利益产生不利影响的，对于继续履行行政协议的请求，人民法院不予支持。行政协议相对人一方因解除协议行为造成的损失，行政机关应当予以赔偿。

【简要案情】

2004年4月14日，某市政府与甲公司就投资建设天然气利用项目工程签订了《项目合同》。合同签订后，甲公司对项目工程进行了投资建设，2004年底开始陆续供气。为经营燃气业务，2005年1月17日，甲公司在某市成立了乙公司。2005年5月12日，某市政府与甲公司就项目合同签订了补充合同。2008年9月12日，某市政府向甲公司和乙公司送达《合同解除通知函》，称其在履行项目合同过程中违反法律、法规，影响用户生产生活秩序、危及社会安定、存在安全隐患。为此，根据《市政公共事业管理办法》第十条、第十八条、第二十五条和《新疆维吾尔自治区市政公用事业特许经营条例》第三十一条、第三十四条以及《城市燃气管理办法》第十八条之规定，决定解除项目合同。同日，某市政府向原某市建设局出具《接管批复》，其载：同意某市建设局接管甲公司及其子公司乙公司在某市城市燃气供应运营业务。同日，原某市建设局向甲公司、乙公司发出通知书，告知接管事宜，并告知听证权利。2008年9月23日，原某市建设局、某市城管局主持召开听证会，邵某某代表甲公司、乙公司参加，在会上表达了不同意接管的意见。同日，原某市建设局向甲公司、乙公司送达了《接管决定》。2008年12月22日，某市政府将甲公司诉至某市人民法院，要求解除双方签订的《项目合同》及《补充合同》。2009年1月21日，甲公司、乙公司将某市政府诉至某自治区高级人民法院，要求确认某市政府解除合同的行为无效，判令某市政府继续履行合同，返还价值2.1亿元的天然气供气经营财产及经营权。

人民法院经审查认为，某市政府解除天然气利用项目特许经营协议以及原某市建设局接管天然气特许经营项目的行为已被原审法院确认违法。本案争议的焦点在于再审申请人要求继续履行天然气特许经营协议的请求能否成立。继续履行行政协议需具备一定的条件，人民法院不能要求不符合条件的双方继续履行行政协议。本案中，根据原审法院查明的事实，原某市建设局接管乙公司某市天然气供应经营权业务后，建设以及经营状况都发生了重大变化，客观上再审申请人已无继续履行天然气特许经营协议的可能。因此原审法院认为甲公司及乙公司不符合继续履行天然气特许经营协议的条件，从而不支持再审申请人要求继续履行合同的诉讼请求，并无明显不当。且从再审申请人提交的证据来看，亦无法证明其存在继续履行天然气特许经营协议的条件及可能性,故其要求继续履行该协议的再审请求,不予支持。对于甲公司和乙公司因其与某市政府解除天然气特许经营协议以及原某市建设局接管天然气特许经营项目的行为而造成的损失,某市政府以及原某市建设局应当予以赔偿。

【规范性文件】

《最高人民法院关于审理行政协议案件若干问题的规定》

第十九条　被告未依法履行、未按照约定履行行政协议,人民法院可以依据行政诉讼法第七十八条的规定,结合原告诉讼请求,判决被告继续履行,并明确继续履行的具体内容;被告无法履行或者继续履行无实际意义的,人民法院可以判决被告采取相应的补救措施;给原告造成损失的,判决被告予以赔偿。

原告要求按照约定的违约金条款或者定金条款予以赔偿的,人民法院应予支持。

133. 确认××(行政协议)无效或有效类案件的审查

【审查要点】

确认行政协议无效或者有效类案件,系当事人向人民法院提起行政诉讼,请求判决确认案涉的行政协议无效或有效。人民法院审理行政协议案件,都要对被诉行政协议效力先行进行判断。不先对行政协议的效力作出判断,就无法继续对是否履行协议及当事人权利义务的确认或相关赔偿或补偿责任的承担等作出判断。对行政协议是否有效进行审查时,可以适用《行政诉讼法》和相关民事法律规范的规定。关于确认行政协议效力类案件,人民法院应当主要审查:一是行政协议签订主体是否合法。根据职权法定和越权无效原则,行政机关只能在其职权范围内签订行政协议,不得超越其职权范围。二是行政协议的内容是否违反法律规定或侵害国家利益或社会公共利益、第三人合法权益等。三是签订协议是否符合法定形式要件。值得注意的是,有的行政协议可能符合民事法律规范的成立与生效要件,但如果其尚未达到行政法程序规定中涉及成立、生效的要求,也不能获得行政法上的有效性评价。人民法院认定行政协议部分无效，不影响其他部分效力的，其他部分仍然有效。协议被确认无效的，不影响协议中独立存在的有关解决争议方法的条款的效力。

【典型案例】

再审申请人甲区政府因被申请人翟某某等人诉其确认征地拆迁补偿安置协议无效申请再审案

【裁判要旨】

行政机关签订行政协议，应当在其自由裁量权范围内行使职权，不得侵犯国家利益、公共利益和他人合法权益，也不得以合同为名，损害行政协议相对人的合法权益。

【简要案情】

翟某某等人由某村委会划分宅基地建房居住至今。2007年11月22日，因某旅游度假开发区及道路项目建设需要，征用翟某某等人宅基地及房屋，翟某某等人与甲区政府签订《某村征地拆迁补偿安置合同书》，约定以公寓楼形式安置，安置标准按相关文件执行。合同签订后，双方均未按该合同约定履行。2012年7月17日，某市人民政府批准同意实施《某镇征地拆迁补偿安置方案》（以下简称2012年安置方案）。为做好安置工作，甲区政府2013年制定《某镇安置工作实施细则》（以下简称2013年安置细则），进一步明确安置分户原则、安置对象确定条件、安置分户及对象确认程序和具体安置办法。其中，第二条规定，被征收人以"户"为单位进行安置；第三条规定，征地拆迁安置为连排住宅风情小镇，对开发建设项目征地拆迁的失地农民，原则上以村（居）委会为单位，按风情小镇建设片区就近集中安置。翟某某等人作为被征收户，因某村委会不按同等村民待遇给翟某某等人分配征地补偿款，翟某某等人三次提起诉讼，2016年1月11日，翟某某等人提起本案行政诉讼，以2015年补偿合同是受胁迫、违背真实意思签订为由，请求确认2015年补偿合同中给予翟某某等人补偿120平方米公寓楼内容无效，并依照2013年安置细则给予250平方米×××风情小镇连排住宅一处。

人民法院经审查认为，本案中，三份生效的民事判决，均已确认翟某某等人某村委会第一村民小组集体经济组织成员资格，同时还确认翟某某等人参与村委会基层组织民主选举活动、响应村委会计划生育政策宣传、在村委会整修公路时捐款、从事个体医疗服务村民等履行集体经济组织成员义务的事实。本案一、二审判决根据上述三份生效民事判决确认的事实，认定翟某某等人具有某村委会第一村民小组集体经济组织成员资格，履行了相关义务，符合行政诉讼证据采信及事实认定规则。《行政诉讼法》第六十三条规定，人民法院审理行政案件，以法律和行政法规、地方性法规为依据，参照规章。《关于审理行政案件适用法律规范问题的座谈会纪要》第一部分第三段规定，人民法院经审查认为被诉行政行为依据的具体应用解释和其他规范性文件合法、有效并合理、适当的，在认定被诉具体行政行为合法性时应承认其效力。行政协议案件涉及行政管理职能的履行和公共管理目标的实现，作为行政案件审理，必须按照《行政诉讼法》的规定，对被诉的行政协议行为进行合法性审查。凡是违反法律、行政法规、地方性法规、合法有效的规章以及规章以下规范性文件的行政协议行为，均属于违法的行政行为。行政机关签订行政协议，应当在其自由裁量权范围内行使，不得侵犯国家利益、公共利益和他人合法权益，也不得以协议为名，损害行政协议相对人的合法权益。本案中，2013年安置细则不存在违反上位法规定的情形，属于合法有效的行政规范性文件，应当作为判断被诉的甲区政府与翟某某等人签订2015年补偿合同行为以及不履行依法安置法定职责行为是否合法的根据。从2015年补偿合同内容与2013年安置细则规定的比较可以看出，2015年补偿合同有关对翟某某等人安置房屋的约定，明显与2013年安置细则规定不符，严重损害翟某某等人依照细则应当获得的补偿安置权利，甲区政府负有按照2013年安置细则规定依法给予翟某某等人进行安置的职责义务。据此，一审、二审判决否定甲区政府签订2015年补偿合同行为中关于对翟某某等人的补偿安置内容的合法性效力，责令甲区政府按照2013年安置细则给予翟某某等人安置×××风情小镇连排住宅面积250平方米安置房，判决结果并无不当。但是，一审、二审判决在《行政诉讼法》和行政法律规范有相应的判断标准的情况下，援引《合同法》（已失效）第五十二条规定判决确认2015年补偿合同无效不妥。

【规范性文件】

《中华人民共和国行政诉讼法》

第六十三条　人民法院审理行政案件，以法律和行政法规、地方性法规为依据。地方性法规适用于本行政区域内发生的行政案件。

人民法院审理民族自治地方的行政案件，并以该民族自治地方的自治条例和单行条例为依据。

人民法院审理行政案件，参照规章。

《中华人民共和国土地管理法实施条例》

第二十五条第二款 征地补偿、安置方案报市、县人民政府批准后，由市、县人民政府土地行政主管部门组织实施。

《关于审理行政案件适用法律规范问题的座谈会纪要》

行政审判实践中，经常涉及有关部门为指导法律执行或者实施行政措施而作出的具体应用解释和制定的其他规范性文件，主要是：国务院部门以及省、市、自治区和较大的市的人民政府或其主管部门对于具体应用法律、法规或规章作出的解释；县级以上人民政府及其主管部门制定发布的具有普遍约束力的决定、命令或其他规范性文件。行政机关往往将这些具体应用解释和其他规范性文件作为具体行政行为的直接依据。这些具体应用解释和规范性文件不是正式的法律渊源，对人民法院不具有法律规范意义上的约束力。但是，人民法院经审查认为被诉具体行政行为依据的具体应用解释和其他规范性文件合法、有效并合理、适当的，在认定被诉具体行政行为合法性时应承认其效力；人民法院可以在裁判理由中对具体应用解释和其他规范性文件是否合法、有效、合理或适当进行评述。

（撰写人：韩锦霞）

十九、行政补偿类案件的司法审查

【裁判标准】

当行政机关及其工作人员在行使职权过程中因合法行为损害公民、法人或者其他组织的合法权益时,行政机关应采取补救措施,依法承担相应补偿责任。行政审判实践中,公民、法人或者其他组织向人民法院提起行政诉讼,除请求判令行政机关予以行政补偿外,通常还会请求对房屋征收补偿安置决定、行政机关单方变更或者解除行政协议等行为予以撤销或者确认违法等。[①] 对行政补偿类案件进行司法审查,需要准确理解和把握以下要点:(1) 行政补偿以行政行为合法为前提,而行政赔偿系针对行政主体及其工作人员实施的违法行政行为。(2) 行政补偿以公民、法人或者其他组织的合法权益受损为前提要件,无合法权益损失则不能获得行政补偿。(3) 行政补偿须以合法损失的发生与合法的行政行为之间具有因果关系为要件。(4) 准确适用信赖利益保护、依法补偿、及时补偿、公平补偿等原则,行政补偿一般以公民、法人或者其他组织所受实际损失为限,补偿方式则可以灵活多样,既可以给予经济补偿,亦可以提供生产、生活或者就业等方面的优惠举措。(5) "有权利即有救济",行政主体及其工作人员实施合法行为致相对人合法权益受损,行政机关即负担及时给予行政补偿的法定义务。一般情况下,只要行政机关依职权应履行的补偿职责仍然合法有效存在,行政机关即持续负担作为义务,该作为义务不因行政机关怠于履行而消灭。

---

① 参见仝蕾:《行政案件案由制度解析与适用》,人民法院出版社2022年版,第229页。

134. 房屋征收或者征用补偿类案件的审查

【审查要点】

行政主体为国家利益、社会公共利益的需要，征收公民、法人或者其他组织所有的房屋，应依法给予被征收人相应的补偿。行政主体为维护国家利益或者社会公共利益，因紧急需要，临时使用公民、法人或者其他组织所有的房屋，若对房屋造成毁损、灭失的，此时亦须对被征用人给予相应的补偿。涉及人民群众切身利益的房屋征收或者征用补偿类案件既是全国行政案件高发领域，亦是行政机关败诉案件相对集中领域。对房屋征收或者征用补偿类案件进行司法审查，需要准确理解以下几个审查要点。

1. 坚持"有征收必有补偿"原则，加大对只征收不补偿或者低补偿等行为的司法审查力度，确保被征收人生活水平不降低、长远生计有保障。

2. 被征收房屋的所有权或者使用权存在民事争议，公民、法人或者其他组织在未解决民事争议之前提起行政诉讼，且不能证明其与房屋补偿行为具有利害关系的，人民法院应当不予立案，但依法提起行政诉讼时申请一并解决民事争议的除外。

3. 对于无建房手续房屋权利人提起的要求补偿的行政诉讼，实践中各地存在以建设年限为标准对是否补偿进行区分、无审批手续房屋按照建筑成本补偿、无审批手续房屋不予补偿等不同情形，如房屋未经法定程序认定为违法建筑，则不宜简单地以不具备原告主体资格为由驳回起诉，而应结合当地征收补偿的具体规定以及征收项目补偿安置方案等实体审理后加以综合认定。

4. 人民法院审理房屋征收补偿决定（或协议）案件，应当围绕房屋征收决定（或协议）是否存在重大且明显违法情形，征收补偿的对象是否符合法定要求，对被征收房屋的性质、用途、建筑面积、院落、空地等情况的认定及价值评估是否符合法定要求，征收补偿方式和补偿标准是否符合法律规定，征收补偿的事项是否具体、明确、完整等事项进行合法性审查。

5. 人民法院对被征收房屋的面积、用途等情况的认定，一般以房屋权属证书和房屋登记簿的记载为准；房屋权属证书与房屋登记簿的记载不一致的，除有证据证明房屋登记簿确有错误外，以房屋登记簿为准。实践中，存在原告在房屋征收范围内合法享有国有土地使用权的院落、空地且未被纳入征收补偿范围，以及被征收房屋虽为住宅但原告已作经营用途并依法取得营业执照及依法纳税，或者虽未取得营业执照，但原告提供纳税记录、营业流水等证据证明被征收房屋用于商业经营等情形，此时原告请求按照房屋的实际情况予以认定和补偿的，人民法院可以依法予以支持。

6. 关于停产停业损失，由于征收过程中的停产停业损失仅系补偿因征收给被征收人经营造成的临时性经营困难，具有过渡费用性质，因而只能计算适当期间或者按照房屋补偿金额的适当比例计付。同时，被征收人在征收行为发生后的适当期间，亦应及时寻找合适地址重新经营，不能将因自身原因未开展经营造成的损失，全部由行政机关承担。各地对停产、停业损失规定的补偿标准不尽一致，一般要求具备被征收房屋属于非住宅的合法建筑、有合法有效的营业执照、办理税务登记并具有纳税凭证等条件。

7. 对于征收农村集体土地时未及时就被征收土地上的房屋进行补偿安置，补偿安置时房屋所在地已被纳入城市规划区，此时房屋征收补偿标准能否参照国有土地上房屋征收补偿标准，关键在于房屋所在集体土地被征收之后，行政机关是否怠于行使对房屋进行补偿安置的职责，致使补偿安置时房屋所在地已被纳入城市规划区，从而造成相关权利人合法利益受损。

【典型案例】

霍某某诉甲区人民政府房屋征收补偿决定案

【裁判要旨】

被征收房屋的性质一般应依据房产登记证件所载明的用途予以认定，如果证载用途与被征收人的主张不一致，需其提供营业执照和其他相关证据佐证，以判断是否适用不同征收补偿标准。

【简要案情】

案涉房屋系原告霍某某租赁的公有房屋，房屋类型旧里，房屋用途为居住，居住面积 $11.9m^2$，折合建筑面积 $18.33m^2$。该户在册户口 4 人。因旧城区改建的公共利益需要，2012 年 6 月 2 日，甲区人民政府作出房屋征收决定，并将决定及补偿方案在征收范围内予以公告。原告霍某某户居住房屋位于征收范围内。经选举产生的评估公司评估，霍某某户承租房屋房地产单价因低于该项目评估均价，故对霍某某户的承租房屋房地产单价按该地块平均单价 25861.08 元/m² 计算。房屋征收部门向霍某某户送达估价分户评估报告后，因其未在规定期限内申请复估、鉴定，甲区房管局向乙市房地产估价师协会房地产估价专家委员会申请鉴定。2013 年 1 月 5 日，霍某某户对是否需要鉴定不作表态，并拒绝在要求鉴定意见征询单上选择和签字。同月 9 日，专家委员会组织专家组前往现场勘查，因霍某某户家中无人，专家无法入户勘查，遂鉴定终止。甲区房管局根据《乙市国有土地上房屋征收与补偿实施细则》和房屋征收补偿方案的规定，核定原告户可得货币补偿款、价格补贴、套型面积补贴合计 909353.16 元；另可得不选购本项目安置房源补贴 300000 元、无认定建筑面积以外使用面积补贴 100000 元、面积奖励费 91650 元、搬家补助费 500 元等。甲区房管局提供了两处房源供原告户选择其一，但原告户未接受上述安置方案。因双方未能在征收补偿方案确定的签约期限内达成补偿协议，2013 年 4 月 11 日，甲区房管局向被告甲区人民政府报请作出房屋征收补偿决定。被告受理后于同月 16 日召开审理协调会，因霍某某户自行离开会场致协调不成。被告经审查核实相关证据材料，查清房屋征收补偿的事实后，认定以房屋产权调换方式安置原告户某房屋一套并结算差价等的具体安置方案合法、适当，遂依据《国有土地上房屋征收与补偿条例》第二十六条、《乙市国有土地上房屋征收与补偿实施细则》第四十二条、《乙市国有土地上房屋征收补偿决定的若干规定》等规定以及征收补偿方案，于 2013 年 4 月 23 日作出房屋征收补偿决定，将房屋征收补偿决定书送达原告户并在房屋征收范围内予以公告。原告收悉后不服，向乙市人民政府申请行政复议，行政复议机关作出维持决定。原告仍不服，认为其为经营公司，被告应当给予补偿，遂向法院提起行政诉讼，诉请撤销被诉房屋征收补偿决定。法院判决驳回原告的诉讼请求。

【规范性文件】

《中华人民共和国民法典》

第一百一十七条 为了公共利益的需要，依照法律规定的权限和程序征收、征用不动产或者动产的，应当给予公平、合理的补偿。

第二百四十三条第一款 为了公共利益的需要，依照法律规定的权限和程序可以征收集体所有的土地和组织、个人的房屋以及其他不动产。

第二百四十三条第三款 征收组织、个人的房屋以及其他不动产，应当依法给予征收补偿，维护被征收人的合法权益；征收个人住宅的，还应当保障被征收人的居住条件。

第二百四十五条 因抢险救灾、疫情防控等紧急需要，依照法律规定的权限和程序可以征用组织、个人的不动产或者动产。被征用的不动产或者动产使用后，应当返还被征用人。组织、个人的不动产或者动产被征用或者征用后毁损、灭失的，应当给予补偿。

《中华人民共和国传染病防治法》

第四十五条 传染病暴发、流行时，根据传染病疫情控制的需要，国务院有权在全国范围或者跨省、自治区、直辖市范围内，县级以上地方人民政府有权在本行政区域内紧急调集人员或者调用储备物资，临时征用房屋、交通工具以及相关设施、设备。

紧急调集人员的，应当按照规定给予合理报酬。临时征用房屋、交通工具以及相关设施、设备的，应当依法给予补偿；能返还的，应当及时返还。

《中华人民共和国突发事件应对法》

第十二条 有关人民政府及其部门为应对突发事件，可以征用单位和个人的财产。被征用的财产在使用完毕或者突发事件应急处置工作结束后，应当及时返还。财产被征用或者征用后毁损、灭失的，应当给予补偿。

《国有土地上房屋征收与补偿条例》

第二条 为了公共利益的需要，征收国有土地上单位、个人的房屋，应当对被征收房屋所有权人（以下称被征收人）给予公平补偿。

第十七条 作出房屋征收决定的市、县级人民政府对被征收人给予的补偿包括：

（一）被征收房屋价值的补偿；

（二）因征收房屋造成的搬迁、临时安置的补偿；

（三）因征收房屋造成的停产停业损失的补偿。

市、县级人民政府应当制定补助和奖励办法，对被征收人给予补助和奖励。

第十八条 征收个人住宅，被征收人符合住房保障条件的，作出房屋征收决定的市、县级人民政府应当优先给予住房保障。具体办法由省、自治区、直辖市制定。

第十九条 对被征收房屋价值的补偿，不得低于房屋征收决定公告之日被征收房屋类似房地产的市场价格。被征收房屋的价值，由具有相应资质的房地产价格评估机构按照房屋征收评估办法评估确定。

对评估确定的被征收房屋价值有异议的，可以向房地产价格评估机构申请复核评估。对复核结果有异议的，可以向房地产价格评估专家委员会申请鉴定。

房屋征收评估办法由国务院住房城乡建设主管部门制定，制定过程中，应当向社会公开征求意见。

第二十条 房地产价格评估机构由被征收人协商选定；协商不成的，通过多数决定、随机选定等方式确定，具体办法由省、自治区、直辖市制定。

房地产价格评估机构应当独立、客观、公正地开展房屋征收评估工作，任何单位和个人不得干预。

第二十一条 被征收人可以选择货币补偿，也可以选择房屋产权调换。

被征收人选择房屋产权调换的，市、县级人民政府应当提供用于产权调换的房屋，并与被征收人计算、结清被征收房屋价值与用于产权调换房屋价值的差价。

因旧城区改建征收个人住宅，被征收人选择在改建地段进行房屋产权调换的，作出房屋征收决定的市、县级人民政府应当提供改建地段或者就近地段的房屋。

第二十二条 因征收房屋造成搬迁的，房屋征收部门应当向被征收人支付搬迁费；选择房屋产权调换的，产权调换房屋交付前，房屋征收部门应当向被征收人支付临时安置费或者提供周转用房。

第二十三条 对因征收房屋造成停产停业损失的补偿，根据房屋被征收前的效益、停产停业期限等因素确定。具体办法由省、自治区、直辖市制定。

第二十四条 市、县级人民政府及其有关部门应当依法加强对建设活动的监督管理，对违反城乡规划进行建设的，依法予以处理。

市、县级人民政府作出房屋征收决定前，应当组织有关部门依法对征收范围内未经登记的建筑进行调查、认定和处理。对认定为合法建筑和未超过批准期限的临时建筑的，应当给予补偿；对认定为违法建筑和超过批准期限的临时建筑的，不予补偿。

第二十五条 房屋征收部门与被征收人依照本条例的规定，就补偿方式、补偿金额和支付期限、用于产权调换房屋的地点和面积、搬迁费、临时安置费或者周转用房、停产停业损失、搬迁期限、过渡方式和过渡期限等事项，订立补偿协议。

补偿协议订立后，一方当事人不履行补偿协议约定的义务的，另一方当事人可以依法提起诉讼。

第二十六条　房屋征收部门与被征收人在征收补偿方案确定的签约期限内达不成补偿协议，或者被征收房屋所有权人不明确的，由房屋征收部门报请作出房屋征收决定的市、县级人民政府依照本条例的规定，按照征收补偿方案作出补偿决定，并在房屋征收范围内予以公告。

补偿决定应当公平，包括本条例第二十五条第一款规定的有关补偿协议的事项。

被征收人对补偿决定不服的，可以依法申请行政复议，也可以依法提起行政诉讼。

第二十七条　实施房屋征收应当先补偿、后搬迁。

作出房屋征收决定的市、县级人民政府对被征收人给予补偿后，被征收人应当在补偿协议约定或者补偿决定确定的搬迁期限内完成搬迁。

任何单位和个人不得采取暴力、威胁或者违反规定中断供水、供热、供气、供电和道路通行等非法方式迫使被征收人搬迁。禁止建设单位参与搬迁活动。

135. 土地征收或者征用补偿类案件的审查

【审查要点】

行政主体为国家利益、社会公共利益的需要，征收集体经济组织所有的土地，应依法对被征收集体经济组织及其成员给予相应的补偿。行政主体为维护国家利益或者社会公共利益，出于紧急情况，征用集体经济组织或者其他主体享有所有权或者使用权的土地，此时亦应对相应的损失予以补偿。对土地征收补偿类案件进行司法审查，需要准确理解以下几个审查要点。

1. 关于诉讼请求的释明引导与诉讼类型选择。被征收人对适用2019年8月26日修改前的《土地管理法》实施的农村集体土地征收引发的补偿安置提起诉讼的，人民法院在立案或一审审理期间应当根据《最高人民法院关于适用〈中华人民共和国行政诉讼法〉的解释》第五十五条等规定，给予指导和释明，并结合补偿安置具体情况、补偿安置分歧原因、被征收人实质诉求等情况，引导被征收人正确选择被诉行政行为、适格被告及有利于补偿安置争议实质化解的诉讼请求：（1）签订补偿安置协议后，认为补偿安置协议违法或遗漏法定补偿安置内容的，引导起诉补偿安置协议；（2）对补偿安置义务主体作出的补偿决定不服，认为补偿决定违法或者遗漏法定补偿安置内容的，引导起诉补偿决定；（3）无补偿安置协议或补偿决定且尚未被强制交出土地的，引导提起履行补偿安置职责诉讼或请求作出补偿决定诉讼；（4）无补偿安置协议或补偿决定且已被强制交出土地，被征收人对补偿安置不服，引导提起履行补偿安置职责诉讼或请求作出补偿决定诉讼；对强制拆除行为不服的，引导提起确认强制拆除行为违法并赔偿动产、不动产等损失诉讼。被征收人对补偿标准、补偿安置方案、被征收房屋和土地的地类与面积认定、地上附着物与青苗补偿费计算等有异议的，可以在提起上述相关类型诉讼时一并提出；人民法院应当全面审查上述行为的合法性。

2. 关于集体土地征收补偿安置义务主体的确定。地方性法规、规章未明确规定市、县人民政府为补偿安置义务主体，市、县人民政府亦未依法组建具有独立承担法律责任能力的征收管理机构并赋予该机构补偿安置行政管理职能的，人民法院一般可根据《征收土地公告办法》第十一条有关"征地补偿、安置方案经批准后，由有关市、县人民政府土地行政主管部门组织实施"的规定，确定市、县人民政府土地行政主管部门是补偿安置义务主体。规范性文件规定或者《征地补偿安置方案公告》规定由其他主体代表市、县人民政府土地行政主管部门签订补偿安置协议或者作出补偿决定的，可视为市、县人民政府土地行政主管部门委托实施，法律、法规、规章等另有规定的除外。

3. 关于公平合理补偿安置的判断依据。人民法院对补偿安置内容的审查，应当根据当时有效的《土地管理法》《土地管理法实施条例》《征收土地公告办法》等所确定的补偿标准和计算方法依法进行。确定土地补偿费、安置补助费、地上附着物与青苗补偿费、社会保障等补偿内容应当公平合理。规范性文件和补偿安置方案结合当地实际确定的补偿标准、支付对象和支付方式等，不违反法律、法规、规章等上位法规定的，可以作为人民法院的裁判依据。

4. 关于宅基地上房屋补偿安置原则和方式。宅基地上的合法房屋或者虽未取得合法权证但符合"一户一宅"建设标准房屋的补偿安置，应当坚持居住水平不降低原则。被征收人对房屋的补偿安置有异议的，人民法院应当引导双方通过协商方式解决。无补偿安置协议又无法协商一致的，人民法院可以根据案情并结合补偿安置方案，判决责令补偿安置义务主体采取重置价格补偿加异地安排重建、产权调换或者货币补偿等方式给予公平合理补偿。

5. 关于集体土地征收补偿安置协议的效力。人民法院应当尊重依法订立的补偿安置协议的效力。补偿安置协议个别约定需要明确和调整的，当事人应当按照诚信原则协商解决；协商不成的，应当按照法律规定的程序解决补偿安置争议。被征收人已签订补偿安置协议、领取相应补偿费用且交出土地后，又起诉征收行为的，人民法院不予立案；但补偿安置协议明确约定保留提起诉讼权利，或者协议存在以欺诈、胁迫的手段订立，损害国家利益等无效情形的除外。

6. 关于诉请补偿安置案件的裁判方式。已取得国务院、省级人民政府征地批复的农村集体土地征收项目，市、县人民政府批准征地补偿安置方案后，市、县人民政府土地行政主管部门、征收管理机构及其委托的其他主体，应当在征地补偿安置方案规定的期限内与被征收人协商签订补偿安置协议。未能在法定期限内签订补偿安置协议，亦未依法解决补偿安置问题，被征收人诉请市、县人民政府土地行政主管部门、征收管理机构履行补偿安置职责的，人民法院应判决责令被告依法履行补偿安置职责；被征收人诉请作出补偿决定的，人民法院应判决责令被告依法作出补偿决定；确定补偿项目与补偿内容的事实、证据和依据均已明确的，人民法院可以直接作出包括具体补偿项目与补偿内容的判决。

7. 关于未批先用、少批多用土地案件的裁判方式。市、县人民政府组织实施土地征收时未取得征地批复，但已参照法定标准制定补偿安置方案并实施补偿安置，且在人民法院一审辩论终结前已取得征地批复的，视为市、县人民政府已采取补救措施。市、县人民政府未取得征地批复，但已参照法定标准制定补偿安置方案并公告实施的，人民法院应先行保障被征收人按照补偿安置方案应当获得的补偿安置利益，不得以尚未取得征地批复无法确定补偿安置标准为由拒绝对补偿安置内容作出裁判。市、县人民政府组织实施土地征收时未取得征地批复，一审辩论终结前仍未取得的，人民法院应当判决确认违法并责令返还土地、恢复原状；征地项目确属公共利益需要且无法返还土地、恢复原状的，人民法院可以判决确认违法，并可以根据《行政诉讼法》第七十四条、第七十六条的规定，判决责令被告采取补救措施；给原告造成损失的,依法判决被告承担赔偿责任。①

【典型案例】

王某某诉甲区住房和城乡建设委员会集体土地征收补偿安置行政裁决案

【裁判要旨】

集体土地征收补偿安置中,行政机关不应简单以拆迁户口冻结统计的时间节点确定安置人口数量,而排除因婚姻、出生、回国、军人退伍转业、经批准由外省市投靠直系亲属、刑满释放和解除劳动教养等原因必须入户、分户的特殊情形。

【简要案情】

2010年,甲区因轨道交通项目建设需要对部分集体土地实施征收拆迁,王某某所居住的房屋被列入拆迁范围。该户院宅在册人口共7人,包括王某某的孙女和儿媳,其中孙女系出生原因于2011年11月8日入户,儿媳系因结婚于2012年11月7日入户。因第三人乙市土地整理储备中心甲区分中心与王某某未能达成拆迁补偿安置协议,第三人遂向甲区住房和城乡建设委员会申请裁决。2014年3月6日,甲区住房和城乡建设委员会作出被诉行政裁决,以王某某儿媳、孙女的户籍迁入时间均在拆迁户口冻结统计之后、不符合此次拆迁补偿和回迁安置方案中确认安置人口的规定为由,将王某某户的在册人口认定为5人。王某某不服诉至法院,请求撤销相应的行政裁决。二审法院判决撤销被诉行政裁决,责令甲区住房和城乡建设委员会对乙市土地整理储备中心甲区分中心提交的裁决申请重新作出处理。

【规范性文件】

《中华人民共和国民法典》

第一百一十七条 为了公共利益的需要,依照法律规定的权限和程序征收、征用不动产或者动产的,应当给予公平、合理的补偿。

第二百四十三条 为了公共利益的需要,依照法律规定的权限和程序可以征收集体所有的土地和组织、个人的房屋以及其他不动产。

征收集体所有的土地,应当依法及时足额支付土地补偿费、安置补助费

---

① 参见《最高人民法院行政法官专业会议纪要(五)》。

以及农村村民住宅、其他地上附着物和青苗等的补偿费用,并安排被征地农民的社会保障费用,保障被征地农民的生活,维护被征地农民的合法权益。

征收组织、个人的房屋以及其他不动产,应当依法给予征收补偿,维护被征收人的合法权益;征收个人住宅的,还应当保障被征收人的居住条件。

任何组织或者个人不得贪污、挪用、私分、截留、拖欠征收补偿费等费用。

第二百四十五条 因抢险救灾、疫情防控等紧急需要,依照法律规定的权限和程序可以征用组织、个人的不动产或者动产。被征用的不动产或者动产使用后,应当返还被征用人。组织、个人的不动产或者动产被征用或者征用后毁损、灭失的,应当给予补偿。

《中华人民共和国土地管理法》

第二条第四款 国家为了公共利益的需要,可以依法对土地实行征收或者征用并给予补偿。

第四十八条 征收土地应当给予公平、合理的补偿,保障被征地农民原有生活水平不降低、长远生计有保障。

征收土地应当依法及时足额支付土地补偿费、安置补助费以及农村村民住宅、其他地上附着物和青苗等的补偿费用,并安排被征地农民的社会保障费用。

征收农用地的土地补偿费、安置补助费标准由省、自治区、直辖市通过制定公布区片综合地价确定。制定区片综合地价应当综合考虑土地原用途、土地资源条件、土地产值、土地区位、土地供求关系、人口以及经济社会发展水平等因素,并至少每三年调整或者重新公布一次。

征收农用地以外的其他土地、地上附着物和青苗等的补偿标准,由省、自治区、直辖市制定。对其中的农村村民住宅,应当按照先补偿后搬迁、居住条件有改善的原则,尊重农村村民意愿,采取重新安排宅基地建房、提供安置房或者货币补偿等方式给予公平、合理的补偿,并对因征收造成的搬迁、临时安置等费用予以补偿,保障农村村民居住的权利和合法的住房财产权益。

县级以上地方人民政府应当将被征地农民纳入相应的养老等社会保障体系。被征地农民的社会保障费用主要用于符合条件的被征地农民的养老保险等社会保险缴费补贴。被征地农民社会保障费用的筹集、管理和使用办法,由省、自治区、直辖市制定。

十九、行政补偿类案件的司法审查

《中华人民共和国传染病防治法》

第四十五条 传染病暴发、流行时，根据传染病疫情控制的需要，国务院有权在全国范围或者跨省、自治区、直辖市范围内，县级以上地方人民政府有权在本行政区域内紧急调集人员或者调用储备物资，临时征用房屋、交通工具以及相关设施、设备。

紧急调集人员的，应当按照规定给予合理报酬。临时征用房屋、交通工具以及相关设施、设备的，应当依法给予补偿；能返还的，应当及时返还。

《中华人民共和国突发事件应对法》

第十二条 有关人民政府及其部门为应对突发事件，可以征用单位和个人的财产。被征用的财产在使用完毕或者突发事件应急处置工作结束后，应当及时返还。财产被征用或者征用后毁损、灭失的，应当给予补偿。

《中华人民共和国土地管理法实施条例》

第二十九条 县级以上地方人民政府根据法律、法规规定和听证会等情况确定征地补偿安置方案后，应当组织有关部门与拟征收土地的所有权人、使用权人签订征地补偿安置协议。征地补偿安置协议示范文本由省、自治区、直辖市人民政府制定。

对个别确实难以达成征地补偿安置协议的，县级以上地方人民政府应当在申请征收土地时如实说明。

第三十一条 征收土地申请经依法批准后，县级以上地方人民政府应当自收到批准文件之日起十五个工作日内在拟征收土地所在的乡（镇）和村、村民小组范围内发布征收土地公告，公布征收范围、征收时间等具体工作安排，对个别未达成征地补偿安置协议的应当作出征地补偿安置决定，并依法组织实施。

第三十二条 省、自治区、直辖市应当制定公布区片综合地价，确定征收农用地的土地补偿费、安置补助费标准，并制定土地补偿费、安置补助费分配办法。

地上附着物和青苗等的补偿费用，归其所有权人所有。

社会保障费用主要用于符合条件的被征地农民的养老保险等社会保险缴费补贴，按照省、自治区、直辖市的规定单独列支。

申请征收土地的县级以上地方人民政府应当及时落实土地补偿费、安置补助费、农村村民住宅以及其他地上附着物和青苗等的补偿费用、社会保障费用等，并保证足额到位，专款专用。有关费用未足额到位的，不得批准征收土地。

《国务院关于深化改革严格土地管理的决定》

......

三、完善征地补偿和安置制度

（十二）完善征地补偿办法。县级以上地方人民政府要采取切实措施，使被征地农民生活水平不因征地而降低。要保证依法足额和及时支付土地补偿费、安置补助费以及地上附着物和青苗补偿费。依照现行法律规定支付土地补偿费和安置补助费，尚不能使被征地农民保持原有生活水平的，不足以支付因征地而导致无地农民社会保障费用的，省、自治区、直辖市人民政府应当批准增加安置补助费。土地补偿费和安置补助费的总和达到法定上限，尚不足以使被征地农民保持原有生活水平的，当地人民政府可以用国有土地有偿使用收入予以补贴。省、自治区、直辖市人民政府要制订并公布各市县征地的统一年产值标准或区片综合地价，征地补偿做到同地同价，国家重点建设项目必须将征地费用足额列入概算。大中型水利、水电工程建设征地的补偿费标准和移民安置办法，由国务院另行规定。

（十三）妥善安置被征地农民。县级以上地方人民政府应当制定具体办法，使被征地农民的长远生计有保障。对有稳定收益的项目，农民可以经依法批准的建设用地土地使用权入股。在城市规划区内，当地人民政府应当将因征地而导致无地的农民，纳入城镇就业体系，并建立社会保障制度；在城市规划区外，征收农民集体所有土地时，当地人民政府要在本行政区域内为被征地农民留有必要的耕作土地或安排相应的工作岗位；对不具备基本生产生活条件的无地农民，应当异地移民安置。劳动和社会保障部门要会同有关部门尽快提出建立被征地农民的就业培训和社会保障制度的指导性意见。

......

136. 动产征收或者征用补偿类案件的审查

【审查要点】

行政主体为国家利益、社会公共利益的需要，对公民、法人或者其他组织所有的动产予以征收，应依法给予被征收人相应的补偿。行政主体为维护国家利益或者社会公共利益，出于紧急情况的需要，占有、使用公民、法人或者其他组织所有的动产，若造成该动产毁损、灭失的，亦须对动产所有权人予以相应的补偿。实践中，有关动产征收或者征用补偿的行政案件数量较少，人民法院在审理相关案件时，可以参照《民法典》《传染病防治法》《突发事件应对法》等的相关规定精神。若各省、自治区、直辖市对此制定了相关规定，亦可以适用或者参照适用。

【规范性文件】

《中华人民共和国民法典》

第一百一十七条 为了公共利益的需要，依照法律规定的权限和程序征收、征用不动产或者动产的，应当给予公平、合理的补偿。

第二百四十五条 因抢险救灾、疫情防控等紧急需要，依照法律规定的权限和程序可以征用组织、个人的不动产或者动产。被征用的不动产或者动产使用后，应当返还被征用人。组织、个人的不动产或者动产被征用或者征用后毁损、灭失的，应当给予补偿。

《中华人民共和国传染病防治法》

第四十五条 传染病暴发、流行时，根据传染病疫情控制的需要，国务院有权在全国范围或者跨省、自治区、直辖市范围内，县级以上地方人民政府有权在本行政区域内紧急调集人员或者调用储备物资，临时征用房屋、交通工具以及相关设施、设备。

紧急调集人员的，应当按照规定给予合理报酬。临时征用房屋、交通工具以及相关设施、设备的，应当依法给予补偿；能返还的，应当及时返还。

《中华人民共和国突发事件应对法》

第十二条 有关人民政府及其部门为应对突发事件，可以征用单位和个人的财产。被征用的财产在使用完毕或者突发事件应急处置工作结束后，应当及时返还。财产被征用或者征用后毁损、灭失的，应当给予补偿。

137. 撤回行政许可补偿类案件的审查

【审查要点】

为社会公共利益的需要，行政主体依法撤回已经生效的行政许可，由此给被准予行政许可的公民、法人或者其他组织造成损失的，应依法予以相应的补偿。《行政许可法》第八条规定："公民、法人或者其他组织依法取得的行政许可受法律保护，行政机关不得擅自改变已经生效的行政许可。行政许可所依据的法律、法规、规章修改或者废止，或者准予行政许可所依据的客观情况发生重大变化的，为了公共利益的需要，行政机关可以依法变更或者撤回已经生效的行政许可。由此给公民、法人或者其他组织造成财产损失的，行政机关应当依法给予补偿。"对撤回行政许可补偿类案件进行司法审查，需要准确理解以下几个审查要点。

1. 行政机关须审慎行使行政优益权。行政许可一经作出并合法生效，即具有法律效力，非有法定事由并经法定程序，行政机关不得擅自撤回，此系法治政府、诚信政府建设的应有之义。但基于公共利益之需要，行政机关在特定条件下，如行政许可所依据的法律、法规、规章修改或者废止，或者准予行政许可所依据的客观情况发生重大变化，可以依法撤销已经生效的行政许可决定，但撤回行政许可必须依照法定程序，遵循正当法律程序原则，不得滥用权力、恣意行政。

2. 撤回行政许可须贯彻信赖利益保护原则。行政许可作出并合法生效之后，被准予行政许可的公民、法人或者其他组织对此享有信赖利益。若行政机关撤回行政许可决定系合法行为，并造成被行政许可人利益受损的事实，且撤回行为与损害事实之间存在因果关系，由此即产生行政补偿问题。若行政机关违法撤回行政许可决定，造成被行政许可人利益受损，且撤回行为与损害事实之间存在因果关系，由此产生的乃是行政赔偿问题。

3. 行政机关依法撤回行政许可而给因此受到利益损失的公民、法人或者其他组织予以信赖补偿，是行政机关的法定职责。一般而言，行政机关在撤回行政许可之时无须当事人申请，即应主动就补偿事宜作出处理决定。根据《最高人民法院关于审理行政许可案件若干问题的规定》第十四条之规定，行政机关依法撤回已经生效的行政许可，公民、法人或者其他组织仅主张行政补偿的，应当先向行政机关提出申请；行政机关在法定期限或者合理期限内不予答复或者对行政机关作出的补偿决定不服的，可以依法提起行政诉讼。司法解释之所以作出上述规定，主要理由是人民法院的优势在于法律问题判断，行政机关先行处理补偿事宜，有助于查清基础事实，让人民法院将审查的重点放在法律问题之上。

4. 行政机关依法撤回行政许可的补偿标准，一般应按实际损失确定行政补偿数额。所谓实际损失，不仅包括现有直接损失，亦应当包括必然可得利益。另外，我国的特许权补偿具有特殊性，公共资源使用价格并未完全市场化，对此，实际投入的损失是行政补偿的底线，考虑到当前特许的具体情况，可以将补偿标准确定于此，再考虑到特许权的市场化是其发展方向，不宜硬性规定为一律实行较低标准。

5. 行政补偿案件可以适用调解，调解应当遵循自愿、合法原则，不得损害国家利益、社会公共利益和他人合法权益。

【典型案例】

甲公司诉乙区人民政府、丙新区管理委员会撤回行政许可补偿案

【裁判要旨】

行政机关基于公共利益需要，虽然尚未直接作出撤回行政许可的决定，但其实施的一系列行为客观上导致被许可人无法实施被许可的内容，事实上已经构成对被许可人行政许可的撤回，由此给被许可人造成的财产损失，应当由行政机关依照《行政许可法》第八条第二款的规定依法予以补偿。

【简要案情】

甲公司成立于2010年1月25日，系镇政府招商引资企业，2010年4月19日取得乙区国土资源局颁发的采矿许可证，该证有效期限为2010年4月19日至2014年8月19日，开采矿种为建筑石料用灰岩，生产规模为每年9万吨。2011年4月20日取得安全生产许可证，2011年5月投入生产。2011年11月3日，乙区委专题工作会议纪要明确提出，要依法取缔开山采石违法活动，重新规划修建景观大道，遂口头要求甲公司停业。2011年12月25日，乙区财政局按照乙区人民政府的指示委托资产评估事务所对甲公司的资

产进行评估，其评估值为 18134734.45 元。甲公司在乙区委托评估事务所评估值作出后于 2012 年 3 月前将设备拉走。2012 年 3 月 1 日，丁市国土资源局乙分局向乙区人民政府作出《关于在吊销甲公司采矿许可证工作中有关问题的报告》，该报告提出，根据区委办专题会议纪要要求，由该局负责吊销甲公司采矿许可证相关事宜，需要乙区人民政府协调企业与村民达成用地补偿协议等问题。2012 年 3 月 3 日，乙区人民政府内部请示，初步意见为补偿甲公司 1213.5 万元。2012 年 9 月 4 日，乙区审计局向乙区人民政府作出《关于甲公司关停补偿资金的审计报告》，根据资产评估事务所的评估报告，审计核定某公司总投资值为 1489 万元。2013 年 12 月 31 日，丁市安全生产监督管理局办公室会议纪要明确提出，甲公司在历史遗留问题没有解决之前，其日常监管及整顿关闭等相关工作均由乙区安监局负责。2014 年 2 月 24 日乙区人民政府向丁市信访局作出情况汇报，提出 2011 年 11 月，市委、市政府主要领导调研时，指示乙区，为了丙新区的建设、风景区开发建设和不影响矿区周边人民群众生产生活以及保护生态环境的需要，将甲公司关闭。报告中还提出，考虑到甲公司已关闭近三年且没有补偿到位的实际情况，为妥善解决补偿问题，乙区人民政府已于 2013 年 12 月 2 日向丁市人民政府报告请求解决甲公司补偿资金 1213.5 万元，丁市人民政府未作出明确批复意见。甲公司提起诉讼，请求判令二被告因关停原告公司的行政行为补偿原告财产损失 1489 万元等。二审法院判决乙区人民政府因关停采矿行为补偿甲公司财产损失 12225097.75 元。

【规范性文件】

《中华人民共和国行政许可法》

第八条　公民、法人或者其他组织依法取得的行政许可受法律保护，行政机关不得擅自改变已经生效的行政许可。

行政许可所依据的法律、法规、规章修改或者废止，或者准予行政许可所依据的客观情况发生重大变化的，为了公共利益的需要，行政机关可以依法变更或者撤回已经生效的行政许可。由此给公民、法人或者其他组织造成财产损失的，行政机关应当依法给予补偿。

《中华人民共和国行政诉讼法》

第六十条　人民法院审理行政案件，不适用调解。但是，行政赔偿、补偿以及行政机关行使法律、法规规定的自由裁量权的案件可以调解。

调解应当遵循自愿、合法原则，不得损害国家利益、社会公共利益和他人合法权益。

《最高人民法院关于审理行政许可案件若干问题的规定》

第十四条 行政机关依据行政许可法第八条第二款规定变更或者撤回已经生效的行政许可，公民、法人或者其他组织仅主张行政补偿的，应当先向行政机关提出申请；行政机关在法定期限或者合理期限内不予答复或者对行政机关作出的补偿决定不服的，可以依法提起行政诉讼。

第十五条 法律、法规、规章或者规范性文件对变更或者撤回行政许可的补偿标准未作规定的，一般在实际损失范围内确定补偿数额；行政许可属于行政许可法第十二条第（二）项规定情形的，一般按照实际投入的损失确定补偿数额。

138. 收回国有土地使用权补偿类案件的审查

【审查要点】

出于公共利益的需要，行政主体依照法律程序提前收回国有土地使用权，需给予被收回国有土地使用权的公民、法人或者其他组织相应的补偿。根据《土地管理法》第五十八条之规定，为实施城市规划进行旧城区改建以及其他公共利益需要，确需使用土地的，由有关人民政府自然资源主管部门报经原批准用地的人民政府或者有批准权的人民政府批准，可以收回国有土地使用权，对土地使用权人应当给予适当补偿。对收回国有土地使用权补偿类案件进行司法审查，需要准确理解以下几个审查要点。

1. "收回国有土地使用权补偿"此一案由所指向的是行政机关出于维护公共利益之需要，作出收回国有土地使用权决定所引发的行政补偿争议，而不包括公民、法人或者其他组织因自身原因导致行政机关作出收回国有土地使用权的情形。比如，《城市房地产管理法》第二十六条规定："以出让方式取得土地使用权进行房地产开发的，必须按照土地使用权出让合同约定的土地用途、动工开发期限开发土地。超过出让合同约定的动工开发日期满一年未动工开发的，可以征收相当于土地使用权出让金百分之二十以下的土地闲置费；满二年未动工开发的，可以无偿收回土地使用权；但是，因不可抗力或者政府、政府有关部门的行为或者动工开发必需的前期工作造成动工开发迟延的除外。"《防沙治沙法》第三十九条规定："违反本法第二十五条第一款规定，国有土地使用权人和农民集体所有土地承包经营权人未采取防沙治沙措施，造成土地严重沙化的，由县级以上地方人民政府林业草原行政主管部门责令限期治理；造成国有土地严重沙化的，县级以上人民政府可以收回国有土地使用权。"

2. 人民法院审理收回国有土地使用权补偿类案件，主要审查行政机关收回国有土地使用权是否出于国家利益或者社会公共利益的需要，收回国有土地使用权的程序是否合法，以及公民、法人或者其他组织提出的行政补偿请求是否合法合理等，对此可以适用《土地管理法》《城市房地产管理法》以及各省、自治区、直辖市制定的地方性法规、规章等。①

3. 行政机关因收回国有土地使用权，对土地使用权人"给予适当补偿"，应当及时公平合理，不宜单纯以法条规定的文意为限，不能静止、孤立、机械地解释为以受让土地价格为基础给予相应补偿，而宜作统一的法律解释。即行政机关因公共利益需要收回国有土地使用权，收回的国有土地使用权以出让方式供应的，应当根据土地面积、区位、原批准用途、剩余土地使用年限、土地开发利用程度、城市规划限制等，参照市场地价水平经专业评估后予以补偿；确定补偿标准的基准日，原则上应当以行政机关作出收回决定的日期或者以收回土地事宜向社会公告的日期为准，以弥补土地使用权人所受实际损失。

【典型案例】

甲公司诉乙县人民政府收回国有土地使用权及撤销土地证案

【裁判要旨】

《土地管理法》第五十八条第二款规定之"适当补偿"应当是公平合理的补偿，即按照被收回土地的性质、用途、区位等，原则上以作出收回国有土地使用权决定之日的市场评估价予以补偿。鉴于收回土地决定作出后土地升值较大，行政机关按照土地原成本价予以补偿于法无据。

【简要案情】

1994年9月10日，乙县建设委员会就建设工程与甲公司签订《工程承

---

① 参见仝蕾：《行政案件案由制度解析与适用》，人民法院出版社2022年版，第235~237页。

包合同》。后因乙县建设委员会拖欠甲公司工程款80.472万元，乙县人民政府同意在该县工业开发区划出10亩土地作为补偿。1995年10月27日，乙县人民政府根据甲公司递交的《关于给人民北路东横街续建工程重新调整补偿用地问题的请示》，作出批复，决定在见龙路旁以每亩8万元的价格重新调整10亩土地给甲公司。同年12月8日，乙县土地管理局给甲公司颁发《建设用地规划许可证》。同月27日，乙县人民政府作出《关于出让国有土地使用权给甲公司的决定》，将位于开发区东北侧的6706平方米土地，以总价款80.472万元，出让给甲公司作为建设用地。随后甲公司与乙县土地管理局签订《国有土地使用权出让合同》。1995年12月28日，甲公司就出让所得6706平方米土地申请登记发证，但其填报申请土地登记时未写明土地用途，乙县土地管理局在审核过程中亦未在《地籍调查表》《土地登记审批表》等文书上载明土地用途。1996年1月22日，乙县人民政府根据甲公司的申请和乙县土地管理局的审核，在甲公司缴纳土地登记费后，给该公司颁发了第6号《国有土地使用证》。此后，甲公司在该宗土地上开办水泥预制厂。2001年11月9日，甲公司以该宗土地作为抵押物向银行贷款，并在乙县建设与国土环境资源局（原乙县土地管理局）办理抵押登记。2004年1月4日，乙县人民政府以甲公司土地闲置为由，在报纸上发布公告，拟无偿收回甲公司第6号《国有土地使用证》项下的土地使用权，但并未实施无偿收地行为。2007年11月5日，乙县人民政府为落实新区城市规划用地的需要，作出《关于有偿收回国有土地使用权的通知》，决定按原登记成本价80.6072万元有偿收回第6号《国有土地使用证》项下的土地使用权，并于11月8日送达甲公司。同年12月6日，乙县建设局（原乙县建设与国土环境资源局拆分为建设局、国土环境资源局）以丙省人民政府2007年1月27日已批准将甲公司受让的6706平方米综合公建用地调整为行政办公用地为由，决定撤销涉案《建设用地规划许可证》。同年12月7日，乙县国土环境资源局就有偿收回甲公司国有土地使用权事宜通知甲公司和银行于12月11日举行听证会，甲公司未参加听证。同年12月14日，乙县人民政府以甲公司申请土地登记发证未填写土地用途、乙县土地管理局在审核过程中亦未在《地籍调查登记表》《土地登记审批表》等有关文书上载明土地用途导致错误登记发证为由，告知甲公司拟撤销第6号《国有土地使用证》。同年12月29日，乙县人民政府作出决定，撤销第6号《国有土地使用证》。甲公司不服该决定，提起行政诉讼。最高人民法院判决责令乙县人民政府自本判决送达之日起 15 日内一次性向甲公司支付收回土地使用权补偿款 135 万元及同期银行贷款利息。

【规范性文件】

《中华人民共和国土地管理法》

第五十八条 有下列情形之一的，由有关人民政府自然资源主管部门报经原批准用地的人民政府或者有批准权的人民政府批准，可以收回国有土地使用权：

（一）为实施城市规划进行旧城区改建以及其他公共利益需要，确需使用土地的；

（二）土地出让等有偿使用合同约定的使用期限届满，土地使用者未申请续期或者申请续期未获批准的；

（三）因单位撤销、迁移等原因，停止使用原划拨的国有土地的；

（四）公路、铁路、机场、矿场等经核准报废的。

依照前款第（一）项的规定收回国有土地使用权的，对土地使用权人应当给予适当补偿。

《中华人民共和国城市房地产管理法》

第二十条 国家对土地使用者依法取得的土地使用权，在出让合同约定的使用年限届满前不收回；在特殊情况下，根据社会公共利益的需要，可以依照法律程序提前收回，并根据土地使用者使用土地的实际年限和开发土地的实际情况给予相应的补偿。

139. 规划变更补偿类案件的审查

【审查要点】

在相关规划许可证发放之后，因出现特殊情况，行政主体必须对城乡规划等进行修改，由此给已经取得规划许可证的公民、法人或者其他组织合法权益造成损失的，应当依法给予相应补偿。比如，《城乡规划法》第五十条规定："在选址意见书、建设用地规划许可证、建设工程规划许可证或者乡村建设规划许可证发放后，因依法修改城乡规划给被许可人合法权益造成损失的，应当依法给予补偿。经依法审定的修建性详细规划、建设工程设计方案的总平面图不得随意修改；确需修改的，城乡规划主管部门应当采取听证会等形式，听取利害关系人的意见；因修改给利害关系人合法权益造成损失的，应当依法给予补偿。"至于如何依法修改城乡规划，对此《城乡规划法》第四十七条规定："有下列情形之一的，组织编制机关方可按照规定的权限和程序修改省域城镇体系规划、城市总体规划、镇总体规划：（一）上级人民政府制定的城乡规划发生变更，提出修改规划要求的；（二）行政区划调整确需修改规划的；（三）因国务院批准重大建设工程确需修改规划的；（四）经评估确需修改规划的；（五）城乡规划的审批机关认为应当修改规划的其他情形。修改省域城镇体系规划、城市总体规划、镇总体规划前，组织编制机关应当对原规划的实施情况进行总结，并向原审批机关报告；修改涉及城市总体规划、镇总体规划强制性内容的，应当先向原审批机关提出专题报告，经同意后，方可编制修改方案。修改后的省域城镇体系规划、城市总体规划、镇总体规划，应当依照本法第十三条、第十四条、第十五条和第十六条规定的审批程序报批。"第四十八条规定："修改控制性详细规划的，组织编制机关应当对修改的必要性进行论证，征求规划地段内利害关系人的意见，并向原审批机关提出专题报告，经原审批机关同意后，方可编制修改方案。修改后的控制性详细规划，应当依照本法第十九条、第二十条规定的审批程序报批。控制性详细规划修改涉及城市总体规划、镇总体规划的强制性内容的，应当先修改总体规划。修改乡规划、村庄规划的，应当依照本法第二十二条规定的审批程序报批。"

实践中，除常见的城乡规划外，行政规划本身的种类较多，如流域综合规划、道路规划等。相应地，各类规划均可能涉及因规划的合法调整所引发的补偿问题。人民法院审理规划变更补偿案件，主要审查行政机关修改规划的原因是否符合法律规定、是否依照法定程序进行修改及报批、给公民、法人或者其他组织造成损失的实际情况以及利害关系人所提补偿请求是否合法合理等。另需注意的是，"规划变更补偿"此一案由仅适用于特定的补偿案件之中，即因各类规划依法变更后给公民、法人或者其他组织合法权益造成损失而引发的行政补偿案件。[①]

[①] 参见仝蕾：《行政案件案由制度解析与适用》，人民法院出版社2022年版，第237~240页。

【典型案例】

甲公司诉乙市人民政府、乙市自然资源与规划局规划变更补偿案

【裁判要旨】

行政机关因公共利益需要进行规划调整，变更原规划用途，应当根据客观情况及时采取补救措施，应当对利害关系人依法给予合理补偿，以保护其合法权益。

【简要案情】

1993年5月20日，丙管理局提交土地登记申请书，申请用地面积为16666.50平方米，土地用途为疗养。同年5月25日，原丁区土地管理局核准该宗土地用途为综合楼及附属设施，用地面积为16059.5平方米，使用年限50年。同年5月25日，丁区人民政府为丙管理局颁发涉案国有土地使用证，用地面积为16059.5平方米，土地用途为综合楼及附属设施。2000年1月31日，甲公司提交变更土地登记申请表，申请将涉案国有土地使用证中土地使用权人变更为甲公司。根据地籍档案材料显示，地籍档案变更土地登记审批表"区人民政府意见栏"于2000年2月1日加盖丁区人民政府土地登记专用章"同意"；地籍档案第六页备注栏记载"此证于2000年1月变更为甲公司"；土地登记卡记载"更名为甲公司"；涉案国有土地使用证第9页变更记事栏记载"该证于2000年1月变更为甲公司"；对甲公司未重新核发国有土地使用证。2000年2月，原丁区土地管理局为案外人赵某某颁发土地他项权利证明书，他项权利种类为土地抵押登记，抵押土地证号为涉案国有土地使用证证号，抵押人为甲公司，抵押面积为6666.7平方米，抵押期限10个月。2005年10月18日，乙市人民政府作出《关于〈乙市北海旅游度假区分区规划〉的批复》。2008年10月20日，乙市人民政府作出《关于同意〈乙市某镇驻地控制性详细规划〉的批复》。该两次规划批复将甲公司名下的涉案土地性质调整为林地。甲公司至今未在涉案土地上开工建设，亦未取得选址意见书、建设用地规划许可证、建设工程规划许可证。2016年12月30日，甲公司就涉案土地使用权性质规划变更向乙市人民政府、原乙市规划局、原乙市国土局丙分局申请补偿。2017年1月18日，乙市人民政府、原乙市规划局均拒绝给甲公司补偿，原乙市国土局丙分局至今未作出任何答

复。甲公司不服，提起本案行政诉讼，其认为政府因公共利益需要调整规划，应按照法定程序收回国有土地使用权并给权利人相应补偿，被告未予补偿不符合法律规定，故请求判令被告限期给予原告补偿。山东省高级人民法院判决乙市人民政府、乙市自然资源与规划局于本判决生效后两个月内共同对甲公司作出行政补偿决定。

【规范性文件】

《中华人民共和国城乡规划法》

第五十条 在选址意见书、建设用地规划许可证、建设工程规划许可证或者乡村建设规划许可证发放后，因依法修改城乡规划给被许可人合法权益造成损失的，应当依法给予补偿。

经依法审定的修建性详细规划、建设工程设计方案的总平面图不得随意修改；确需修改的，城乡规划主管部门应当采取听证会等形式，听取利害关系人的意见；因修改给利害关系人合法权益造成损失的，应当依法给予补偿。

140. 移民安置补偿类案件的审查

【审查要点】

国家为实施大型工程建设等，进行移民搬迁，应依法安排移民的生产、生活等事宜，给予相应补偿。实践中，水库移民、压煤搬迁等较为常见。比如，《水法》第二十九条规定："国家对水工程建设移民实行开发性移民的方针，按照前期补偿、补助与后期扶持相结合的原则，妥善安排移民的生产和生活，保护移民的合法权益。移民安置应当与工程建设同步进行。建设单位应当根据安置地区的环境容量和可持续发展的原则，因地制宜，编制移民安置规划，经依法批准后，由有关地方人民政府组织实施。所需移民经费列入工程建设投资计划。"大中型水利水电工程建设征地、移民与其他建设工程相比，征地范围大、迁移人口多，且库区位置多为偏远地区，迁移和就业安置较为复杂，被征地农民通常需要异地重新安置，因此大中型水利水电工程建设征地安置补偿办法较为特殊，需要授权由国务院另行规定。对此，

《大中型水利水电工程建设征地补偿和移民安置条例》第三条规定："国家实行开发性移民方针，采取前期补偿、补助与后期扶持相结合的办法，使移民生活达到或者超过原有水平。"第三十二条规定："搬迁费以及移民个人房屋和附属建筑物、个人所有的零星树木、青苗、农副业设施等个人财产补偿费，由移民区县级人民政府直接全额兑付给移民。"

移民安置补偿案件，关涉广大移民切身利益，且政策性较强，人民法院审理此类案件，重点审查行政机关开展移民安置是否符合法律规定、补偿安置决定或者协议内容是否合法等。

【典型案例】

周某某等5人诉甲县人民政府不履行移民安置补偿职责案

【裁判要旨】

因大型工程建设需要而引起移民安置拆迁补偿的，具有移民补偿安置法定职责的行政机关应依职权主动履行相应的法定职责。行政机关应当及时与移民协商一致后签订补偿安置协议，若双方已无协商可能且已对移民作出补偿安置方案告知书，则应当在合理的时间内作出补偿安置决定。

【简要案情】

周某某户所在的村位于水库工程移民搬迁范围内。甲县人民政府下属水库工程建设指挥部在对周某某户进行人口核定、对房屋、附属物等财产进行调查、评估等工作后，经与该户多次协商未能达成协议，遂于2017年10月12日向该户作出《水库工程建设征地移民安置补偿方案告知书》，告知该户若对告知书有异议的，可以在收到告知书3日内向移民工作组现场反映并提出书面意见。周某某等5人在2017年10月收到该告知书后至2019年3月6日提起本案诉讼未提出书面意见，甲县人民政府亦未对周某某户作出安置补偿决定。周某某等5人遂提起本案诉讼，诉请甲县人民政府履行移民安置补偿法定职责。法院判决甲县人民政府在本判决发生法律效力之日起两个月内对周某某户作出安置补偿决定。

【规范性文件】

《中华人民共和国水法》

第二十九条 国家对水工程建设移民实行开发性移民的方针，按照前期补偿、补助与后期扶持相结合的原则，妥善安排移民的生产和生活，保护移民的合法权益。

移民安置应当与工程建设同步进行。建设单位应当根据安置地区的环境容量和可持续发展的原则，因地制宜，编制移民安置规划，经依法批准后，由有关地方人民政府组织实施。所需移民经费列入工程建设投资计划。

《大中型水利水电工程建设征地补偿和移民安置条例》

第三条 国家实行开发性移民方针，采取前期补偿、补助与后期扶持相结合的办法，使移民生活达到或者超过原有水平。

第二十二条 大中型水利水电工程建设征收土地的土地补偿费和安置补助费，实行与铁路等基础设施项目用地同等补偿标准，按照被征收土地所在省、自治区、直辖市规定的标准执行。

被征收土地上的零星树木、青苗等补偿标准，按照被征收土地所在省、自治区、直辖市规定的标准执行。

被征收土地上的附着建筑物按照其原规模、原标准或者恢复原功能的原则补偿；对补偿费用不足以修建基本用房的贫困移民，应当给予适当补助。

使用其他单位或者个人依法使用的国有耕地，参照征收耕地的补偿标准给予补偿；使用未确定给单位或者个人使用的国有未利用地，不予补偿。

移民远迁后，在水库周边淹没线以上属于移民个人所有的零星树木、房屋等应当分别依照本条第二款、第三款规定的标准给予补偿。

第三十二条 搬迁费以及移民个人房屋和附属建筑物、个人所有的零星树木、青苗、农副业设施等个人财产补偿费，由移民区县级人民政府直接全额兑付给移民。

第三十三条 移民自愿投亲靠友的，应当由本人向移民区县级人民政府提出申请，并提交接收地县级人民政府出具的接收证明；移民区县级人民政府确认其具有土地等农业生产资料后，应当与接收地县级人民政府和移民共同签订协议，将土地补偿费、安置补助费交给接收地县级人民政府，统筹安排移民的生产和生活，将个人财产补偿费和搬迁费发给移民个人。

《四川省大中型水利水电工程移民工作条例》

第二十八条 县（市、区）人民政府根据移民安置规划，与移民户签订搬迁安置或者生产安置协议，与被迁建或者补偿单位签订搬迁安置或者补偿协议。

（撰写人：易旺）

二十、行政赔偿类案件的司法审查

【裁判标准】

行政赔偿诉讼案件的裁判应当着眼于实质性解决行政赔偿争议，依法审查行政赔偿诉讼的起诉条件，对于当事人仅起诉请求确认行政行为违法的，人民法院应当释明告知可以一并提起行政赔偿诉讼，对于未经行政行为确认违法直接起诉行政赔偿的，不宜简单裁定驳回起诉，应当视为一并提起确认违法及行政赔偿诉讼。依法分配行政赔偿案件的举证责任，对于因被告原因导致原告无法举证的，由被告承担举证责任。根据当事人的赔偿诉讼请求直接作出具有给付内容的判决，对于行政赔偿决定确定的数额确有错误的依法应当直接判决变更，最大限度保护当事人的人身权、财产权等合法权益，保证赔偿不低于补偿的标准，并依法审理当事人申请一并解决的相关民事争议，提高行政赔偿诉讼的效率，避免程序空转，实质性解决行政赔偿争议。

【审查要点】

一、行政赔偿案件的起诉与受理

行政赔偿案件的启动分为两种情况：第一种是一并提起的行政赔偿诉讼，即当事人对确认行政行为违法和行政赔偿一并向人民法院提起诉讼；第二种是单独提起的行政赔偿诉讼，即在行政行为已经被确认为违法的情况下，当事人向人民法院提起行政赔偿诉讼。人民法院需要根据不同的情况审查是否符合法定起诉条件。

（一）一并提起行政赔偿诉讼案件

一并提起行政赔偿诉讼案件，通常系与确认违法案件一并提出，实践中，有立一个案件的，也有分别立案合并审理的。1997年《行政赔偿司法解释》第二十八条规定，人民法院应当分别立案，根据具体情况可以合并审理，也可以单独审理。修改的后的 2022 年《最高人民法院关于审理行政赔偿案件若干问题的规定》（以下简称《行政赔偿司法解释》）并未明确是否分别立案，在案由中反映出确认行政行为违法及行政赔偿案件，应尽可能一并立案，实践中，亦可以根据实际情况分别立案，但应当一并审理，避免出现以确认行政行为违法的判决未生效为由裁定驳回对一并提出的行政赔偿诉讼的起诉，造成程序空转。具体到起诉方面，人民法院应当重点注意以下几点：

第一，需要审查是否符合法定起诉条件。《行政赔偿司法解释》第十六条规定，公民、法人或者其他组织提起行政诉讼时一并请求行政赔偿的，适用《行政诉讼法》有关起诉期限的规定。对于一并提起行政赔偿诉讼，首先行政诉讼要符合法定起诉条件，在行政诉讼不符合法定起诉条件的情况下，行政赔偿诉讼也不符合起诉条件。在处理方式上，人民法院经审查认为行政诉讼不符合起诉条件的，对一并提起的行政赔偿诉讼，裁定不予立案；已经立案的，裁定驳回起诉。

第二，人民法院有释明告知一并提起行政赔偿的义务。《行政赔偿司法解释》第十四条第一款规定，针对当事人未一并提起行政赔偿诉讼的，人民法院审查认为可能存在行政赔偿的，应当告知原告可以一并提起行政赔偿诉讼。即从实质性解决行政赔偿争议的角度出发，帮助当事人一次性实现确认行政行为违法及行政赔偿争议。

第三，视为一并提起行政赔偿诉讼的情形。《行政赔偿司法解释》第十三条第一款规定，公民、法人或者其他组织提起行政赔偿诉讼时，行政行为未被确认违法且符合行政诉讼起诉条件的，人民法院应当视为提起行政诉讼时一并提起行政赔偿诉讼。未被确认违法直接提起行政赔偿诉讼的，可以视为一并提起确认违法诉讼，同样体现了对行政赔偿争议的实质性化解，避免了程序空转。实践中，需要注意两点：一是不能因为当事人未提起确认违法之诉，就认为其直接提起的行政赔偿诉讼不符合法定起诉条件而裁定不予立案或者驳回起诉；二是人民法院仍然需要对确认违法诉讼是否符合法定起诉条件进行审查，只有在符合起诉条件的情况下，才能视为一并提起行政赔偿诉讼。

第四，关于一并提起行政赔偿诉讼的时点问题。对于原告起诉时未一并提起行政赔偿诉讼，而在人民法院审理过程中主张一并行政赔偿的，根据《行政赔偿司法解释》第十四条的规定，需要区分以下情况进行处理：一是原告在第一审庭审终结前提起行政赔偿诉讼，符合起诉条件的，人民法院应当依法受理；二是原告在第一审庭审终结后、宣判前提起行政赔偿诉讼的，是否准许由人民法院决定；三是原告在第二审程序或者再审程序中提出行政赔偿请求的，人民法院可以组织各方调解，调解不成的，告知其另行起诉。

（二）单独提起行政赔偿诉讼案件

单独提起行政赔偿诉讼以行政行为已被确认为违法为前提，同时，需要符合以下条件：（1）原告具有行政赔偿请求资格；（2）有明确的被告；（3）有具体的赔偿请求和受损害的事实根据；（4）赔偿义务机关已先行处理或者超过法定期限不予处理；（5）属于人民法院行政赔偿诉讼的受案范围和受诉人民法院管辖；（6）在法律规定的起诉期限内提起诉讼。这里需要正确理解先行处理程序、确认违法的认定以及起诉期限的审查。

第一，关于先行处理程序。先行处理的行政机关一般而言系赔偿义务机关，根据国家赔偿法的规定，先行处理程序系必经程序，只有一种例外情形，即向人民法院一并提起的行政赔偿诉讼。对于已经通过人民法院判决确认违法的案件，当事人提起行政赔偿诉讼的，实践中，形成两种观点：一种是不需要先行处理；另一种认为仍然需要先行处理。我们认为，已经确认违法是否先行处理，应当区分两种情况；第一种是经过法院生效判决确认违法的，为了方便赔偿请求权人并简化赔偿程序，可以由当事人选择赔偿途径，既可以请求赔偿义务机关先行处理，亦可以单独提起行政赔偿诉讼；第二种是通过其他途径确认违法的，需要由赔偿义务机关先行处理。[①]

第二，关于确认违法的认定。这里确认违法的概念应该是广义的确认违法：首先，行政行为被有权机关依照法定程序撤销、变更、确认违法或无效，这种情形系传统理解的行政行为被确认违法的情形。行政赔偿中的有权

[①]《最高人民法院行政法官专业会议纪要（一）》对于行政行为已经人民法院生效裁判确认违法，当事人提起的行政赔偿诉讼是否要以赔偿义务机关先行处理为起诉条件的结论是"已通过行政诉讼程序确认行政行为违法的，当事人再行提起行政赔偿诉讼无须经过赔偿义务机关先行处理程序"。主要理由为：国家赔偿法第九条第二款规定，赔偿请求人要求赔偿，应当先向赔偿义务机关提出，也可以在申请行政复议或者提起行政诉讼时一并提出。对于这两种途径，赔偿请求人可以自行选择。赔偿请求人先提起行政诉讼，之后又提起行政赔偿诉讼，表明其没有选择向行政机关直接提出赔偿请求的途径，而是选择由人民法院解决其行政赔偿问题。对于这种特殊请求如何处理，国家赔偿法没有明确规定。在这种情况下，如果要求赔偿请求人再向赔偿义务机关提出赔偿请求方可提起行政赔偿诉讼，实际上剥夺了赔偿请求人在赔偿程序上的选择权，增加了赔偿程序的复杂性，不利于畅通赔偿渠道。据此，如果行政行为已经行政诉讼确认违法，无须再要求行政机关对违法行为进行确认，这也体现了司法最终原则。

机关可以是作出违法行政行为的行政机关，也可以是上级行政机关或者主管人民政府，还可以是复议机关、司法机关等；确认违法的具体表现形式，包括狭义的确认违法，也包括撤销、变更、确认无效；确认违法的具体方式可以是行政机关自行纠错的行政处理，还可以是通过行政复议、行政诉讼等法定程序作出的决定和生效裁判等的处理。其次，实施行政行为的行政机关工作人员因该行为被生效法律文书或监察机关政务处分确认为渎职、滥用职权的，也属于确认违法的情形，该情形既包含了行政机关工作人员违法行为被生效文书确认为渎职、滥用职权的情形，还包括监察机关政务处分确认为渎职、滥用职权的情形。

第三，起诉期限的审查。公民、法人或者其他组织对应赔偿义务机关的赔偿决定不服的，应当在收到赔偿决定之日起六个月内提起行政赔偿诉讼。对于以下两种特殊情况的案件应当遵循以下规定：首先，关于不作为行政赔偿案件的起诉期限审查标准，赔偿义务机关在收到赔偿申请之日起两个月内未作出赔偿决定的，公民、法人或者其他组织可以依照《行政诉讼法》有关规定提起行政赔偿诉讼，即在6个月内可以提起行政赔偿诉讼。其次，对于经过复议的案件，公民、法人或者其他组织仅对行政复议决定中的行政赔偿部分有异议，可以自复议决定书送达之日起十五日内提起行政赔偿诉讼。行政机关作出有赔偿内容的行政复议决定时，未告知公民、法人或者其他组织起诉期限的，起诉期限从公民、法人或者其他组织知道或者应当知道起诉期限之日起计算，但从知道或者应当知道行政复议决定内容之日起最长不得超过1年。

（三）行政赔偿诉讼案件的受案范围

人民法院审查行政赔偿诉讼案件是否属于受案范围的，可以从正反两个方面进行审查。

第一，依法可以提起行政赔偿诉讼的情形。首先，公民、法人或者其他组织认为行政机关及其工作人员违法行使行政职权对其劳动权、相邻权等合法权益造成人身、财产损害的，可以依法提起行政赔偿诉讼，即赔偿的范围不仅限于人身权和财产权，还包括了其他合法权益。其次，对于赔偿义务机关的作为、不作为，行政行为以及事实行为，赔偿请求人均可以依法提起行政赔偿诉讼，主要有以下几种情况：一是确定赔偿方式、项目、数额的行政赔偿决定；二是不予赔偿决定；三是逾期不作出赔偿决定；四是其他有关行政赔偿的行为。再次，法律规定由行政机关最终裁决的行政行为被确认违法后，赔偿请求人可以单独提起行政赔偿诉讼，虽然对于最终裁决行为本身不能提起行政诉讼，但是对原行政行为被最终裁决确认违法后，赔偿请求人可以通过单独提起行政赔偿诉讼的途径主张权利。

第二，关于行政赔偿诉讼受案范围的排除。根据国家赔偿法以及司法解释的规定，有以下两种情形，向人民法院提起行政赔偿诉讼的，不属于人民法院行政赔偿诉讼的受案范围：一是公民、法人或者其他组织认为国防、外交等国家行为侵犯其合法权益造成损害的；二是行政机关制定发布行政法规、规章或者具有普遍约束力的决定、命令侵犯其合法权益造成损害的。

二、行政赔偿诉讼的案件当事人

行政赔偿诉讼案件的当事人地位通常情况下与行政诉讼中的当事人地位一致，但是也存在例外情形，《行政赔偿诉讼司法解释》第六条规定，公民、法人或者其他组织一并提起行政赔偿诉讼中的当事人地位，按照其在行政诉讼中的地位确定，行政诉讼与行政赔偿诉讼当事人不一致的除外。人民法院在审理行政赔偿诉讼案件中，需要对当事人是否适格进行审查。

（一）行政赔偿诉讼的原告

行政赔偿诉讼的原告应当适格，国家赔偿法第六条规定，受害的公民、法人和其他组织有权要求赔偿。受害的公民死亡，其继承人和其他有扶养关系的亲属有权要求赔偿。受害的法人或者其他组织终止的，其权利承受人有权要求赔偿。结合《行政赔偿司法解释》的规定，原告可以分为两种情况：一是受害人系公民的，行政赔偿诉讼的原告应当系其本人；对于受害的公民死亡的，其继承人和其他有扶养关系的人可以提起行政赔偿诉讼，并提供该公民死亡证明、赔偿请求人与死亡公民之间的关系证明；受害的公民死亡，支付受害公民医疗费、丧葬费等合理费用的人可以依法提起行政赔偿诉讼。二是受害人系法人或者其他组织的，行政赔偿诉讼的原告应该系该法人或者组织，有权提起行政赔偿诉讼的法人或者其他组织分立、合并、终止，承受其权利的法人或者其他组织可以依法提起行政赔偿诉讼。

（二）行政赔偿诉讼的被告

行政赔偿诉讼的被告应当适格，应当系赔偿义务机关。通常情况下，行政赔偿诉讼的被告与行政诉讼的被告一致。根据国家赔偿法第七条的规定，行政赔偿诉讼的被告有以下情形：一是行政机关及其工作人员行使行政职权侵犯公民、法人和其他组织的合法权益造成损害的，该行政机关为赔偿义务机关；二是法律、法规授权的组织在行使授予的行政权力时侵犯公民、法人和其他组织的合法权益造成损害的，该被授权的组织为赔偿义务机关；三是赔偿义务机关被撤销的，继续行使其职权的行政机关为赔偿义务机关；没有继续行使其职权的行政机关的，撤销该赔偿义务机关的行政机关为赔偿义务机关。

此外，由于行政赔偿诉讼中可能涉及共同侵权行为以及复议行为等情况，故在被告确定方面需遵循以下规定：一是两个以上行政机关共同实施侵权行政行为造成损害的，共同侵权行政机关为共同被告。赔偿请求人坚持对其中一个或者几个侵权机关提起行政赔偿诉讼，以被起诉的机关为被告，未被起诉的机关追加为第三人；二是原行政行为造成赔偿请求人损害，复议决定加重损害的，复议机关与原行政行为机关为共同被告。赔偿请求人坚持对作出原行政行为机关或者复议机关提起行政赔偿诉讼，以被起诉的机关为被告，未被起诉的机关追加为第三人。

三、行政赔偿诉讼案件的审理

人民法院在审理行政赔偿诉讼中，要重点处理好举证责任的分配、赔偿责任的划分以及行政赔偿的范围和方式。

（一）举证责任的分配问题

行政赔偿诉讼中，通常情况下，原告应当对损害的事实提供证据；但是，在几种特殊情况下，由被告承担举证责任。

第一，关于行政赔偿诉讼原告的举证。行政赔偿诉讼中一般情况下遵循"谁主张，谁举证"原则的责任，根据《行政诉讼法》第三十八条的规定，在行政赔偿、补偿的案件中，原告应当对行政行为造成的损害提供证据。具体而言，原告应当对其主张赔偿的事项、损失的明细、价值等向人民法院提供证据。但这里原告的举证不同于行政诉讼中被告的举证责任，被告的举证责任是一种实体的证明责任，即结果责任，而这里原告的举证既是一种权利也是一种义务，更类似于初步的证明责任，是行为责任。且对于损害的事实举证还有例外情形，即举证转移的情形。

第二，关于行政赔偿诉讼被告的举证责任。一是对于因被告原因导致原告无法举证的，根据《行政诉讼法》第三十八条的规定，对于损害的事实，由被告承担举证责任。二是对于被限制人身自由人死亡或者丧失行为能力的，根据《国家赔偿法》第十五条的规定，赔偿义务机关的行为与被限制人身自由的人的死亡或者丧失行为能力是否存在因果关系，赔偿义务机关应当提供证据。三是被限制人身自由期间受到身体伤害的，根据《行政赔偿司法解释》第十二条的规定，被告否认相关损害事实或者损害与违法行政行为存在因果关系的，被告应当提供相应的证据证明。

（二）赔偿责任的划分

行政赔偿诉讼中涉及多个行政机关的共同行政行为的赔偿问题，还涉及作为民事主体的第三人与行政机关共同侵权导致的赔偿即公私混合责任如何划分的问题，需要人民法院在审理行政赔偿诉讼中厘清上述情况，此外，在因不作为引发的行政赔偿责任中，也需要根据具体情况划分责任。

第一，有意思联络的共同侵权。两个以上行政机关共同实施违法行政行为，或者行政机关及其工作人员与第三人恶意串通作出的违法行政行为，造成公民、法人或者其他组织人身权、财产权等合法权益实际损害的，应当承担连带赔偿责任。一方承担连带赔偿责任后，对于超出其应当承担部分，可以向其他连带责任人追偿。

第二，无意思联络的共同侵权。两个以上行政机关分别实施违法行政行为造成同一损害的，可以分为两种情况，一是连带责任的情况，每个行政机关的违法行为都足以造成全部损害的，各个行政机关承担连带赔偿责任。二是按份责任的情况，两个以上行政机关分别实施违法行政行为造成同一损害的，人民法院应当根据其违法行政行为在损害发生和结果中的作用大小，确定各自承担相应的行政赔偿责任；难以确定责任大小的，平均承担责任。

第三，第三人提供虚假材料导致行政行为违法的责任。第三人提供虚假材料导致行政机关作出的行政行为违法，造成公民、法人或者其他组织损害的，人民法院应当根据违法行政行为在损害发生和结果中的作用大小，确定行政机关承担相应的行政赔偿责任；行政机关已经尽到审慎审查义务的，不承担行政赔偿责任。

第四，行政机关不作为责任。行政机关的不作为赔偿责任，亦可以分成两种情况，一是行政机关的补充赔偿责任，由于第三人行为造成公民、法人或者其他组织损害的，应当由第三人依法承担侵权赔偿责任；第三人赔偿不足、无力承担赔偿责任或者下落不明,行政机关又未尽保护、监管、救助等法定义务的,人民法院应当根据行政机关未尽法定义务在损害发生和结果中的作用大小,确定其承担相应的行政赔偿责任。二是行政机关的按份赔偿责任,由于不可抗力等客观原因造成公民、法人或者其他组织损害,行政机关不依法履行、拖延履行法定义务导致未能及时止损或者损害扩大的,人民法院应当根据行政机关不依法履行、拖延履行法定义务行为在损害发生和结果中的作用大小,确定其承担相应的行政赔偿责任。

(三)行政赔偿的范围和方式

行政赔偿中涉及人身权、财产权以及其他合法权益的赔偿问题,通常情况下通过支付赔偿金或者返还财产、恢复原状等方式实现,同时,对精神损害还应当支付精神抚慰金。

第一,人身权损害的赔偿。行政机关的违法行政行为给公民、法人或者其他组织造成人身损害的,通常系通过支付赔偿金的方式进行赔偿,同时,对于致人精神损害的,应当在侵权行为影响的范围内,为受害人消除影响,恢复名誉,赔礼道歉;造成严重后果的,应当支付相应的精神损害抚慰金。

第二,财产权损害的赔偿。行政机关的违法行政行为给公民、法人和其他组织的财产造成损害的,可以通过返还财产、恢复原状、给付赔偿金等方式实现,财产损失的赔偿以实际损失为标准。首先,根据《国家赔偿法》第三十六条的规定,财产损失的赔偿具体按照下列规定处理:(1)处罚款、罚金、追缴、没收财产或者违法征收、征用财产的,返还财产;(2)查封、扣押、冻结财产的,解除对财产的查封、扣押、冻结,造成财产损坏或者灭失的,依照本条第三项、第四项的规定赔偿;(3)应当返还的财产损坏的,能够恢复原状的恢复原状,不能恢复原状的,按照损害程度给付相应的赔偿金;(4)应当返还的财产灭失的,给付相应的赔偿金;(5)财产已经拍卖或者变卖的,给付拍卖或者变卖所得的价款;变卖的价款明显低于财产价值的,应当支付相应的赔偿金;(6)吊销许可证和执照、责令停产停业的,赔偿停产停业期间必要的经常性费用开支;(7)返还执行的罚款或者罚金、追缴或者没收的金钱,解除冻结的存款或者汇款的,应当支付银行同期存款利息;(8)对财产权造成其他损害的,按照直接损失给予赔偿。其次,在案件审理过程中,对上述事项的具体认定,还需要参照《行政赔偿司法解释》的相关规定进行,如对于《国家赔偿法》第三十六条第六项规定的"停产停业期间必要的经常性费用开支"的理解,《行政赔偿司法解释》规定了以下情形:(1)必要留守职工的工资;(2)必须缴纳的税款、社会保险费;(3)应当缴纳的水电费、保管费、仓储费、承包费;(4)合理的房屋场地租金、设备租金、设备折旧费;(5)维系停产停业期间运营所需的其他基本开支。关于"直接损失"的范畴认定问题,《行政赔偿司法解释》明确规定了以下情形:(1)存款利息、贷款利息、现金利息;(2)机动车停运期间的营运损失;(3)通过行政补偿程序依法应当获得的奖励、补贴等;(4)对财产造成的其他实际损失。再次,在财产发生损害无法恢复原状的情况下,按照损害发生时该财产的市场价格计算损失。市场价格无法确定,或者该价格不足以弥补公民、法人或者其他组织损失的,可以采用其他合理方式计算。最后,坚持赔偿不低于补偿的原则。根据《行政赔偿司法解释》的规定,违法征收征用土地、房屋,人民法院判决给予被征收人的行政赔偿,不得少于被征收人依法应当获得的安置补偿权益。

第三,其他合法权益损害的赔偿。行政赔偿诉讼的赔偿范围与行政诉讼的范围是一致的,不仅局限于人身权和财产权的损害,还包括其他合法权益,如劳动权、相邻权、受教育权等,在保护的权利范围方面是不断扩张的,但从目前的规定看,对其他合法权益损害的最终落脚点仍然是人身、财产损害,即对劳动权、相邻权、受教育权等合法权益造成人身、财产损害的,可以依法提起行政赔偿诉讼,在赔偿的具体方式方面,亦适用上述人身、财产损害的规定。

四、行政赔偿诉讼案件的判决

行政赔偿诉讼案件的判决应当着眼于实质性解决行政赔偿争议,避免出现责令行政机关重新作出赔偿决定的判决,此类判决容易造成循环诉讼,导致行政赔偿争议长期得不到解决,具体而言,可以分为以下几种情形。

(一)判决驳回诉讼请求的适用情形

判决驳回诉讼请求的适用情形,可以是原告没有相关损失或者损失并非由违法行政行为造成,亦可以是虽然有相关损失,但是已经通过其他途径获得了充分救济。主要包括以下四种情形。

第一,原告主张的损害没有事实根据的。这里蕴含着原告应当对损害事实提供证据的内涵,如何判断原告主张的损害没有事实根据需要从几个方面考虑：一是原告是否提供了损害事实的相关证据，如果在非举证责任转移、倒置的情形下，原告提供的损害事实的证据难以成立的，则人民法院判决驳回诉讼请求；二是被告是否对原告的证据提供相反证据，其反证是否能够成立，如果能够成立的，人民法院亦判决驳回诉讼请求；三是因为被告原因导致原告无法举证由被告承担举证责任的情况下，原告主张相关损失，但是无法提供证据的情形，这里不能简单以原告主张的损害没有事实根据而判决驳回诉讼请求，应当依照《行政赔偿司法解释》第十一条第二款之规定审查，即人民法院对于原告主张的生产和生活所必需物品的合理损失，应当予以支持；对于原告提出的超出生产和生活所必需的其他贵重物品、现金损失，可以结合案件相关证据予以认定。

第二，原告主张的损害与违法行政行为没有因果关系的。关于因果关系问题，通常而言，因为行政赔偿诉讼以行政行为违法为前提，在原告提供初步证据证明损害事实的情况下，被告否认因果关系的，应当由被告承担举证责任，若被告提供证据证明损害与违法行政行为没有因果关系的，人民法院应当判决驳回诉讼请求。

第三，原告的损失已经通过行政补偿等其他途径获得充分救济的。行政行为被确认违法后，原告提起行政赔偿诉讼，但是其损失已经由双方协商通过补充途径解决，且已经获得充分救济的，人民法院判决驳回诉讼请求。需要注意的是，其他途径获得的救济是否充分是关键，如果行政补充仅仅是对损失的一部分进行了救济，仍然有损失未获得充分赔偿的，人民法院仍然应当就赔偿问题进行审理并作出具有给付内容的判决，不能简单驳回诉讼请求。

第四，原告请求行政赔偿的理由不能成立的其他情形。该规定属于兜底的规定。

（二）对精神损害赔偿的判决

根据《国家赔偿法》以及《行政赔偿司法解释》的规定，致人精神损害的，人民法院应当判决其在违法行政行为影响的范围内，为受害人消除影响、恢复名誉、赔礼道歉；消除影响、恢复名誉和赔礼道歉的履行方式，可以双方协商，协商不成的，人民法院应当责令被告以适当的方式履行。造成严重后果的，应当判决支付相应的精神损害抚慰金。

（三）给付判决的适用

在行政赔偿诉讼中，应当尽量作出具有给付内容的判决或者直接作出变更判决，以实质性解决行政赔偿争议。

第一，在赔偿判决的具体内容上，以返还财产、恢复原状为首选，在无法实现的情况下，判决支付赔偿金并支付相应的利息损失。《行政赔偿司法解释》规定，人民法院经过审理认为被告对公民、法人或者其他组织造成财产损害的，判决被告限期返还财产、恢复原状；无法返还财产、恢复原状的，判决被告限期支付赔偿金和相应的利息损失。需要注意的是，部分原告在诉讼请求中明确要求返还财产、恢复原状的方式，而由于客观情况无法返还财产、恢复原状的，人民法院向其释明告知变更诉讼请求，但原告仍然坚持返还财产、恢复原状的处理方式问题，实践中有三种做法：第一种是裁定驳回起诉；第二种是判决驳回诉讼请求告知其可另行主张赔偿；第三种是结合相关证据作出实体赔偿判决。笔者认为，第一种方式处理明显不符合法律规定，裁定驳回起诉系针对不符合法定起诉条件的情况，而当事人仅仅是对赔偿的方式坚持，不属于依法应当裁定驳回起诉的情形；第二种方式虽然保留了原告另行主张赔偿的权利，但是不利于争议实质性化解，容易造成循环诉讼；第三种方式最为恰当。在如何作出实体判决方面，需要结合在案证据进行处理，如果原告坚持返还财产、恢复原状，并且对相应的损失不提供证据导致人民法院无法对损失的项目、数额等进行认定的，则人民法院可以依法作出驳回诉讼请求的判决；如果原告虽然在赔偿方式上坚持返还财产、恢复原状，但是提供了损失的项目、明显、数额等，人民法院应当直接判决支付相应的赔偿金或者通过产权调换其他合理方式进行赔偿。

第二，在赔偿判决的具体方式上，尽可能适用给付判决，对于有实质内容的赔偿决定中的数额等有错误的，可以判决予以变更。《行政赔偿司法解释》规定，人民法院审理行政赔偿案件，可以对行政机关赔偿的方式、项目、标准等予以明确，赔偿内容确定的，应当作出具有赔偿金额等给付内容的判决；行政赔偿决定对赔偿数额的确定确有错误的，人民法院判决予以变更。应当避免撤销赔偿决定责令行政机关重新作出赔偿决定的判决方式。

第三，关于赔偿决定与赔偿诉讼请求的关系。行政诉讼系对行政行为的合法性进行审查，因此，在裁判中需要对行政行为的合法性进行判断，对于合法的行政行为予以支持，对于违法的行政行为予以撤销、变更、确认违法或者无效等。行政赔偿决定作为行政机关的先行处理行为，是否需要在裁判主文中进行确认，实践中有不同的做法，有的是在说理部分进行评判，而不直接在主文判项中回应，也有直接在主文判项中予以明确的情况。对于行政赔偿决定合法的，由于原告的行政赔偿诉讼请求不能成立，应当判决驳回诉讼请求；对于行政赔偿决定违法的，应当根据原告的赔偿诉讼请求进行审查，作出具有实质赔偿内容的给付判决，在具体方式上可以判决撤销原来的赔偿决定的同时作出，亦可以直接作出赔偿判决，在说理部分明确赔偿决定违法。

（四）关于一并提起的民事争议的裁判问题

行政赔偿诉讼案件审理过程中，还可能涉及一并提起民事争议案件，包括公私混合责任以及在涉及行政许可、登记、征收、征用和行政机关对民事争议所作的裁决的行政案件中，原告提起行政赔偿诉讼的同时，有关当事人申请一并解决相关民事争议的，人民法院可以一并审理。此种情形应当分别立案，合并审理，即民事争议与行政赔偿诉讼分别立民事案件和行政赔偿案件，但是由同一个合议庭审理，人民法院应当尽可能实质性解决相关争议，避免出现要求当事人另行提起民事诉讼，中止行政案件审理甚至驳回诉讼请求等情况的出现。

【典型案例】

案例一：魏某某诉甲区人民政府行政赔偿案

【裁判要旨】

人民法院审理行政赔偿案件，可以对行政机关作出赔偿的方式、项目、标准等予以明确，赔偿内容直接且确定的，应当作出具有赔偿金额等给付内容的判决。

【简要案情】

魏某某案涉集体土地上房屋位于甲区城中村改造范围，因未能达成安置补偿协议，2010年5月25日，魏某某涉案房屋被拆除，法院生效判决确认了甲区人民政府强制拆除行为违法。2015年6月，魏某某依法提起本案行政赔偿诉讼，要求判令甲区人民政府赔偿损失。一审法院判决甲区人民政府赔偿魏某某房屋损失等损失。二审法院判决撤销一审行政赔偿判决，责令甲区人民政府于判决生效之日起90日内对魏某某依法予以全面赔偿。魏某某不服，向最高人民法院申请再审。最高人民法院认为，二审判决撤销一审行政赔偿判决，责令甲区人民政府对魏某某依法予以全面赔偿，无正当理由且有违司法最终原则，裁判方式明显不当。

案例二：李某某诉甲区人民政府行政赔偿案

【裁判要旨】

对公民、法人或者其他组织造成财产损害，无法恢复原状的，人民法院应当判令赔偿义务机关支付赔偿金和相应的利息损失。

【简要案情】

2012年7月16日，甲区人民政府组建的建设指挥部工作人员强制拆除了李某某的房屋，2015年4月27日，法院生效行政判决确认甲区人民政府强制拆除李某某房屋程序违法。李某某向甲区人民政府递交《行政赔偿申请书》，甲区人民政府不予答复。李某某提起本案行政赔偿诉讼，请求恢复原状。本案再审审查阶段，甲区人民政府就涉案房屋作出《行政赔偿决定书》。一审、二审法院认为，根据《国家赔偿法》相关规定，应当返还的财产灭失的，给付相应的赔偿金。涉案房屋被拆除已灭失，无恢复原状的可能，李某某经释明后拒绝变更"要求将被拆除房屋恢复原状"的诉讼请求，据此判决驳回李某某的诉讼请求。李某某不服，向最高人民法院申请再审。最高人民法院经审理认为，涉案房屋因强制拆除已毁损灭失，且涉案地块已经纳入征收范围，涉案房屋不具备恢复原状的可能性，原审对李某某主张的恢复原状的请求不予支持，并无不当。但李某某仍享有取得赔偿的权利，法院应当依法通过判决赔偿金等方式作出相应的赔偿判决，仅以恢复原状诉请不予支持为由判决驳回李某某诉请，确有不当。

【规范性文件】

《中华人民共和国国家赔偿法》

第三条 行政机关及其工作人员在行使行政职权时有下列侵犯人身权情形之一的，受害人有取得赔偿的权利：

（一）违法拘留或者违法采取限制公民人身自由的行政强制措施的；

（二）非法拘禁或者以其他方法非法剥夺公民人身自由的；

（三）以殴打、虐待等行为或者唆使、放纵他人以殴打、虐待等行为造成公民身体伤害或者死亡的；

（四）违法使用武器、警械造成公民身体伤害或者死亡的；

（五）造成公民身体伤害或者死亡的其他违法行为。

第四条 行政机关及其工作人员在行使行政职权时有下列侵犯财产权情形之一的，受害人有取得赔偿的权利：

（一）违法实施罚款、吊销许可证和执照、责令停产停业、没收财物等行政处罚的；

（二）违法对财产采取查封、扣押、冻结等行政强制措施的；

（三）违法征收、征用财产的；

（四）造成财产损害的其他违法行为。

此复。

《最高人民法院关于公安机关不履行法定行政职责是否承担行政赔偿责任问题的批复》

四川省高级人民法院：

你院川高法〔2000〕198号《关于公安机关不履行法定职责是否承担行政赔偿责任的问题的请示》收悉。经研究，答复如下：

由于公安机关不履行法定行政职责，致使公民、法人和其他组织的合法权益遭受损害的，应当承担行政赔偿责任。在确定赔偿的数额时，应当考虑该不履行法定职责的行为在损害发生过程和结果中所起的作用等因素。

此复

《最高人民法院关于行政机关工作人员执行职务致人伤亡构成犯罪的赔偿诉讼程序问题的批复》

山东省高级人民法院：

你院鲁高法函〔1998〕132号《关于对行政机关工作人员执行职务时致人伤、亡，法院以刑事附带民事判决赔偿损失后，受害人或其亲属能否再提起行政赔偿诉讼的请示》收悉。经研究，答复如下：

一、行政机关工作人员在执行职务中致人伤、亡已构成犯罪，受害人或其亲属提起刑事附带民事赔偿诉讼的，人民法院对民事赔偿诉讼请求不予受理。但应当告知其可以依据《中华人民共和国国家赔偿法》的有关规定向人民法院提起行政赔偿诉讼。

二、本批复公布以前发生的此类案件，人民法院已作刑事附带民事赔偿处理，受害人或其亲属再提起行政赔偿诉讼的，人民法院不予受理。

此复。

《最高人民法院关于公安机关不履行、拖延履行法定职责如何承担行政赔偿责任问题的答复》

甘肃省高级人民法院：

你院《关于张美华等五人诉天水市公安局麦积分局行政赔偿案的请示报

告》收悉，经研究，答复如下：

公安机关不履行或者拖延履行保护公民、法人或者其他组织人身权、财产权法定职责，致使公民、法人或者其他组织人身、财产遭受损失的，应当承担相应的行政赔偿责任。

公民、法人或者其他组织人身、财产损失系第三人行为造成的，应当由第三人承担民事侵权赔偿责任；第三人民事赔偿不足、无力承担赔偿责任或者下落不明的，应当根据公安机关不履行、拖延履行法定职责行为在损害发生过程和结果中所起的作用等因素，判决其承担相应的行政赔偿责任。

公安机关承担相应的赔偿责任后，可以向实施侵权行为的第三人追偿。

此复。

《关于福建省高级人民法院就罗丽萍、罗丽华诉福州市晋安区人民政府、福州市晋安区新店镇人民政府房屋行政强制及行政赔偿案的请示的答复》

福建省高级人民法院：

你院《福建省高级人民法院关于罗丽萍、罗丽华和陈华欣诉福州市晋安区人民政府、福州市晋安区新店镇人民政府房屋行政强制及行政赔偿上诉两案的请示》收悉。经研究，答复如下：

原则同意你院审判委员会少数意见。即：罗丽萍、罗丽华的房屋损失可以按照相关建设项目安置补偿方案中的相应标准予以赔偿。

此复。

（撰写人：牛延佳）

二十一、不履行××职责类案件的司法审查

【裁判标准】

"不履行××职责",也是"不履行××法定职责","××"是为了增加案由的准确性,要求在具体案件中写明行政主体应当履行的法定职责内容,将案由完整表述为"不履行××职责",如"不履行行政登记职责"。若公民、法人或者其他组织起诉时,对于行政主体不履行法定职责的具体内容无法表述清晰,可以将案由确定为"不履行法定职责"。

对于不履行法定职责的定义,存在不同观点:一种观点认为,不履行法定职责是指行政主体在履行其行政管理职能的活动中,对于已经接受对方申请,要求其履行与职权范围相一致的法定职责而明示拒绝履行或者拖延履行的行为;① 另一种观点认为,行政机关及其工作人员在行政管理活动中,当发生法律、法规规定对某类事务由其处理的情况而拒绝处理或者拖延处理的,称之为不履行法定职责;② 还有观点认为,不履行法定职责通常指行政机关不履行法律、法规、规章规定的职责。③ 关于不履行法定职责的范围,也存在不同认识:一种观点认为,不履行法定职责仅指负有法定职责的行政主体拖延履行和不予答复的行为,不包括明确拒绝履行的行为;④ 另一种观点认为,不履行法定职责既包括行政主体明示拒绝履行的行为,也包括拖延履行的行为,主要表现为行政主体已经履行了受理、审查、答复等一系列行

---

① 参见曹福春、刘鹤:《行政不作为与行政不履行法定职责界定》,载《延边大学学报(社会科学版)》2008年第1期。
② 参见蔡小雪:《行政审判中的合法性审查》,人民法院出版社1999年版,第170页。
③ 参见江必新:《中国行政诉讼制度之发展——行政诉讼司法解释解读》,金城出版社2001年版,第42页。
④ 参见贺荣主编:《行政执法与行政审判实务——行政裁决与行政不作为》,人民法院出版社2005年版,463页。

政程序，但却没有施加影响于相对人实体上的权利义务；① 还有观点认为，不履行法定职责既包括行政主体程序上的不履责，也包括实体处理上的不履责。② 可见，在不同情况下，"不履行法定职责"可能具有不同含义。

《最高人民法院印发〈关于行政案件案由的暂行规定〉的通知》专门对此作了一个定义："不履行法定职责"是指负有法定职责的行政机关在依法应当履职的情况下消极不作为，从而使得行政相对人权益得不到保护或者无法实现的违法状态。未依法履责、不完全履责、履责不当和迟延履责等以作为方式实施的违法履责行为，均不属于不履行法定职责。对于公民、法人或者其他组织认为行政主体未依法履责、仅履行部分职责、履职明显不当、迟延履责等情形而提起诉讼的案件，不属于不履行法定职责案件，案由可按照作为类案件中的行政行为三级案由进行表述。这是为了将不履行法定职责案件与违法或明显不当履行职责案件区分开，尽可能将每一类案件的准确含义确定下来，为每一类案件确定规范的案由，针对行政案由体系作出的规定。

一般而言，对于不履行法定职责类案件，主要从以下几个方面进行审查：

一、被告是否具有案件所涉的法定职责

法定职责是行政主体依据法律、行政法规、地方性法规、自治条例、单行条例以及规章的规定或授权进行与其职权范围一致的行政管理活动，实现其行政管理职能所应承担的责任。不同行政主体的行政职权与其所负责管辖的行政事项是不同的，具体内容应依据上述法律法规等规范性法律文件确定。一般来说，作为被告的行政主体一般应当是行政机关，也可以是法律、法规、规章授权的组织，甚至是未明确授权的组织。如某县中医院诉某县邮电局不履行法定职责一案中，某县邮电局辩称其是公用企业，不是行政机关，不具备行政诉讼中的被告资格，也没有法规授权给县邮电局行使行政职权。但实践中，我国长期以来对邮电部门实行政企合一的管理模式，邮电企业应当被认定为"由法律、法规授权的组织"。尽管邮政和电信企业在改革开放的进程中不断被推向市场，但仍不是完全市场化的竞争主体，还具有强

---

① 参见曹福春、刘鹤：《行政不作为与行政不履行法定职责界定》，载《延边大学学报（社会科学版）》2008年第1期。

② 参见孙兴、闫志强、张宗平：《试论行政不作为的界定及其构成要件》，载中国论文联盟网，www.lwlm.com，访问日期：2023年7月3日。

烈的垄断性质。尤其是某些与政府公共管理密切相关的企业，如负责开通120、119电话的电信企业，负责政府公文投递的邮政企业等，在特定情况下也可以成为行政诉讼的主体。

二、原告是否向被告提出了申请

《行政诉讼法》第三十八条第一款规定，在起诉被告不履行法定职责的案件中，原告应当提供其向被告提出申请的证据。但有下列情形之一的除外：（1）被告应当依职权主动履行法定职责的；（2）原告因正当理由不能提供证据的。因此，这里讨论原告是否向被告提出了申请，不包括被告应当依职权主动履行法定职责的情形，即只针对依申请的履责行为，且原告对于其不能提供证据没有正当理由。如原告诉某公安局不履行保护其人身权、财产权的法定职责，其应当提供证据证明其向该公安局请求过保护，如拨打110的通话记录等。根据《最高人民法院关于适用〈中华人民共和国行政诉讼法〉的解释》第九十三条第一款的规定，原告未先向行政机关提出申请的，人民法院应当裁定驳回起诉。

三、不履行法定职责案件的起诉期限

关于不履行法定职责案件是否适用起诉期限的规定，各国做法不一。日本司法界通说认为，只要行政机关逾期作出行政决定，就可认定侵权处于持续状态，不应由起诉期限限制。在法国，依申请的不作为，行政机关对公民的请求不答复的，在提出请求满4个月的2个月内起诉（法国一般期限是2个月）；如果是依职权的不作为，起诉期限为30年，当事人可以在30年内随时向行政机关提出请求。① 我国《行政诉讼法》及其司法解释明确规定了不履行法定职责案件的起诉期限。《最高人民法院关于适用〈中华人民共和国行政诉讼法〉的解释》第六十六条规定："公民、法人或者其他组织依照行政诉讼法第四十七条第一款的规定，对行政机关不履行法定职责提起诉讼的，应当在行政机关履行法定职责期限届满之日起六个月内提出。"《行政诉讼法》第四十七条规定："公民、法人或者其他组织申请行政机关履行保护其人身权、财产权等合法权益的法定职责，行政机关在接到申请之日起两个月内不履行的，公民、法人或者其他组织可以向人民法院提起诉讼。法律、

---

① 参见王名扬：《法国行政法》，中国政法大学出版社1988年版，第707页。

法规对行政机关履行职责的期限另有规定的，从其规定。公民、法人或者其他组织在紧急情况下请求行政机关履行保护其人身权、财产权等合法权益的法定职责，行政机关不履行的，提起诉讼不受前款规定期限的限制。"若原告提起不履行法定职责诉讼超过法定起诉期限，人民法院应当裁定驳回起诉。需要注意的是，不履行法定职责的起诉期限不适用《最高人民法院关于适用〈中华人民共和国行政诉讼法〉的解释》第六十四条起诉期限"最长不得超过一年"的规定。因为在依申请履职的情况下，不履行职责的结束时点是法定的，这种不履职与作为同类的行政行为所产生的法律效果是一样的，行政相对人此时已经知道自身合法权益受到损失，应当及时行使自己的诉讼权利，"法律不保护权利上的睡眠者"。同理此类案件也不适用《行政诉讼法》第四十六条第二款规定的起诉期限。其实作出这种制度安排，并不会对当事人的诉权行使造成影响，因为即使未能在"行政机关履行法定职责期限届满之日起六个月内"提起诉讼，其仍可随时向行政机关再次提出申请，重新启动行政程序；如行政机关不履行的，当事人仍可依法提起诉讼。

四、被告是否已经履行了法定职责

由于《最高人民法院关于行政案件案由的暂行规定》已经排除了未依法履责、不完全履责、履责不当和迟延履责等情况，这里的"已经履行了法定职责"仅指被告已经依法履行了原告所要求其履行的职责。如吴某某诉T民政局不履行法定职责一案，吴某某向T民政局申请评定伤残等级，T民政局根据伤残评定等级工作的步骤对吴某某的身份予以认定后，即通知其到具有诊断资质的两家医院进行检查，两家医院均未认定吴某某患有放射性职业病，T民政局据此认为其不具备评定残疾军人伤残等级的条件，向其出具《关于吴某某申请评定伤残等级的情况说明》。吴某某认为T民政局未履行法定职责，遂提起行政诉讼，请求判令T民政局履行为其评定伤残等级的法定职责，法院经审理判决驳回了吴某某的诉讼请求。

五、原告主张被告不履职的理由是否成立

在不履行法定职责案件中，还应该对原告主张被告不履职的理由是否成立进行审查，即是否有其他因素阻碍被告依法履行职责。如是否存在不可抗力或者其他影响履职的外部因素导致被告事实上履行不能。如遇地震、洪灾等自然灾害，被告在一定期限内因客观条件不允许从而不能履职，可以成为

阻碍不履行法定职责成立的正当事由。再如，在被告履行职责的过程中需要原告给予一定配合时，原告不予配合。如曾某诉F街道办不履行法定职责一案中，F街道办收到曾某关于增加低保的申请后，即转曾某居住地的社区居委会依法办理。居委会工作人员当面告知曾某增保申请尚需补充材料，但曾某拒绝填写审批表、联审表。此后，曾某向法院起诉，要求判令F街道办在法定期限内履行对其递交低保申请的法定职责。按照《城市居民最低生活保障条例》第七条第一款、《四川省城市居民最低生活保障实施办法》第十六条的规定，申请人均需如实填写调查审批表，因曾某不履行填写社区居委会工作人员为其提供的联审表、审批表上本人基本信息的法定义务，致使F街道办不能对社区居委会上报的材料进行审查核实，及时将材料和初审意见报市民政局。据此，法院认定F街道办在本案中不存在不履行法定职责的情况，亦没有超过法定期限，判决驳回曾某的诉讼请求。

此外，在审理不履行法定职责的案件时，还应当注意区别行政不作为和不履行法定职责①。在司法实践以及许多学术研究中都对两者等同待之，混同使用，但两者确属两个不同的概念，其在概念、形态、义务来源、违法性等方面均存在差异。从概念上讲，行政不作为与行政作为相对应，是以行政行为的外在形态、表现形式为标准而划分的，趋向行政法上的学术概念；而不履行法定职责则是行政诉讼或者说行政审判实务中的一个概念。从形态上讲，具体行政行为和抽象行政行为都可以表现为行政不作为；而抽象行政行为在我国目前还不能单独作为诉讼对象进行起诉，故不履行法定职责不包括抽象行政行为。从义务来源上讲，构成行为不作为的义务来源包括法律法规、自治条例、单行条例和规章、先行行为、行政允诺、行政协议；而行政主体的法定职责中并未涵盖先行行为、行政允诺和行政协议。从违法性上讲，行政不作为不一定违法，如《集会游行示威法》第九条第一款规定："主管机关接到集会、游行、示威申请书后，应当在申请举行日期的二日前，将许可或者不许可的决定书面通知其负责人。不许可的，应当说明理由。逾期不通知的，视为许可。"这里的"逾期不通知"在表现形式上为行政不作为，但该不作为就是"许可"，明显不具有违法性；但一般来说，不履行法定职责成立的，都属于违法行为。

---

① 这里仅指《最高人民法院关于行政案件案由的暂行规定》中定义的"不履行法定职责"。

【典型案例】

案例一：甲公司诉乙省质监局不履行法定职责案

【裁判要旨】

安全生产事故发生后，确定监管主体，是调查与处理的基础。特种设备安全监督管理部门的调查处理权限即具体的调查与处理主体应当根据特种设备的事故等级来确定。

【简要案情】

2011年10月10日，甲公司出租给丙公司的履带式起重机在进行吊装过程中起重机倾覆，造成5人死亡1人受伤的事故。2014年3月21日，乙省政府要求乙省质监局重新成立事故调查组对该起事故开展复核调查。2014年5月8日，评估机构作出"受损设备的损失价值为61440193元"的评估结论。2015年5月25日，乙省质监局给有关单位作出该事故的《通报》，以没有法定调查处理职权为由，终止事故调查工作，并上报给原国家质检总局及5家事故责任单位，自己并非法定的调查主体，事故调查主体应当依法通过司法程序确定。2015年10月8日，甲公司提起行政诉讼，请求法院判令乙省质监局履行法定职责，对"10·10"较大起重伤害事故进行调查和处理。

法院经审理认为，根据《特种设备安全监察条例》第六十二条，第六十七条第二款、第三款的规定，特种设备的事故等级和特种设备安全监督管理部门的调查处理权限应当根据事故造成的死伤人数或者事故直接经济损失来确定。本案中，经法定程序，受委托评估机构得出"受损设备的损失价值为61440193元"的结论。依据《特种设备安全监察条例》第六十二条第一项，此次事故应当定性为特种设备重大事故，应由国务院特种设备安全监督管理部门会同有关部门组织事故调查组进行调查，乙省质监局没有继续对"10·10"起重伤害事故进行调查和处理的职权。甲公司请求判令乙省质监局履行法定职责对该事故进行调查和处理的理由不能成立，遂判决驳回甲公司的诉讼请求。

【规范性文件】

《特种设备安全监察条例》

第六十二条 有下列情形之一的，为重大事故：

（一）特种设备事故造成10人以上30人以下死亡，或者50人以上100

人以下重伤,或者 5000 万元以上 1 亿元以下直接经济损失的;

(二) 600 兆瓦以上锅炉因安全故障中断运行 240 小时以上的;

(三) 压力容器、压力管道有毒介质泄漏,造成 5 万人以上 15 万人以下转移的;

(四) 客运索道、大型游乐设施高空滞留 100 人以上并且时间在 24 小时以上 48 小时以下的。

第六十七条　特别重大事故由国务院或者国务院授权有关部门组织事故调查组进行调查。

重大事故由国务院特种设备安全监督管理部门会同有关部门组织事故调查组进行调查。

较大事故由省、自治区、直辖市特种设备安全监督管理部门会同有关部门组织事故调查组进行调查。

一般事故由设区的市的特种设备安全监督管理部门会同有关部门组织事故调查组进行调查。

【典型案例】

案例二:艾某某诉甲市卫生和计划生育委员会不履行法定职责案

【裁判要旨】

医患纠纷矛盾突出,卫生行政主管部门应强化对医疗机构的监管,对患者提出的医疗机构违法违规情况,积极调查,依法履责,既要保护患者合法权益,又要尽快明晰责任,促进医患之间的信任。如当事人提请卫生行政主管部门履职的事项属于其职权范围,法院应当判决该卫生行政主管部门针对当事人的申请作出具体行政行为。

【简要案情】

2013 年 3 月 2 日,艾某某因右小腿闭合骨折就诊于某骨科医院,术后不仅骨折未予治愈,其闭合骨折还引发成骨外露、骨感染,后经十次手术未能治愈,现腿部残疾。艾某某认为治疗中存在医疗损害,参加第一次手术的医师吴某存在越级手术这一违法事实。自 2013 年 5 月至 12 月,艾某某多次向甲市卫生和计划生育委员会就该医院骨科越级手术等多项问题提出举报与投诉,甲市卫生和计划生育委员会未给予回复。2013 年 12 月 24 日,中央电视台新闻频道将此事报道后，艾某某得到甲市卫生和计划生育委员会医政处的接待，并承诺调查处理。2014年2月19日下午，甲市卫生和计划生育委员会医政工作人员张某通过电话回复说："吴某不是越级手术。"艾某某对该答复不服，以甲市卫生和计划生育委员会为被告提出行政诉讼，请求判令其对手术医院及手术医生进行行政处罚。

一审法院认为，艾某某未提供证据证明其曾向甲市卫生和计划生育委员会提出过对手术医院及医生进行行政处罚的申请，故其认为被告不履行法定职责的观点不存在事实根据，判决驳回艾某某的诉讼请求。艾某某提出上诉。二审法院认为，根据相关证据及甲市卫生和计划生育委员会的庭审陈述，可以认定艾某某提出过举报且甲市卫生和计划生育委员会已口头答复，故一审认定艾某某没有提出过申请系认定事实不清。根据《医疗机构管理条例》第五条第二款、《外科手术分级制度管理》第五条第二款的规定，艾某某申请的事项属于甲市卫生和计划生育委员会的职权范围。甲市卫生和计划生育委员会对艾某某举报事项已进行了调查，并作出了相关事实的认定，但针对该部分事实没有向法院提交相应的证据，应认定其证据不足；且根据其现有的调查事实，甲市卫生和计划生育委员会亦应当按照相关法律规定予以处理，而不需要艾某某针对如何处理违法行为再次提出申请，故甲市卫生和计划生育委员会存在不履行职责的情形，判决撤销一审判决，责令甲市卫生和计划生育委员会对艾某某的举报申请重新作出具体行政行为。

【规范性文件】

《医疗机构管理条例》
第五条第二款 县级以上地方人民政府卫生行政部门负责本行政区域内医疗机构的监督管理工作。

《医疗技术临床应用管理办法》
第七条 国家卫生健康委负责全国医疗技术临床应用管理工作。
县级以上地方卫生行政部门负责本行政区域内医疗技术临床应用监督管理工作。
第十六条 医疗机构应当建立本机构医疗技术临床应用管理制度，包括目录管理、手术分级、医师授权、质量控制、档案管理、动态评估等制度，保障医疗技术临床应用质量和安全。
第十八条 医疗机构应当制定本机构医疗技术临床应用管理目录并及时

调整，对目录内的手术进行分级管理。

手术管理按照国家关于手术分级管理的有关规定执行。

《医疗机构手术分级管理办法（试行）》

第三条 医疗机构实行手术分级管理制度。手术分级管理目录由卫生部另行制定。

第五条第二款 县级以上地方卫生行政部门负责本行政区域内医疗机构手术分级管理工作的监督管理。

第六条 医疗机构应当建立健全手术分级管理工作制度，建立手术准入制度，严格执行手术部位标记和手术安全核查制度，由医务部门负责日常管理工作。

第七条 根据风险性和难易程度不同，手术分为四级：

一级手术是指风险较低、过程简单、技术难度低的手术；

二级手术是指有一定风险、过程复杂程度一般、有一定技术难度的手术；

三级手术是指风险较高、过程较复杂、难度较大的手术；

四级手术是指风险高、过程复杂、难度大的手术。

第十六条 医疗机构应当根据手术级别、专业特点、医师实际被聘任的专业技术岗位和手术技能，组织本机构专家组对医师进行临床应用能力技术审核，审核合格后授予相应的手术权限。

第十七条 医疗机构应当定期评估医师技术能力，适时调整医师手术权限，并纳入医师技术档案管理。

【典型案例】

案例三：甲石子厂诉乙区经济和信息化委员会不履行法定职责案

【裁判要旨】

原告起诉被告不履行法定职责，应当提供其向被告提出申请的证据。如原告未提供向被告提出申请的证据，或其提供的证据不能证明其申请过相关事项，人民法院可以裁定驳回其起诉。行政机关依法应当主动履责的除外。

【简要案情】

2015年11月4日，甲石子厂自述向乙区经济和信息化委员会提出书面申请，要求扩建项目，以达到年产能 10 万立方米，并由其合伙人汪某某将该申请书交予乙区经济和信息化委员会，但该委表示未收到此申请。后因群众举报、环保督查等因素，2017 年 3 月 2 日，乙区经济和信息化委员会向乙区人民政府发出《关于做好关闭甲石子厂相关工作的函》。2018 年 4 月，甲石子厂被责令关闭，其遂提起行政诉讼，请求确认乙区经济和信息化委员会不履行上报、核准或备案的法定职责违法。

法院经审理认为，提起不履行职责诉讼，应当同时具备两个前提条件：一是原告应当提供证据初步证明其享有相应的合法权益并向行政机关提出了申请；二是行政机关具有相应的法定职责义务。本案中，甲石子厂未举证证明其已向乙区经济和信息化委员会提交了书面申请，其提交的《甲石子厂拟扩大矿区范围征求意见表》《乙区国有土地资产管理委员会会议纪要》《证明》等材料，不能作为其提出申请的证据。同时，根据《安徽省非煤矿山管理条例》的相关规定，新建、扩建、改建非煤矿山项目实行核准或者备案制度。乙区经济和信息化委员会不具有非煤矿山项目核准的职责，甲石子厂要进行扩建，须经上级经济和信息化委员会核准。甲石子厂在未按规定提交案涉扩建项目申请及相关申报材料的情况下，要求乙区经济和信息化委员会履行上报、备案职责，于法无据。据此，裁定驳回甲石子厂的起诉。

【规范性文件】

《中华人民共和国行政诉讼法》

第三十八条第一款 在起诉被告不履行法定职责的案件中，原告应当提供其向被告提出申请的证据。但有下列情形之一的除外：

（一）被告应当依职权主动履行法定职责的；

（二）原告因正当理由不能提供证据的。

《最高人民法院关于适用〈中华人民共和国行政诉讼法〉的解释》

第九十三条第一款 原告请求被告履行法定职责或者依法履行支付抚恤金、最低生活保障待遇或者社会保险待遇等给付义务，原告未先向行政机关提出申请的，人民法院裁定驳回起诉。

【典型案例】

案例四：宗某某诉甲公安派出所不履行法定职责案

【裁判要旨】

在房屋征收搬迁过程中，行政机关组织实施拆除房屋行为，房屋所有权人报警请求公安机关履行保护财产权的法定职责，公安机关接警后及时出警调查，发现拆除房屋行为系行政机关组织实施，并将调查结果告知报警人，应视为已履行法定职责。当事人认为公安机关未履行法定职责提起行政诉讼的，人民法院不予支持。

【简要案情】

宗某某向甲公安派出所报警，称其厂房屋顶和机器设备被损毁，请求保护其财产权。甲派出所接警后，立即向宗某某了解情况、对拆除房屋的刘某等人进行调查，同时还调取了宗某某户的拆迁补偿协议等材料。甲派出所查明，宗某某所称的损毁财物行为系行政机关组织实施的拆除行为，遂作出《告知书》，告知宗某某举报的事项不属于公安机关管辖范围，如对房屋拆除等行为不服，可依法寻求救济。宗某某以公安机关未履行法定职责为由提起诉讼，请求确认《告知书》违法。

法院经审理认为，依据原国务院法制办公室《对〈关于对国家行政机关工作人员执行职务过程中的违法行为能否给予治安处罚的请示〉的复函》，行政机关工作人员执行职务时的侵权行为，不属于违反治安管理的行为。本案中，甲派出所收到宗某某的报案后，当天即进行调查并调取了相关材料。经查，案涉房屋拆除行为系行政机关组织实施，不属于《治安管理处罚法》调整的范畴。甲派出所作出《告知书》，将相关情况告知宗某某，并不违反法律规定。一审法院判决驳回宗某某的诉讼请求。

案例五：易某某等人诉甲区城管大队不履行法定职责案

【裁判要旨】

违法建设，既是一种违反城市规划管理秩序的违法行为，同时也是一种侵害相邻方合法权益的民事侵权行为。对于违法建设的相邻方而言，既可以通过举报的方式要求城市管理部门履行查处违法建设的法定职责，也可以通过提起排除妨害民事诉讼的形式来消除违法建设给其权利行使造成的障碍。查处违法建设属于城管部门法定职责的，当事人提起的排除妨碍民事诉讼，不构成城管部门拒绝履行、拖延或中止履行查处职责的正当理由。

【简要案情】

2008年6月起，易某某等人即向甲区城管大队下属的北七家城管分队口头举报名佳花园三区商业街的违法建设问题，甲区城管大队接到举报后即对涉事涮肉馆涉嫌违法建设进行了立案。2008年6月5日，甲区城管大队进行了现场检查，同日对该涮肉馆业主沈某某作出了《责令改正通知书》，责令沈某某于2008年6月16日16时前改正其违法行为。同时，易某某等人在甲区人民法院对沈某某提起排除妨害的民事诉讼，经一审、二审法院审理，2009年2月，二审法院终审判决沈某某将其建在原房屋西侧的半透明房屋拆除，对沈某某在原房屋北侧建设的房屋，民事判决对易某某等人的请求未予支持。生效的民事判决书已执行完毕。其后，易某某等人继续要求甲区城管大队履行职责，拆除涉事涮肉馆北侧的违法建筑以及民事判决书执行完毕后该涮肉馆又在原房屋西侧新盖出的铁皮房屋。2010年7月6日，甲区城管大队对涉事涮肉馆再次进行了现场检查，并于同日作出《责令改正通知书》，责令沈某某于2010年7月20日8时前改正其未经批准进行建设的违法行为。此后，甲区城管大队未再作出新的处理。2011年7月15日，易某某等人向甲区人民法院提起诉讼，要求甲区城管大队履行法定职责。甲区城管大队辩称，其自2008年6月起接到关于反映本案涉案违章建设的举报后，即依据执法程序开展执法工作。其间，由于易某某等人举报的同时针对涉案房屋提起了民事诉讼，该诉讼由甲区人民法院受理并审理。基于此，甲区城管大队暂时中止了执法程序，等待甲区人民法院对案件作出判决认定后再行处理。

法院经审理认为，甲区城管大队具有查处辖区内违法建设的法定职责。涉案相关民事诉讼是基于物权上的排除妨害，是平等民事主体之间的民事争议，无论是否存在民事诉讼，事实上都不影响甲区城管大队对违法建设的查处，因为其对违法建设的查处是基于公法上的法定职责。所以，甲区城管大队不能以易某某等人已就违法建设提起民事诉讼为由中止行政执法。遂判决责令甲区城管大队于60日内对涉事涮肉馆涉嫌违法建设的问题作出处理决定。

【规范性文件】

《中华人民共和国城乡规划法》

第九条 任何单位和个人都应当遵守经依法批准并公布的城乡规划,服从规划管理,并有权就涉及其利害关系的建设活动是否符合规划的要求向城乡规划主管部门查询。

任何单位和个人都有权向城乡规划主管部门或者其他有关部门举报或者控告违反城乡规划的行为。城乡规划主管部门或者其他有关部门对举报或者控告,应当及时受理并组织核查、处理。

第六十四条 未取得建设工程规划许可证或者未按照建设工程规划许可证的规定进行建设的,由县级以上地方人民政府城乡规划主管部门责令停止建设;尚可采取改正措施消除对规划实施的影响的,限期改正,处建设工程造价百分之五以上百分之十以下的罚款;无法采取改正措施消除影响的,限期拆除,不能拆除的,没收实物或者违法收入,可以并处建设工程造价百分之十以下的罚款。

【典型案例】

案例六:唐某诉甲市公安局交通警察支队车辆管理所不履行法定职责及行政赔偿案

【裁判要旨】

对提供机动车行驶证和机动车第三者责任强制保险单的,机动车安全技术检验机构应当予以检验,任何单位不得附加其他条件。对符合机动车国家安全技术标准的,公安机关交通管理部门应当发给检验合格标志。

【简要案情】

2016年12月20日,唐某向车管所在甲市兴腾机动车辆检测服务有限公司设立的业务办理窗口,递交了某车辆的机动车行驶证、机动车牌证申请表、机动车交通事故责任强制保险单、机动车安全技术查验表以及机动车安全技术检验报告、长沙市在用机动车排气检测报告等材料,申请领取机动车检验合格标志。车管所工作人员以该车辆有违章行为未处理,不符合《机动车登记规定》(公安部令第124号)第四十九条的规定为由,拒绝受理唐某的申请,并口头告知唐某在受理其申请前必须将该车的交通违法行为处理完毕。自 2013 年 12 月 31 日至 2017 年 1 月 17 日，某车辆共有 4 次违章记录未处理。2016 年 12 月 26 日，唐某向车管所去函要求核发该检验合格标志，车管所回函仍以相同的理由予以拒绝。唐某不服，遂诉至法院。

法院最终审理认为，根据《道路交通安全法》第十三条的规定，只要申请人提供机动车行驶证、机动车第三者责任强制保险单，且机动车经安全技术检验合格，公安交通管理部门就应当核发检验合格标志。本案中，唐某提供了机动车行驶证、机动车第三者责任强制保险单，且机动车经安全技术检验合格，车管所依法应核发机动车检验合格标志。在已有法律对核发机动车检验合格标志的条件作出规定的情况下，车管所在法律规定的条件之外附加条件，违反了"法律优先"的原则。《机动车登记规定》是为实施《道路交通安全法》及其实施条例而制定的部门规章，其中第四十九条将交通违法行为的处理设定为核发车辆检验合格标志的前提条件，与《道路交通安全法》第十三条第一款的规定不一致，应当根据上位法《道路交通安全法》认定被诉行政行为的合法性。将交通违法行为的处理设定为核发车辆检验合格标志的前提条件，两者对象不一致，违反行政法上的禁止不当联接原则。判决确认甲市公安局交通警察支队车辆管理所以唐某车辆有道路交通违法行为未处理完毕为由，不予核发机动车检验合格标志的行为违法。

【规范性文件】

《中华人民共和国道路交通安全法》

第十三条第一款 对登记后上道路行驶的机动车，应当依照法律、行政法规的规定，根据车辆用途、载客载货数量、使用年限等不同情况，定期进行安全技术检验。对提供机动车行驶证和机动车第三者责任强制保险单的，机动车安全技术检验机构应当予以检验，任何单位不得附加其他条件。对符合机动车国家安全技术标准的，公安机关交通管理部门应当发给检验合格标志。

《机动车登记规定》（2012 年修正）

第四十九条 机动车所有人可以在机动车检验有效期满前三个月内向登记地车辆管理所申请检验合格标志。

申请前，机动车所有人应当将涉及该车的道路交通安全违法行为和交通事故处理完毕。申请时，机动车所有人应当填写申请表并提交行驶证、机动车交通事故责任强制保险凭证、车船税纳税或者免税证明、机动车安全技检验合格证明。

车辆管理所应当自受理之日起一日内,确认机动车,审查提交的证明、凭证,核发检验合格标志。

《机动车登记规定》（2021年修订）

第五十四条 机动车所有人可以在机动车检验有效期满前三个月内向车辆管理所申请检验合格标志。除大型载客汽车、校车以外的机动车因故不能在登记地检验的,机动车所有人可以向车辆所在地车辆管理所申请检验合格标志。

申请前,机动车所有人应当将涉及该车的道路交通安全违法行为和交通事故处理完毕。申请时,机动车所有人应当确认申请信息并提交行驶证、机动车交通事故责任强制保险凭证、车船税纳税或者免税证明、机动车安全技术检验合格证明。

车辆管理所应当自受理之日起一日内,审查提交的证明、凭证,核发检验合格标志。

（撰写人：刘潋）

二十二、××（行政行为）公益诉讼类案件的司法审查

【裁判标准】

《行政诉讼法》第二十五条第四款规定："人民检察院在履行职责中发现生态环境和资源保护、食品药品安全、国有财产保护、国有土地使用权出让等领域负有监督管理职责的行政机关违法行使职权或者不作为，致使国家利益或者社会公共利益受到侵害的，应当向行政机关提出检察建议，督促其依法履行职责。行政机关不依法履行职责的，人民检察院依法向人民法院提起诉讼。"《最高人民法院、最高人民检察院关于检察公益诉讼案件适用法律若干问题的解释》第二十一条第二款、第三款规定："行政机关应当在收到检察建议书之日起两个月内依法履行职责，并书面回复人民检察院。出现国家利益或者社会公共利益损害继续扩大等紧急情形的，行政机关应当在十五日内书面回复。行政机关不依法履行职责的，人民检察院依法向人民法院提起诉讼。"根据上述法律规定可知，行政公益诉讼案件特点为：起诉人是人民检察院；审查的行政行为涉及生态环境和资源保护、食品药品安全、国有财产保护、国有土地使用权出让等诸多领域；主要涉及的行政行为为违法行使职权与不作为；在提起行政诉讼之前，人民检察院应当履行诉前督促程序，向涉诉行政机关发送检察建议，告知并督促其依法履行职责。将案由设计为"××（行政行为）公益诉讼"不仅能突出行政公益诉讼的特殊性，也能更精准地分辨案件所涉行政行为与行政领域。

行政公益诉讼司法审查的标准需要从作为的行政行为（违法行使职权）与不作为的行政行为两个角度进行研究探索。

对于作为的行政行为（违法行使职权）的合法性审查，应当审查：（1）行政机关在生态环境和资源保护、食品药品安全、国有财产保护、国有土地使用权出让等领域是否负有监督管理职责；（2）国家利益或社会公共利益是否

受到侵害；(3) 侵害事实与行政行为之间是否存在因果关系；(4) 行政机关适用法律、法规是否正确；(5) 行政机关是否违反法定程序；(6) 行政机关是否滥用职权；(7) 是否存在损害继续扩大的情形；(8) 在人民检察院诉前督促程序中，行政机关是否积极采取补救措施；(9) 侵害后果是否还有继续补救的可能。

对于不作为的行政行为的合法性审查，应当审查：(1) 行政机关在生态环境和资源保护、食品药品安全、国有财产保护、国有土地使用权出让等领域是否负有监督管理职责；(2) 国家利益或社会公共利益是否受到侵害；(3) 行政机关是否有不履行或迟延履行的行为；(4) 侵害事实与行政机关不作为之间是否存在因果关系；(5) 行政机关不作为是否有法定阻却事由；(6) 是否存在损害继续扩大的情形；(7) 在人民检察院诉前督促程序中，行政机关是否积极采取补救措施；(8) 侵害后果是否还有继续补救的可能；(9) 行政机关是否存在其他违法情形（如主要证据是否充分、适用法律法规是否错误、是否违反法定程序、是否超越职权、是否滥用职权）等。

因行政公益诉讼涉及生态环境和资源保护、食品药品安全、国有财产保护、国有土地使用权出让等多个领域，所涉及的行政行为也包括行政处罚、行政强制、行政许可、行政征缴、不履行法定职责等多个种类，所以在行政公益诉讼合法性审查过程中，不仅仅要审查上述行政公益诉讼中共性的问题，还要针对行政行为的个性特点逐一审查。

【审查要点】

一、行政机关在涉案领域是否负有监督管理职责

审查行政机关在涉案领域是否负有监督管理职责应当对行政机关的法定职责、权限和法律依据进行全面审查。主要包括该行政机关的职权范围，除法律、法规、规章确定的法定职责外，还应当参考地方政府制定发布的权力清单和涉及行政机关职权、机构设置的文件等；该行政机关在履行职责过程中常用的法律、法规、规章、内部规则、操作指南、流程指引及技术标准等；不同行政机关存在职能或者权限交叉时各自的分工及职责。对于行政机关的派出机构，如其职权来源于法律、法规、规章授权，则应直接以其作为被监督对象；如其职权来源于行政机关委托，则应以委托的行政机关作为被监督对象。

二、行政机关是否存在不履行法定职责的行为

审查行政机关是否存在不履行法定职责的行为主要审查行政机关是否存在违法行使职权或不作为的情形，违法行使职权或者不作为的过程、方式和状态。包括行政机关违法行使职权的具体环节和方式；违法行使职权的原因、手段、后果及持续性；行政许可和审批的合法性及合规性；查处违法行为的手段和程序是否依法依规；作出的行政处罚决定或者采取的行政强制措施在事实认定、法律适用和处理结果上是否依法依规；行政机关不作为的起始时间、持续时间、具体方式及履职可能；行政机关不作为是否存在法定阻却事由或履职条件尚未成就等。

三、国家利益或社会公共利益是否受到侵害

审查国家利益或者社会公共利益是否受到侵害，主要审查受到侵害的事实与状态，是否存在损害继续扩大的情形。因行政公益诉讼涉及生态环境和资源保护、食品药品安全、国有财产保护、国有土地使用权出让等多个领域，所以在调查侵害事实与状态时，应当参照相关专业部门所掌握的信息，可以征询相关专业专家的意见，也可视具体情况确定是否委托鉴定、评估，最终予以综合认定。如在生态环境和资源保护类行政公益诉讼案件中，应当结合环保部门、国土部门、林业部门、公安机关等行政机关案件卷宗，重点审查环境遭受污染的过程、事实和程度，包括造成生态环境破坏的违法行为人的情况，建设项目或相关污染防治设施的具体情况，行政许可和审批情况，实施违法行为的具体手段和方式，污染物的种类、数量，造成污染和破坏的范围和程度，污染排放时间、排放方式、排放去向和排放频率，污染治理措施实施情况，林地、耕地、草地、湿地等生态系统自然状态以及野生动植物受到破坏或伤害的时间、方式和过程等。

四、行政机关依法履职标准

《最高人民法院、最高人民检察院关于检察公益诉讼案件适用法律若干问题的解释》第二十四条规定，在行政公益诉讼案件审理过程中，被告纠正违法行为或者依法履行职责而使人民检察院的诉讼请求全部实现，人民检察院撤回起诉的，人民法院应当裁定准许；人民检察院变更诉讼请求，请求确认原行政行为违法的，人民法院应当判定确认违法。但是在行政公益诉讼案

件中，行政机关拒绝履行、完全不作为的案件极少，大多数是未在合理期限内完成履职义务，履职不充分、不彻底、不全面。而行政机关依法履职标准如何确定，在实务中争议较大，往往存在行政机关认为自己已经履行或正在履行法定职责，而人民检察院却认为行政机关履行法定职责不够充分或不够及时。对此，人民法院应当着重对行政行为的实际效果进行考察，即考察行政行为作出以后其行政目的是否实现，同时职权法定原则是现代行政法的一个基本原则，它要求行政机关只能行使法律授予的职权和采取法定的措施手段，还必须按照法定的程序行使权力，不能为了追求公共利益保护的效果而要求行政机关违法行政，更不能以牺牲行政相对人的程序性权利为代价。在实践中，如果行政机关在人民检察院检察建议规定的期限内，未积极采取有效措施改正错误和依照法定程序在合理期限内履行职责，导致国家利益和社会公共利益仍处于受侵害的状态，则应当认定行政机关未依法履行法定职责；反之，则不应当予以认定。

五、不同领域行政公益诉讼案件的审查重点

（一）生态环境领域的行政公益诉讼

生态环境领域的行政公益诉讼案件，主要指对生态环境负有监管职责的行政机关对污染环境的事实违法行使职权或者不作为，致使国家利益或者社会公共利益受到侵害的案件。生态环境领域行政公益诉讼案件主要包括因自然因素和人为因素造成的污染环境案件类型，包括大气污染、水污染、土壤污染、固体废物污染等。大气污染指排放超标的污染颗粒物、二氧化硫、氮氧化物、挥发性有机物、氨等大气污染物或温室气体等进入大气进而对人体健康、生物、气候等产生危害。水污染指排放、倾倒未处理或未达标处理的废水、废物，污染地表水或地下水，如污染渠、江、河、海等地表径流，因这些地表径流流经不同的区域，会对灌溉、饮用、养殖等造成损害。其危害性表现在：损害饮用水安全；损害农业生产安全；破坏自然生态环境；损害文化休闲功能。土壤污染指通过排放污染物，在土地上堆放废弃物或有毒有害物质等方式，造成土壤污染。固体废物污染系在生产建设、日常生活和其他活动中产生的污染环境的固态、半固态废弃物质的污染。固体废物分为工业固体废物、城市生活垃圾和危险废物三类。

办理生态环境领域行政公益诉讼案件，应当先查明违法行为人破坏生态

环境的具体行为与状态，再查询相关法律法规，明确行政机关对上述违法行为是否具有监督管理职责，再根据相关证据判断行政机关违法行使职权或者不作为与生态环境遭受侵害之间的因果关系，最后结合行政机关在人民检察院诉前督促程序中是否积极采取有效措施改正错误和依照法定程序在合理期限内履行职责，综合认定案件性质与裁判结果。其中确定行政机关的职责权限时，应考虑是否有政府文件设置了相对集中行政许可权或者相对集中行政处罚权。经国务院批准或授权，省级政府可以决定一个行政机关行使有关行政机关的行政许可权或行政处罚权。在生态环境领域的行政公益诉讼案件中，如果涉及多项行政许可或行政处罚，因相对集中行政许可权或相对集中行政处罚权职能只能省、自治区、直辖市人民政府决定授权，因此要重点查找是否有省级政府文件设置或规定了相对集中行政许可或处罚权，如果有相关的政府文件，则应重点调查收集被指定集中行使行政许可或处罚权的行政机关的职权范围、权限和法律依据。

（二）资源保护领域的行政公益诉讼

资源保护领域的行政公益诉讼案件，主要指对资源保护负有监督管理职责的行政机关对破坏资源的事实违法行使职权或者不作为，致使国家利益或者社会公共利益受到侵害的案件。主要包括土地资源类（违反土地利用总体规划擅自将农用地改为建设用地的；占用耕地建窑、建坟或者擅自在耕地上建房、挖砂、采石、采矿、取土或堆放固体物质的；未经批准非法占用土地新建建筑物和其他设施的）、矿产资源类（未取得采矿许可证擅自采矿的；超越批准的矿区范围采矿的；采取破坏性的开采方法开采矿产资源的；未办理河道采砂许可证或不按照规定，擅自在河道管理范围内采砂的）、林业资源类（盗伐森林或者其他林木的；非法开垦、采石、采砂、采土、采种、采脂和其他活动，致使森林、林木受到毁坏的；在幼林地和特种用途林内砍柴、放牧致使森林、林木受到毁坏的；拒不补种树木或者补种不符合国家有关规定的；未经县级以上人民政府林业主管部门审核同意，擅自改变林地用途的）、草原资源类（未经批准或者采取欺骗手段骗取批准，非法使用草原的；未依法收取草原植被恢复费的情况下，违法批准临时占用草原的；非法开垦草原的；在荒漠、半荒漠和严重退化、沙化、盐碱化、石漠化、水土流失的草原，以及生态脆弱区的草原上采挖植物或者从事破坏草原植被的其他活动的；未经批准或者未按照规定的时间、区域和采挖方式在草原上进行采土、采砂、采石等活动的；擅自在草原上开展经营性旅游活动，破坏草原植被的；临时占用草原，占用期届满，未恢复植被的）。

办理资源保护领域行政公益诉讼案件，应当先查明违法行为人破坏土地、矿产、林业、草原等资源的行为与状态，再查询相关法律法规，明确行政机关对上述违法行为是否具有监督管理职责，再根据相关证据判断行政机关违法行使职权或者不作为与资源遭受侵害之间的因果关系，最后结合行政机关在人民检察院诉前督促程序中是否积极采取有效措施改正错误和依照法定程序在合理期限内履行职责，综合认定案件性质与裁判结果。

（三）食品药品安全领域的行政公益诉讼

食品药品安全领域的行政公益诉讼案件，主要是对食品药品安全负有监督管理职责的行政机关在对食品、药品的研制、生产、流通、使用等进行监督管理的过程中违法行使职权或者不作为，致使国家利益或者社会公共利益受到侵害的案件。食品安全的案件主要涉及：食品生产和加工，食品销售和餐饮服务；食品添加剂的生产经营；用于食品的包装材料、容器、洗涤剂、消毒剂和用于食品生产经营的工具、设备（以下称食品相关产品）的生产经营；食品生产经营者使用食品添加剂、食品相关产品；食品的贮存和运输等。药品安全，指通过对药品研发、生产、流通、使用全环节进行监管所表现出来的消除了外在威胁和内在隐患的综合状态，以及为达到这种状态所必要的供应保障和信息反馈，其内涵可以界定为质量符合标准、不良反应在可接受的范围内、临床无用药差错和可及性四个部分。

根据法律法规规定，食品监管部门行使的行政职权种类主要有：一是行政许可。国家对食品生产经营实行许可制度，从事食品生产、食品销售、餐饮服务，应当依法取得许可。食品监管部门按照食品的风险程度对食品生产实施分类许可，按照食品经营主体业态和经营项目的风险程度对食品经营实施分类许可。二是行政处罚。食品监管部门对未取得食品生产经营许可从事食品生产经营活动，或者未取得食品添加剂生产许可从事食品添加剂生产活动的；用非食品原料生产食品、在食品中添加食品添加剂以外的化学物质和其他可能危害人体健康的物质，或者用回收食品作为原料生产食品，或者经营上述食品的；生产经营致病性微生物，农药残留、兽药残留、生物毒素、重金属等污染物质以及其他危害人体健康的物质含量超过食品安全标准限量的食品、食品添加剂等，违反食品、保健食品管理法律、法规、规章的单位或者个人实施行政处罚，并根据情节轻重做出责令改正并给予警告；责令停止违法行为；责令停产停业；没收违法所得、没收违法生产经营的食品及其工具、设备、原料等物品；罚款；吊销许可证；由公安机关对其直接负责的主管人员和其他直接责任人员处五日以上 15 日以下拘留等行政处罚决定。三是行政强制。食品监管部门有权采取查封、扣押有证据证明不符合食品安全标准或者有证据证明存在安全隐患以及用于违法生产经营的食品、食品添加剂、食品相关产品；查封违法从事生产经营活动的场所等行政强制措施。四是行政确认。对病死、死因不明的畜、禽、兽、水产动物及其肉类、肉类制品和危害食品安全犯罪案件的涉案食品，食品监管部门可以直接出具认定意见并说明理由。五是行政监督检查。食品监管部门有权采取下列措施，对食品生产环节、销售环节及餐饮服务环节的生产经营活动进行监督检查：(1) 进入生产经营场所实施现场检查；(2) 对生产经营的食品、食品添加剂、食品相关产品进行抽样检验；(3) 查阅、复制有关合同、票据、账簿以及其他有关资料等。

根据法律法规规定，药品监管部门行使的行政职权种类主要有：一是行政许可。开办药品生产企业，须经企业所在地省、自治区、直辖市人民政府药品监督管理部门批准并发给《药品生产许可证》；开办药品批发企业，须经企业所在地省、自治区、直辖市人民政府药品监督管理部门批准并发给《药品经营许可证》；开办药品零售企业，须经企业所在地县级以上地方药品监督管理部门批准并发给《药品经营许可证》。二是行政处罚。药品监督管理部门对未取得《药品生产许可证》《药品经营许可证》或者《医疗机构制剂许可证》生产药品、经营药品的；生产、销售假药、劣药的；药品的生产企业、经营企业、药物非临床安全性评价研究机构、药物临床试验机构未按照规定实施《药品生产质量管理规范》《药品经营质量管理规范》《药物非临床研究质量管理规范》《药物临床试验质量管理规范》等，违反药品管理法律、法规、规章的单位或者个人实施行政处罚，并根据情节轻重作出警告，责令限期改正；责令停产、停业整顿；依法予以取缔，没收违法生产、销售的药品和违法所得；罚款；撤销药品批准证明文件，并责令停产、停业整顿；吊销《药品生产许可证》《药品经营许可证》《医疗机构制剂许可证》等行政处罚决定。三是行政强制。药品监督管理部门对有证据证明可能危害人体健康的药品及其有关材料可以采取查封、扣押的行政强制措施，并在 7 日内作出行政处理决定；药品需要检验的，必须自检验报告书发出之日起 15

日内作出行政处理决定。四是行政确认。对于符合《药品管理法》第四十八条、第四十九条规定情形的涉案药品，地市级以上药品监管部门可以直接出具认定假药、劣药的意见并说明理由。五是行政监督检查。药品监督管理部门有权按照法律、行政法规的规定对报经其审批的药品研制和药品的生产、经营以及医疗机构使用药品的事项进行监督检查。

办理食品药品安全领域行政公益诉讼案件，应当先通过相关刑事案件卷宗材料，食品药品监管部门的检验报告，质检部门的检测报告，食品药品安全标准，专家意见或者行业协会意见，食品安全事故调查报告及相关资料和样品，相关自然人或者法人的工商登记注册信息，食品药品购销记录，行政机关工作人员、行政相对人及利害关系人证言等材料，查明违法行为人致使国家利益或社会公共利益受到不法侵害的事实，再查询相关法律法规，明确行政机关对上述违法行为是否具有监督管理职责，再根据违法事实与损害后果判断行政机关违法行使职权或者不作为与国家利益或社会公共利益遭受侵害之间的因果关系，最后结合行政机关在人民检察院诉前督促程序中是否积极采取有效措施改正错误和依照法定程序在合理期限内履行职责，综合认定案件性质与裁判结果。

在审查食品药品监管领域行政机关是否违法行使职权或者不作为时，主要审查行政机关有无下列违法情形：对未经许可从事食品或食品添加剂生产经营活动等行为，未依法、及时处理的；对生产经营有毒有害、掺杂掺假食品，超范围超限量使用食品添加剂、在食品中添加非食用物质，未按食品安全标准生产经营食品或食品添加剂等行为，未依法、及时处理的；对未经许可生产、经营药品，生产、销售假药、劣药等行为，未依法、及时处理的；其他违法行使职权或者不行使职权，致使人民群众生命健康安全受到危害的情形。

(四) 国有财产保护领域行政公益诉讼

国有财产保护领域的行政公益诉讼案件，主要指对国有财产负有监督管理职责的行政机关违法行使职权或者不作为，致使国家利益受到侵害的案件。国有财产包括国家所有的各种财产、物资、债权和其他权益。具体包括以下几个方面：经营性国有财产（主要指的是国家出资的企业所支配的国有财产）、行政事业性国有财产（由行政事业单位占有、使用的，在法律上确认为国家所有、能以货币计量的各种经济资源的总和，包括国家拨给行政事业单位的资产，行政事业单位按照国家政策规定运用国有资产组织收入形成的资产，以及接受捐赠和其他经法律确认为国家所有的资产）、税收类国有财产（税务机关或海关通过行使征税权所取得国有财产）、费用类国有财产（有关行政主体根据法律、法规、规章或者政府的行政命令等，就特定的基础设施或者公共服务等收取费用而形成的国有财产）、财政补贴类国有财产（企业或个人在符合相关标准的前提下，从政府无偿取得的货币性财产或非货币型财产，但不包括政府作为企业所有者投入的资本）、社会保障类国有财产（国家通过收入再分配，保证无收入、低收入以及遭受各种意外灾害的公民能够维持生存，保障劳动者在年老、失业、患病、工伤、生育时的基本生活不受影响而支出的国有财产）、由国家已有资产的收益所形成的应属于国家所有的财产及其他国有资产。

办理国有财产保护领域行政公益诉讼案件，应当先查明违法行为人致使国有财产受到不法侵害的事实，再查询相关法律法规，明确行政机关对上述违法行为是否具有监督管理职责，再根据违法事实与损害后果判断行政机关违法行使职权或者不作为与国有财产遭受侵害之间的因果关系，最后结合行政机关在人民检察院诉前督促程序中是否积极采取有效措施改正错误和依照法定程序在合理期限内履行职责，综合认定案件性质与裁判结果。在审查标准上，应当坚持合法性审查与实质性审查相结合的原则，即原则上对涉及国有财产的不法行为进行合法性审查和实质性审查，包括权限审查、内容审查与程序审查。

（五）国有土地使用权出让领域行政公益诉讼

国有土地使用权出让领域行政公益诉讼案件，主要包括在国有土地供应、土地使用权出让收入征收、出让土地使用监管等环节负有监督管理职责的行政机关违法履行职权或者不作为，造成国家利益或者社会公共利益受到侵害的案件。常见类型有以下几种。

1. 国有土地使用权出让收入流失类：（1）行政机关违法低价出让土地使用权；（2）行政机关应以招标、拍卖、挂牌和协议等出让方式供地的，违法以划拨方式供地的；（3）行政机关违法以土地换项目、先征后返、补贴等形式变相减免土地使用权出让金；（4）土地使用者未按照出让合同约定足额支付土地使用权出让金，行政机关未依法处理；（5）土地成交后，土地使用者既不在规定时间内签订出让合同，也不足额支付土地使用权出让金，行政机关未依法处理；（6）土地使用者转让划拨土地使用权应当缴纳土地使用权出让金而不缴纳，行政机关未依法处理；（7）土地使用者改变出让合同约定的土地用途、容积率等土地使用条件应当补缴土地使用权出让金而不补缴，行政机关未依法处理；（8）其他与土地使用权出让或变更有关收入流失的情形。

2. 土地闲置类。土地使用者以出让方式依法取得土地使用权后，超过出让合同约定的动工开发日期满1年未动工开发，或者已动工开发但开发建设用地面积、投资额占比达不到法定要求并且中止开发建设满1年，造成土地闲置的，行政机关不依法采取处置措施。

3. 违法使用土地类。（1）土地使用者未经批准擅自改变合同约定的土地用途、容积率等土地使用条件，行政机关未依法处理；（2）土地使用者在未依法足额支付土地使用权出让金、土地尚未交付，或者未获得相关部门审批、许可的情况下，即擅自使用土地，行政机关未依法处理；（3）土地使用者存在其他违法使用土地行为，行政机关未依法处理的情形。

4. 违法审批许可类。如在土地使用者未缴清土地使用权出让金情况下，行政机关违法办理国有建设用地使用权登记等。

办理国有土地使用权出让领域行政公益诉讼案件，应当先查明国家利益或者社会公共利益受到侵害的事实，如土地使用权出让金流失、土地被违法使用、土地长期违法闲置等，再查询相关法律法规，明确行政机关对上述违法行为是否具有监督管理职责，再根据违法事实与损害后果判断行政机关违法行使职权或者不作为与国家利益或社会公共利益遭受侵害之间的因果关系，最后结合行政机关在人民检察院诉前督促程序中是否积极采取有效措施改正错误和依照法定程序在合理期限内履行职责，综合认定案件性质与裁判结果。其中，在审查行政机关是否存在违法行使职权或不作为时，可以通过审查土地使用权出让卷宗档案，查清基础法律事实，查明土地使用者的身份信息，重点审查出让土地使用权公告、成交确认书、土地使用权出让合同及补充协议等，询问国土、建设、规划、财政等部门相关人员以及土地使用权竞得人、受让人、实际使用人、利害关系人、证人等，查明合同实际履行情况，合同内容是否有变更，是否存在违约行为及原因，再根据不同的行政违法行为类型,有侧重地调查。①

【典型案例】

案例一:甲县检察院诉甲县乙镇人民政府不履行法定职责公益诉讼案

【裁判要旨】

《环境保护法》《土壤污染防治法》规定了地方各级人民政府对本行政区域内的环境质量、土壤污染负有防治监督管理职责。人民检察院在履行职责中,如发现地方各级人民政府有违法行使职权或不作为,致使环境质量受到破坏、土壤资源受到污染的情形,侵害了社会公共利益,应当向属地人民政府提出检察建议,督促其依法履行职责。如果属地人民政府仍然不依法履行职责,人民检察院依法向人民法院提起诉讼。在行政公益诉讼案件审理过程中,如属地人民政府纠正行为或者依法履行职责而使人民检察院的诉讼请求全部实现,人民检察院撤回起诉的,人民法院应当裁定准许;人民检察院变更诉讼请求,请求确认原行政行为违法的,人民法院应当判决确认违法。

【简要案情】

2020年9月,甲县检察院发现甲县乙镇人民政府对辖区内的垃圾处置以及池塘黑臭水体所造成的环境污染问题存在监管不到位,损害了社会公共利益,遂履行检察建议程序,作出行政公益诉讼立案决定。2020年9月,甲县检察院向甲县乙镇人民政府提出检察建议。2020年11月,甲县乙镇人民政府书面回复,称已对案涉地段进行了全面清理和整治。2020年12月,甲县检察院进行调查回访,发现案涉地点并未完全有效治理。2021年1月,甲县检察院认为甲县乙镇人民政府作为属地人民政府,未采取有效措施,案涉地点仍存在环境污染问题,社会公共利益依然处于持续受侵害的状态,遂向本院提起行政公益诉讼。在本案审理过程中,甲县乙镇人民政府对案涉地点的环境污染问题已整治完毕,甲县检察院未撤回起诉,一审法院判决确认甲县乙镇人民政府对案涉地段存在违法堆放建筑垃圾和生活垃圾及已成为黑臭水体的池塘不依法履行职责的行为违法。

---

① 审查要点部分参考最高人民检察院民事行政检察厅2018年3月12日发布的《检察机关行政公益诉讼案件办案指南(试行)》。

【规范性文件】

《中华人民共和国行政诉讼法》

第二十五条第四款 人民检察院在履行职责中发现生态环境和资源保护、食品药品安全、国有财产保护、国有土地使用权出让等领域负有监督管理职责的行政机关违法行使职权或者不作为，致使国家利益或者社会公共利益受到侵害的，应当向行政机关提出检察建议，督促其依法履行职责。行政机关不依法履行职责的，人民检察院依法向人民法院提起诉讼。

第七十四条第二款第二项 行政行为有下列情形之一，不需要撤销或者判决履行的，人民法院判决确认违法：

……

（二）被告改变原违法行政行为，原告仍要求确认原行政行为违法的。

《中华人民共和国环境保护法》

第六条第二款 地方各级人民政府应当对本行政区域的环境质量负责。

《中华人民共和国土壤污染防治法》

第五条 地方各级人民政府应当对本行政区域土壤污染防治和安全利用负责。

国家实行土壤污染防治目标责任制和考核评价制度，将土壤污染防治目标完成情况作为考核评价地方各级人民政府及其负责人、县级以上人民政府负有土壤污染防治监督管理职责的部门及其负责人的内容。

第六条 各级人民政府应当加强对土壤污染防治工作的领导，组织、协调、督促有关部门依法履行土壤污染防治监督管理职责。

《最高人民法院、最高人民检察院关于检察公益诉讼案件适用法律若干问题的解释》

第二十四条 在行政公益诉讼案件审理过程中，被告纠正违法行为或者依法履行职责而使人民检察院的诉讼请求全部实现，人民检察院撤回起诉的，人民法院应当裁定准许；人民检察院变更诉讼请求，请求确认原行政行为违法的，人民法院应当判决确认违法。

【典型案例】

案例二：甲区检察院诉乙区海洋发展局不履行海域监管职责公益诉讼案

【裁判要旨】

国务院海洋行政主管部门负责全国海域使用的监督管理。沿海县级以上地方人民政府海洋行政主管部门根据授权，负责本行政区毗邻海域使用的监督管理。各海洋行政主管部门，对于本地区的海域使用负有监管职责，并有权依据《海域使用管理法》及其他相关法律法规对于非法占用海域的行为进行处理。人民检察院在履行职责中，如发现各海洋行政主管部门有违法行使职权或不作为，致使海洋资源受到侵害的情形，应当向属地海洋行政主管部门提出检察建议，督促其依法履行职责。如果属地海洋行政主管部门仍然不依法履行职责或未充分履行职责，导致海洋资源持续受到侵害，人民检察院依法向人民法院提起诉讼。人民法院经过审理，查明被告不履行法定职责的，应当判决被告在一定期限内履行。

【简要案情】

2014年9月，乙区海洋发展局作出《行政处罚决定书》，认定丙公司未经批准在海域实施非法填海的行为，责令退还非法占用的海域，限期恢复海域原状，并处罚款。丙公司在法定期限内未申请行政复议及提起行政诉讼，于2018年1月缴纳了罚款，但未缴纳加处罚款，未恢复海域原状，乙区海洋发展局亦未在法定期限内申请人民法院强制执行。

2018年7月，乙区检察院对丙公司占用海域的违法行为向乙区海洋发展局提出检察建议，建议乙区海洋发展局依法督促丙公司全面履行《行政处罚决定书》。乙区海洋发展局在收到检察建议后，于7月作出《罚款催缴通知书》，送达给丙公司，要求缴纳依法加处的罚款，并恢复海域原状。9月，乙区海洋发展局向甲区检察院书面回复将尽快完成整改。

2018年10月，丙公司向乙区海洋发展局申请召开项目工程海洋环境影响研究评审会，乙区海洋发展局批准同意。后丙公司自行组织召开了专家评审会，评审结论：涉案项目工程水质环境影响较小，对周边沉积物环境、生态环境及生物资源未造成明显影响；根据数值模拟结果，项目对周边海域潮流场影响较小，对周边海域地形地貌和冲淤环境基本没有影响；项目工程对周围海域环境敏感目标没有影响。对于上述报告及评审会结论，乙区海洋发展局未组织专家进行论证。

甲区检察院向乙区海洋发展局发出答复函，要求加快整改。乙区海洋发展局书面回复：一、丙公司未上缴依法加处的罚款。二、丙公司已编制完成了该项目海洋环境影响研究报告，并召开了专家评审会，评审会意见内容同上。对此，乙区海洋发展局拟采取收归国有等方式予以解决。下一步，将咨询相关部门，拿出处置意见。

至甲区检察院提起本案诉讼时，丙公司仍未履行《行政处罚决定书》确定的恢复海域原状的义务。一审判决乙区海洋发展局继续履行监管职责，督促丙公司退还非法占用海域，恢复海域原状。

【规范性文件】

《中华人民共和国行政诉讼法》

第二十五条第四款 人民检察院在履行职责中发现生态环境和资源保护、食品药品安全、国有财产保护、国有土地使用权出让等领域负有监督管理职责的行政机关违法行使职权或者不作为，致使国家利益或者社会公共利益受到侵害的，应当向行政机关提出检察建议，督促其依法履行职责。行政机关不依法履行职责的，人民检察院依法向人民法院提起诉讼。

第七十二条 人民法院经过审理，查明被告不履行法定职责的，判决被告在一定期限内履行。

《中华人民共和国行政强制法》

第十三条 行政强制执行由法律设定。

法律没有规定行政机关强制执行的，作出行政决定的行政机关应当申请人民法院强制执行。

第五十三条 当事人在法定期限内不申请行政复议或者提起行政诉讼，又不履行行政决定的，没有行政强制执行权的行政机关可以自期限届满之日起三个月内，依照本章规定申请人民法院强制执行。

《中华人民共和国海域使用管理法》

第七条第一款 国务院海洋行政主管部门负责全国海域使用的监督管理。沿海县级以上地方人民政府海洋行政主管部门根据授权，负责本行政区毗邻海域使用的监督管理。

第四十二条 未经批准或者骗取批准，非法占用海域的，责令退还非法占用的海域，恢复海域原状，没收违法所得，并处非法占用海域期间内该海域面积应缴纳的海域使用金五倍以上十五倍以下的罚款；对未经批准或者骗取批准，进行围海、填海活动的，并处非法占用海域期间内该海域面积应缴纳的海域使用金十倍以上二十倍以下的罚款。

《最高人民法院、最高人民检察院关于检察公益诉讼案件适用法律若干问题的解释》

第二十五条 人民法院区分下列情形作出行政公益诉讼判决：

（一）被诉行政行为具有行政诉讼法第七十四条、第七十五条规定情形之一的，判决确认违法或者确认无效，并可以同时判决责令行政机关采取补救措施；

（二）被诉行政行为具有行政诉讼法第七十条规定情形之一的，判决撤销或者部分撤销，并可以判决被诉行政机关重新作出行政行为；

（三）被诉行政机关不履行法定职责的，判决在一定期限内履行；

（四）被诉行政机关作出的行政处罚明显不当，或者其他行政行为涉及对款额的确定、认定确有错误的，可以判决予以变更；

（五）被诉行政行为证据确凿，适用法律、法规正确，符合法定程序，未超越职权，未滥用职权，无明显不当，或者人民检察院诉请被诉行政机关履行法定职责理由不成立的，判决驳回诉讼请求。

人民法院可以将判决结果告知被诉行政机关所属的人民政府或者其他相关的职能部门。

《最高人民法院、最高人民检察院关于办理海洋自然资源与生态环境公益诉讼案件若干问题的规定》

第一条 本规定适用于损害行为发生地、损害结果地或者采取预防措施地在海洋环境保护法第二条第一款规定的海域内，因破坏海洋生态、海洋水产资源、海洋保护区而提起的民事公益诉讼、刑事附带民事公益诉讼和行政公益诉讼。

第五条 人民检察院在履行职责中发现对破坏海洋生态、海洋水产资源、海洋保护区的行为负有监督管理职责的部门违法行使职权或者不作为，致使国家利益或者社会公共利益受到侵害的，应当向有关部门提出检察建议，督促其依法履行职责。

有关部门不依法履行职责的，人民检察院依法向被诉行政机关所在地的海事法院提起行政公益诉讼。

【典型案例】

案例三：甲区检察院诉乙市盐务管理分局不依法履行职责公益诉讼案

【裁判要旨】

县级以上地方人民政府确定的盐业主管部门负责管理本行政区域的食盐专营及行政执法工作，职责范围包括负责所辖区域内盐务管理和行政执法，负责盐产品质量、防伪"碘盐标志"及包装的监管，对所辖区域内食盐及盐产品生产、运输、存储、销售进行监督检查等。人民检察院在履行职责中，如发现各盐业主管部门有违法行使职权或不作为，致使社会公共利益受到侵害的情形，应当向属地盐业主管部门提出检察建议，督促其依法履行职责。如果属地盐业主管部门仍然不依法履行职责或未充分履行职责，导致社会公共利益持续受到侵害，人民检察院依法向人民法院提起诉讼。人民法院经过审理，查明被告不履行法定职责的，应当判决被告在一定期限内履行。

【简要案情】

2016年3月，乙市盐务管理分局执法人员在进行市场检查时，在马某某经营的牛肉面店内现场查获其用于食品加工的400克小包装假冒食盐45小袋，经查获得售假线索。根据线索，执法人员查获了正在贩销假冒食盐的商贩二人及假冒食盐，随后乙市盐务管理分局将案件移交公安机关调查处理。经公安机关侦查查明后，案件经甲区检察院审查起诉，人民法院审理认为犯罪嫌疑人构成销售不符合安全标准的食品罪并判决其承担刑事责任。

后甲区检察院在履行法律监督职责中发现，马某某的牛肉店仍然存在使用假冒碘盐的情形，遂依法进行了调查。2017年8月，甲区检察院认为乙市盐务管理分局在查处、召回不符合安全标准食盐的监督管理工作中，存在履职不到位的情形，于是向其提出检察建议，建议其对已销售的不符合安全标准食盐采取召回措施、提示消费者停止食用不安全食盐。2017年9月，乙市盐务管理分局作出回复，认为该案件已移交公安机关调查处理，应由正在处理该案件的行政机关作出召回决定。甲区检察院认为乙市盐务管理分局未依法履行职责，遂提起行政公益诉讼，要求确认其对不符合食品安全标准的食盐未立即责令经营者停止销售、警示、召回、无害化处理等不作为违法并判令其依法履行法定职责。人民法院经过审查，判决乙市盐务管理分局在判决生效后 1 个月内履行责令经营者采取停止销售、警示、召回、无害化处理等的法定职责。

【规范性文件】

《中华人民共和国行政诉讼法》

第二十五条第四款　人民检察院在履行职责中发现生态环境和资源保护、食品药品安全、国有财产保护、国有土地使用权出让等领域负有监督管理职责的行政机关违法行使职权或者不作为，致使国家利益或者社会公共利益受到侵害的，应当向行政机关提出检察建议，督促其依法履行职责。行政机关不依法履行职责的，人民检察院依法向人民法院提起诉讼。

第七十二条　人民法院经过审理，查明被告不履行法定职责的，判决被告在一定期限内履行。

《中华人民共和国消费者权益保护法》

第三十三条第二款　有关行政部门发现并认定经营者提供的商品或者服务存在缺陷，有危及人身、财产安全危险的，应当立即责令经营者采取停止销售、警示、召回、无害化处理、销毁、停止生产或者服务等措施。

《最高人民法院、最高人民检察院关于检察公益诉讼案件适用法律若干问题的解释》

第二十五条　人民法院区分下列情形作出行政公益诉讼判决：

（一）被诉行政行为具有行政诉讼法第七十四条、第七十五条规定情形之一的，判决确认违法或者确认无效，并可以同时判决责令行政机关采取补救措施；

（二）被诉行政行为具有行政诉讼法第七十条规定情形之一的，判决撤销或者部分撤销，并可以判决被诉行政机关重新作出行政行为；

（三）被诉行政机关不履行法定职责的，判决在一定期限内履行；

（四）被诉行政机关作出的行政处罚明显不当，或者其他行政行为涉及对款额的确定、认定确有错误的，可以判决予以变更；

（五）被诉行政行为证据确凿，适用法律、法规正确，符合法定程序，未超越职权，未滥用职权，无明显不当，或者人民检察院诉请被诉行政机关履行法定职责理由不成立的，判决驳回诉讼请求。

人民法院可以将判决结果告知被诉行政机关所属的人民政府或者其他相关的职能部门。

《食盐专营办法》

第四条第一款 国务院盐业主管部门主管全国盐业工作，负责管理全国食盐专营工作。县级以上地方人民政府确定的盐业主管部门负责管理本行政区域的食盐专营工作。

第五条 盐业主管部门应当加强对工业用盐等非食用盐的管理，防止非食用盐流入食盐市场。

《盐业行政执法办法》

第七条第一款 各级盐业行政主管部门，应当设立盐政执法机构，负责本辖区内的盐政执法工作。

【典型案例】

案例四：甲县检察院诉甲县国土资源局不履行征收土地出让金法定职责公益诉讼案

【裁判要旨】

依法收取土地出让金既是国有土地出让部门法定职责又是其合同义务。人民检察院在履行职责中，如发现国有土地出让部门有违法行使职权或不作为，致使国家利益受到侵害的情形，应当向其提出检察建议，督促其依法履行职责。如果国有土地出让部门仍然不依法履行职责或未充分履行职责，导致国家利益持续受到侵害，人民检察院依法向人民法院提起诉讼。人民法院经过审理，查明被告不履行法定职责的，应当判决被告在一定期限内履行。

【简要案情】

2008年11月，乙公司竞得一处工业用地使用权，作为受让人与出让人甲县国土资源局签订了《国有土地使用权出让合同》。合同签订后，乙公司分三次缴纳了部分土地出让金与新增建设用地有偿使用费，剩余土地出让金一直未予缴纳。为达到少缴土地出让金的目的，乙公司向甲县国土资源局提供了伪造的占地补偿款收据复印件，作为剩余土地出让金的支付凭证。2012年，甲县国土资源局向乙公司颁发了《国有土地使用权证》。2017年，甲县检察院在办理一起刑事案件过程中，发现了案件线索，确认了乙公司尚欠土地出让金的事实。甲县检察院将线索告知甲县国土资源局，并向其提出检察建议，建议其依法履行法定职责，采取有效措施向乙公司追缴所欠的土地出让金及利息、滞纳金或者按照法律规定收回国有土地使用权，预防国有资产流失，维护国家和社会公共利益。甲县国土资源局在收到检察建议后未采取有效措施向乙公司追缴所欠的土地出让金及利息、滞纳金或者按照法律规定收回国有土地使用权。甲县检察院遂向人民法院提起公益诉讼，人民法院判决甲县国土资源局在判决生效后 60 日内履行征收欠缴的土地出让金及利息、滞纳金或者依法解除国有土地使用权出让合同，收回国有土地使用权。

【规范性文件】

《中华人民共和国行政诉讼法》

第二十五条第四款　人民检察院在履行职责中发现生态环境和资源保护、食品药品安全、国有财产保护、国有土地使用权出让等领域负有监督管理职责的行政机关违法行使职权或者不作为，致使国家利益或者社会公共利益受到侵害的，应当向行政机关提出检察建议，督促其依法履行职责。行政机关不依法履行职责的，人民检察院依法向人民法院提起诉讼。

第七十二条　人民法院经过审理，查明被告不履行法定职责的，判决被告在一定期限内履行。

《最高人民法院、最高人民检察院关于检察公益诉讼案件适用法律若干问题的解释》

第二十五条　人民法院区分下列情形作出行政公益诉讼判决：

（一）被诉行政行为具有行政诉讼法第七十四条、第七十五条规定情形之一的，判决确认违法或者确认无效，并可以同时判决责令行政机关采取补救措施；

（二）被诉行政行为具有行政诉讼法第七十条规定情形之一的，判决撤销或者部分撤销，并可以判决被诉行政机关重新作出行政行为；

（三）被诉行政机关不履行法定职责的，判决在一定期限内履行；

（四）被诉行政机关作出的行政处罚明显不当，或者其他行政行为涉及对款额的确定、认定确有错误的，可以判决予以变更；

（五）被诉行政行为证据确凿，适用法律、法规正确，符合法定程序，未超越职权，未滥用职权，无明显不当，或者人民检察院诉请被诉行政机关履行法定职责理由不成立的，判决驳回诉讼请求。

人民法院可以将判决结果告知被诉行政机关所属的人民政府或者其他相关的职能部门。

《中华人民共和国城镇国有土地使用权出让和转让暂行条例》

第六条 县级以上人民政府土地管理部门依法对土地使用权的出让、转让、出租、抵押、终止进行监督检查。

【典型案例】

案例五：甲区检察院诉甲区农业机械管理总站不履行保护国有资产法定职责公益诉讼案

【裁判要旨】

人民检察院在履行职责中，如发现在国有财产保护领域负有监督管理职责的行政机关有违法行使职权或不作为，致使国家利益受到侵害的情形，应当向行政机关提出检察建议，督促其依法履行职责。如果行政机关仍然不依法履行职责或未充分履行职责，导致国家利益持续受到侵害，人民检察院依法向人民法院提起诉讼。人民法院经过审理，查明被告不履行法定职责的，应当判决被告在一定期限内履行。

【简要案情】

2008年，曲某某为套取收割机的农机补贴款项，借用他人的农户身份到甲区农业机械管理总站提交上述四台收割机的农机购置补贴申请。该站的相关工作人员在明知曲某某借用他人身份故意套取国家补贴的情况下，仍签订了农业机械购置补贴协议，为其办理了手续，造成国家农业机械购置补贴专项资金损失人民币28万元。2009年，该站的相关工作人员再次违反规定同意倪某某二次申请收割机的农业机械购置补贴，造成国家农业机械购置补贴专项资金损失人民币16万元。该站的相关责任人分别于2015年5月18日和2015年9月15日被人民法院终审判刑。2016年8月，甲区检察院向甲区农业机械管理总站提出检察建议，建议该站依法履行职责，及时追回农业机械购置补贴专项资金损失。因无法联系曲某某与倪某某，农业机械购置补贴专项资金损失未追回。2017年6月，甲区人民检察院认为甲区农业机械管理总站不履行收回被曲某某、倪某某套取的农业机械购置补贴专项资金人民币44万元的法定职责，提起行政公益诉讼。一审法院判决甲区农业机械管理总站应于本判决生效后二个月内依法履行收回被曲某某、倪某某套取的农业机械购置补贴专项资金的法定职责。

【规范性文件】

《中华人民共和国行政诉讼法》

第二十五条第四款　人民检察院在履行职责中发现生态环境和资源保护、食品药品安全、国有财产保护、国有土地使用权出让等领域负有监督管理职责的行政机关违法行使职权或者不作为，致使国家利益或者社会公共利益受到侵害的，应当向行政机关提出检察建议，督促其依法履行职责。行政机关不依法履行职责的，人民检察院依法向人民法院提起诉讼。

第七十二条　人民法院经过审理，查明被告不履行法定职责的，判决被告在一定期限内履行。

《最高人民法院、最高人民检察院关于检察公益诉讼案件适用法律若干问题的解释》

第二十五条　人民法院区分下列情形作出行政公益诉讼判决：

（一）被诉行政行为具有行政诉讼法第七十四条、第七十五条规定情形之一的，判决确认违法或者确认无效，并可以同时判决责令行政机关采取补救措施；

（二）被诉行政行为具有行政诉讼法第七十条规定情形之一的，判决撤销或者部分撤销，并可以判决被诉行政机关重新作出行政行为；

（三）被诉行政机关不履行法定职责的，判决在一定期限内履行；

（四）被诉行政机关作出的行政处罚明显不当，或者其他行政行为涉及对款额的确定、认定确有错误的，可以判决予以变更；

（五）被诉行政行为证据确凿，适用法律、法规正确，符合法定程序，未超越职权，未滥用职权，无明显不当，或者人民检察院诉请被诉行政机关履行法定职责理由不成立的，判决驳回诉讼请求。

人民法院可以将判决结果告知被诉行政机关所属的人民政府或者其他相关的职能部门。

【典型案例】

案例六：甲区检察院诉甲区文化和旅游局不履行文物保护法定职责公益诉讼案

【裁判要旨】

对历史文物及文物保护单位的保护，既是对历史、文化的保护，也是对社会共同记忆和国有财产的保护,更是对优秀传统文化的传承。人民检察院在履行职责中发现文物保护领域负有监督管理职责的行政机关违法行使职权或者不作为,致使国家利益或者社会公共利益受到侵害的,应当向行政机关提出检察建议,督促其依法履行职责。行政机关不依法履行职责的,人民检察院依法向人民法院提起诉讼。在行政公益诉讼案件审理过程中,被告纠正行为或者依法履行职责而使人民检察院的诉讼请求全部实现,人民检察院撤回起诉的,人民法院应当裁定准许。

【简要案情】

"乙大旅社"为省级文物保护单位。2020年8月,甲区检察院向甲区文化和旅游局提出检察建议,要求其对"乙大旅社"旧址实施监督管理,及时报批、修缮、保存好、呈现好文物的历史和文化价值,并要求该局在两个月内予以回复。但甲区文化和旅游局在收到甲区检察院《检察建议书》近两年时间内,"乙大旅社"旧址仍处于无人管理状态,建筑内垃圾遍地、污水横流,建筑外墙、浮雕损毁日益严重、每况愈下,亟待修缮、保护。为保护文物,切实维护社会公共利益,督促行政机关依法及时全面充分履职,甲区检察院向人民法院提起公益诉讼。请求判令甲区文化和旅游局对"乙大旅社"旧址依法及时、全面、充分履职。在案件审理过程中,在人民法院与甲区检察院的督促与建议下,甲区文化和旅游局申请专项资金对"乙大旅社"旧址依法履行修缮、保护职责,后甲区检察院向人民法院申请撤回起诉。人民法院经过实地调查,认为甲区文化和旅游局在公益诉讼过程中,已经履行了文物监管的法定职责,遂裁定准许甲区检察院撤回起诉。

【规范性文件】

《中华人民共和国行政诉讼法》

第二十五条第四款 人民检察院在履行职责中发现生态环境和资源保护、食品药品安全、国有财产保护、国有土地使用权出让等领域负有监督管理职责的行政机关违法行使职权或者不作为,致使国家利益或者社会公共利益受到侵害的,应当向行政机关提出检察建议,督促其依法履行职责。行政机关不依法履行职责的,人民检察院依法向人民法院提起诉讼。

《中华人民共和国文物保护法》

第五条第一款 中华人民共和国境内地下、内水和领海中遗存的一切文物,属于国家所有。

第五条第二款 古文化遗址、古墓葬、石窟寺属于国家所有。国家指定保护的纪念建筑物、古建筑、石刻、壁画、近代现代代表性建筑等不可移动文物，除国家另有规定的以外，属于国家所有。

第五条第三款 国有不可移动文物的所有权不因其所依附的土地所有权或者使用权的改变而改变。

第八条 国务院文物行政部门主管全国文物保护工作。

地方各级人民政府负责本行政区域内的文物保护工作。县级以上地方人民政府承担文物保护工作的部门对本行政区域内的文物保护实施监督管理。

县级以上人民政府有关行政部门在各自的职责范围内，负责有关的文物保护工作。

《最高人民法院、最高人民检察院关于检察公益诉讼案件适用法律若干问题的解释》

第二十四条 在行政公益诉讼案件审理过程中，被告纠正违法行为或者依法履行职责而使人民检察院的诉讼请求全部实现，人民检察院撤回起诉的，人民法院应当裁定准许；人民检察院变更诉讼请求，请求确认原行政行为违法的，人民法院应当判决确认违法。

【典型案例】

案例七：甲县检察院诉甲县退役军人事务局英烈权益保护公益诉讼案

【裁判要旨】

英雄烈士纪念设施事关国家利益与社会公共利益，英雄烈士纪念设施保护单位应当健全服务和管理工作规范，方便瞻仰、悼念英雄烈士，保持英雄烈士纪念设施庄严、肃穆、清净的环境和氛围。人民检察院在履行职责中发现在英烈权益保护领域负有监督管理职责的行政机关违法行使职权或者不作为，致使国家利益或者社会公共利益受到侵害的，应当向行政机关提出检察建议，督促其依法履行职责。行政机关不依法履行职责的，人民检察院依法向人民法院提起诉讼。人民法院经过审理，查明被告不履行法定职责的，应当判决被告在一定期限内履行。

【简要案情】

甲县检察院在履行公益诉讼监督职责中发现甲县退役军人事务局对甲县

范围内四个烈士陵园管理和保护不够到位，致使国家利益和社会公共利益受到侵害。甲县检察院于 2020 年 7 月，向甲县退役军人事务局提出检察建议：一是加强对甲县范围内烈士陵园的管理和保护工作，对存在的问题及时进行整改，坚决制止各种侵害英雄烈士纪念设施的行为；二是进一步净化烈士陵园周边环境，维护英雄烈士尊严和合法权益，传承和弘扬英雄烈士精神和爱国主义精神。2020 年 9 月，甲县退役军人事务局向甲县检察院作出回复，表示将积极采取措施，对烈士陵园大门北侧垃圾中转站问题、陵园门口小卖部和陵园内土地占用问题下达整改通知书，限期整改和搬迁，同时将进一步加强对甲县烈士陵园的管理和保护，坚决制止各种侵害英雄烈士纪念设施的行为。

2021 年 3 月，甲县检察院到甲县烈士陵园进行监督检查，发现陵园大门内堆放垃圾和陵园院内部分土地被他人占用耕种的问题仍然没有得到有效解决，遂向人民法院提起公益诉讼。人民法院判决责令甲县退役军人事务管理局继续履行对甲县烈士陵园的管理与保护职责，在判决生效后 60 日内对他人侵占甲县烈士陵园土地的行为依法予以纠正。

【规范性文件】

《中华人民共和国行政诉讼法》

第二十五条第四款 人民检察院在履行职责中发现生态环境和资源保护、食品药品安全、国有财产保护、国有土地使用权出让等领域负有监督管理职责的行政机关违法行使职权或者不作为，致使国家利益或者社会公共利益受到侵害的，应当向行政机关提出检察建议，督促其依法履行职责。行政机关不依法履行职责的，人民检察院依法向人民法院提起诉讼。

第七十二条 人民法院经过审理，查明被告不履行法定职责的，判决被告在一定期限内履行。

《中华人民共和国英雄烈士保护法》

第二十八条 侵占、破坏、污损英雄烈士纪念设施的，由县级以上人民政府负责英雄烈士保护工作的部门责令改正；造成损失的，依法承担民事责任；被侵占、破坏、污损的纪念设施属于文物保护单位的，依照《中华人民共和国文物保护法》的规定处罚；构成违反治安管理行为的，由公安机关依法给予治安管理处罚；构成犯罪的，依法追究刑事责任。

《最高人民法院、最高人民检察院关于检察公益诉讼案件适用法律若干问题的解释》

第二十五条 人民法院区分下列情形作出行政公益诉讼判决：

（一）被诉行政行为具有行政诉讼法第七十四条、第七十五条规定情形之一的，判决确认违法或者确认无效，并可以同时判决责令行政机关采取补救措施；

（二）被诉行政行为具有行政诉讼法第七十条规定情形之一的，判决撤销或者部分撤销，并可以判决被诉行政机关重新作出行政行为；

（三）被诉行政机关不履行法定职责的，判决在一定期限内履行；

（四）被诉行政机关作出的行政处罚明显不当，或者其他行政行为涉及对款额的确定、认定确有错误的，可以判决予以变更；

（五）被诉行政行为证据确凿，适用法律、法规正确，符合法定程序，未超越职权，未滥用职权，无明显不当，或者人民检察院诉请被诉行政机关履行法定职责理由不成立的，判决驳回诉讼请求。

人民法院可以将判决结果告知被诉行政机关所属的人民政府或者其他相关的职能部门。

《烈士纪念设施保护管理办法》（2013年）

第十五条第一款 任何单位或者个人不得侵占烈士纪念设施保护范围内的土地和设施。禁止在烈士纪念设施保护范围内进行其他工程建设。

【典型案例】

案例八：甲区检察院诉乙区社会管理服务局不履行法定监管职责公益诉讼案

【裁判要旨】

人民检察院在履职过程中，发现在未成年人保护领域负有监督管理职责的行政机关违法行使职权或者不作为，致使社会公共利益受到侵害的，应当向行政机关提出检察建议，督促其依法履行职责。行政机关不依法履行职责的，人民检察院依法向人民法院提起诉讼。人民法院经过审理，查明被诉行政行为具有《行政诉讼法》第七十四条、第七十五条规定情形之一的，判决确认违法或者确认无效，并可以同时判决责令行政机关采取补救措施。

【简要案情】

乙区的丙网吧在某学校周边，不仅网络文化经营许可证已过期，而且丙网吧距离某学校围墙外延直线延伸仅 80 米。某学校系九年一贯制义务教育学校，校内学生均为未成年人，丙网吧违反法律规定建在中学、小学校园周围 200 米范围内，对未成年人身心健康会造成侵害，系损害社会公共利益的行为。甲区检察院于 2020 年 1 月向乙区社会管理服务局提出检察建议，建议其履行监管职责，对上述违法行为依法进行整改和行政处罚，切实保障未成年人的合法权益。乙区社会管理服务局于 2020 年 3 月 6 日作出回复，表示该局已对丙网吧下达了《责令整改通知书》，责令该网吧于 2020 年 2 月前依法关闭。场所负责人对处理意见无异议并当场签字，目前该网吧处于关停状态。

2020 年 5 月初，甲区检察院对该案进行核查时发现，丙网吧仍在继续经营，自该网吧被责令关停的 2020 年 2 月至调取证据的 2020 年 5 月，该网吧上下机次数总计为 3941 次，截至起诉时止该网吧始终处于持续经营的状态。甲区检察院遂向人民法院提起行政公益诉讼，人民法院判决确认乙区社会管理服务局 2017 年 9 月至 2020 年 7 月期间对丙网吧违法经营活动怠于履行法定监管职责的行为违法。

【规范性文件】

《中华人民共和国行政诉讼法》

第二十五条第四款 人民检察院在履行职责中发现生态环境和资源保护、食品药品安全、国有财产保护、国有土地使用权出让等领域负有监督管理职责的行政机关违法行使职权或者不作为，致使国家利益或者社会公共利益受到侵害的，应当向行政机关提出检察建议，督促其依法履行职责。行政机关不依法履行职责的，人民检察院依法向人民法院提起诉讼。

《最高人民法院、最高人民检察院 关于检察公益诉讼案件适用法律若干问题的解释》

第二十五条 人民法院区分下列情形作出行政公益诉讼判决：

（一）被诉行政行为具有行政诉讼法第七十四条、第七十五条规定情形之一的，判决确认违法或者确认无效，并可以同时判决责令行政机关采取补救措施；

（二）被诉行政行为具有行政诉讼法第七十条规定情形之一的，判决撤销或者部分撤销，并可以判决被诉行政机关重新作出行政行为；

（三）被诉行政机关不履行法定职责的，判决在一定期限内履行；

（四）被诉行政机关作出的行政处罚明显不当，或者其他行政行为涉及对款额的确定、认定确有错误的，可以判决予以变更；

（五）被诉行政行为证据确凿，适用法律、法规正确，符合法定程序，未超越职权，未滥用职权，无明显不当，或者人民检察院诉请被诉行政机关履行法定职责理由不成立的，判决驳回诉讼请求。

人民法院可以将判决结果告知被诉行政机关所属的人民政府或者其他相关的职能部门。

（撰写人：崔龙强）

后　记

2021年1月1日《最高人民法院关于行政案件案由的暂行规定》施行以来，编写一本《暂行规定》的实务操作类配套书目呼声很高。单独、纯粹地阐释行政案由，相对空洞、枯燥，缺乏参考、借鉴价值。考虑到绝大多数行政案由在司法实践中都有现实的案例，最高人民法院行政审判庭决定组织专门人员，采取本书现行的写作体例，将行政案由与类案审查相结合，希冀能够为正确理解与适用行政案件案由，准确掌握案件裁判标准和审查要点，提供有益参考。

本书由唐斯斯同志编辑、章文英同志统稿，耿宝建、于厚森、郭修江、梁凤云同志审核，贺小荣同志审定。由于编写时间紧张，可能存在缺漏和错误，敬请读者批评指正。

最高人民法院行政审判庭
二零二三年十一月